国家出版基金项目
NATIONAL PUBLICATION FOUNDATION

U0875559

國寶星散復尋踪

清宫散佚文物调查研究

段勇　李晨　编著

译林出版社　博书堂文化

序 言

清代宫廷收藏蔚为大观，为前朝各代所不及。特别是康熙、雍正、乾隆诸帝对收藏的酷爱，使本已丰富的清皇室收藏达到历史之最。除了继承前代的收藏外，清代宫廷还通过征求、进呈、抄没、制作等方式积累了为数众多的珍贵文物，形成了一笔蔚为壮观的民族文化财富。故宫前辈单士元先生曾经评价清宫收藏："不少文物大都是传世珍品，而传世珍品又多是来自商周以后的宫殿、庙堂中，最后到明清两代，体现了中国文化传统，因此，它蕴藏的都是历史。"

自乾隆以后，清宫收藏渐告式微，到清朝末年由于国势日衰，政治腐败，外患频仍，清宫文物珍藏多次遭到劫掠或毁损，许多被抢到异域，不少流失民间。特别是在第二次鸦片战争、庚子之变和清逊帝溥仪"小朝廷"时，有大量清宫文物由于战争、偷盗、非法交易等，被掠夺、盗运到海外，对此晚清状元张謇曾感叹道："前清内府，昔日所藏缛矣。一散于庚申，再散于庚子，永沦异域，至可唏也。"

1914年古物陈列所成立，1925年故宫博物院成立，紫禁城的历史翻开了新的篇章。几代故宫人始终依据公共博物馆的基本准则，对清宫文物进行系统查点和妥善管理，与此同时，也从未放弃对于清宫散佚文物的寻访与追索。早在1930年和1934年，故宫博物院就根据点查毓庆宫时发现的《诸位大人借去书籍字画古玩等糙帐》和点查养心殿时发现的《赏溥杰单》《收到单》等编辑出版了《故宫已佚古物目录二种》和《故宫已佚书籍书画目录四种》向社会公开发行，以便后世索寻。新中国成立后，故宫博物院根据国家关于"加强对流散文物的收集和管理工作"的总体要求，开展了一系列关于

清宫散佚文物的调查研究，并在党和政府的支持下，先后征集回《五牛图》《中秋帖》《伯远帖》《十咏图》等一批清宫散佚文物。

2008年，由时任故宫博物院副院长的段勇同志牵头，启动了“清宫散佚文物调查”项目。项目组通过实地走访、查阅文献及出版物、查询互联网信息、采访相关专家及当事人等方式，收集了英、法、德、意、美、日等国70余座博物馆公开著录的收藏清宫文物的信息，以及佳士得、苏富比等几家大型国际文物拍卖机构公开拍卖清宫文物的信息，历时数年编制完成了《清宫散佚文物调查报告》。受立项目标和体例限制，报告以数据庋集为主，文字较为简略。

为了使社会各界更加深入地了解清宫散佚文物的流失情况和现状，推动国内外学术界开展对于清宫散佚文物的深入研究，段勇、李晨两位同志在原有调查报告的基础上，进一步充实了相关资料，增加了大量信息，并对所涉及的有关历史、文物、法学问题进行了专题研究与论述，最终编著成了《国宝星散复寻踪：清宫散佚文物调查研究》一书。作为一部系统研究清宫散佚文物的学术性著作，该书对清宫文物的散佚经过、清宫散佚文物在国内外的分布，对清宫散佚文物的研究与征集、清宫散佚文物的法律地位和追索路径等一系列关键问题进行了深入解读，并收录了研究过程中收集的清宫散

明　董其昌　岩居图　无锡博物院藏

佚文物信息近万条，是迄今为止搜集清宫散佚文物数据量最大的一部著作，有着很高的学术价值，对于当代故宫学研究亦具现实意义。

近半个世纪以来，在联合国教科文组织等国际组织的促进与推动下，国际社会通过不懈努力，制定了《关于禁止和防止非法进出口文化财产和非法转让其所有权的方法的公约》(即《1970年公约》)等一系列旨在打击文物犯罪、促使非法流失文物返还的国际公约。这些公约一方面扭转了对文物贩运与流失文物返还无所依循的局面，保护文物免受盗窃、盗掘和走私之害，另一方面也为流失文物返还其原属国重新燃起了希望。相信该书的出版，能够引起国内外专家学者对于清宫散佚文物有关问题的关注与重视，衷心希望有朝一日，非法流失海外的清宫文物能够通过不同方式，陆续回到紫禁城的怀抱。

故宫研究院院长　郑欣淼

目　录

第一章

四海瑰宝汇天府

——清代宫廷的文物收藏活动

一、清代宫廷的文物收藏概述

自古以来，中国人就有收藏历史文物的传统，历代帝王和皇室更是“雅好博古”。据记载，夏代和商代的宗庙即兼有收藏功能，至少从周代开始，历朝历代皆有收藏文物、舆图、古籍、档案等的府、阁、库、馆等专门机构，如周代之“玉府”“天府”，汉代之“天禄阁”“石渠阁”，唐代之“司宝库”“甲库”，为保护、传承浩如烟海的中华历史文化遗产发挥了极其重要的作用。据杨仁恺先生研究，中国皇室系统收藏绘画、书法等各类文物艺术品的活动，最晚应从公元5世纪算起[1]。郑欣淼先生认为，这种收藏活动到北宋末年变得尤为宏富[2]。《宣和书谱》《宣和画谱》《宣和博古图录》记载了宋朝宣和内府收藏的各类文物目录。但可惜的是，宋代中后期，皇室收藏大都在天灾人祸中散失毁损，只有少部分被元朝皇室接收或流落民间。明朝在洪武元年（1368）攻下大都后悉数接收元朝皇室遗留的收藏品，北元收藏则由后金入清。明朝灭亡，明宫廷藏品亦大部分

---

1 杨仁恺：《国宝沉浮录——故宫散佚书画见闻考略》（彩图典藏本），上海：上海古籍出版社，2007年，第2页。

2 郑欣淼：《天府永藏——两岸故宫博物院文物藏品概述》，北京：紫禁城出版社，2008年，第3页。

为清宫收藏。总的来说，宋元明清各朝，中国皇室收藏可谓代代相承、流传有序。

有清一代，随着国力发展，皇室收藏活动异常活跃。特别是由于康熙、雍正、乾隆诸帝对收藏的酷爱，本已丰富的清皇室收藏达到历朝历代皇家收藏之最。杨仁恺先生曾说过："乾隆以后绝大部分书画进入内库，活动的方向转向金石碑拓和版本……除了继承前代的收藏外，清代宫廷还通过征求、进呈、抄没、制作等方式积累了为数众多的珍贵文物，形成了一笔蔚为壮观的民族文化财富。"乾隆皇帝也被视为中国历史上空前绝后的第一大收藏家。

包括清宫收藏在内的历代宫廷收藏，究其目的和作用，主要包括象征道统、维护礼制和教化民众三个方面[1]：

一是象征道统。国之大事，在祀与戎。中国古人将祭祀作为国家的头等大事，与祭祀相关的礼器更是被作为"镇国之宝"由皇家收藏，用以象征国家天之所授，并兼有"祛邪"保平安之功用。《史记》曾经记载"禹收九牧之金，铸九鼎，象九州"的故事，可见作为礼器的鼎对于国家政权有着重要的象征作用。而后世宫廷收集前代的礼制重器，同样具有重要的象征作用。明代紫禁城奉天殿中陈设青铜鼎、簋即有继承正统、革故鼎新的寓意。在清代宫廷中收藏的大量前代铜器、玉器、印玺等也都具有这方面的作用。

二是维护礼制。古人认为，古器物有直接的晓以礼教而稳定统治秩序的作用。北宋著名画家兼收藏家李公麟曾在《考古图·序言》中说过："圣人制器尚象，载道垂戒，寓不传之妙于器用之间，以遗后人，使宏识之士，即器以求象，即象以求意，心悟目击命物之旨，晓礼乐法，而不说之秘，朝夕鉴观，罔有逸德，此唐虞画衣冠以为纪，而能使民不犯于有司，岂徒眩美资玩，为悦目之具哉。"清宫收藏前朝礼器、文物的用意之一，也是希望借助其载道垂戒，对维护其社会制度

1　何芳：《清宫收藏研究》，《中华文化论坛》2004年第1期。

产生持续性的影响。

三是教化民众。在古人的观念中，宗庙、宗族及其礼器对于巩固社会稳定有着不可替代的作用，礼器所具有的血缘凝聚力是其教化作用的集中体现。对此，《汉书》中的一个故事可以给我们提供佐证。《汉书·礼乐志》记载“至成帝时，犍为郡于水滨得古磬十六枚，议者以为善祥，刘向因是说上：宜兴辟雍，设庠序，陈礼乐，隆雅颂之声，盛揖攘之容，以风化天下”。偶然发现的十六枚古磬，被朝臣们认为是善祥，足见当时社会对于古代礼器教化作用的认识。北宋名臣范仲淹更是在其《礼义为器赋》中明确提出：“假其器而宣其教，尊其义而贵其礼。”除了礼器之外，许多古代文物也有着同样的教化功能。从清代对于许多文物的著录、题跋上我们都能看到当时之人常常希望这些文物能够传诸后世并教化后人。

除去以上三个方面的作用之外，许多清宫收藏来源于臣公、外藩进呈或是内府造做，为满足帝后家族日常生活、娱乐、鉴赏等发挥了重要的作用。

但文物的集中收藏也蕴含着巨大的风险，无论是改朝换代的剧烈战乱，还是平常帝王意志的变幻莫测，都曾给皇室收藏带来过灭顶之灾并波及全国。前者如秦汉末年及五代十国“城头变幻大王旗”，后者如“三武一宗”灭佛事件，均使一国府库及天下收藏迭遭浩劫。

二、清代宫廷收藏文物的来源

清宫收藏文物的来源主要包括继承、征求、进呈、抄没和造做五个方面，五种来源也常有交叉[1]。

1　清宫收藏文物的来源分类参考郑欣淼：《天府永藏——两岸故宫博物院文物藏品概述》，北京：紫禁城出版社，2008年，第3页。

（一）继承文物

清宫收藏继承了宋、辽、金、元、明诸朝皇室的收藏精华，可谓集北宋以来皇家收藏之大成。然而由于历史变幻和朝代更迭，很少有珍宝能自宋至清始终安稳地收藏在皇宫禁苑内，几进几出成为传承的常态，更遑论不少文物毁于帝王之手，如明崇祯、清咸丰皆发内府收藏青铜器铸钱救急。档案、著录、印鉴、题跋等记录了其中不少文物的曲折流传经历，也使这些劫余瑰宝成为中华悠久历史和灿烂文化的重要代表及见证。例如秦始皇以来象征“天命所归”的所谓“传国玉玺”曾几度现身于北宋、金、元、后金、清的宫廷，虽数次考订为赝品，仍厕身于皇家收藏之中，至清末民初方不见踪影。又如北宋张择端《清明上河图》自徽宗时画成后入藏宋宫，金灭北宋后流入民间，元代二次入宫，至正年间被一宫廷装裱匠用摹本偷换出宫后盗卖，明代辗转于李东阳、王忬等人之手，后被严世蕃强索，严嵩父子失宠削籍后此画又被抄没入宫，万历年间再次被太监冯保盗走，至清代先后由陆费墀、毕沅收藏，乾隆皇帝竟无缘得见，嘉庆年间毕沅卒后其家被抄，《清明上河图》再度入宫，民国初年逊帝溥仪将其携往东北，抗战胜利后被东北博物馆接收，1955年再被拨交入藏故宫，成为当今最著名的国宝之一。

（二）征求文物

清代宫廷在继承了明代以前皇家收藏的基础上，多方征求文物、古籍。例如著名的“三希”（唐摹王羲之《快雪时晴帖》、宋摹王献之《中秋帖》和王珣《伯远帖》）和“四美”（东晋顾恺之《女史箴图》、传李公麟《潇湘卧游图》、《蜀川胜概图》和《九歌图》）以及“三友”（宋元《梅花合卷》、元《君子林图》和传曹知白《十八公图》）均是在清乾隆年间被皇家征求并收藏于宫中。

在文物收藏方面，清乾隆年间，皇室曾命大臣梁诗正、王杰等仿效《考古图》《宣和博古图》体例，对宫廷收藏的各类文物进行整理和著录，编成《西清古鉴》《西清续鉴》（甲、乙编）及《宁寿鉴古》四部图书，合称“西清四鉴”。又将宫廷收藏的各类书画汇编成《石渠宝笈》（初、续、三编）和《秘殿珠林》。其中《西清古鉴》共著录清宫所藏古代铜器1 529件；《西清续鉴甲编》收录清宫续得的商周至唐代的铜器944件，另附收唐宋以后铜器和玺印等31件，共计975件；《西清续鉴乙编》收录盛京（今沈阳）行宫所藏商周至唐代的铜器900件；《宁寿鉴古》著录宁寿宫之商周至唐代的铜器701件。《石渠宝笈》经过初编、续编和三编，收录藏品计有数万件之多。其中著录的清廷内府所藏历代书画藏品，分书画卷、轴、册九类；每类又分为上、下两等，真而精的为上等，记述详细；不佳或存有问题的为次等，记述甚简；再据其收藏之处，如乾清宫、养心殿、三希堂、重华宫、御书房等，各自成编。

在古籍收藏方面，为了丰富、充实清宫藏书，同时“寓禁于征”，清朝诸帝不断广搜博采天下遗书。康熙二十五年（1686）四月，圣祖谕礼部、翰林院：“自古帝王致治隆文，典籍俱备，犹必博采遗书，用充秘府。善以见闻而资掌故，甚盛事也。朕留心艺文，晨夕披览，虽内府

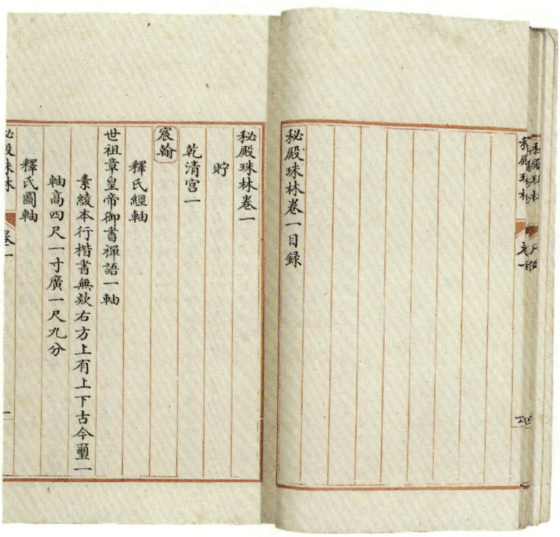

《秘殿珠林》二十四卷　内府刻本　南京博物院藏

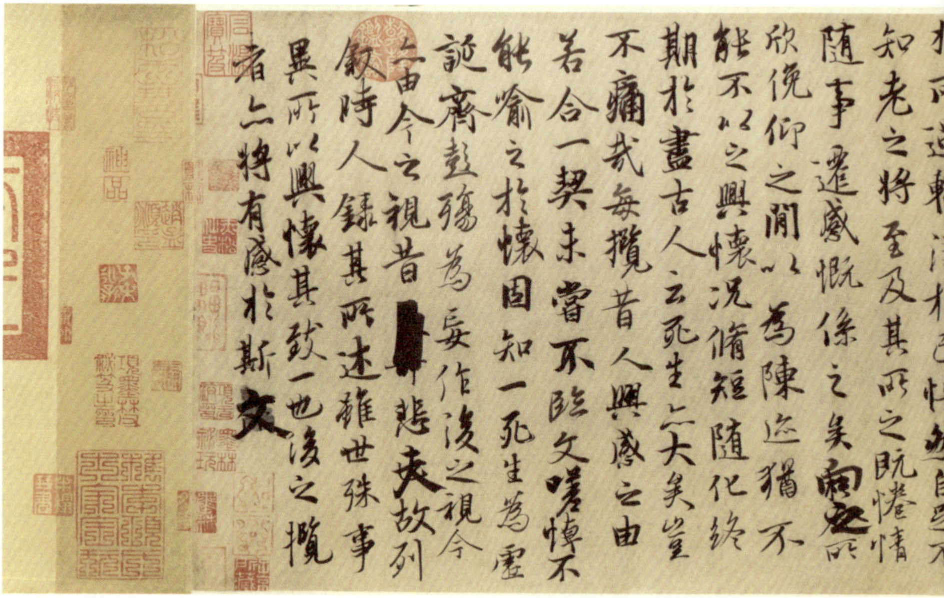

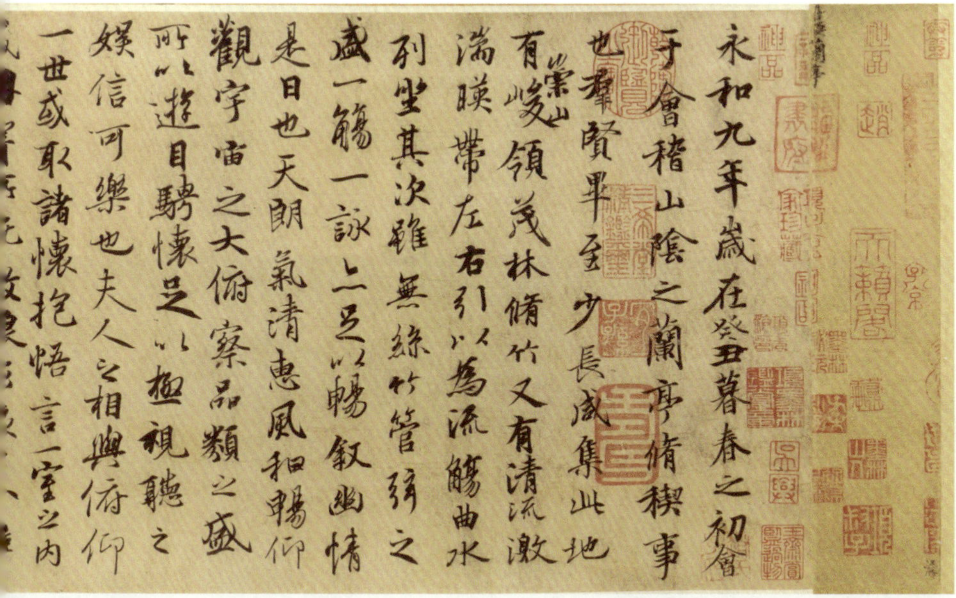

唐　冯承素　冯摹兰亭序　故宫博物院藏

北宋　传李公麟　维摩演教图　故宫博物院藏

北宋　张择端　清明上河图（局部）　故宫博物院藏

书籍篇目粗陈，而裒集未备。因思通都大邑，应有藏编；野乘名山，岂无善本？今宜广为访辑，凡经史子集除寻常刻本，其有藏书秘录作何估值采集及借本抄录事宜，尔部院会同详具奏，务令搜罗罔佚，以付朕稽古崇文之意。”乾隆帝即位后，更是多次征书，其时间之长，规模之大，均超越前代。乾隆四十年（1775）指派大臣于敏中等编出《天禄琳琅书目》10卷，嘉庆二年（1797）又指派大臣彭元瑞等编著《天禄琳琅书目后编》20卷，两书共著录清宫所藏宋元以来精刻精抄善本书籍1 000余部。

（三）进呈文物

专制时代“溥天之下，莫非王土；率土之滨，莫非王臣”，帝王逢年过节、万寿大典或外出巡幸，臣工往往多有贡献，其中又以进书画、文玩最称圣意。在《续纂秘殿珠林石渠宝笈序》中，乾隆帝曾说过：“自乙丑至今癸丑，凡四十八年之间，每遇慈宫大庆、朝廷盛典，臣工所献古今书画之类及几暇涉笔者又不知其凡几。”《石渠宝笈三编》嘉庆皇帝上谕中也说：“朕自丙辰受玺以来，几暇怡情，惟以翰默之事，阅时既久……至内外臣工，祝嘏抒成，所献古今书画亦复不少。”大约清宫书画，臣工所献占一大部分，但良莠不齐。书画如此，其他珍宝也如此。除国内进献外，在宗藩和朝贡贸易体制下，还有藩属国贡品、外国礼品等，如：朝鲜的高丽纸，琉球的军刀，中亚的毡毯，东南亚的象牙、硬木，西洋的钟表、乐器、玩具等。这些所进之物，往往与重大的政治、历史事件有密切关系[1]。

（四）抄没文物

封建时代，皇帝享有生杀予夺的最高权力。中国历史上，皇帝

1　郑欣淼：《天府永藏——两岸故宫博物院文物藏品概述》，北京：紫禁城出版社，2008年，第5页。

在惩治罪臣的同时，往往会将罪臣家产收归国有，将罪臣收藏的古玩奇珍收入内府。有清一代，如和珅、承安等重臣获罪后，均有家藏古物收入内廷。例如康熙时的权相明珠，“喜收藏，好书画，凡其居处，无不锦卷牙签，充满庭宇，时人有比邺架者，亦一时之盛也”。乾隆五十五年（1790），明珠的后嗣、驻伊犁领队大臣承安因罪革职，乾隆帝即命将其家产严密查抄，大臣绵恩等在其家中抄出大量唐宋名人字画、西洋器皿、古籍善本等。明珠藏书处谦牧堂中藏书数万卷，其中不乏宋元版及名贵抄本，大都被抄没后进入皇室收藏序列。嘉庆二年（1797）清宫重辑《天禄琳琅书目后编》时，许多谦牧堂藏书都被收录其中。而号称中国古代头号贪官的和珅被籍没抄家时，更有“和珅跌倒，嘉庆吃饱”的民谚广为流传。根据中国第一历史档案馆保存的《和珅犯罪全案档》引述嘉庆帝上谕所说：查抄和珅家产合算共银二万二千三百八十九万五千一百六十两，所藏金银、玉石、古玩等物约值万万余两之多。《和珅犯罪全案档》同时还附列了查抄和珅家产所得的部分财物清单，其中仅古玩文物一项，就有以下内容：汉铜鼎一座、古铜鼎十三座、玉鼎十三座，宋砚十方、端砚七百十余方，玉磬二十架、古剑二把、大自鸣钟十架、小自鸣钟三百余架、洋表二百八十余个、玉马一匹（高一尺二寸、长四尺）、珊瑚树八株（高三尺六寸）、大东珠六十余颗（每颗重二两）、珍珠手串二百三十六串（每串十八颗）、珍珠素珠十一盘、宝石素珠一千一十盘、珊瑚系珠五十六盘、密蝎素珠十三盘、小红宝石三百八十三块、大红宝石二百八十块、蓝宝石大小四十三块、白玉观音一尊（高一尺二寸）、汉玉寿星一尊（高一尺三寸）、玛瑙罗汉十八尊（高一尺二寸）、金罗汉十八尊（高一尺三寸）、白玉九如意三百七十八支、宝石珊瑚帽顶一百三十二个、嵌玉九如意一千九百八支、嵌玉如意一千六百十支、整玉如意二百三十支、白玉大冰盘十六个、碧玉茶碗九十九个、玉汤碗一百五十三个、金碗碟三十二桌（共四千二百八十八件）、银碗碟三十二桌（共四千二百八十八件）、白玉酒杯一百二十个、水晶杯一百二十个、金镶玉箸二百副、金镶象箸二百副、赤金吐盂二百二十个、白银吐盂二百余个、赤金面盆四十三个、白银面盆五十六个、白玉鼻烟壶三百七十四个、汉玉鼻烟壶二百七十六个、镂金八宝大屏十六架、镂金八宝床四架（单夹纱帐俱全）、镂金八宝炕屏三十六架、赤金镂丝床二顶、镂金八宝炕床二十四张、嵌玉炕桌二十四张、嵌玉炕桌十六张、金玉朱翠首饰大小二万八千余件。虽然后世有学者指出《和珅犯罪全案档》并非嘉庆朝原档，内容多为后世的宫内太监等人从邸报、小钞或传闻中转抄记录的，其中内容有真有假，许多数字也有所夸大[1]，但可以肯定的是，在查抄和珅家产时清廷起获了大量古玩、书画、文物，其中的绝大部分也都流入内府，成为清宫收藏的组成部分。

（五）造做文物

为了满足皇家对各种工艺品和生活用品的需要，清宫内务府专门设立了造办处，全国各地的能工巧匠汇集于此，长年造做各种专供宫廷的物件。乾隆二十年（1755）前，造办处设立有匣作、裱作、画作、广木作、裁作、灯作、穿珠作、花儿作、绦儿作、皮作、绣作、镀金作、银作、玉作、累丝作、錾花作、镶嵌作、砚作、牙作、铜作、杂活作等38个作坊，后减为15个，再后又调整为41个，每月食1两钱粮的各项匠役就有595名[2]。这是一个以宫内造办处为中心、辐射全国的庞大体系，常年按照御旨制作独有清代皇家风范的艺术品、工艺品和各种精美的日用品。在宫中除隆宗门外大片厂房外，还有画人在启祥宫、慈宁宫画作，另在景山、圆明园设有多处制作地点。更有不少器物由造办处设计画样，或蜡样或木样交苏州、扬州、南京及浙江、江西、广东等处，由当地最优秀的匠人制作，因此说造办处的制作网是全国性的。遗留至今的很多精美绝伦的工艺品，如玉器、珐琅器、文玩、织绣、瓷器

1　冯佐哲：《“和珅犯罪全案档”考实》，《历史档案》1986年第4期。
2　转引自万依、王树卿、刘璐：《清代宫廷史》，沈阳：辽宁人民出版社，1990年，第315页。

等，都是当年造办处和各地工匠的杰作。造办处的档案保存至今，故宫所藏清代工艺美术品，有许多仍可以在档册中找到作者是何人，是某年某月某日开始设计画样、做模型，某年某月某日完成以及陈设地点等，其中一些还有皇帝的朱批谕旨。

始于元，盛于明清的景德镇御窑厂，也汇集了众多技艺高超的工匠为皇宫内府烧制精美的瓷器用于观赏、陈设和日常生活，延续数百年，成就“瓷都”美名，更生产、遗存了大量被西洋人视为中国象征的瓷器瑰宝。

景德镇御窑厂所产瓷器数量极大，据清代档案记载，督窑官唐英在雍正十三年（1735）曾奏报，每年秋冬两季向皇宫上交瓷器总共600余桶，其中盘、碗、碟等圆形瓷器17 000件左右，瓶、坛、尊等雕琢瓷器2 000余件。乾隆六年（1741）的统计数字显示，该年共烧过瓷器胚胎42 700多件[1]。保守估计，清室收藏、陈设、使用并遗存的各类文物总数应超过1 000万件，但只有当时被认为具有重要文化艺术价值的少量珍品被编目著录，另有不少则散见于“陈设档”“活计档”及其他档案文献之中，而此外大多数却没有留下记录的清册，已无从钩稽溯源了。

清宫收藏文物有关著录摘要

著录名	年代	作者	藏品数量
《石渠宝笈》	乾隆九年（1744）	张照、梁诗正等	书画7 757件
《秘殿珠林》	乾隆九年（1744）	张照、梁诗正等	书画1 235件
《西清古鉴》	乾隆十四年（1749）	梁诗正等	铜器1 529件
《西清砚谱》	乾隆四十三年（1778）	于敏中、梁治国等	古砚200余件
《石渠宝笈续编》	乾隆五十六年（1791）	阮元等	书画7 757件
《秘殿珠林续编》	乾隆五十八年（1793）	王杰、董浩等	
《西清续鉴甲编》		王杰等	铜器975件
《西清续鉴乙编》			铜器910件
《宁寿鉴古》			彝器600件，镜鉴101件
《石渠宝笈三编》	嘉庆二十年（1815）	英和等	书画7 757件
《秘殿珠林》三编	嘉庆二十一年（1816）		

1　李国荣：《景德镇官窑与清宫瓷器》，《中国文化报》2011年7月28日第7版。

第二章

金瓯倾覆珠玉散

——近代以来清宫文物遭遇的劫掠厄运

据传，联合国教科文组织2003年曾发布过一份《全球防止非法贩运文化财产报告》，其中披露：在全球47个国家的218家博物馆中收藏有中国文物163万件[1]。另估计私人收藏的还有数百万件。

由于历史、文化和地域等因素，海外收藏中国文物的类型、数量和质量呈现出一些国别差异。比如日本收藏的甲骨最多，达13 000片；英国收藏的敦煌文书最多，约14 000件；美国收藏的古籍和地方志最多，各有3 000种和4 000种；俄国收藏的西夏文书最多，共有8 000多个编号。从质量来看，美国和英国收藏绘画最佳，英国和法国收藏瓷器最精，法国收藏敦煌文书艺术价值最高，日本和美国收藏青铜器、造像和书法最好。

清宫散佚文物属于皇家御用之物，官员尚难得一见，更长期与普通百姓无缘。若无重大事变，断不易流落市井，更不致流失海外。正如张謇在民国初年所感叹的："前清内府，昔日所藏缛矣。一散于庚申，再散于庚子，永沦异域，至可唏也。"

1 笔者未能查到该报告，只在联合国教科文组织纪念《1970年公约》40周年的报告中发现有近似数据，而报告的注释表明这些数据似乎来源于一位名叫法比奥·伊斯曼（Fabio Isman）的记者。其实国内部分媒体在2000至2002年间陆续有近似说法，因此这些数据很可能是"出口转内销"。

一、第二次鸦片战争中清宫文物的损失

第二次鸦片战争，是英国与法国趁中国陷于太平天国战乱之际，以“亚罗号事件”及“西林教案”为借口，联手发动的对清朝的战争，被英国人称为“亚罗号战争”（The Arrow War），又称“英法联军之役”（Anglo-French expedition to China）或“第二次中英战争”（Second Anglo-Chinese War）。因为这场战争可以看作是第一次鸦片战争的延续，所以也称“第二次鸦片战争”。

第二次鸦片战争爆发于1856年，英国借口亚罗号事件进犯广州，挑起战争。1857年法国借口西林教案亦派兵参战。1860年10月初，英法联军控制了北京城。10月17日，英国首席代表额尔金以清政府“不讲道义，不顾国际法”，将捕获的英法“侨民”虐待致死为口实，照会清政府：“圆明园者，英法侨民所受痛心疾首惨刑而死之地也。（英国）誓必毁为平地……”野蛮地命英军将北京西北郊的五园（即圆明园、畅春园、清漪园、静明园、静宜园）三山（万寿山、玉泉山、香山）等皇家园林纵火焚毁。

在占领、焚毁圆明园等皇家园林的同时，英法联军也对保存于其中的清宫文物大肆抢夺、恣意破坏。据史料载，英法联军侵入圆明园后即成立了由双方各一名上校军官为首的战利品委员会，负责挑选出最珍贵的物品献给各自的君主，即当时的英国维多利亚女王和法皇拿破仑三世，其余则由军官与士兵们瓜分。在这场近乎疯狂的抢劫过程中，相比普通的金银货币，英法联军尤其重视对于文物、艺术品的掠夺，例如当时法军司令孟托邦曾专门致函法国外务大臣：“予命法国委员注意，先取在艺术及考古上最具价值之物品。予行将以法国极罕见之物由阁下以奉献皇帝陛下，而藏于法国博物馆。”英军司令也曾指示部下，极力收集可携往英国之物。

圆明园作为清代皇帝的“宸居游豫之所”，也是皇帝每年夏秋处

理政务的重要场所。清宫收藏的大量艺术珍品、图书字画、鼎彝礼器、文书档案都保存于此。仅《石渠宝笈》著录的历代书画收藏于圆明园的就有200余幅。

这座清廷经营了150多年的东方艺术之宫，在短短几天之内就被英法联军劫掠一空，并被付之一炬。关于英法联军掠夺文物的数量，法军士兵阿尔芒·吕西安在给他父亲的信中提到："300多辆车装的全是战利品，所有的士兵除了规定的背包，还都背有沉重的包袱。"事后，奉咸丰帝之命，内务府大臣明善曾对圆明园被抢的情况进行了察访，在他的奏折中提到圆明园内九州清晏各殿、长春仙馆、上下天光、山高水长、同乐园、大东门等多处殿宇被焚，而房座尚存的一些庙宇、亭座、宫门、值房中的陈设、铺垫、几、案、椅、杌、床张均被抢掠，银库中被抢银钞19 225两，并实银制钱尽行丢失，器皿库内存装修、什物、零星木植、灯只等件，抢掠不齐……[1]

向斯在《故宫国宝宫外流传秘笈》一书中[2]，汇总整理了档案、史料和中外的报纸、杂志、书籍所载，英法联军入侵圆明园而造成我国流失的珍宝文物大致包括：

西洋楼谐趣园，海棠喷泉池，池周的铜鹅、铜羊、石鱼；

西洋楼海晏堂，八字形水池，池周的十二生肖兽面人身铜像；

西洋楼大水法，狮子头喷泉池，池中心1只铜制梅花鹿，池周10只铜狗；正大光明殿，宝座左边墙壁上悬挂的巨幅《避暑行宫图》，紫檀雕花宝座，雕镂玫瑰等花的挖花栏杆，装饰着翡翠和孔雀羽毛的镶玉、镶宝石屏风，紫檀桌子、椅子、柜子，花梨木橱柜、角柜，瓷瓶、瓷缸、瓷碗、冰纹壶、碧玉瓶等珍稀古玩；

缂丝三世佛、四大金刚、十八罗汉；

1　彭蕾：《文物返还法制考：从中国百年文物流失谈起》，南京：译林出版社，2012年，第16页。

2　向斯：《故宫国宝宫外流传秘笈（清宫珍籍流传宫外考）》，北京：中国书店出版社，2007年。

商、周青铜器、青铜鼎、青铜雕龙、青铜香炉；

羚羊皮货、海貂皮货、白鼬皮货、鬈毛羔羊皮货；

皇帝、皇后、妃嫔的龙袍、貂褂、朝珠、珠翠、金鸡、神像；

古名画《女史箴图》(原文如此。另有研究认为《女史箴图》是1900年由八国联军中的英军军官从颐和园掠走),《乾隆肖像》《皇帝在万寿山下接见蛮人》；

金塔,金钟,鎏金编钟,景泰蓝麒麟,宝石,铜鎏金云龙纹编钟,如意云纹金瓶；

古陶器,古瓷器——宣德青花大碗,康熙、雍正、乾隆五彩、粉彩瓷瓶、瓷罐、瓷花盒,古漆器,金器,银器,牙雕,珐琅,景泰蓝——明景泰蓝熏炉、尊、壶、吊灯,珊瑚,琥珀,玛瑙,水晶,文竹,象牙,犀角,黄杨木器物,大金塔,小金塔,金曼达,皇帝肩舆；

金罐,金壶,金盒,军刀、盔甲,珊瑚狮子,康熙五彩瓷,乾隆粉彩瓷——粉彩千花壶、粉彩镂空熏炉,珐琅釉瓷瓶,茶釉龙耳罐,剔红百子图盒,掐丝珐琅麒麟,掐丝珐琅五供,金嵌珠宝坛城,茶叶末釉双龙柄瓶,红金胎掐丝嵌画珐琅执壶和温碗；

金、银、玉如意,玉盘,玉池,玉屏,玉磬,玉罗汉,玉香橼,玉山——乾隆大玉山(白玉大山,浮雕人物,上有乾隆御笔临摹王羲之《兰亭序》),玉瓶,玉碗,玉洗,玉鼎,玉壶,玉册——乾隆《御制八征耄念之宝记》碧玉册,玉如意——康熙玉如意(白玉透绿,上书御制,有铭文:敬愿屡丰年,天下咸如意。臣吴敬恭进),玉插屏,白玉浮槎,白色玉玩,绿色玉玩,玉兽面纹双耳炉；

宫廷画师沈源、唐岱精绘绢本《圆明园四十景图》,西洋画师郎世宁精绘本《格登鄂拉斫营图》《乾隆帝后和十一位妃子肖像》,伊兰泰精制海晏堂等西洋楼铜版画,世间稀见的《圆明园菊花迷宫图》和宫廷画师沈源、孙祜精刻木刻本《圆明园四十景图》等。

抢劫后的许多珍贵物品就地售卖,如同儿戏。英国皇家炮兵队长诺雷斯回忆:“将抢来的东西,当时就在北京分给英军的军官和

火烧圆明园

士兵们，物件用拍卖方法售出，与法人交给我们的一齐合算起来，得着一笔很大的款项！……幸得女皇体谅，赞成我的举动（所售出的款项，总计8 000镑，还有法人交给我们的18 000镑现款）。……许多美丽的装饰物，都陈列起来出售。而且军官们知道将得到奖金，立刻随便出价，所以这些物件都卖得很多的价钱。一个黄色的中国式小茶杯，就卖到22镑。我买到了几块美丽的宝石，还有一个最精美的碧玉项圈，上面还镶着红宝石呢！看上面粘贴着的标签，我们知道，这是一位著名的鞑靼酋长进贡给清帝的。我仅仅花了50镑就买到了，好像没有人喜欢这件装饰品似的。我还买了一块天蓝色的宝石，雕镂得很是精致。奖品委员会得着一个美丽的金瓶，清帝用来将玫瑰香水倾注到他那柔荑般的手上的，他们却很慷慨地送给了我！……另外，还有两个美丽的大瓷瓶，样式非常好看，请允许我将这两个瓷瓶送给女皇！”[1]

据清咸丰十一年（1861）大臣奏报：圆明园失落大钟93件，大表20件，小表182件。静明园原存陈设20 112件，火毁17 523件，英法联军洗劫之后，只有981件。故宫《史料旬刊》第17、18两期汇集了“清咸丰年英法兵入京焚毁圆明园案”史料。

圆明园遭劫被焚后，大量的清宫文物被劫往海外，如今美国、日

1　原出自［英］亨利・诺雷斯:《1860年对华战争事件》，转引自向斯《故宫国宝流传宫外纪实》，天津：百花文艺出版社，第96页。

本、西欧多国都不乏圆明园文物的踪迹，其中尤以英、法收藏的数量居多、质量最精。

二、庚子之变中清宫文物的损失

1900年为中国农历庚子年，以“扶清灭洋”为口号的义和团被清朝政府先利用后镇压，英、法、日、俄、德、美、意、奥八国以保护使馆、侨民为借口，组成联军攻占了北京，不仅大肆杀戮义和团民，还纵兵大掠数日，京城内外，从皇宫禁苑、官署部衙，到王公府第、民居商宅，悉数遭难。紫禁城作为皇宫，也成了各国侵略者抢劫的重点目标。

据普特南·威尔撰写的《庚子使馆被围记》记载[1]，联军刚攻入北

八国联军在紫禁城[2]

1 ［英］普特南·威尔：《庚子使馆被围记》，冷汰、陈诒先译，上海：上海书店出版社，2000年。

2 刘北汜、徐启宪主编：《故宫珍藏人物照片荟萃》，北京：紫禁城出版社，1995年。

京，就恨不得立即“闯入宫门，任意取携，满其欲壑而已，除此以外心无他念”。由此，各国军队开始了争夺皇宫的竞争，他们几乎同时进攻皇宫，甚至为此发生冲突。为了平衡各国利益，避免军事火并，联军统帅部最后决定由美、俄两国军队守护宫门，其他各国军队不得擅入，这些措施虽然在一定程度上避免了皇宫遭受灭顶之灾，但是并没有阻止针对清宫文物小规模、一般性的偷盗、劫掠活动。按照约定，各国军官可以在俄国军官的陪同下参观皇宫。参观皇宫，在当时成为各国军官中身份地位的象征，也是最能得到实惠的权利，因为可以在参观过程中心照不宣地将堆积如山的珍宝装入自己的口袋。因此，参观皇宫成为联军中默许的偷盗代名词。尤其是俄国军官，以胜利者的姿态参观皇宫，更可以堂而皇之地劫取文物。普特南·威尔曾在《庚子使馆被围记》中写道：“他们一路走一路拿，一边说笑一边偷盗，在谈笑之间，将一颗又一颗硕大的珍珠、项链、珊瑚、碧玺、如意据为己有。”甚至在俄军最高指挥官阿尔克谢耶夫和利涅奇前去参观时，随行人员也有很多人在酷热的天气里穿上了大衣和斗篷。他们顺手牵羊，用大大小小的珍宝鼓起了自己宽大蓬松的外衣；还有两位将军在尚未走出慈禧太后住室的时候，就将室内一个放置着数十件用黄金和宝石精制成的小巧艺术品的玻璃柜洗劫一空。俄国军队撤出后，德军、日军据守紫禁城，偷盗的情况仍未有改观，不仅“德人将大内镇库之大宝运去”，而且其他各国也都在越来越频繁的“参观”中各显劫宝神通[1]。

与圆明园遭劫相似，一些能够出入宫禁的国人也助纣为虐，趁火打劫，参与了对宫中珍宝的偷盗活动。

至1900年冬天《平等阁笔记》的作者狄葆贤等人来到紫禁城时，发现宫内已经“损失过半”，贵重物品被“劫掠无遗”[2]。

---

1 转引自向斯：《故宫国宝流传宫外纪实》，天津：百花文艺出版社，2014年，第125页。
2 参见狄葆贤：《平等阁笔记》，上海：有正书局，1913年。

目前，在清宫档案中还能查到对八国联军劫掠清宫文物情况的一些零星记载。庚子之变中紫禁城丢失的文物主要包括：宝物，约2 000件；碧玉弹子，24颗；琬珽大屏风，4扇；金钟，2座；李廷珪墨，1盒；玉马，1匹；墨晶珠，1串；林凤翔、洪宣娇牙齿，1盒。据雨华阁陈设册记载，联军拿去的文物有：铜掐丝珐琅玉垂思香筒，1对；铜胎秘秘佛，1尊；黑石秘秘佛，1尊；紫檀嵌玉垂思香筒，1对；铜镀金嘛尼，1件；筒子幡，1首；杵，64件；铜胎上乐王佛，1尊；紫檀小龛，1座；灯笼，6个；金镶玉白海螺，2个；擦擦白救度佛母，270尊；银镀金七珍，1份；等等。而内务府档案中还有多份洋人拿去物品清单，例如八月初四日"洋人拿去乾清宫等物品清单"中记载有：玉器163件、玛瑙44件、瓷器3件、笔16支、核桃珊瑚20件、扇子5把、扳指6个、竹木器7件、玩器35件、册页14册、手卷4轴、挂轴2件、铜器8件和石器墨纸4件，以上共计331件。乾清宫内的青玉古稀天子之宝1方、青玉八徵耄念之宝1方、铜镀金佛2尊、碧玉双喜花觚1件和碧玉英雄合卺觥1件等珍贵物品也相继被洋人抢去。另外，八月初六日、十二日、十七日、九月初一日和十月初三日、初七日、初十日等日的档案中，也有类似的清单记载。除了对紫禁城的抢劫以外，保存于北京城内三海、颐和园等皇家园林，以及皇城内的其他皇家寺庙、官署内的清宫文物也都遭到了严重的劫掠。据《平等阁笔记》记载，1900年冬天，三海、瀛台各物已荡然无存，紫光阁内，书籍狼藉满地，瀛台院内到处堆积着残碎的玻璃瓷器和家具杂物。包括韩滉的《五牛图》卷在内的大量珍贵文物不知去向。天坛、太庙、社稷坛、嵩祝寺等皇家坛庙中的礼器、祭器、佛造像等，也损失严重。据统计，在庚子之变中天坛损失银、玉、铜、瓷、竹等祭器1 148件(份)，嵩祝寺"被抢如洗"，丢失镀金佛像3 000余尊，铜佛50 000余尊、瓷佛13尊、瓷瓶12对、镀金幡70堂首、锦缎绣品100余件，以及御书房陈设等。皇城内太常寺、光禄寺等官署内存放的御用金银器和銮驾库中的各色御用车马(包括皇太后万寿金銮、皇帝玉辇、金辇等)，翰林院中的数万册经史典籍(含《永乐大典》）皆被搜掠一空，价值难以计算。中国第一历史档案馆编的《庚子事变清宫档案汇编》第5辑中收录了8份庚子事变次年各部门关于“洋兵”占据期间财物损失的奏报，涉及紫禁城、大高玄殿、西陵等处。

遭遇这场浩劫，北京“自元明以来之积蓄，上自典章文物，下至国宝奇珍，扫地遂尽”，所失“已数十万不止”[1]。八国联军总司令瓦德西承认：“所有中国此次所受毁损及抢劫之损失，其详数将永远不能查出，但为数必极重大无疑。”[2]

三、辛亥革命以后清宫文物的损失

溥仪

1911年（清宣统三年）辛亥革命爆发，成功推翻了清王朝的统治，结束了中国两千多年来的封建帝制，建立了中华民国。

根据清室优待条件，逊帝溥仪仍“暂居宫禁”，皇宫里大量堆积的文物珍宝仍然由皇室和内务府占有。但是，“这些财宝每一分钟都在被赠送、出售或典押，甚至被偷窃”。据学者研究，当年仅典卖出宫的珍宝即达4 000余件，其中有2 000余件流失出国或不知所终。

逊帝溥仪经常拿出一些名贵字画珍籍赏人，主要是他身边的师傅们。除了赏赐以外，师傅们还经常以“借”为名，公然将宫中之物据为己有。溥仪在回忆录中对此有这样一段记述：

1　张自成：《百年中国文物流失备忘录》，北京：中国旅游出版社，2001年，第46页。
2　中国史学会主编：《中国近代史资料丛刊·义和团（三）》，上海：上海人民出版社，1954年。

我过去曾一度认为师傅们书生气太多，特别是陈宝琛的书生气后来多得使我不耐烦。其实，认真地说来，师傅们有许多举动，并不像是书生干的。书生们往往不懂商贾之利，但是师傅们却不然。他们都很懂行，而且也很会沽名钓誉。现在有几张赏单叫我回忆起一些事情。这是“宣统八年十一月十四日”的记录：

赏陈宝琛　王时敏晴岚暖翠阁手卷一卷

还有一张宣统九年三月初十日记的单子……这类事情当时是很不少的，加起来的数量要远远超过这几张纸上的记载。我当时并不懂字画的好坏，赏赐的品目都是这些内行专家们自己提出来的。至于不经赏赐，借而不还的那就更难说了。[1]

后来，陈宝琛的外甥刘让业在日本为供自己挥霍而委托日本古董商原田卖掉的清室旧藏书画，恐怕多是诸如此类的“下赐品”与“借入品”。

1925年3月19日，清室善后委员会查点毓庆宫时，发现一份《诸位大人借去书籍字画古玩等糙帐》，是庚申年（1920）记的。其中的“诸位大人”包括陈宝琛、朱益藩，下面或注有“收回”，未注“收回”字样的则是已经被占为己有了。

对于北京城里掌握实权的人物，溥仪遇到他们的生日或新年，都免不了送古玩字画等作为贺礼，以为巴结、笼络。如1923年曹锟当了大总统后，溥仪送给他一份丰厚的生日礼物，包括“哥窑天盘口大瓶2件、嘉靖青花果盘2件、玉雕云龙大洗1件、白玉双管甲扁瓶1件、白玉诗意山子1件、碧玉仙人山子1件、古铜三足朝天耳炉1件、古铜鼎1件、古铜鎏金双鹿耳尊1件、古铜提梁卣1对、珐琅胡瓶1对、珐琅宫薰1对、红雕漆格1对、红雕漆双耳尊1对”。吴佩孚、徐世昌、张作霖等人的生日或新正度岁，溥仪都曾以古玩充作贺礼。

1　爱新觉罗·溥仪：《我的前半生（全本）》，北京：群众出版社，2007年，第52页。

1923年9月，日本东京发生大地震，溥仪也选了一批当时估价30万元的古物、字画、珍宝，送交日本驻华公使芳泽谦吉，以代现金作为赈灾之用，向日本示好。

此外，溥仪还以“赏赐”溥杰为名，趁溥杰、溥佳二人每天上午进宫伴其读书之机，将珍贵的宋、元版善本书偷运出宫。因为善本书与溥杰兄弟平时随身携带的课本大小相类，方便携带，盗运活动没有引起“内城守备队”值勤士兵的任何怀疑。于是，盗运活动的规模逐渐扩大，盗运的内容也扩大到书画。开始时几天赏一次，每次10卷或10册；后来几乎是逐日赏赐，赏赐数量也逐日增多。盗窃活动一直持续到溥仪被逐出紫禁城才得以终止。1925年，“清室善后委员会”发现了“赏溥杰单”和“收到单”。根据两单的数字统计，从1922年7月至12月12日，溥仪总共盗出历代书画手卷1 285件，册页68件。而事实上，尚有大批隋、唐、宋、元的珍品被盗出而没有登记到清单上。在这两张清单和

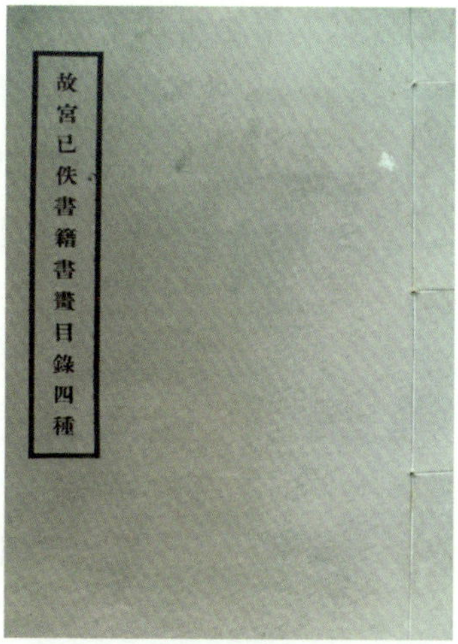

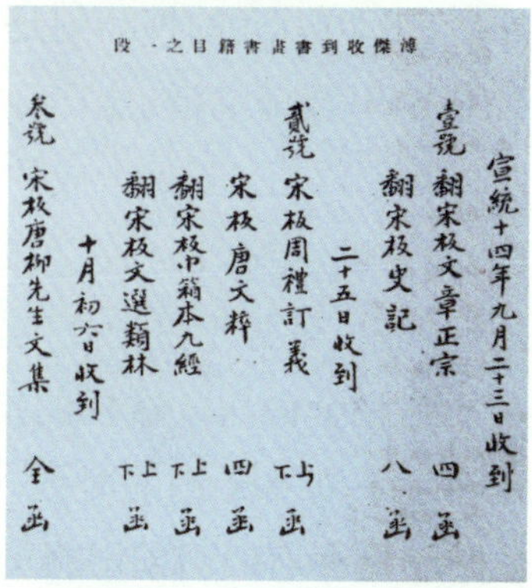
溥傑收到書畫書籍目錄之一段

宣統十四年九月二十三日收到
壹號 翻宋板文章正宗 四函
翻宋板史記 八函
二十五日收到
貳號 宋板周禮訂義 上下函
宋板唐文粹 四函
翻宋板巾箱本九經 上下函
翻宋板文選翰林 上下函
十月初六日收到
叁號 宋板唐柳先生文集 全函

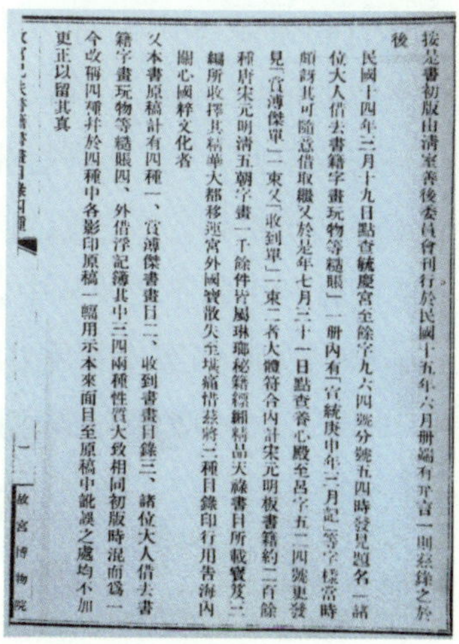

《故宫已佚书籍书画目录四种》书影

《诸位大人借去书籍字画玩物等糙帐》的基础上，故宫博物院曾专门编印出版了《故宫已佚古物目录二种》和《故宫已佚书籍书画目录四种》（以下简称《佚目》），以便后世索寻[1]。

除了赏赐和赠送外，溥仪暂居内廷期间，为了满足宫内开支、维持小朝廷的局面，也曾对外典押和拍卖宫内文物。1922至1924年，清室曾多次典当、抵押、拍卖宫中珍宝、金银器。例如，内务府曾经和北京盐业银行订立抵押合同，日期是民国十三年五月三十一日，签字人是内务府绍英、耆龄、荣源和北京盐业银行经理岳乾斋，抵押品是金编钟、金册、金宝和其他金器，抵押款数80万元，期限1年，月息1分。合同内规定：40万元由16个金钟（共重11.143 9万两）做押品，另40万元的押品则是：8个皇太后和5个皇后的金宝10两、金册13个以及金宝箱、金印池、金宝塔、金盘、金壶等，计重1.096 9万两7钱9分6厘，不足十成的金器36件，计重883.8两，另加上镶嵌珍珠1 952颗、宝石184枚、玛瑙碗等珍品45件。只这后一笔的40万元抵押来说，就等于是把金宝、金册等十成金的物件当作黄金折价，其余的则完全白送。这样的抵押和变卖，每年总要有好几宗，特别是逢年过节需要开销的时候。一到这时候，报上就会出现新闻消息，也必有内务府辟谣或解释的声明。“比如这一次抵押事先就有传闻，内务府和荣源本人也有声明，说所卖的都是作废的东西，其中绝没有慈禧的册宝云云。”[2]

溥仪对此，一是不满盐业银行仅将贵重的金质文物艺术品作为普通黄金估价抵押，二是通过这样一个向银行融资的例子批判当时内务府的高官利用职务之便从中获取不正当利益的“中饱私囊”行为。

根据明清档案专家秦国经的研究记录，从民国元年到民国十二年（1923），民国政府对清室的实际支出额总计是2 465万元，假设按

1　郑欣淼：《天府永藏——两岸故宫博物院文物藏品概述》，北京：紫禁城出版社，2008年，第17页。

2　爱新觉罗·溥仪：《我的前半生（全本）》，北京：群众出版社，2007年，第119页。

照当初许诺的每年400万元计算，12年就是4 800万元，差额达2 335万元。如果将双方达成的每年400万元标准视为逊清皇室维持奢华生活的必要开支，那差额只能通过变卖清室掌握的财宝来弥补，而巨大的差额数字也反映了变卖文物的整体规模。这种自行弥补的方式可能曾得到当局的默许。

从清室传出来的古董古玩，实际上除了典当、抵押，或是由皇族、高官、太监以不正当方式携带出宫外，还有过去鲜为人知的渠道，就是内务府自己拍卖。日本东京茧山龙泉堂第一代主人茧山松太郎保存的一份档案资料，直接反映了清室内务府拍卖古玩的情况。这是由日本方面保存的直接证明清室和日本古董商人关系的一份资料，亦是内务府拍卖这种方式的一个典型案例，具有珍贵的史料价值[1]。

资料一

敬启者　此次招商承购库存瓷玉古铜物件　应交保证金业经截至　定于一月十七日看视物件　用特函达　贵号希于是日八时　持具前发规则及物类单并字号名片　至神武门外本府　派有官役带领进内　以便按章看视　逾时不候　幸勿自误可也　此致

龙泉堂

内务府启

“资料一”是关于预展日期及保证金交讫日期的通知。

1 ［日］富田升：《近代日本的中国艺术品流转与鉴赏》，赵秀敏译，上海：上海古籍出版社，2005年，第52页。

资料二

敬启者　本府此次出售瓷玉古铜　业经各商号封价投标　本府现定于一月二十七日宣布　用特函达　贵号希于是日准早九点　持具前发保证金收据及物类单　赴景山西门内务府筹备处　听候宣布　幸勿自误可也　此致

龙泉堂

内务府启

"资料二"是关于开标日期及地点的通知。

资料三

正面：日商古玩茧山松太郎

背面：收购

三代古铜器　古铜镜子

金银系的古铜古铸器

魏隋朝的镀金佛像

宋元大明朝的壶器

大清官窑的瓷器

官窑龙泉窑瓦窑的货物

翡翠玉器

天黄天白鸡血石的图章

大明雕漆黑漆画彩漆的货物

老金画皮匣子箱子

老竹根竹子的货物

菩提树的念珠儿

大明毡子无论什么上等货物都可以买

“资料三”是苗山龙泉堂的字号名片。“资料四”是内务府拍卖投标的细则。

资料四

此项陈列种类　拟分别陈列　庶各商家易于鉴别　所有出售之物　略分数类　曰某质类某器类　各商号分别阅看至某日某商号阅看某类　由本府定妥　函知各该商

欲购此项陈设者　必须殷实号商　一律以字号为凭　每家各交保证金一万元　由本府掣付收据　并付给详章物类单各一份

保证金原为郑重起见　开具后　允许购领之家　作为正价之内　其未允许之家　即将前发收据暨种类单缴还本府即将保证金发还该商

各商号交到保证金后　应俟本府定期通知　以便带领看物　届时各商号伙友一家　不得逾五人　以免紊乱

各商看物估价时　须按照交纳办证金先后顺序　定期领看　倘经损伤　照原物最高价格赔偿　投标地点日期时间另函通知

各商号完全看过后　在本府发给物类单某物下　逐件分开　估价数目　须楷书大写　盖章封固　按期投标　俟开标后　将最高价格核定　照准方能购买

此项种类单　由本府签盖图章后　发给该商照填　如另用别纸　作为无效

各商号投标时　必须填写估价数目　方为合格　如未逐件分估　仅估数件　或只书比较最高价格　酌加成数或添改涂抹　以及开标后　另行加价　暨未投标之家　加价强购均作无效

商号自行投标　听候定期列单宣布　倘逾时不到　是属该商自误　即做无效

允许购领之家　交款取物日期　以一星期为限　倘逾期限　不交款取物　即将该商所交之保证金全数议罚充公　再由本府另行招商

购买之家　应交价款以现银元为率

起运物件时　所有装箱抬运一切事宜　及经费统归该商自理　其经过门座道路　直达落运之处　以北京为限　由本府函知各机关　查照放行

此次出售物件　因经费奇绌　实出万不得已　所有办事各员役　凡稍具人心者　均应各秉天良　承购各商亦应从实估价　所有办事地点　概无使费　承办员役　绝无陋规　倘有员役勒索　定必从严惩办　如该商等有勾串情事　除将员役重惩外　并将该商看物资格取消　其已交保证金全数　议罚充公　该商等幸勿自误

规则要点如下：各商号需要交纳保证金1万元，领取由内务府发的收据、规则书和拍卖物品一览表各一份。

在中标后，保证金可以抵正价的一部分；没有中标的商家在交还收据和物品一览表后返还保证金。

各商家根据内务府发行的物品一览表，用楷书逐一将价格写好，封印之后，按期进行投标。开标后以每项出价最高方为中标者。

开标后，在一周之内交款领物。超过期限时，保证金全额没收。

捆包运输费用全部由商家自理。

内务府还特别申明：这次的拍卖，是由于财政匮乏而采取的不得已的方法。如果有贿赂（强要）或串通的事件发生，当事人要受到严惩，该商号也被取消资格，保证金也会全额没收。

根据上面各项资料，由内务府举办的清室所藏古董古玩拍卖会的细则以及拍卖的全过程显而易见：内务府收取保证金1万元，然后商家取得收据和物品一览表，茧山龙泉堂于1月17日8时持着物品一览表等来到神武门外的内务府，进行拍卖品的预先检查，获得保证金交付后的截止日期通知书。龙泉堂主人再对拍卖品一一标的，并对标的完的物品一览表封印后按照日期提交，然后等待内务府的通知，在特定的时间听候发标结果。中标者在一周之内交钱领货，将保证金折合成一部分货款；没有中标者，拿收据和物品一览表返还保证金。龙泉堂主人这次中了6件瓷器。

“资料五”是物品一览表的部分内容，上面有拍卖品的种类和件数。

资料五

二十四　乳釉瓷双耳瓶　一件410日元

二十五　冬青釉瓷花瓶　一件55日元

二十六　雍正　齐兰瓷撢瓶　一件40日元

二十七　乾隆　均釉瓷撢瓶　一件10日元

二十八　三彩瓷梅瓶　一件10日元

二十九　万历　白地绿龙瓷　一件10日元

三十　乾隆　均釉瓷双耳瓶　二件152日元

三十一　雍正　豇豆红梅瓶　一件10日元

三十二　乾隆　均釉瓷石榴尊　一件70日元

三十三　乾隆　冬青釉瓷双管耳小瓶　二件20日元

三十四　雍正　红瓷太白瓶　一件10日元

三十五　乾隆　均釉瓷撢瓶　二件100日元

三十六　嘉庆　绿地五彩瓷西莲四耳盖罐　一件50日元

三十七　翡翠瓷花瓶　一件5日元

物品一览表分为三个部分，首先是古铜100件左右，然后是玉器280件左右，再后是陶瓷器一百几十件。玉器当中的青玉、陶瓷器当中以乾隆时期为代表的清朝官窑瓷占压倒优势。龙泉堂根据规则在每一件标的后面都写上自己的投标价格。

统计一下，中标的总共35种，总额5 800日元，龙泉堂出示了16个标价，最后中标6件。全部中标之中价格最高的是“乳釉瓷双耳瓶”410日元。中标品中100多日元的物品最多，其次是100日元以下的，然后是200多日元的，300多日元和400多日元的总共只有2件。中标的物品显然没有价格特别高的，倒是在没中标的之中有：翡翠瓷果盘，2个，2 390日元；朱砂釉瓷葫芦瓶（赤玉金兰手大瓢），1 750日元；定瓷果洗子，1 569日元，这些都是标价超过一千日元的物件。

关于古铜，没有记载最高投标价格，在龙泉堂主人中得的物品上记载着“中标v”的字样。这样的物品只有8件，不知是否是全部的中标数。在中标的物品当中标上最高值的是“古铜三足朝天耳小彀”210日元。玉器方面，龙泉堂对全部物品都标上了价格，用阿拉伯数字写的是最高价格，中标的物品标上“v”。

还有在规则书和物品一览表上，都用墨写上了“第十四号”的字样，据此可知这应该已经是内务府举办的第十四期拍卖会了，但是具体年代不详。在内务府发行的物品一览表的投标价格后，醒目写着“盖章封固”字样。而在物品一览表上，盖着“本店东京市京桥区铃木町、收买所北京东城麻线胡同”的店戳。如果这个店戳是根据规则在当时被盖上的话，根据富田升研究，龙泉堂主人在北京东城麻线胡同购置房屋是明治四十五年三月的事情，在东京市京桥区铃木町构建房屋是大正九年的事，那么内务府第十四期拍卖会就不可能追溯到大正九年（民国九年）以前。还有龙泉堂主人根据规则对全部参展品标出了价格，古铜器类合计2 641日元，玉器类合计8 609日元，瓷器类合计13 914日元，总计25 164日元。这是一个古董商的估价，从一个侧面也反映了当时古董的价格行情及这次拍卖会的规模。

茧山松太郎保存的这份资料，证明了清室内务府拍卖自己所藏古玩古董的事实，同时也相当详细地记载了实行经过、细则、销售物品、数量、中标价格等各种实际情况，由此也证明了清室内务府和日本古董商人的关系。内务府拍卖这一过去少为人知的情况通过这一例子得以为公众了解，对于研究清宫散佚文物是很有意义的。

除上述“正常”渠道外，紫禁城内的偷盗活动也十分猖獗，太监、侍卫、大臣都在参与珍宝的偷盗活动。溥仪说，就他所知，宫内太监们的盗窃几乎从未间断。他大婚的时候，刚刚行过大婚礼，皇后凤冠上镶嵌的珍珠、宝石、玉翠竟然整个被换成了赝品。

溥仪的师傅庄士敦曾告诉溥仪，在他居住的地安门大街两旁，有许多古董铺陆续开张。据说有的是太监开的，有的是内务府官员或者官员的亲戚开的，待售的珍宝大都是出自宫内。鉴于此，溥仪接受师傅的建议，决定加以清点。不料这样一来反而适得其反，盗案更多也更猖獗了。溥仪为了追查盗案，甚至动了刑，但是无论是刑讯还是重金悬赏，都未奏效。紫禁城西北部的建福宫花园是乾隆时期建造的一处大型宫殿花园式院落。清室在此存放着大量的珍贵文物，据溥仪说，是贮藏珍宝最多的地方之一。1923年，溥仪决定整顿内务府，详细清点库房。孰料建福宫花园的清点刚刚开始，6月27日夜，一场蹊跷而惨烈的大火就将建福宫花园所属建筑全部焚毁，收藏于其中的大量珍贵文物均在大火中失去踪迹。据内务府统计，在大火中烧毁金佛2 665尊，字画1 157件，古玩435件，古籍数万册。而事实上，究竟烧毁了多少东西，至今仍是个谜。溥佳说：“当时的内务府非常腐败，常与太监互相勾结，盗卖里边的古物，这次火灾，很可能是宫内太监看守自盗，为了消灭证据而故意纵火的。”时任《北京日报》记者神一等报道：“清宫失火原因，事后经清宫方面调查，系太监盗运宝器……太监串通放火，销灭证据。”太监孙耀庭当时在火灾现场听卫戍司令王怀庆不置可否地说：“听说太监偷了宫里珍宝，为了销赃才放的火。”

1924年11月5日，逊帝溥仪被逐出紫禁城。1924年11月20日，“清室善后委员会”正式成立，紫禁城完全收归民国政府。此后清室善后委员会开始着手对故宫文物进行系统查点。

虽然“清室善后委员会”及时清点、整理故宫文物的行动制止了清宫文物进一步大量流失，但是此前被溥仪等偷运转移出宫的文物数量已十分惊人。1925年2月，溥仪在日本人的监护下来到天津日租界的张园，1929年又举家迁入同属日租界的乾园并改名为静园。据当时在津专门负责管理这批珍宝的严振文在1952年初回忆：由张园迁入静园的书法名画手卷约30箱，内装1 300件；书法名画册页4箱，内装计40件；书画挂轴1箱，内装21件；宋元版书31箱，内装200部；殿版书3箱，内装部册不详；大金库2个，内装皮匣2个、手提小金库30余个（运往长春19个，余留津）。溥仪在天津期间，为了生活和对外交往的需要，也曾将带来的清宫文物出售或送人，据当时的故宫博物院专门委员张伯驹考定，在此期间流散遗失的文物达1 198件，陆续收回800余件，仍有300余件或损毁或流落海外。

1931年“九·一八”事变后不久，溥仪即偷渡白河，潜往东北，1932年3月在长春出任伪满洲国“执政”，1934年3月当上傀儡皇帝。其后不久，由“帝室御用挂”日本人吉冈安直从天津押运回存放在静园的法书名画等文物。据溥仪的贴身随侍严桐江回忆：携带的文物装满了三尺多长、高和宽各一尺多的松木箱子，约100箱，其中有法书名画1 300件，约30箱；法书名画册页40件，约4箱；书画挂轴21件，约1箱。还有宋元版书、殿版书、古玩玉器、皮裆等40多箱，大小金库十几个。

这些伪满宫廷文物，大约分为三部分：内廷收藏，为溥仪私有；宫内府收藏，为数很多；尚书府收藏，数量较少。溥仪内廷收藏有藏书《书籍簿》4册，有字画类《御笔手卷册页挂轴簿》1册，《新旧手卷册页挂轴簿》1册，等等。书目所列古书共计820余种，34 500余册。被溥仪偷盗出宫而后带到东北最终不幸散失的书画件件堪称国宝，这就是文物界赫赫有名的“东北货”[1]。

抗战期间，溥仪在长春曾收购了一些书画，也有各方“进奉”的作品，这其中佳作几无，甚至还有诸如《老祖绘皇极五福图》等乩坛上的作品。1945年8月日本溃败后，伪满垮台，溥仪一行逃往大栗子沟。逃跑前因古书太多无法携带，就挑选了手卷中的精品，将最珍贵的装成57箱，交给了随行侍从全部运往大栗子沟，寄放于该处矿山株式会社矿长住宅内。其余没来得及携带的书画古籍，在混乱的局势中遭受到严重损失。没过几天，苏联红军大兵压境，溥仪匆忙中只带了120多件书画和一些珠宝准备逃亡日本，结果在沈阳机场被苏联红军俘获，除个别文物散失，其余都被东北民主联军接收，目前收藏在辽宁省博物馆。其余留在长春伪皇宫内未开封的黄条封箱，则成了留守士兵的哄抢对象。他们偷的偷，抢的抢，先抢金玉，再抢字画，古籍善本则肆意践踏，分不均匀的就撕成几段。其中北宋李公麟的《三马图》在哄抢中被扯为三截，另一件《宫中游乐图》也被撕成数块，毁坏的文物更是不计其数。没过几天伪皇宫小白楼被洗劫一空。

曾在伪满洲国禁卫军就职的魏述职回忆道：“8月14日，一部分士兵就进宫抢东西了。”这些昔日守卫伪皇宫的禁卫军士兵蜂拥进小白楼，将所有珍宝一掠而空。哄抢中部分法书名画被撕得绢丝分离，纸片纷飞，更有因得不到完整书画而泄私愤者，将手中残片付之一炬。伪满洲国士兵王恩庆在小白楼国宝流失过程中表现猖狂，他不但参与了哄抢，还多次从其他士兵手中收购，再随意变卖给古董商。仅从他手中秘密卖给古董店的国宝就多达44件，其中许多珍品最后流失到了国外。其后数十年中，这些法书名画或被藏家购买，散佚国内外；或被政府收缴，纳入博物馆。此二者，尚为幸事。而一些持有历代书法绘画于手的原伪满“国兵”及家属因惧怕追究，或将书法绘画埋于地下，化为腐泥；或将法书名画投入炉灶，充作烧饭煮茶的薪柴。有研究者怀疑，包

1　参见陈文平：《流失海外的国宝・文字卷》，上海：上海文化出版社，2001年，第42页。

括东晋书圣王羲之的《二谢帖》、唐明皇李隆基的《恤狱诏》、南宋朱熹的《奉同张敬父城南二十咏》、南宋《岳飞·文天祥合卷》、明初戴进的《达摩六世祖图》等一批绝世珍品均在此次事件中遭毁，不复存在[1]。

抗战胜利后，在琉璃厂陆续出现不少带有皇宫标志、来源于东北的古籍画卷，当年在小白楼被哄抢的那批书画开始在这里出售，这些书画件件是价值连城的稀见珍宝，古董商们把它们称为“东北货”。同时，在溥仪逃往东北的一路上途经之地的旧货铺、废品堆里也都有国宝出现。一时间，从长春、大栗子沟到沈阳，从北京、天津到上海，“东北货”成了书画界的热门话题。溥仪从故宫里盗运出的清王室遗藏，被他带到长春后惨遭流失，也属于我国文物流失史上影响较大、损失较为惨重的一次。

这批“东北货”的下落，正如文物专家谢辰生先生所说，有一些我们找到了，有一些我们知道了下落，还有一些，我们不知道的也就永远不知道了。

此外，北京（当时称为北平）故宫内的文物在日军占领期间也遭受了一定的损失。

1938年6月，日伪宪警曾两次闯进故宫博物院太庙图书馆搬走或撕毁大批图书资料，计书籍242种，340册，杂志369种，10 682册[2]。1943年，日本侵略者为补充军需，成立“北平市金品献纳委员会”，要求故宫博物院“献纳”宫中明处摆放的铜缸等物。迫于日军淫威，故宫博物院将54口铜缸和古物陈列所的三尊铜炮，交给了“北平市政府社会局”及日军有关人员。1945年日本侵略者又两次在北平征纳铜品充作军需，并再次要求故宫“献纳”。抗日战争胜利后故宫博物院院长马衡曾向南京国民政府报告：“本院（沦陷期间）被征用之铜品2 095市斤外，计铜缸66口，铜炮1尊，铜灯亭91件……尚有历史博物馆铜炮3尊……

1 杨仁恺：《国宝沉浮录——故宫散佚书画见闻考略》（彩图典藏本），上海：上海古籍出版社，2007年，第78页。

2 周冉：《上百万件藏品命运多舛家底被败了多少？》，《国家人文历史》2015年第15期。

系由北支派遣军甲第1400部队河野中佐于三十三年六月十九日运协和医院，该部队过磅后，运赴东车站，闻系装车运往朝鲜。”[1]

抗战期间，北平故宫文物及太庙图书遭劫被毁情况，在国民政府教育部清理战时文物损失委员会（简称“清损会”）编制的《战时文物损失报告表》和日本外务省文物财产局编的《（从）中华民国掠夺重要文物总目》中均有相关记载。

1　童永纪：《日本侵略军强索故宫铜缸充军需》，《北京档案》2009年第9期。

第三章

铜瓷书画多遗珠

——清宫散佚文物概念和分类

顾名思义，清宫散佚文物是指流散在故宫博物院以外的清代紫禁城及皇家苑囿坛庙中的文物。

从地域属性上看，清宫散佚文物可以分为流散于国内的清宫文物和流散于海外的清宫文物两类。流散于国内的清宫文物即指在国内各地博物馆（包括台北故宫等港、澳、台地区的博物馆）、图书馆和其他文物收藏单位及个人收藏的清宫文物。广义上既包括由故宫博物院拨交或移交给有关博物馆、图书馆收藏的清宫文物，如故宫迁台文物、故宫南迁遗存南京博物院收藏的文物、故宫移交给北京图书馆（今国家图书馆）收藏的古籍图书、故宫拨交给承德避暑山庄收藏的文物等；也包括国内各博物馆、图书馆从市场上购买或经其他渠道征集的清宫文物，如辽宁省博物馆征集的清宫散佚书画、天津博物馆征集的内府珍藏文物等。而流散于海外的清宫文物则指除中国大陆和港澳台地区以外公私收藏的清宫文物。

从性质上看，清宫散佚文物又可以分为合法流转文物和非法流转文物两大类。合法流转文物，即通过正常渠道流转出宫的清宫文物，包括辛亥革命以前，清朝历代皇帝赏赐给下臣的清宫文物，清室通过正常的出售、赠送、抵押、拍卖程序流转出宫的文物，等等。例如19世纪中期清政府曾向美国国会图书馆、耶鲁大学、哥伦比亚大学赠送过数千册古籍。非法流转文物即清宫流失文物。包含两个方面：其一，取得非法。根据1954年《海牙公约》规定：违反战时对文化财产的特殊保护而偷盗、抢劫或者破坏文化财产的行径均属非法。许多国家的国内法也规定通过盗掘、抢劫、侵占或不正当贸易等方式取得的财产属于非法占有财产。其二，流转非法。这一点又包含两种非法行为，第一种是因为取得非法而导致的流转非法，比如盗窃财产，虽然被第三人善意取得，但是许多国家的法律并不承认这种善意取得，仍然按照非法流转财产对待；第二种是因为违反国家关于文物进出境的法律法规而被认定为非法流转，许多国家都通过限制或者禁止本国文化财产尤其是文物的出境或入境来限制文化财产的流转，所以违反各国出境或入境限制的文物流转均属非法流转文物。

本书的研究范围是“清宫散佚文物”，包括了通过合法渠道和非法渠道流出，目前散见于国内或海外的清宫文物。研究过程中，我们将重点放在通过非法渠道流失于海外的清宫文物（即近代以来，由于战争、偷盗、非法贸易等原因，被掠夺、盗运到海外的清宫文物）。对于通过合法渠道流出和由国内文物收藏单位收藏的清宫文物，在本书中对有关情况一并进行了梳理，但并不列为主要研究和数据收录的范围。

从类型上看，清宫散佚文物大体可分为书画、铜器、陶瓷、古籍和其他文物五类。其中书画、铜器、古籍这三类家底比较清楚，陶瓷数量很大然而特征相对明确（官窑精品），而其他文物则类型繁杂、数量巨大、线索模糊。

一、书画

清代宫廷书画收藏蔚为大观，为前朝各代所不及。关于清宫所收藏的书画作品大都著录在乾隆、嘉庆两代编纂的综合书画目录《石渠宝笈》(初编、续编、三编)和宗教题材书画目录《秘殿珠林》(初编、续编、三编)当中。两书初编、续编和三编总计有255册之多。两书收录了自晋、六朝、隋唐直至清朝当代的书法、绘画、碑帖、版本、缂丝等。所收书画家(合作作品不计)名头共863人,其中《石渠宝笈》收录作品计7 757件,《秘殿珠林》收录作品1 000余件,两本书都以藏品被放置的宫殿分类,并配上时间顺序。

根据这两个目录,可以窥见乾隆和嘉庆时期对书画文物的搜集情况,清皇室庞大的书画收藏体系已经初步显现。但是,我们应当注意到没有被记载在这两本书中的收藏品以及在盛京、热河行宫也还有相当一部分藏品。所以清室收藏书画的实际数量,与《石渠宝笈》《秘殿珠林》的记载还有一定出入。

清末民初,清宫书画频遭劫难,1860年,英法联军洗劫圆明园,200余件历代书画悉遭厄运。后来,内廷太监也趁火打劫,盗窃书画并售与古玩市场。溥仪在退居内廷的13年中,更以"赏赐"的名义,将1 200余件书画古籍珍品移运出宫。1932年溥仪担任"执政"以后,将包括书画在内的大批清宫文物由天津运至长春伪皇宫内,日本战败后又遭到守护伪皇宫"国兵"的哄抢,成为有名的"东北货"。这些作品流散以后,大部分流向关内,也有一部分经香港等地流往海外。

经历多年波折以后,在庞大的清宫书画收藏中,部分已损毁,部分散佚海内外。例如,乾隆皇帝十分钟爱的"三希"现分藏于海峡两岸,《快雪时晴帖》《中秋帖》现藏台北故宫,《伯远帖》去而复归北京故宫博物院。"四美"现在分藏于中、美、英、日四国博物馆,《九歌图》现藏中国国家博物馆(调拨自故宫博物院),《蜀川胜概图》现藏美国史密森尼博物研究院亚洲艺术馆(即弗利尔艺术馆与赛克勒艺术馆),《女史箴图》现藏英国大英博物馆,《潇湘卧游图》现藏日本东京国立博物馆。"三友"则分藏国内博物馆,《梅花合卷》现藏辽宁省博物馆,《君子林图》和《十八公图》归藏故宫博物院,但《君子林图》已被一分为二。

清　王翚　康熙南巡图 第六卷(局部)

而康熙帝命画家王翚用数年时间完成的《康熙南巡图》共12卷，现分藏于中、美、加、法四国，国内故宫博物院和国家博物馆藏有其中的6卷，巴黎的博物馆藏有2卷，纽约大都会艺术博物馆藏有1卷，加拿大的博物馆藏有1卷。2014年3月，《康熙南巡图》的第六卷残卷现身法国波尔多拍卖会，另外还有1卷至今不知所终[1]。

截至1933年文物南迁时，故宫大约仅有9 000件书画类藏品。据台北故宫登记组组长佘城的报告，台北故宫收藏有南京原中央博物院筹备处所藏477件书画藏品以及旧故宫博物院所藏5 526件书画藏品，其余约3 300件书画文物都留在了祖国大陆。

二、铜器

清宫收藏的古代器物中，只有铜器和砚台有明确的目录记载。关于清宫收藏的铜器，主要记载在《西清古鉴》《西清续鉴》(甲、乙编)及《宁寿鉴古》四部著作之中。《西清古鉴》是翰林院侍讲学士梁诗正等奉敕纂修的一部著录清宫收藏青铜器的专题谱录。自乾隆十四年(1749)开始编纂，乾隆二十年(1755)成书。全书共40卷，另附有《钱录》16卷，全书共收录商周至唐的各朝铜器1 529件(包括铜

1　郑欣淼：《清宫书画鉴藏、佚存与研究述评》，《浙江大学学报(人文社会科学版)》第45卷第5期，2015年9月。

镜），以商周彝器为多。继《西清古鉴》之后，军机大臣、东阁大学士王杰等又奉敕编纂了《西清续鉴甲编》及《西清续鉴乙编》二书。其中《西清续鉴甲编》共20卷，收录清宫后续收藏的商周至唐代的铜器944件，另附收唐宋以后的铜器及玺印等31件，共975件；《西清续鉴乙编》则收录了盛京（今沈阳）行宫所藏的商周至唐代的铜器900件。此外，清廷又将此后收藏并选贮于宁寿宫的商周至唐代铜器701件另编为《宁寿鉴古》16卷，已知该书与《西清续鉴》（甲、乙编）编定的时间相隔不久，编纂者或亦为王杰等人。

根据当时的故宫古物馆第一科科长（后任台北故宫副院长）庄严先生的叙述，1933年故宫南迁时，有铜器572件，铜镜517件，铜印1 646件，共计2 735件藏品被搬移。根据前引余城的报告，在台北故宫，除去新出土的文物，中央博物院旧藏品2 716件，故宫旧藏品2 393件古铜器被收藏。南迁时故宫旧藏铜器中，约有300件被留在了大陆。

三、陶瓷

关于陶瓷器，由于欠缺类似于《石渠宝笈》和“西清四鉴”这样的收藏目录，清宫藏瓷的总量、种类和名目缺乏详细记载，但可以根据清宫档案加以合理估计。乾隆四十四年（1779），乾隆帝曾命内务府清点瓷器库，据内务府奏报，瓷器库存507 581件[1]。此时查点的瓷器库主要是内务府广储司下辖的瓷器库，包括太和门外群房的内瓷器库和武英殿南的外瓷器库。除了以上两处库房之外，清宫还有多处地点用于收藏瓷器。比如景阳宫瓷器库，为康熙皇帝晚年设置，专门用来保存少量宋、元瓷器和明宫流传的大量历代珍瓷。根据清室善后委员会所编的《故宫物品点查报告》显示，至1924年清室善后委员会查点时，景阳宫尚存"大楠木柜10只，备有形状各异抽屉，以千字文编号，各以黄绫签题写瓷器名称，存储宋、元、明各代瓷器共计3 700余件，大多数为明代各朝瓷，宋元瓷极少"[2]。除了景阳宫以外，景祺阁也是乾隆年间所设的一处存瓷之所，在《故宫物品点查报告》中记载，景祺阁有"大木柜12只，抽屉各异，亦以千字文各个编号，存储宋、元、明瓷器，共计3 400余件，以明瓷最多，宋、元瓷极少"[3]。

根据民国学者所述，民国时，故宫博物院陶瓷藏品总数为23 780件，其中清朝官窑品最多，为1万余件，明瓷5 744件（官窑品4 547件，其他1 297件），因此明清合计为2万件左右。余下1 500件左右，是清代继承前朝收藏或由各地官员征求进呈的宋元瓷器。关于中国陶瓷艺术的两个重要高峰，宋官窑和清朝珐琅彩瓷，清宫收藏数量较大，前者有217件，后者则有400件以上。需要指明的是，瓷器与书画、铜器不同，在宫廷中，瓷器既是收藏品也是日常生活用品。有清一代，宫廷用瓷的数量十分庞大，除了景德镇御窑定期烧造上交外，朝中大臣也经常进贡瓷器。据记载，仅乾隆三十五年，各地巡抚、总督、布政使、知府、学政等进贡瓷器就达203次，最多一次进贡19个品种[4]。

由于数量庞大，瓷器除了在宫廷中收藏陈设外，还经常用于赏

---

1 铁源、李国荣主编：《清宫瓷器档案全集》（十五），北京：中国画报出版社，2008年，第164页。
2 清室善后委员会编：《故宫物品点查报告》（四），北京：线装书局，2004年，第191页。
3 清室善后委员会编：《故宫物品点查报告》（八），北京：线装书局，2004年，第29页。
4 铁源、李国荣主编：《清宫瓷器档案全集》（十），北京：中国画报出版社，2008年，第231页。

故宫博物院藏五大名窑瓷器

赐。道光元年一次赏各级官员侍卫等瓷器10 665件；赏蒙古亲王等瓷器3 595件[1]。同时在宫中，瓷器被盗的事件也时有发生，光绪二十一年，瓷器库奏报五款瓷库西山墙被挖一洞，丢失瓷器1 000余件。光绪三十一年十月十一日，瓷库五款库东头第一间库房上有拆挖情事，瓦片揭去三陇，椽木撬开两根，丢失瓷器66件[2]。除此以外，瓷器在烧造过程中不可避免地会有损坏，关于损坏的次等瓷器处理，清宫也有专门的规定。乾隆十二年（1747），管理内务府的庄亲王允禄曾在奏折里说，按以往定例，烧造瓷器损坏三成以上，要由督窑官赔补，三成以下的不追究责任。他认为这个规定太宽，经他奏请，从这一年开始，改为瓷器烧造损坏两成以上就要赔补。以往有一种说法，官窑烧造出来的次等瓷器，都砸碎销毁了。实际情况怎样呢？明代中期以前确是如此，官窑烧造出来稍差些的瓷器，皇帝不想用，别人也不能用，都砸碎销毁了。所以后来在景德镇的窑址附近能发现埋有成堆的明代官窑瓷片。但从明朝中期之后，官窑烧造出来的次等瓷器就不砸了，而是进行变卖。据清代档案记载，雍正十三年（1735），督窑官唐英在向皇宫上交19 000余件上等瓷器的同时，还有7万多件落选的次等瓷器也一起送往京师，“以备赏用”。庄亲王允禄在奏折里说，次色瓷器虽有瑕疵，但在民间也算是上好的美器，因此按惯例变价处理。乾隆六年（1741）以前，景德镇官窑的次等瓷器都要送到京师，或由皇帝用来赏赐，或由内务府的瓷库变卖处理。由于把几百桶的瓷器运到京师还要花一大笔包装费、运输费，乾隆六年以后，次等瓷器就在景德镇当地直接处理[3]。因此，目前在海外所见的清代官窑瓷器的来源多种多样，并非全部来源于非法掠夺，因为没有系统的档案记载，许多瓷器的身世和流传可能将会成为永远的悬案。

---

1 铁源、李国荣主编：《清宫瓷器档案全集》（三十），北京：中国画报出版社，2008年，第156页。

2 铁源、李国荣主编：《清宫瓷器档案全集》（四十九），北京：中国画报出版社，2008年，第129页。

3 李国荣：《景德镇官窑与清宫瓷器》，《中国文化报》2011年7月28日第7版。

四、古籍

乾隆九年（1744），乾隆帝命直臣检阅皇家藏书，选择善本进呈御览，列于昭仁殿，并题为“天禄琳琅”。此后，昭仁殿成为清廷收藏善本珍籍的专门书库，也是中国第一个宫廷善本特藏。为了加强对“天禄琳琅”藏书的管理，乾隆四十年（1775），文华殿大学士兼军机大臣于敏中等人对所藏书籍进行鉴定整理，编纂成《钦定天禄琳琅书目》（后称前编）10卷，共著录图书429部，并收入《四库全书》史部目录类。嘉庆二年（1797），乾清宫大火，殃及昭仁殿，前编书尽毁，已是太上皇的乾隆帝令工部尚书、协办大学士、《四库全书》副总裁彭元瑞再辑宫中珍藏为《钦定天禄琳琅书目后编》（以下简称《后编》）20卷，收书664部。

受到近代中国的变革与动荡影响，清末民初，“天禄琳琅”所著录的一些清宫藏书遭到毁损和佚失。其中一些已确知被毁，例如著名的“涵芬楼藏书”。清末民初时商务印书馆董事长张元济先生四处寻访，共收集“天禄琳琅”所收古籍万余卷，集中收藏在上海的涵芬楼（后移至东方图书馆），其中旧藏宋版《公是先生七经小传》、明版《鹤林玉露》均为“天禄琳琅”所收珍品，然而在1932年爆发的“一·二八”淞沪抗战中，涵芬楼、东方图书馆及其藏书，除少量幸免外，皆毁于战火，成为永久的遗憾。除此以外，还有大量的“天禄琳琅”所收古籍流失到海内外各个地方，被公私收藏。

2009年，国家社会科学基金委托北京大学等单位开展“海内外现存清宫天禄琳琅书的调查与研究”。据调查显示，目前“天禄琳琅”所收古籍广泛分布在美国、日本、瑞典、荷兰、中国大陆和台湾地区。其中以单位收藏最多者依次为台北故宫319部，中国国家图书馆272部，辽宁省图书馆35部。除去这三家单位，其他零星分散于海内外数十个公私藏家之手。

合并计之，664部“天禄继鉴书”中，十存其九，除去确知2部已毁外，605部已知全书或部分卷帙现藏何处，只有57部或有前人经眼、曾藏线索，或从未被人谈及，至今仍下落不明。在海外收藏方面，比较著名的包括：美国国会图书馆1部，日本宫内厅书陵部1部，日本御茶之水图书馆1部，日本东北大学图书馆1部，瑞典斯德哥尔摩远东文物博物馆1部，荷兰莱顿大学汉学院图书馆2残页。另据北京大学的相关研究报告指出：散落日本、美国、欧洲的这些天禄琳琅藏书，除日本宫内厅书陵部所藏的一部南宋初年刻本《重广分门三苏先生文粹》完整无缺外，其余皆是残本零帙，目前所知，都是以售出的途径流出中土[1]。

五、其他文物

除去书画、铜器、瓷器、古籍之外，清宫还收藏、陈设、使用了包括玉器、漆木器、家具、织绣、服饰、牙竹骨角器、宫廷生活用品、内廷档案、外国藏品等类型丰富、数量庞大的其他文物，由于没有明确可靠的记载，这些文物的类型、数量并不为世人确知，只能根据国内外博物馆和私人的收藏记载进行大致推测，难以提供准确的数据进行研究和分析。

据郑欣淼先生估计，“分散在五湖四海私人手中的中国珍贵文物的数量，实在无法统计，估计应该在1 600万件以上。大约有30万件以上的皇宫国宝流失宫外。这惊人数字的背后，隐藏着每一件稀世之宝的传奇故事和一个民族多灾多难的悲痛历史”[2]。

1　刘蔷：《清宫“天禄琳琅”书存世状况总述》，《故宫博物院院刊》2010年第3期。
2　郑欣淼：《天府永藏——两岸故宫博物院文物藏品概述》，北京：紫禁城出版社，2008年，第13页。

第四章

楚失楚得又何求

——国内收藏体系中的清宫散佚文物

如前所述，由于历史的原因，在国内收藏体系中，清宫文物除收藏在故宫博物院以外，还有一部分散佚于国内各大博物馆和台北故宫等港、澳、台地区的博物馆。究其原因主要有三点：一是战争年代的文物转运；二是新中国成立以后为博物馆建设需要而进行的对外调拨；三是各大博物馆自行征集的清宫散佚文物。

一、战争年代文物转运中散置的清宫文物

1933年1月侵华日军攻占山海关后，国民政府立即组织将战火威胁下的古都北平的国宝文物分批南迁上海。从1933年2月至5月一共南迁了5批文物，主要包括故宫博物院、古物陈列所、颐和园收藏的原清宫文物，其中仅故宫博物院的就有书画9 000余幅，瓷器7 000余件，铜器、铜镜、铜印2 600余件，玉器无数，文献3 773箱，包括皇史宬和内府珍藏的清廷各部档案，明清两朝帝王实录、起居注，以及太平天国的档案史料等。还有《四库全书》及各种善本、刻本，当时国内发现最早的印刷品之一《陀罗尼经》五代刻本，国内最古老的石刻“岐阳石鼓”。1936年，存于上海的文物全部迁运至南京新建的朝天宫库房，1937年“八·一三”事变后，南京的这些文物又分三路西迁

元　黄公望　富春山居图·剩山图　浙江省博物馆藏

运往四川，存放于巴县、峨眉、乐山等地躲避战火。

抗战胜利后，西迁文物全部于1947年运回南京，未及北返而内战爆发。1948年底至1949年初，南迁文物中的2 972箱被运至台湾，保存于台北故宫。运台文物共3批，总计231 910件又27张692页。其中有甲骨档案2万多片；陶瓷器2万多件，包括从原始陶器到明清瓷器；铜器1万多件，包括历代钱币，其中有商周到春秋战国时期的青铜器4 300多件，如商代蟠龙纹盘、兽面纹壶、西周毛公鼎、战国牺尊等；玉器1万多件，其中有著名的新石器时代的玉璧、玉圭、玉璜以及闻名海内外的清代玉雕“翠玉白菜”“避邪雕刻”等；古代书画近1万件，其中有从唐至清历代名家的代表作，如“三希”之一的王羲之《快雪时晴帖》，黄公望的《富春山居图》后部长卷，怀素的《自叙帖》，颜真卿的《刘中使帖》，苏东坡的《寒食帖》，张宏的《华子冈图》等；善本古籍有近20万册，包括仅四部存世的《四库全书》较完整的一部；明清档案文献近40万件，其中有清朝历代皇帝朱批奏折、军机处档案、清史馆档、实录、起居注等，以及满文老档40巨册。

1951年后，故宫博物院将留在南京的文物陆续运回1万余箱，仍有2 179箱计104 735件瓷器、铜器、佛像、家具、经书、象牙、戏曲道具等各类清宫文物存于南京库房，时至今日，由南京博物院保管，南京博物院也因此成为国内收藏清宫文物最多的地方博物馆之一。1978年12月，故宫博物院曾经对南京博物院收藏的故宫文物（故宫南迁文物留宁部分）进行了详细统计。至今，我们仍然可以通过这份“运回院址南京寄存文物事”的附表，了解到南京博物院收藏清宫文物的品类、数量情况[1]。

清乾隆　清高宗行围图转心瓶
南京博物院藏

故宫博物院南迁文物统计表（留宁部分）

第一部分：瓷器

盘碗杯碟（共计97 087件）					
款识	青花	各色彩釉	一色釉	黄釉及加彩	合计
明代（嘉靖）	2			11*	13
康熙	9 663	4 231	5 358	13 045	32 297
雍正	4 143	114	11 985	2 022	18 264
乾隆	7 699	6 509	8 085	11 654	33 947
嘉庆	89	414	7	111	621
道光	136	416	105	1 978	2 635
咸丰	47	24	129	10	210
同治	65	260	450	66	841
光绪	799	2 754	1 403	1 126	6 082
大雅斋	66			66	132
宣统	111	113	351	1 267	1 842
大清年制				27	27
无款	16	22	138		176

1　郑欣淼：《天府永藏——两岸故宫博物院文物藏品概述》，北京：紫禁城出版社，2008年，第60页。

（续表）

瓶盘壶爵盆（共计3 464件）					
乾隆	734	164	561		1 459
嘉庆	7				7
同治		2	5		7
光绪	84	20	332		436
宣统		2	145		147
无款	135	237	448		820
无款（花盆）		588			588
共计	23 796	15 870	29 502	31 383	100 551

* 黄釉：万历4，嘉靖4，正德1，弘治2。

第二部分：其他文物

文物名称	件数
铜鹤、盆、炉、熏、五供等	36件
铜垫门帘等	63件
各种小刀	78把
七宝烧	24件
各种插挂屏、围屏及瓷屏心	128件
三镶如意	1件
折扇	364柄
玉碗、筷及玩器	55件
玉册	67片（附纸册宝8）
珐琅镜	14件
漆盒、碗	4件
乐器、鼓架、号筒	21件
宫扇、豹尾幡（均残）	8件
空印匣	20个
木座、框、花牙等（均残）	86件
图书、杂志、画册（德国克虏伯炮厂画册）	61册
照片（内有延庆楼照片）	274张
藏经（内有甘珠尔经及龙藏经）	228块（附经版32）
佛像	13轴
铜佛	1 332件（附破龛14）
佛塔	17件
银珐琅五供等	80件
牌位	74件
御笔	135件

（续表）

残破盆景	40件
毛笔	230支
檀香木手串、朝珠	270串
翎管	188件（瓷管176，玉管12）
象牙	81支
残破家具	41件
玻璃罩	65个
戏剧场面用具	100件（场面用具90、假人头10）
破烂戏衣	11箱
共计	4 209

二、新中国成立后对外调拨的清宫文物

1949年以来，故宫博物院的藏品充实得到了社会各界的支持，接受了大量珍贵文物捐赠和拨交，如新中国成立初期由中央政府特拨专款购买并拨交故宫博物院收藏的王献之《中秋帖》、王珣《伯远帖》、韩滉《五牛图》、顾闳中《韩熙载夜宴图》等，由各地博物馆特别是东北博物馆等上调至故宫博物院的张渥《九歌图》、刘松年《春景山水图》等。

与此同时，故宫博物院也根据国家文物局的统一安排先后将一部分宫廷藏品调拨给各地博物馆、图书馆等文物收藏单位，支持地方文化建设。如1959年拨交给中国历史博物馆（今中国国家博物馆）的虢季子白盘、《乾隆南巡图》等3 881件珍贵文物，20世纪50年代拨交给承德避暑山庄（包括承德离宫、承德离宫办事处、承德离宫管理处、管理所）的1 551件宫廷文物。

另外，也因对外文化交流需要，将少数清宫文物赠送给国外博物馆，如1957年曾赠给苏联东方博物馆清代瓷器、玉器、漆器、珐琅、织绣等文物550件（此批藏品原计划与苏方交换，但苏方并未回赠）。

郑欣淼先生在其著作《天府永藏——两岸故宫博物院文物藏品

南唐　顾闳中　韩熙载夜宴图　故宫博物院藏

概述》中，对新中国成立以来故宫博物院外拨文物情况进行了统计，1954至1990年拨给外单位包括国内外各博物馆、事业单位、企业、民间团体、科研机构、寺院、学校、国家机关等，有登记的文物共84 000件另87斤1两。以器物类别统计，包括陶瓷、铜器、玉石器、漆器、珐琅器、织绣、绘画、法书、铭刻、雕塑、雕刻工艺、其他工艺、文具、生活用具、钟表仪器、宗教文物、武备仪仗、古籍文书、外国文物、其他文物等。所拨文物涉及9个国家及国内27个省、自治区、直辖市和解放军部队单位。其中拨往国外1 000件，国内接收故宫外拨文物最多的省市包括（按接收文物多少排序）：北京、河北、辽宁、河南、广东、吉林、黑龙江、江西、湖南。接收故宫外拨文物最多（1 000件以上）的国内文物收藏单位包括（按接收文物多少排序）：中国国家博物馆（含中国历史博物馆、中国革命博物馆）、沈阳故宫博物院、承德避暑山庄（含外八庙）、民族文化宫、洛阳市文化局、东陵管理所（保管所）、北京电影制片厂、中央工艺美术学院（今清华大学美术学院）、中国佛教协会、外交部（部分交由驻外使馆保存）、黑龙江省博物馆、广东省博物馆、轻工业部美术工艺管理局、景德镇陶瓷博物馆、文化部、外贸首饰公司、解放军八一电影制片厂、湖南省博物馆、长春电影制片厂等。接收故宫外拨文物的国家和国外单位包括（按接收文物多少排序）：保加利亚博物馆、德意志民主共和国、哥斯达黎加、捷克斯洛伐克国家博物馆、毛里求斯、日内瓦人类博物馆、苏联东方博物馆、苏联特列

恰可夫画馆、新西兰坎特伯雷博物馆、伊朗等[1]。

拨给外交部的几批文物多瓷器、家具、书画、文玩，除用于国内外交部、钓鱼台等重要外事接待场所外，大量被分配给我国各驻外使领馆使用，尤以建馆早的原社会主义国家、文明古国、周边邻国和西方大国的我国使领馆所得量大质精。1999年以后外交部每年组织文物专家赴外巡回鉴定，迄今已基本健全了相关档案。

三、各博物馆征集的清宫文物

1949年后，中国政府一方面对旧有博物馆进行整顿改造，另一方面有计划地建立一批新博物馆，重点是建立省、市、自治区综合性博物馆。到1953年底，全国共有博物馆49座，比1949年的24座增加了一倍多。博物馆的数量增加和规划中博物馆的迅速发展，迫切需要在全国范围内征集流散文物，以充实博物馆收藏。征集流散文物充实博物馆馆藏成为这一段时间内我国文物保护工作的重要内容。据不完全统计，新中国成立两年之内，全国共收集文物7.1万件、图书20万册。其中，华东区于1950年即征集书画5 287件，铜瓷、玉器16 072件，甲骨（文）1 558件，革命文物6 357件。

1 郑欣淼：《天府永藏——两岸故宫博物院文物藏品概述》，北京：紫禁城出版社，2008年，第104页。

在各地博物馆的征集工作中，一批流落民间的清宫文物被地方博物馆收藏，其后有一部分由文化部、文物局直接上调回到故宫，而更多的则继续收藏于各地博物馆，发挥着传播历史文化的重要功能。

据我们的不完全统计，目前，国内通过征集收藏清宫散佚文物的博物馆主要包括中国国家博物馆、国家图书馆、中国美术馆、首都博物馆、北京艺术博物馆、天津博物馆、辽宁省博物馆、沈阳故宫博物院、旅顺博物馆、丹东市博物馆、吉林省博物院、黑龙江省博物馆、上海博物馆、南京博物院、无锡博物院、广东省博物馆、广西壮族自治区博物馆、重庆中国三峡博物馆、南京大学考古与艺术博物馆、大连金州区博物馆等。受篇幅所限，在此我们仅对征集数量较多或较有特色的辽宁省博物馆、吉林省博物院、上海博物馆、首都博物馆、天津博物馆、广东省博物馆、旅顺博物馆、无锡博物院的收藏情况作一概述，并对国内非国有博物馆和私人征集收藏的清宫散佚文物情况进行适当略述。

（一）辽宁省博物馆

1945年8月10日即日本宣布战败投降前夕，日本关东军准备将伪满洲国国都迁移到通化，8月13日，溥仪从长春乘火车逃到通化大栗子沟，溥仪的臣僚、侍从、家眷等近百人在大栗子沟寄居在日本铁矿公司的一位矿长住宅里，他们随身所携带的大批书画和珠宝也存放在此。溥仪被苏军俘虏后，东北民主联军通化军区将溥仪一行留在通化的一批书画和珠宝截获，并将其全部登记造册，转交东北文物保管委员会。留在长春伪满皇宫小白楼的大部分书画，则被留守的伪军“国兵”所抢劫，有的在现场争抢中被撕成残片。

从东北解放战争到新中国成立初期，从伪满皇宫散佚的原清宫收藏书画陆续在各地被查获和征集，在1949年7月7日东北博物馆（今辽宁省博物馆）成立前后，分别由东北文物保管委员会和东北人民银行转拨东北博物馆入藏，包括唐摹《王羲之一门书翰》、唐周昉《簪花仕女图》、北宋摹唐张萱《虢国夫人游春图》、北宋张择端《清

五代 黄筌 写生珍禽图 故宫博物院藏

明上河图》、宋徽宗赵佶《草书千字文》等书画珍品130余件(组)。1953年,遵照中央文化部指示,将1952年经杨仁恺、赵奇、阎万章等人在长春、兴城、天津等地清查出的包括唐韩滉《丰稔图》等130件书画珍品拨交北京故宫博物院收藏。1957年,又将五代黄筌《写生珍禽图》、北宋张择端《清明上河图》、北宋李公麟摹韦偃《牧放图》、南宋赵伯驹《江山秋色图》上调北京故宫博物院收藏[1]。

目前,辽宁省博物馆收藏清宫散佚书画作品总数达146件(组),其中包括晋人小楷《曹娥诔辞》、唐欧阳询行书《梦奠帖》、张旭狂草《古诗四帖》、唐人《簪花仕女图》、宋徽宗赵佶《瑞鹤图》等一批绝世名作。这批绝世佳作也使辽宁省博物馆成为中国收藏晋唐宋元书画数量最多的博物馆之一。

辽宁省博物馆为这批国宝级书画设有专门的库房进行收藏保护,同时,还将此批书画进行了30余次的专题展示,从2006年开始,“清宫散佚书画作品展”已成为辽宁省博物馆馆内常设专题展,定期轮换展品,常年供观众观赏[2]。

1 杨仁恺:《国宝沉浮录——故宫散佚书画见闻考略》(彩图典藏本),上海:上海古籍出版社,2007年,第246页。

2 海蔚蓝、杨仁恺、江文苇:《末帝宝鉴:辽宁省博物馆藏清宫散佚明清书画》,美国:华美协进社,2009年,第7页。

北宋　赵佶　瑞鹤图　辽宁省博物馆藏

唐　周昉　簪花仕女图　辽宁省博物馆藏

（二）吉林省博物院

如前文所述，1932年3月，溥仪从天津潜往长春，后在日本扶持下成立了伪满洲国，当上了傀儡皇帝。从1932到1945年的13年间，随着溥仪在长春的活动，大量清宫文物被携运至此，有的也在此流散。1945年日本战败后，在长春伪满皇宫内发生了哄抢文物的事件。参与小白楼书画抢劫的多为东北“国兵”，他们所在的军队解散后，有的流落到各地将珍宝变卖，有的潜逃回乡把珍宝秘藏起来，有的害怕罪证暴露而毁灭了珍宝。

1951年5月，吉林省政府组建了吉林省博物馆（后更名为吉林省博物院）。1954年9月，吉林省博物馆迁至长春市伪满皇宫。从1952年起，吉林省博物馆就开始在文物征集工作中，对流散于长春

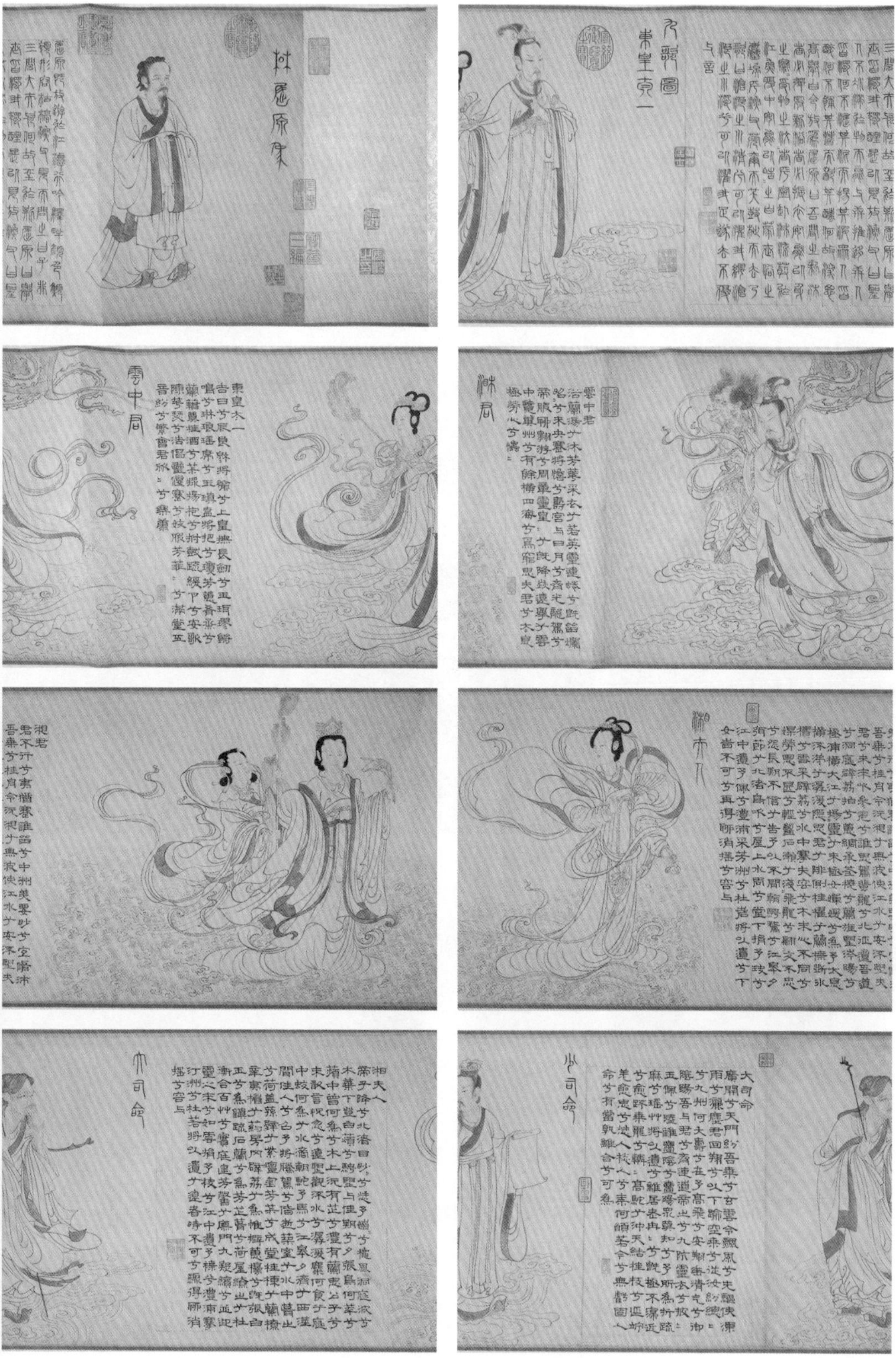

元　张渥　九歌图（局部）　吉林省博物院藏

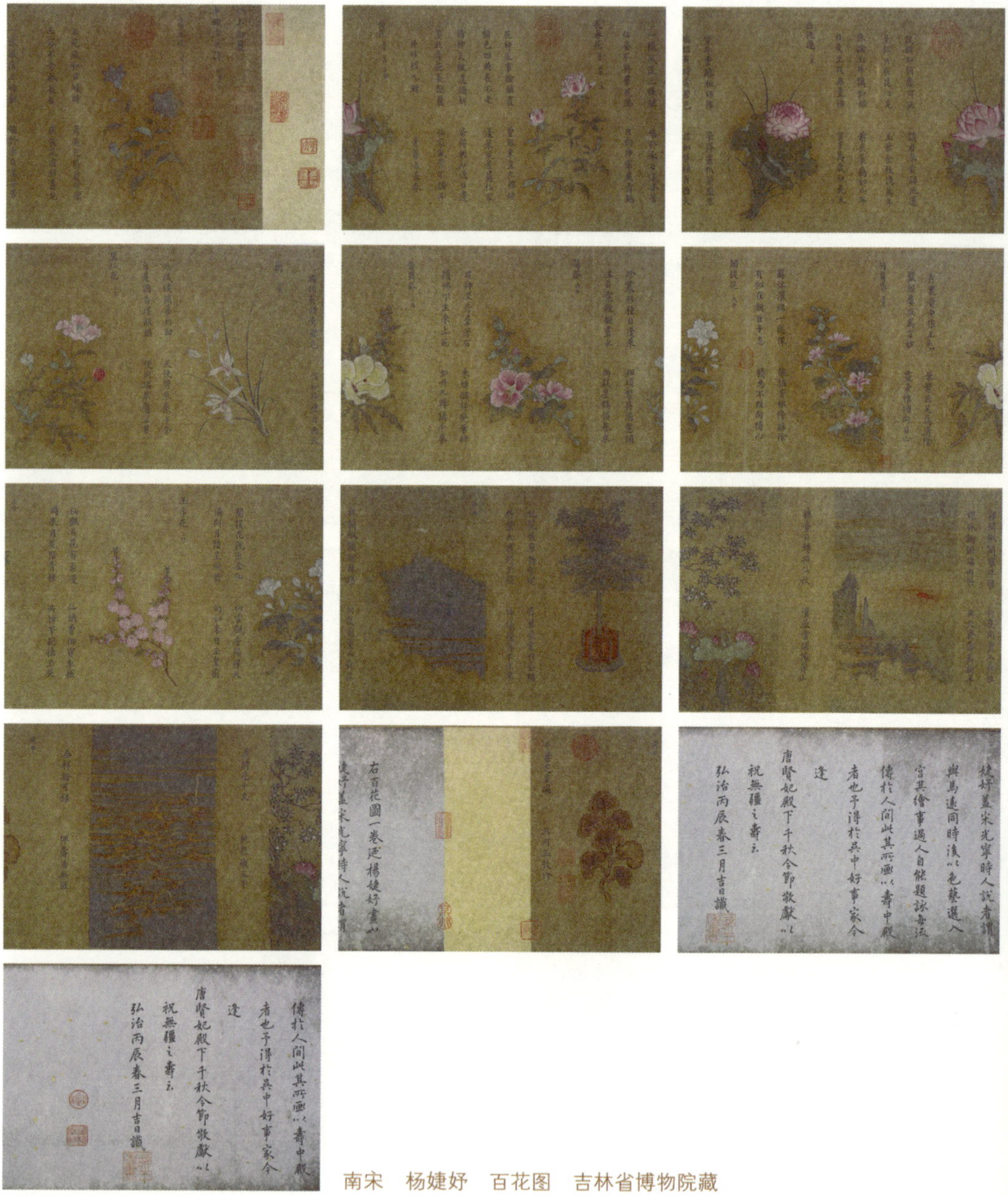

南宋　杨婕妤　百花图　吉林省博物院藏

或吉林省内的清宫文物进行了有意识的访寻和征集，几十年来，成果颇丰，包括张渥《九歌图》等一批清宫散佚书画文物入藏。

1965年，时任吉林省博物馆副馆长的张伯驹先生又将其所收藏的《百花图》等30多件古书画藏品捐献给吉林省博物馆。

今天，清宫散佚文物已经成为吉林省博物院馆藏体系中的一大特色，仅清宫散佚书画就有42件之多，其中不乏北宋苏轼《洞庭春色赋·中山松醪赋》、南宋杨婕妤《百花图》、南宋赵伯骕《白云仙峤图》、金张瑀《文姬归汉图》、元何澄《归庄图》、元张渥《九歌图》、元杨基《郑元祐撰陶形状》、元人《相马图》、明文徵明《早朝诗》卷、明王谷祥《四季花鸟》卷、明董其昌《昼锦堂图并记》、明钱谷《小亭清荫图》、清丁观鹏《法界源流图》、清恽寿平《鱼藻图》、清黄鼎《烟江叠嶂图》、清蒋廷锡《御园瑞蔬图》、清董邦达《松壑仙庐图》、清钱维城《江天秋霁图》、清虞沅《九秋图》等名家名作[1]。

其中特别值得一提的是南宋女画家杨婕妤所绘的《百花图》。杨婕妤（生卒年不详）又称杨妹子，会稽（今浙江绍兴）人，是一位能诗、工书、擅画，颇具才艺的南宋女书画家，其法书墨迹诗章传世较多，绘画作品到目前为止只发现《百花图》一卷。《百花图》卷是已知我国绘画史上留传至今第一位女画家的作品，曾被历代宫廷和大收藏家视为绝代珍品。画卷工笔设色绘寿春花、长春花、荷花、西施莲、兰（蕙）、望仙花、蜀葵、黄蜀葵、胡蜀葵、阇提花、玉李花、宫槐、三星在天、旭日初升、莲桃、海水、瑞芝共十七段，每段小楷书标花名并纪年、题诗。书法娟秀平正，宗晋唐，颇似宋高宗体。绘画用笔工致纤细，敷色浓丽典雅，为南宋院体绘画风格，从画卷中的山石树木看，颇有马远、马麟父子之画法。卷首有清代大收藏家高士奇题写的“杨婕妤百花图”标签。画卷前端题“今上御制中殿生辰诗，四月八日”，应为贺皇后寿诞而作。《百花图》卷作为

1　赵聆实：《清宫书画散佚问题研究》，《博物馆研究》2011年第3期。

清宫流散文物，是一件流传有序的绘画作品，它曾著录于《石渠宝笈》、吴其贞《书画记》和张伯驹《丛碧书画录》。该卷原为张伯驹先生私人收藏。张先生曾作《瑞鹧鸪》词一首，结句为“白头赢得对杨花”，其中“杨花”即指此卷。张先生曾说过：“我终生以书画为伴，到了晚年，身边就只有这么一件珍品，每天看看它，精神也会好些。”但就是这样一件被先生视为他晚年精神慰藉的珍品画作，张伯驹夫妇也在1964年捐献给了吉林省博物馆，现为吉林省博物院镇院之宝。

（三）上海博物馆

上海博物馆作为大型的综合性古代艺术博物馆，其收藏的历代青铜器、陶瓷、书画素有江南半壁江山之美誉。

在上海博物馆收藏的众多文物中，有许多来源于清宫旧藏，仅书画一类就有东晋王羲之勾填本《上虞帖》、唐孙位《竹林七贤图》残卷（又名《高逸图》）、五代董源《夏山图》、宋郭熙《幽谷图》、王诜《烟江叠嶂图》、赵佶《柳鸦芦雁图》、梁楷《八高僧故事图》、元王蒙《清卞隐居图》、钱选《浮玉山居图》、明文徵明《真赏图》、明吴彬、米万钟

唐　孙位　高逸图　上海博物馆藏

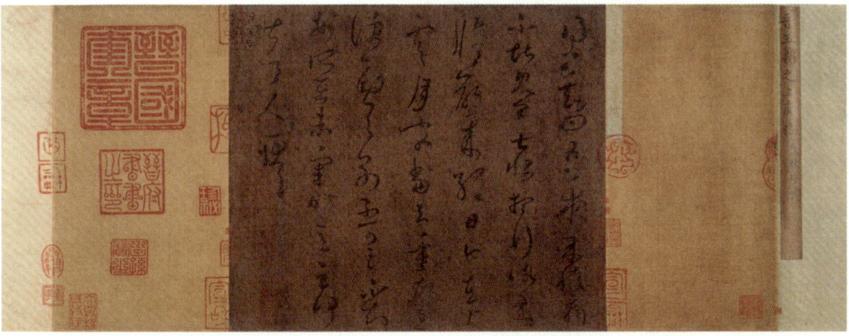

东晋　王羲之　上虞帖　上海博物馆藏

合绘《山阴道上图》及苏轼《祭黄几道文卷》、黄庭坚《华严疏卷》、米芾《多景楼诗册》等墨迹。

2002年,上海博物馆联合故宫博物院、辽宁省博物馆精选72件顶级原清宫收藏书画举办的"晋唐宋元书画国宝展"轰动海内外,堪称清宫散佚书画的首次巅峰聚首,已成为新世纪的首次重大文物盛事而为社会津津乐道及业界欣羡效仿。

据研究,上海博物馆收藏的青铜器中有30余件曾著录于"西清四鉴"中,属清宫散佚文物。

（四）首都博物馆

由于地缘上的优势，自清朝灭亡后的一百余年中，北京一直是清宫文物的重要流散地。一批批或由太监盗出，或由大臣带出，或由皇室变卖而出的清宫文物时常出现在北京的琉璃厂等多处古玩市场。筹建于1953年的首都博物馆在60余年的办馆历程中通过多种渠道征集了大量清宫散佚文物。如玄烨《行书唐诗轴》、弘历《行书“龙井八咏”诗卷》等书法作品，王翚《万壑千崖图》、陈书《春山平远图》等绘画作品，缂金十二章龙袍、绛色缎缉米珠彩绣云龙海水江崖纹龙袍等织绣文物，青白玉“绵绵瓜瓞”御制诗洗等玉器都是清宫散佚文物中的精品。

近年来，首都博物馆依然在积极推动清宫散佚文物的征集收藏，甚至将征集工作拓展到了境外。2004年6月，首都博物馆通过竞拍以763.15万港币（含税金）的价格，从香港佳士得拍卖行购得御制绿松石地粉彩花卉龙把多穆壶和清乾隆白玉镂雕龙纽方形玺两件清宫散佚文物。其中，御制绿松石地粉彩花卉龙把多穆壶是为粉彩瓷制，由景德镇制造，造型优美，除壶盖处有一点残缺，保存非常完好，购买价420万港币，被定为一级文物。

白玉镂雕龙纽方形玺是清乾隆皇帝禅位嘉庆帝而自居太上皇前不久所刻的印玺，从“八徵耄念之宝”的印文可知，是乾隆80寿辰（1791）所制印玺之一，属乾隆私印。乾隆80岁之后的书画多用此印，印玺由和田玉镂雕而成，玉体透明清亮，由于当时的印多以浮雕或立体雕刻制成，镂雕还非常罕见。此件藏品作为鉴别乾隆书画作品的有力依据，也被定为一级文物。

（五）天津博物馆

由于溥仪出宫后、赴东北前曾在天津居住过很长时间，因此天津也是清宫文物的重要散佚之地。民国时期和新中国成立后，原河北博物院

（天津博物馆前身）和后来成立的天津历史博物馆、天津艺术博物馆、天津博物馆先后征集、收藏了大量的清宫散佚文物，比较著名的如：宋赵孟坚《水仙图》、元赵孟頫《高上大洞玉经》、元钱选《花鸟图》、清无款《万笏朝天图》、《散秩大臣喀喇巴图鲁阿玉锡像》等。其中《高上大洞玉经》和《万笏朝天图》的意义较大。《高上大洞玉经》是元代书坛领袖赵孟頫的小楷书法代表作。此卷所书内容是道教上清派的早期经典《大洞真经》，卷首钤有“乾隆御览之宝”“乾清宫鉴藏宝”鉴藏印，可知此卷曾为清宫旧藏。已故著名书画鉴定家徐邦达先生称此卷“精劲浑厚，字字珠玑，定为真迹无疑……按此应即是《石》(《石渠宝笈》）本的原底，全卷洋洋洒洒小楷数千言，而首尾精神充沛，似一气呵成，着实惊人”。而《万笏朝天图》卷为绢本设色，长达17米，生动细致地描绘了乾隆南巡至苏州，官员百姓接驾的场景，此画为清宫旧藏，卷首钤有“宣统御览之宝”印玺，确为清宫旧藏无疑[1]。另有不少清宫散佚的官窑瓷器和内府玉器、文玩等。

（六）广东省博物馆

广州是中国南部的重要口岸，连接着香港，历来是中国文物外流的重要通道，许多流失民间的清宫文物，也正是由此经香港再流失到海外的。1949年以后，中国政府颁布了禁止珍贵文物图书出口的法令，有效遏制了清宫文物非法外流的态势，许多清宫散佚文物也就流落于广东本地的文物市场或藏家手中。广东省博物馆1959年建成后，通过购买、接受捐赠等方式征集了大量珍贵文物，其中也包括一部分流散于广东地区的清宫文物。其中比较著名的如明代画家吴伟的《洗兵图》(残卷)。吴伟是明代画坛继戴进之后的浙派盟主，曾被明孝宗赐予“画状元”印。《洗兵图》是吴伟37岁时为收藏家黄琳所绘，纸本墨笔，纵31厘米，横597厘米，描写的是天兵神将在云气雷电

1　文物简介来源于天津博物馆网站http：//www.tjbwg.com/。

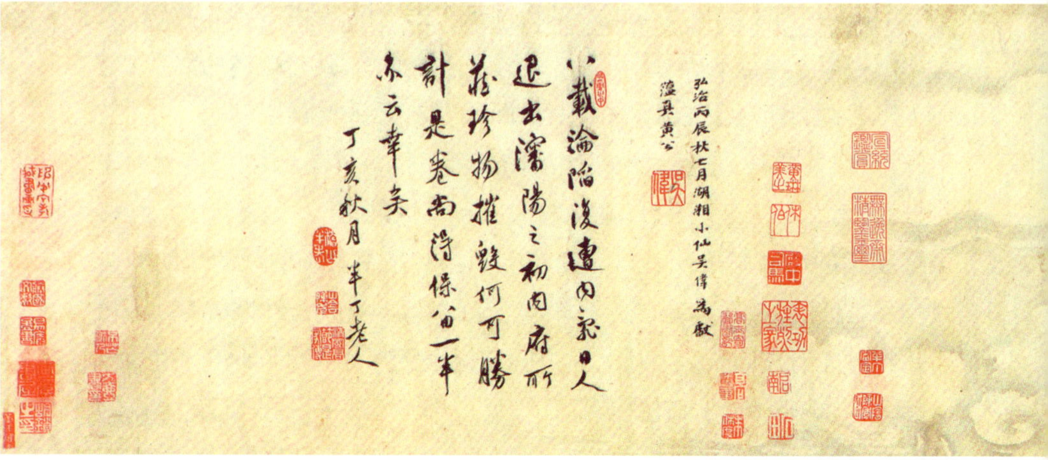

明　吴伟　洗兵图(局部)　广东省博物馆藏

中手持兵器的场景。黄琳邀请同时代著名画家沈周等一同欣赏，并且留下印鉴。清代该卷曾被著名学者、礼部侍郎高士奇收藏，之后又进入清宫内府，并被著录于《石渠宝笈》。民国以后，溥仪以赏赐名义将《洗兵图》偷运出宫，故宫博物院点查发现后将其编入《故宫已佚书籍书画目录四种》。辛亥革命时期，《洗兵图》被分为两段，其中后半部分一段被画家、收藏家陈半丁于1947年购得，陈半丁在卷尾题跋："八载沦陷，复遭内乱，日人退出沈阳之初，内府所藏珍物摧毁何可胜计。是卷尚得保留一半，亦云幸矣。丁亥秋月，半丁老人。"后来又在卷的引首题字"劫后余珍"。1962年2月，由广东省书画鉴定家苏庚春和时任广东省人民政府副省长魏今非经手，以时价2 600元向陈半丁购得此画，并入藏广东省博物馆[1]。

(七) 旅顺博物馆

旅顺博物馆前身为1915年(民国四年)11月26日成立的"物产陈列所"，在其现有6万件藏品中有一部分为后期征集的清宫文物，其

1　冯钰：《千年风雅：广东省博物馆镇馆之画大起底》,《信息时报》2015年9月17日。

中书画作品多是《秘殿珠林》《石渠宝笈》著录的历代名迹，如苏轼《阳羡帖》、文徵明《老子像》、沈周《青园图》卷、王翚《观梅图》卷、上睿《携琴访友图》卷、张若霭《五君子图》卷、董邦达《仿巨然夏山欲雨图》卷、《麋角解说图》卷等[1]。康熙皇帝跋《兰亭序》、跋《曹娥碑》及临王羲之、米芾、苏轼、赵孟頫、董其昌等历代书法名家的墨迹，对研究清代书法史更是难得的珍贵史料。

特别值得一提的是宋代苏轼《阳羡帖》手卷。该卷为素笺本，纵27.5厘米，横22.6厘米，共68字，内容为："轼虽已买田阳羡，然亦未足伏腊。禅师前所言下备邻庄，果如何，托得之。面议试为经度之。及景纯家田亦为议过，已面自得之，此不详云也。冗事时渎高怀，想不深罪也。轼再拜。"书法用笔丰腴跌宕、浑厚有力。后附释来复跋："此帖乃答钱济明所书，洪武四年岁次辛亥子月晦日，灵隐毗丘来复题。"来复，字见心，号蒲庵，俗姓黄，入明，工书法。该帖钤清宫鉴藏玺14方：乾隆鉴赏、三希堂精鉴玺、宜子孙、乾隆御览之宝、石渠宝笈、石渠定鉴、宝笈重编、乾清宫鉴藏宝（八玺全）、五福五代堂古稀天

1　房学惠：《旅顺博物馆藏清宫旧藏书画》，《收藏家》2001年第8期。

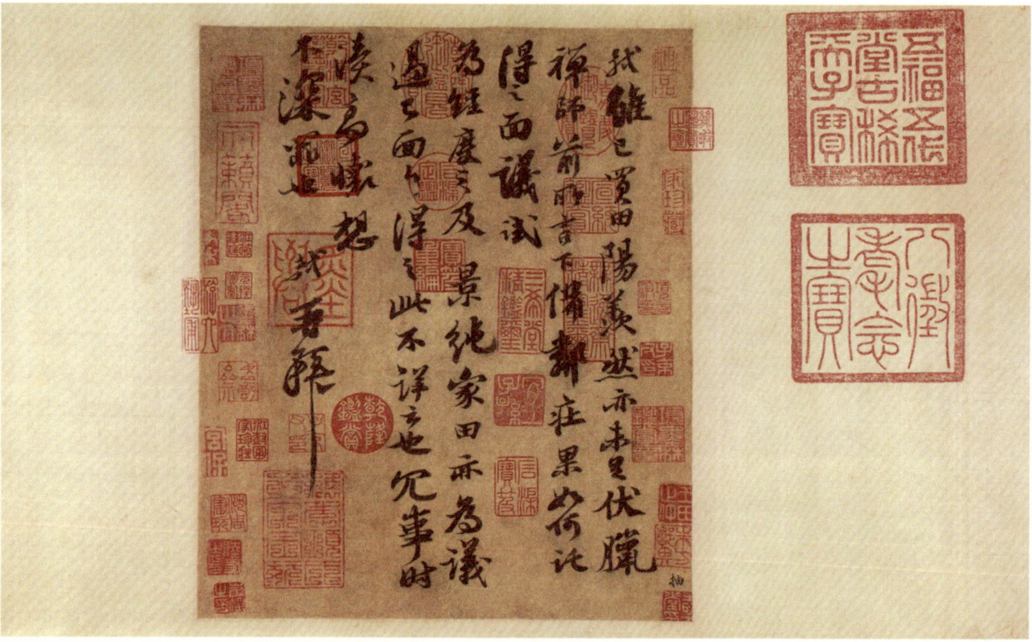

北宋　苏轼　阳羡帖（局部）　旅顺博物馆藏

明　文徵明　老子像（局部）　旅顺博物馆藏

子宝、八徵耄念之宝、几暇鉴赏之玺、御赏、内府图书、游六艺圃。并著录于《石渠宝笈续编·乾清宫》之中[1]。

（八）无锡博物院

无锡博物院共收藏有七件《佚目》中清宫散佚书画，分别是：五代杨凝式《韭花帖》、北宋"宋迪"款《楷书华严经六十六卷》、明代董其昌《岩居图》和《行书题武夷山图诗并临米帖合装》、明代《朱元璋手谕卷》、明代蓝瑛《仿一峰山水图》以及明代丁云鹏《应真渡海图卷》。据王照宇的著述，这批字画原为伪满国务秘书薛满生私人收藏。1945年日本战败，溥仪外逃期间，许多清宫旧藏书画流落民间，当时身在长春的薛满生顺势购买了一批清宫旧藏书画。新中国成立后，薛满生回到无锡老家，20世纪60年代，在当时的政治运动中，薛氏被判刑入狱17年，其书画藏品亦被政府一并没收。1982年5月28日，无锡市文化局将薛氏收藏的138幅古代书画一并移交给无锡市博物馆收藏。这批字画数量不仅关涉明清皇家旧藏，而且其流转曲折反映了20世纪30年代以后的历史事件，政治、社会内涵都较丰富，堪为20世纪中国政治社会复杂多变的一个缩影[2]。

（九）非国有博物馆和私人收藏家

近年来，一些实力雄厚的非国有博物馆和私人收藏家也频频出手，把国内外市场上出现的一些清宫散佚文物收入囊中。最典型的如上海收藏家刘益谦及其创办的龙美术馆，迄今已入藏了宋徽宗《写生珍禽图》、宋人摹《郭忠恕四猎骑图》、明吴彬《十八应真图卷》、明成化斗彩鸡缸杯、清乾隆珐琅八仙音乐钟、清徐扬《平定西

1　刘兆程：《旅顺博物馆藏〈秘殿珠林〉〈石渠宝笈〉著录作品综述》，《中国书画》2012年第7期。

2　王照宇：《无锡市博物馆藏清宫散佚书画》，《收藏家》2013年第4期。

域献俘礼图》、清乾隆御制紫檀“水波云龙”宝座等珍贵的清宫散佚文物。

此外，国内一些图书馆、档案馆和其他机构也收藏有部分清宫散佚文物。

第五章

国宝何辜涉重洋

——国际收藏视野下的清宫散佚文物

除了国内收藏体系中的清宫文物外，更多的清宫散佚文物被外交官、古董商、侵略者、偷盗者贩卖、盗运到海外。关于流失海外的清宫文物数量，学术界一直没有准确的统计。据杨仁恺先生统计，流失海外的中国古代名画大约有2万件，其中，唐代卷轴画20余张，宋代卷轴画200余张，元代画近200张，明代画约8 000张，清代画约12 000张[1]。据笔者粗略估计，海外公私收藏的各类中国文物总数约1 500万件，其中非法流失文物近150万件；而清宫散佚文物十几万件，其中多数当属非法流失文物。

20世纪70年代以来，以徐邦达、杨仁恺为代表的专家学者通过种种渠道对国外博物馆收藏清宫文物的情况进行了广泛调查，众多国内外专家学者在研究海外收藏的中国文物时也常常涉及清宫散佚文物。本书在前人成果的基础上，又对国外部分重点博物馆的情况做了更深度的了解，对国外博物馆收藏清宫文物的分布情况进行了更细的勾勒。

按照流失海外的地区划分，清宫文物主要流往美洲、欧洲和日

1 杨仁恺：《国宝沉浮录——故宫散佚书画见闻考略》（彩图典藏本），上海：上海古籍出版社，2007年，第323页。

本。美洲主要是美国和加拿大，欧洲则主要是当年来到中国大肆掠夺的英国、法国、德国、俄国以及瑞典、比利时等国。根据掌握的资料，在此，我们主要对英国、法国、美国和日本收藏清宫文物的情况进行归纳描述，并将前人和我们调查所获数据列表附录各节之后。

一、英国博物馆收藏的清宫散佚文物

英国是第二次鸦片战争和庚子之变的发起国，在掠夺和收藏清宫文物方面，与其他国家相比，因为动手早、下手狠，所得丰富且精品多。英国许多博物馆、图书馆甚至私人收藏家都藏有清宫文物。著名的如大英博物馆、维多利亚和阿尔伯特博物馆、达维德基金会、牛津大学的阿什莫尔博物馆、剑桥大学费兹威廉博物馆、爱丁堡皇家苏格兰博物馆等，都有丰富精美的清宫文物收藏。

（一）大英博物馆

大英博物馆（British Museum）又名不列颠博物院，1759年1月15日起正式对公众开放，是世界上历史最悠久、规模最大、最著名的博物馆之一，收藏了世界五大洲各个历史时期的文物和艺术品数百万件，藏品之丰富、种类之繁多，为全世界博物馆所罕见。正如英国学者所言："英国最强大的时候，领土面积增加了100倍。"大英博物馆堪称其强盛的见证。

大英博物馆收藏中国文物的历史可追溯到1753年建馆时期，被认为是世界上收藏中国流失文物最多的欧美博物馆之一。目前，该馆共收藏有中国文物2.3万件，涵盖了中国艺术的各个类别，包括陶瓷、青铜器、玉器、书画、古籍、造像等，时代从史前到近代，跨越了整个中国历史。在大英博物馆中，中国文物与古希腊、古埃及藏品等一并成为该馆收藏的最珍贵的人类文化遗产。大英博物

大英博物馆/供图　青花瓷

馆专门陈列中国文物的永久性展厅，长期陈列约2 000件展品，与古埃及、古希腊、古罗马和印度展厅一样是该博物馆仅有的几个国别展厅之一。

在大英博物馆的中国文物收藏中，商周时期的青铜彝器，魏晋、隋唐的经卷，宋、元、明、清各代的瓷器，各个时期的书法绘画均属于特色类别，其中有300余件中国书画为清宫旧藏珍品，其他从紫禁城、圆明园等地掠夺而来的清宫文物也是其收藏中的精品。

该馆收藏清宫文物中最著名者，当属在中国绘画史上占有重要地位的名画《女史箴图》。《女史箴图》是中国东晋顾恺之的名作，其原作已佚，大英博物馆收藏的《女史箴图》是唐代的摹本，神韵最接近顾恺之的原画，因而被后人奉为经典摹本，是《石渠宝笈》明确著录的清宫藏画。《女史箴图》绢本设色，长（横）377.9厘米，宽（纵）25.5厘米，全卷分为引首、本幅、尾纸三大部分。其画引首中间有乾隆帝御书“彤管芳”三字，本幅画意源于西晋张华《女史箴》文的内容，分为九段，分别描绘了“冯媛挡熊”“班姬辞辇”“隆杀盛衰”“修容饰性”“同衾以疑”“微言荣辱”“驩欢专宠”“靖恭自思”“女史司箴，敢告庶姬”九个场景。该画自署“顾恺之画”，画面可见“弘文之

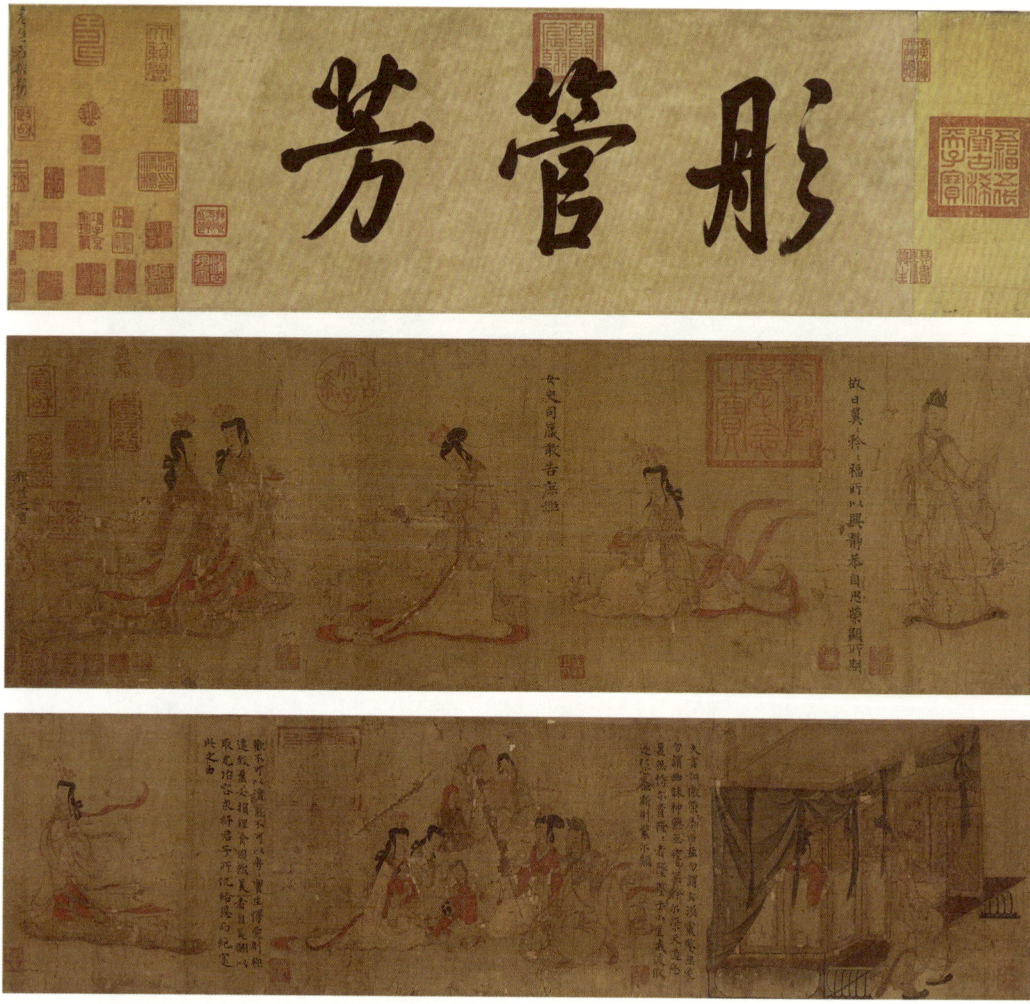

唐摹东晋顾恺之　女史箴图（局部）　大英博物馆藏

印”“宣和”方印，还有宋徽宗或金章宗瘦金书《女史箴》词句11行。画本身及装裱部分压有宋、金、明、清内府藏印，及明清历代收藏者的私人鉴藏印。《女史箴图》原收藏于颐和园中，八国联军洗劫颐和园之际被英军驻印度骑兵军官克劳伦斯·约翰逊上尉（Clarence A.K. Johnson，1870年出生于英属印度殖民地马德拉斯，1900年8

清　邹一桂　松竹石泉图　大英博物馆藏

月至10月先后驻守在北京使馆区和颐和园，1937年死于英国伦敦）掠走，1903年4月8日以25英镑的价格售予大英博物馆（藏品编号1903.4—8.01）[1]。1910年11月5日，《女史箴图》在大英博物馆首次展出。为减少开卷，大英博物馆在20世纪初将《女史箴图》裁为两截，本幅与引首、题跋分别裱在两张板上置于专柜中收藏展示，包首及拖尾邹一桂奉旨画《松竹石泉图》则另行收存。2014年，原上海博物馆的书画修复师邱锦仙又对《女史箴图》进行了全面修复加固，仍是直接裱在板上。

除了《女史箴图》，该馆还收藏了唐李思训《青绿山水图》、韩滉《双牛图》、北宋李公麟《华严变相图》、范宽《携琴访友图》、苏轼《墨竹图》、南宋马远《山水再游图》等中国名画，其中不少都是《石渠宝笈》著录的清宫藏画，或是钤盖有清代内府收藏的专用印章。

除书画外，该馆收藏的玉器（如乾隆题诗的商代玉璧）、青铜器（如清代的错金银青铜卣）、瓷器（如雍正珐琅彩瓷器）、织绣（如宫廷服饰）、古籍（如《永乐大典》）等也有不少属于清宫旧藏文物。

1　段勇：《乾隆"四美"与"三友"》，北京：紫禁城出版社，2008年，第69页。

（二）维多利亚和阿尔伯特博物馆

维多利亚和阿尔伯特博物馆（Victoria and Albert Museum），简称V&A博物馆，是英国规模仅次于大英博物馆的第二大国立博物馆。该馆以维多利亚女王和阿尔伯特公爵命名，专为1851年在伦敦召开的第一届万国博览会而建，其收藏宗旨强调社会意义、生活和装饰意义，因而主要收藏美术品和工艺品。

馆内专设有中国展厅，展示中国的家具、书画、文具、纺织品等文物，还有相关的装饰物、珠宝首饰之类。其中有清代的龙袍、吉服等，无疑都是皇室专用的宫廷文物。

特别值得一提的是，该馆收藏的中国瓷器十分有名。陈文平教授在《流失海外的国宝》一书中专门著录了该馆所藏的171件清代瓷器，这些瓷器多带有清代官窑瓷器所特有的皇帝纪年款识（如“大清康熙年制”“雍正御制”等）或堂名款识（如“慎德堂”等），明显是清

维多利亚和阿尔伯特博物馆/供图　视觉中国

代皇室的御用之物。其中精品如乾隆红釉牺耳尊，两侧附牺耳，底署“大清乾隆年制”款，红釉呈色凝重、华丽，是红釉瓷器中罕见的精品。此外该馆收藏的蓝釉豆、蓝釉簠等与其同属于乾隆时期的宫廷祭器[1]。

清道光　黄地粉彩花卉纹碗
维多利亚和阿尔伯特博物馆藏

清雍正　铜红釉盆
维多利亚和阿尔伯特博物馆藏

明德化　观音像
维多利亚和阿尔伯特博物馆藏

1　陈文平:《流失海外的国宝·文字卷》，上海：上海文化出版社，2001年，第78页。

（三）达维德基金会

珀西瓦尔·达维德中国艺术基金会（Percival David Foundation of Chinese Art），简称达维德基金会，下辖一家小型博物馆，其收藏的中国艺术品的数量和质量在英国乃至欧洲都是甚为罕见的。

这家博物馆收藏的都是英国学者达维德爵士（1892—1964）的珍藏。达维德爵士生前热爱中国艺术，从20世纪初年开始收集中国艺术珍品，曾是影响深远的1935年“中国艺术博览会”的发起人。到1950年代，他把藏品捐赠给伦敦大学，近年来转归大英博物馆收藏展示。

该馆的藏品以中国陶瓷为主，馆中所收藏的大约1 700件陶瓷从宋代到清代，跨越了将近一千年。其所藏宋代五大名窑瓷器特别是10余件汝窑瓷器（汝窑青釉碗、汝窑长颈瓶等）都是可以与故宫博物院、台北故宫藏品媲美的汝窑瓷珍品。收藏的元代至正型青花瓷器成为全世界甄别元青花的标型器。其藏品中的明永乐青花玉壶春瓶、明宣德青花缠枝莲纹盖罐、明成化斗彩鸡缸杯等都是同类存世文物中的精品。还有多件清乾隆时期烧制的珐琅彩瓷器，如珐琅彩花卉纹瓶、珐琅彩花卉纹盘、珐琅彩仕女图瓶、珐琅彩梅竹水仙纹壶（“大清乾隆年制”款）等，由于珐琅彩瓷器从创烧到衰落都只局限于宫廷之中、供皇室使用，所以这些瓷器都是“庶民弗得一窥”的清宫御用珍品。

除了上述博物馆外，英国大英图书馆、阿什莫尔博物馆等处也有《永乐大典》、古代舆图等清宫文物收藏。

清雍正　粉彩花鸟纹扁瓶
中国艺术基金会藏

英国收藏清宫散佚文物（含部分疑似）数据简目[1]

（一）绘画

年代作者	名称	形式	尺寸（厘米）	收藏地
晋・顾恺之	女史箴图（唐摹本）	卷，绢本设色	24.8×348.2	大英博物馆
唐・李思训	青绿山水图	轴，绢本设色	110.5×57.5	大英博物馆
唐・李思训	青绿山水图	轴，绢本设色	60.2×34.1	大英博物馆
唐・韩滉	双牛图	卷，绢本水墨	35.6×93.5	大英博物馆
唐・无款	引路菩萨图	绢本设色	85.0×53.6	大英博物馆
唐・无款	树下说法图	轴，绢本设色	137.2×101.6	大英博物馆
五代・周文矩	倦绣图	卷，绢本设色	纵24.2	大英博物馆
五代・周文矩	婴戏图	卷，绢本设色	26.5×104.0	大英博物馆
五代・黄筌	枯木水禽图	轴，绢本设色	140.0×118.4	大英博物馆
五代・巨然	茂林叠嶂图	轴，绢本水墨淡彩	184.7×73.8	大英博物馆
北宋・李公麟	华严变相图	卷，纸本水墨淡彩	34.7×1 244.4	大英博物馆
北宋・李公麟	罗汉图	卷，绢本水墨	26.1×457.2	大英博物馆
北宋・赵令穰	吹笛图	册页，绢本水墨淡彩	25.7×17.0	大英博物馆
北宋・赵令穰	湖堤春晓图	轴，绢本设色	47.3×76.1	大英博物馆
北宋・黄居寀	人物图	轴，绢本设色	195.0×99.7	大英博物馆
北宋・王端	山水图	轴，绢本水墨淡彩	178.4×46.8	大英博物馆
北宋・范宽	携琴访友图	轴，绢本水墨	145.3×71.6	大英博物馆
北宋・范宽	雪景山水图	卷，绢本设色	31.6×422.0	大英博物馆
北宋・张择端	清明上河图	卷，绢本设色	纵29.1	大英博物馆
北宋・燕文贵	群峰雪霁图	卷，绢本设色	23.5×160.0	大英博物馆
北宋・惠崇	芦雁图	轴，绢本水墨淡彩	125.6×63.8	大英博物馆
北宋・文同	墨竹图	轴，绢本水墨	231.2×119.2	大英博物馆
北宋・苏轼	墨竹图	绢本水墨	30.2×35.8	大英博物馆
南宋・刘国用	乌窠禅师图	轴，纸本设色	96.6×43.6	大英博物馆
南宋・马和之	陈风图	卷，绢本水墨淡彩	26.8×731.5	大英博物馆
南宋・马远	树下闲话图	册页，绢本设色	28.4×30.5	大英博物馆
南宋・马远	山水舟游图	轴，绢本设色	172.4×85.0	大英博物馆
南宋・刘松年	圆泽三生图	卷，绢本设色	23.8×97.8	大英博物馆
南宋・夏圭	山水图	轴，绢本水墨淡彩	45.5×29.1	大英博物馆
南宋・夏圭	观瀑图	轴，绢本水墨	222.7×68.9	大英博物馆
南宋・无款	牧童图	团扇，绢本水墨	23.3×24.8	大英博物馆

1　本书所收录的清宫散佚文物数据，均来自各国博物馆公开出版、发布的图录、目录或电子数据库等，以及多位前辈学者的研究成果。由于文物数量大，种类多，公开数据有限，甄别难度较大，包含有部分疑似清宫散佚文物数据，仅供读者参考。

（续表）

南宋·无款	山水图	团扇，绢本水墨淡彩	25.5×25.7	维多利亚和阿尔伯特博物馆
元·颜辉	仙人图	轴，绢本设色	144.8×82.2	大英博物馆
元·王振鹏	故事人物图	卷，绢本设色	29.9×174.5	大英博物馆
元·钱选	明妃出塞图	卷，绢本设色	28.1×148.7	大英博物馆
元·赵孟頫	伯乐相马图	卷，绢本水墨	纵30.8	大英博物馆
元·赵孟頫	青绿山水图	轴，绢本设色	122.6×12.5	大英博物馆
元·赵孟頫	洗马图	卷，绢本设色	31.7×255.4	大英博物馆
元·赵孟頫	马图	册页，绢本设色	30.7×39.8	大英博物馆
元·任仁发	饲马图	轴，绢本设色	48.7×75.6	维多利亚和阿尔伯特博物馆
元·王渊	花鸟图	绢本设色	26.0×24.7	维多利亚和阿尔伯特博物馆
元·王渊	草虫图	册页，绢本设色	27.5×27.8	大英博物馆
元·王立本	山水图	轴，绢本水墨	93.6×40.2	大英博物馆
元·盛懋	山中观书图（双幅）	轴，绢本设色	97.3×29.2	大英博物馆
元·盛懋	雪景山水图	轴，绢本水墨	100.7×49.4	大英博物馆
元·陈贞	山水图	册页，绢本水墨淡彩	32.3×21.3	大英博物馆
元·黄公望	层峦叠嶂图	轴，纸本水墨淡彩	164.8×47.7	大英博物馆
元·黄公望	山水图	册页，绢本设色	26.5×20.7	大英博物馆
元·无款	铁拐仙人图	轴，绢本设色	77.6×56.1	大英博物馆
元·无款	罗汉图（第三尊者）	轴，绢本设色	125.6×61.6	大英博物馆
元·无款	五陵挟弹图	卷，绢本设色	纵30.0	大英博物馆
元·无款	班婕妤图	轴，绢本设色	52.0×89.5	大英博物馆
元·无款	粟鹑图	轴，绢本设色	139.7×50.8	大英博物馆
明·丁云鹏	仙人图	轴，纸本水墨	117.9×46.6	大英博物馆
明·丁云鹏	山水图	轴，纸本设色	136.7×33.5	大英博物馆
明·丁云鹏	白描人物图	册页，纸本水墨	33.4×24.7	大英博物馆
明·仇英	山水图	轴，绢本设色	125.1×67.1	大英博物馆
明·仇英	罗汉图	卷，绢本设色	纵23.4	大英博物馆
明·文伯仁	山水图	册页，绢本水墨	24.9×24.0	大英博物馆
明·文徵明	群鹿图	轴，绢本设色	186.5×96.0	大英博物馆
明·文徵明	仿李成寒林图	轴，纸本水墨	90.0×31.0	大英博物馆
明·文徵明	消夏小景图	轴，纸本	52.2×31.3	尤伦斯夫妇
明·王友	花鸟图	轴，绢本设色	187.5×82.1	大英博物馆
明·王月鹏	唐子图	轴，绢本设色	89.3×53.4	大英博物馆
明·王问	寒山拾得图	轴，纸本设色	156.4×86.8	大英博物馆
明·月洲	花鸟图（双幅）	轴，绢本设色	145.0×77.4	大英博物馆
明·朱邦	山水图	轴，绢本水墨淡彩	160.3×100.5	大英博物馆

（续表）

明·朱邦	王宫图	轴，绢本设色	170.0×108.8	大英博物馆
明·朱万成	山水图	册页，金笺水墨淡彩	30.2×37.8	大英博物馆
明·朱端	墨竹图	轴，绢本水墨	144.3×91.8	大英博物馆
明·佘人	山水图	轴，绢本水墨淡彩	147.8×96.0	大英博物馆
明·吴伟	樵夫图	轴，绢本水墨淡彩	164.8×95.0	大英博物馆
明·吴伟	仙人图	轴，绢本水墨淡彩	139.0×91.7	大英博物馆
明·吴伟	渔夫图	轴，绢本水墨	195.8×102.0	大英博物馆
明·吴伟	流民图	卷，纸本水墨淡彩	37.7×512.0	大英博物馆
明·吕纪	花鸟图	轴，绢本设色	200.0×102.8	大英博物馆
明·吕纪	花鸟图	轴，绢本设色	135.7×74.0	大英博物馆
明·吕纪	粟鹁图	轴，绢本设色	117.7×85.0	大英博物馆
明·吕纪	松鹰图	轴，绢本设色	160.3×81.7	大英博物馆
明·吕纪	双兔图	册页，绢本设色	25.7×29.6	大英博物馆
明·吕纪	冬景花鸟图	轴，绢本水墨淡彩	183.7×103.4	维多利亚国家画廊
明·宋旭	山水图	册页，纸本水墨	30.0×39.8	大英博物馆
明·宋旭	山水图	册页，纸本水墨	30.0×39.2	大英博物馆
明·宋旭	青绿山水图	册页，纸本设色	29.8×39.7	大英博物馆
明·宋旭	米法山水图	册页，纸本水墨	30.1×39.6	大英博物馆
明·李初谋	山水图	册页，金笺水墨淡彩	30.2×38.4	大英博物馆
明·李麟	打毬图	卷，绢本设色	27.8×116.4	维多利亚和阿尔伯特博物馆
明·邵弥	山水图	册页，纸本水墨	27.2×20.5	大英博物馆
明·沈周	山水图	轴，纸本水墨淡彩	174.3×71.7	大英博物馆
明·沈周	纳凉图	册页，纸本水墨淡彩	31.6×25.0	大英博物馆
明·沈周	风雨寻盟图	卷		大英博物馆
明·周臣	山水图	扇面，金笺水墨	17.8×51.9	维多利亚和阿尔伯特博物馆
明·林良	鸦柳鹤图	轴，绢本水墨	139.4×76.0	大英博物馆
明·林良	芦雁图	轴，绢本水墨	167.3×102.1	大英博物馆
明·姚媛	松石图	册页，纸本水墨淡彩	29.9×23.7	大英博物馆
明·施霜	山水图	册页（二页），纸本水墨	24.6×32.2	大英博物馆
明·胡玉昆	山水图	册页，纸本设色	24.8×32.3	大英博物馆
明·唐寅	仙山积雪图	轴，绢本设色	109.9×38.9	大英博物馆
明·唐寅	鹤书赴陇图	轴，绢本设色	132.3×80.2	大英博物馆
明·唐寅	藻鱼图	轴，绢本水墨	201.3×117.5	大英博物馆
明·唐寅	老子图	册页，绢本设色	21.9×26.4	大英博物馆
明·唐寅	西山草堂图	卷，纸本水墨	纵30.0	大英博物馆
明·张纪	美人嗅桃花图	轴，绢本设色	101.2×49.7	大英博物馆
明·张翀	瑶池仙剧图	轴，绢本设色	170.8×100.6	大英博物馆

（续表）

明·张瑞图	山水图	轴，绫本水墨	143.8×43.8	维多利亚和阿尔伯特博物馆
明·张路	秋浦捕鱼图	轴，绢本水墨淡彩	164.0×95.6	大英博物馆
明·张福	芦雁图（双幅）	轴，绢本水墨	139.2×79.1	大英博物馆
明·陈子和	菊图（双幅）	轴，绢本设色	111.9×60.7	大英博物馆
明·陈洪绶	仙女图	轴，纸本设色	190.2×104.6	大英博物馆
明·陈洪绶	冰壶秋色图	轴，绢本设色		大英博物馆
明·陈洪绶	婴戏图	轴，纸本设色	84.1×31.9	大英博物馆
明·陈洪绶	山水图	册页，纸本设色	24.6×32.0	大英博物馆
明·陈淳	花卉图	册页，绢本水墨淡彩	29.1×37.8	大英博物馆
明·陈焕	郊行图	扇面，金笺水墨淡彩	17.6×53.0	大英博物馆
明·陈远	夏真逸像	轴，绢本设色	120.0×44.4	大英博物馆
明·陈贤	释迦图	轴，纸本水墨	95.4×50.5	大英博物馆
明·陈继儒	墨梅图	轴，绢本水墨	129.5×63.3	大英博物馆
明·陈继儒	墨鸟图	册页，绫本水墨	25.9×21.6	大英博物馆
明·陶佾	墨龙图	轴，绢本水墨	171.7×107.0	大英博物馆
明·陆治	山水图	轴，纸本水墨	136.7×32.1	大英博物馆
明·盛茂烨	石湖暮色图	轴，绢本水墨淡彩	98.3×46.9	大英博物馆
明·童钰	梅花图	册页，绫本水墨	27.5×21.6	大英博物馆
明·童原	柑子菊图	册页，纸本设色	22.2×21.3	大英博物馆
明·蒋嵩	携琴游山图	轴，绢本设色	148.5×89.5	大英博物馆
明·项德新	松石图	扇面，金笺水墨	16.0×48.1	大英博物馆
明·黄少溟	人物图（双幅）	轴，绢本设色	143.4×105.3	大英博物馆
明·董其昌	山水图	轴，纸本水墨	95.2×41.1	大英博物馆
明·董其昌	书法秘诀图	卷，纸本水墨淡彩	31.2×277.0	大英博物馆
明·赵左	仿李营丘山水图	册页，金笺水墨淡彩	28.6×37.8	大英博物馆
明·赵左	玉映兰馨图	册页，金笺水墨淡彩	28.6×37.8	大英博物馆
明·蓝瑛	山水图	扇面，金笺水墨	16.3×50.8	大英博物馆
明·关裕度	墨菊图	册页，金笺水墨	30.3×38.2	大英博物馆
明·杨文聪	墨兰图	轴		大英博物馆
明·佚名	李益写情诗意			大英博物馆
明·佚名	蓬莱山图			大英博物馆
明·佚名	八仙万寿图			大英博物馆
明·文伯仁	山水图	纸本	纵128.6	尤金·富勒
明·佚名	十八应真图卷（一）（二）			尤伦斯夫妇
明·佚名	兰亭序集拓			大英博物馆
明·佚名	消夏小景图	轴	52.2×31.3	尤伦斯夫妇
清·王原祁	仿黄公望山水图	轴，纸本设色	132.6×51.2	大英博物馆
清·王时敏	山水图	轴，纸本水墨	177.5×56.9	大英博物馆

（续表）

清·王朗	灵芝笔筒图	册页，绢本设色	33.1×47.0	大英博物馆
清·王朗	木瓜图	册页，绢本设色	33.0×47.3	大英博物馆
清·王翚	山水图	扇面，纸本水墨	15.7×49.0	大英博物馆
清·冷枚	清客遗像	轴，绢本设色	108.6×51.6	大英博物馆
清·冷枚	美人图	轴，绢本设色	163.4×97.6	大英博物馆
清·恽寿平	藤花图	扇面，纸本设色	17.9×52.2	大英博物馆
清·焦秉贞	翠华临幸图	卷，绢本设色	48.4×784.0	大英博物馆
清·项圣谟	秋林读书图	轴，纸本设色	106.4×34.2	大英博物馆
清·项圣谟	四君子图	轴，纸本设色	195.4×76.3	大英博物馆
清·董邦达	山水图	轴，纸本水墨	70.8×36.0	大英博物馆
清	皇朝礼器图式	册页，绢本设色	42.3×41.3	维多利亚和阿尔伯特博物馆
1728·无名宫廷艺术家	古玩图，第六号	纸本设色	62.5×1 502	大英博物馆（达维德基金会）
1906—1908	牡丹图	轴，纸本设色	274.5×82.2	维多利亚和阿尔伯特博物馆
清·佚名	隶书横额			大英博物馆
清·佚名	仿倪瓒山水图	轴		大英博物馆
清	袁枚像	轴		大英博物馆
清	溪山渔隐图	轴		大英博物馆

（二）陶瓷

年代	名称	尺寸（厘米）	款识等	收藏地
唐	朝圣瓶			大英博物馆
唐	圆罐			大英博物馆
唐	鸭形水瓶			大英博物馆
唐	佛瓷瓶			大英博物馆
唐	龙泉瓷瓶			大英博物馆
唐	龙耳黑釉瓶			大英博物馆
唐	黄道盘			大英博物馆
唐	三彩盖瓶			大英博物馆
北宋	碗	直径17.0	1786年碗内皇家刻款	大英博物馆（达维德基金会）
北宋	碟（已毁）	高3.7，直径19.5	乾隆御制诗	大英博物馆（达维德基金会）
北宋	裂纹汝窑盘	高3.6，直径13.7	底部刻清宫收藏款	大英博物馆（达维德基金会）
宋	钧窑酒杯连托子			
南宋	青瓷轮花钵（官窑）	口径19.7	"来自北京皇家收藏"	达维德基金会

（续表）

南宋	青瓷下芜形瓶	高18.0	“来自北京皇家收藏”	达维德基金会
南宋	带款官窑盘	高3.6，直径14.6	乾隆御制诗	大英博物馆（达维德基金会）
南宋	带款簋形香炉	高8.1，直径11.5，底径8.8，口径11.5	乾隆御制诗	大英博物馆（达维德基金会）
南宋/元	官釉带款壶形瓶	高14.9，直径7.3，底宽5，底深4.8，口宽4.7，口深4.6	乾隆御制诗	大英博物馆（达维德基金会）
南宋/元	带款官窑盘	高2.9，直径15.8，底径7.8	乾隆御制诗	大英博物馆（达维德基金会）
12—13世纪	钧窑枕，底刻乾隆款	高13.3	乾隆御制诗	大英博物馆（达维德基金会）
13世纪	定窑堆塑碗	直径18.0	乾隆刻字	大英博物馆（达维德基金会）
南宋/元	青瓷双耳方瓶（官窑）	高35.2	“来自北京皇家收藏”	达维德基金会
元	带底款官窑盘	高5，直径19.3，底径6.4	乾隆御制诗	大英博物馆（达维德基金会）
元	仿古青铜壶形瓶	高24.4，直径17.3	乾隆御制诗	大英博物馆（达维德基金会）
元	青花龙纹象耳瓶		“至正十一年”款	大英博物馆（达维德基金会）
元	青花牡丹凤凰双耳罐			大英博物馆（达维德基金会）
元	青花花卉纹大盘			大英博物馆
元	青花釉里红开光花卉纹大罐			达维德基金会
元	小蓝白盘			大英博物馆
元	蓝白碗			大英博物馆
元	红釉雕饰盘			大英博物馆
元	青瓷簋形香炉	直径27.4	“来自北京皇家收藏”	达维德基金会
元	梨形釉瓶			大英博物馆
元	梨形雕刻釉瓶			大英博物馆
元	梨形浮雕釉瓶			大英博物馆
元	雕刻装饰釉			大英博物馆
元	模压装饰釉茎杯			大英博物馆
元	釉盘			大英博物馆
元	卵白釉碗			大英博物馆
元	雕刻装饰釉碗			大英博物馆

（续表）

元	人物画釉盘			大英博物馆
元	白色釉盘			大英博物馆
元	白色釉瓶			大英博物馆
元	彩红半桃酒器			大英博物馆
元	彩釉玉壶春瓶			大英博物馆
元	彩色釉玉壶春瓶			大英博物馆
元	内蓝外红釉茎杯			大英博物馆
元	内蓝外红釉盘			大英博物馆
元	彩蓝釉易倒船			大英博物馆
元	蓝色底釉高脚杯			大英博物馆
元	蓝底泥釉高脚杯			大英博物馆
元	蓝色底釉高脚杯			大英博物馆
元	蓝底釉玉壶春瓶			大英博物馆
元	简洁瓶颈蓝底釉玉壶春瓶			大英博物馆
元	彩蓝色底釉罐			大英博物馆
元	彩蓝色底釉椭圆形罐			大英博物馆
元	彩蓝色底釉双耳罐			大英博物馆
元	下彩蓝色釉杨桃形两凸耳罐			大英博物馆
元	釉下彩蓝釉盘			大英博物馆
元	釉盘			大英博物馆
元	彩蓝色底大釉盘			大英博物馆
元	彩蓝色底釉菱形把手花瓶			大英博物馆
元	彩蓝色釉梅瓶			大英博物馆
元	蓝色龙把手釉罐			大英博物馆
元	蓝色底釉酒罐			大英博物馆
元	彩蓝色底釉花瓶			大英博物馆
元	彩蓝色底釉圆盘			大英博物馆
元	微型易浇注釉船			大英博物馆
元	单色蓝釉浮雕装饰盘			大英博物馆
元	釉佛陀图			大英博物馆
明永乐	青花萱草纹玉壶春瓶			达维德基金会
明永乐	青花云龙纹扁壶			维多利亚和阿尔伯特博物馆
明宣德	青花岁寒三友纹碗			达维德基金会
明成化	青花龙纹盘			达维德基金会
明成化	青花番莲托八宝纹盘			达维德基金会
明成化	斗彩葡萄纹高足杯		“大明成化年制”款	达维德基金会
明成化	斗彩花卉纹罐		“大明成化年制”款	达维德基金会

（续表）

明成化	青花瓜纹碗		“大明成化年制”款	达维德基金会
明嘉靖	青花婴戏图执壶		“大明嘉靖年制”款	达维德基金会
明嘉靖	五彩花卉纹葫芦瓶		“大明嘉靖年制”款	达维德基金会
明	圆花盆	高17.4，直径26.1，底径12.8		
明	鱼柄刻字香炉	高7.4，口径10.3，底径8.3	乾隆御制诗	
明	孔雀釉壶	高33.3	“来自北京皇家收藏”	达维德基金会
明	青花釉里红龙纹高足碗			达维德基金会
明	红釉碗			达维德基金会
明	钧釉盘	高3.7，直径14.2，底径8.4	“丙”款	大英博物馆（达维德基金会）
明	大白平底盘			大英博物馆
明	平底白釉盘			大英博物馆
明	蓝白边盘			大英博物馆
明	大蓝白边盘			大英博物馆
明	蓝白釉茶瓶			大英博物馆
明	流金龙戏珠耳壶			大英博物馆
明	青花瓷双凤纹笔墨插			大英博物馆
明	彩蓝色底釉碗			大英博物馆
明	彩画蓝色底釉罐			大英博物馆
明	蓝色底釉碗			大英博物馆
明	蓝色底釉大碗			大英博物馆
明	彩蓝色底釉壶			大英博物馆
明	蓝色底釉玉壶春瓶			大英博物馆
明	蓝色底釉大瓶			大英博物馆
明	蓝色底釉梅瓶			大英博物馆
明	蓝色底釉月亮形烧瓶			大英博物馆
明	蓝色底釉彩画			大英博物馆
明	红釉碗			大英博物馆
明	红釉盘			大英博物馆
明	红色底釉玉壶春瓶			大英博物馆
明	红釉低口大罐			大英博物馆
明	红釉盘			大英博物馆
明	黑红釉杯			大英博物馆

（续表）

明	红釉盘			大英博物馆
明	红釉盘			大英博物馆
明	蓝釉碗			大英博物馆
明	蓝釉大碗			大英博物馆
明	蓝色底釉盘			大英博物馆
明	蓝釉杯			大英博物馆
明	甜白釉颈杯			大英博物馆
明	甜白釉器			大英博物馆
明	甜白釉罐			大英博物馆
明	甜白釉碗			大英博物馆
明	甜白釉盘			大英博物馆
明	白釉大盘			大英博物馆
明	白釉大盘			大英博物馆
明	白釉雕花大盘			大英博物馆
明	白釉盘			大英博物馆
明	棕红色釉雕花大盘			大英博物馆
明	红底彩色釉颈杯			大英博物馆
明	蓝底彩釉大杯			大英博物馆
明	白釉模压碗			大英博物馆
明	白釉雕花盘			大英博物馆
明（达维德基金会发表的年代为南宋）	香炉	直径12.0，深12.0		大英博物馆（达维德基金会）
清顺治	黄釉碗	直径18.3		维多利亚和阿尔伯特博物馆
1651	青釉带款盘	高6，直径36.1	“大清顺治八年制”款	大英博物馆（达维德基金会）
清顺治	仿嘉靖款黄釉碗	直径18.3	仿嘉靖年款	维多利亚和阿尔伯特博物馆
清顺治	蓝釉盘	高4.4，直径24.9	顺治青花款	大英博物馆（达维德基金会）
清顺治	团凤黄蓝碗	高8.6，直径14.6	“大清年制”青花款	大英博物馆（达维德基金会）
1723—1735	碗	直径15.5		维多利亚和阿尔伯特博物馆
1710—1722	清初釉上彩瓷碟	直径25.5		维多利亚和阿尔伯特博物馆
清康熙	青白釉白梅蝶纹尊	高23.5		维多利亚和阿尔伯特博物馆
清康熙	仿成化款蓝地白龙纹碗	直径17.8		维多利亚和阿尔伯特博物馆
清康熙	洒蓝描金鱼纹棒槌瓶	高45.8		维多利亚和阿尔伯特博物馆
清康熙	淡蓝釉鱼耳瓜棱瓶（一对）	高33.7		维多利亚和阿尔伯特博物馆
清康熙	青花山水人物胆式瓶	高12.6	“大明嘉靖年制”款	维多利亚和阿尔伯特博物馆
清康熙	青花《西厢记》图棒槌瓶	高77.5		维多利亚和阿尔伯特博物馆
清康熙	釉里三色洞石花卉棒槌瓶	高44.0	康熙年款	维多利亚和阿尔伯特博物馆

（续表）

清康熙	釉里红龙纹瓶	高20.0		维多利亚和阿尔伯特博物馆
清康熙	素三彩云龙折沿盒	直径40.0	康熙年款	维多利亚和阿尔伯特博物馆
清康熙	五彩花鸟纹盘、红地五彩小碗	直径25.5	"雍正御制"	维多利亚和阿尔伯特博物馆
清康熙	仿成化款黄釉菊纹执壶	高19.0	仿成化年款	维多利亚和阿尔伯特博物馆
清康熙	葫芦瓶	高8.4	康熙款	维多利亚和阿尔伯特博物馆
清康熙	青花釉里红龙涛纹瓶	高42.0	康熙铭	达维德基金会
清康熙	青瓷香炉	最宽处直径12.3	"奉华"铭	达维德基金会
清康熙	青花人物杯	杯高5，碟径13.3		维多利亚和阿尔伯特博物馆
清康熙	青花麒麟仕女盘	直径26.3		维多利亚和阿尔伯特博物馆
清康熙	青花博古图盘	直径16		维多利亚和阿尔伯特博物馆
清康熙	青花冰梅纹盖罐	高22.9		维多利亚和阿尔伯特博物馆
清康熙	青花冰梅纹盖罐	高22.5		维多利亚和阿尔伯特博物馆
清康熙	青花开光人物盘	直径34.3		维多利亚和阿尔伯特博物馆
清康熙	青花开光仕女盖罐（二件）	高46.5		维多利亚和阿尔伯特博物馆
清康熙	青花开光仕女花觚（二件）	高46.0		维多利亚和阿尔伯特博物馆
清康熙	青花开光折枝花卉盘	直径55.2		维多利亚和阿尔伯特博物馆
清康熙	青花如意纹盖罐	高33.0		维多利亚和阿尔伯特博物馆
清康熙	红釉水盂	高7.0	"大清康熙年制"款	维多利亚和阿尔伯特博物馆
清康熙	釉里三色洞石花卉棒槌瓶	高44.0	"大清康熙年制"款	维多利亚和阿尔伯特博物馆
清康熙	釉里红龙纹瓶	高20.0	"大清康熙年制"款	维多利亚和阿尔伯特博物馆
清康熙	洒蓝釉里红兽纹胆式瓶	高27.7		维多利亚和阿尔伯特博物馆
清康熙	红釉葫芦瓶	高19.4		维多利亚和阿尔伯特博物馆
清康熙	酱釉地青花釉里红龙纹葫芦瓶	高61.6		维多利亚和阿尔伯特博物馆
清康熙	釉里红桃竹瓶	高45.8		维多利亚和阿尔伯特博物馆
清康熙	乌金釉胆式瓶	高45.8		维多利亚和阿尔伯特博物馆
清康熙	乌金釉描金龙纹棒槌瓶	高45.8		维多利亚和阿尔伯特博物馆
清康熙	豆青釉刻花葫芦瓶	高23.2		维多利亚和阿尔伯特博物馆
清康熙	粉青釉雕花竹节式笔筒（一对）	高17.8		维多利亚和阿尔伯特博物馆
清康熙	孔雀蓝釉瓜式小瓶	高18.1		维多利亚和阿尔伯特博物馆
清康熙	果青绿釉罐	高16.5		维多利亚和阿尔伯特博物馆
清康熙	黄釉菊纹执壶	高19.0		维多利亚和阿尔伯特博物馆
清康熙	黄地紫绿彩松鹿纹长颈瓶	高37.0		维多利亚和阿尔伯特博物馆
清康熙	黄釉龙柄壶	高13.7		维多利亚和阿尔伯特博物馆

（续表）

清康熙	青花加彩人物蒜头瓶	高23.3		维多利亚和阿尔伯特博物馆
清康熙	素三彩云龙纹折沿盘	直径40.0	“大清康熙年制”款	维多利亚和阿尔伯特博物馆
清康熙	素三彩梅雀双耳瓶	高51.5		维多利亚和阿尔伯特博物馆
清康熙	素三彩鱼纹水壶	高13.3		维多利亚和阿尔伯特博物馆
清康熙	五彩花鸟倒流壶	高12.8		维多利亚和阿尔伯特博物馆
清康熙	彩釉雕葡萄松鼠纹水壶	高8.5		维多利亚和阿尔伯特博物馆
清康熙	黄地素三彩竹节式壶	高10.8		维多利亚和阿尔伯特博物馆
清康熙	黄地红绿彩寿字形壶	高23.2		维多利亚和阿尔伯特博物馆
清康熙	五彩花蝶纹提梁壶	高17.0		维多利亚和阿尔伯特博物馆
清康熙	五彩水浒人物纹盘	直径20.9	“问心斋”款	维多利亚和阿尔伯特博物馆
清康熙	五彩耕织图盘	直径21.0		维多利亚和阿尔伯特博物馆
清康熙	五彩人物图盘	直径26.7		维多利亚和阿尔伯特博物馆
清康熙	五彩寿星和福星	最高48.3		维多利亚和阿尔伯特博物馆
清康熙	彩釉狮子（二件）	高17.8		维多利亚和阿尔伯特博物馆
清康熙	素三彩镂花执壶	高15.2		维多利亚和阿尔伯特博物馆
清康熙	五彩仕女图瓶	高35.0		维多利亚和阿尔伯特博物馆
清康熙	五彩山石花鸟纹凤尾瓶	高73.8		维多利亚和阿尔伯特博物馆
清康熙	红釉描金狮子戏球纹尊	高39.0		维多利亚和阿尔伯特博物馆
清康熙	五彩花卉帆船纹盖盒	直径27		维多利亚和阿尔伯特博物馆
清康熙	五彩西洋人物(三件)	高：男人24.4，女人22.2		维多利亚和阿尔伯特博物馆
清康熙	洒蓝开光五彩花卉西洋式壶	高38.0		维多利亚和阿尔伯特博物馆
清康熙	五彩葫芦瓶	高38.0		维多利亚和阿尔伯特博物馆
清康熙至雍正	青花五彩花卉伊斯兰文盘	直径54.0		维多利亚和阿尔伯特博物馆
清康熙至雍正	青花五彩开光花卉盘	直径31.8		维多利亚和阿尔伯特博物馆
清康熙	五彩花鸟纹盘	直径25.5		维多利亚和阿尔伯特博物馆
清康熙	斗彩福禄寿纹罐	高21.5		维多利亚和阿尔伯特博物馆
清康熙	青花釉里红人物图鼻烟壶	高10.5		维多利亚和阿尔伯特博物馆
清康熙	青花釉里红海水鱼纹葫芦形鼻烟壶	高6.9		维多利亚和阿尔伯特博物馆
清康熙	瓶	高27.94	康熙年间，康熙款	维多利亚和阿尔伯特博物馆
清康熙	狩猎纹碗	直径20.96	康熙款	维多利亚和阿尔伯特博物馆
清康熙	龙纹杯	高4，直径7.8	康熙青花六字款	大英博物馆（达维德基金会）
清康熙	龙戏珠纹碟	高3.5，直径14.3	康熙青花六字款	大英博物馆（达维德基金会）

（续表）

清康熙	云龙纹杯	高3.7，宽6.7，深5.9	康熙青花六字款	大英博物馆（达维德基金会）
清康熙	桃红釉盒	高3.8，直径7.3	康熙青花款	大英博物馆（达维德基金会）
清康熙	云龙纹杯	高3.7，宽7，深6	康熙青花六字款	大英博物馆（达维德基金会）
清康熙	黄釉碗	高7，直径14.9	康熙青花六字款	大英博物馆（达维德基金会）
清康熙	桃红釉盒	高3.7，直径7.3	康熙青花款	大英博物馆（达维德基金会）
清康熙	桃红釉洗	高3.7，直径12.1	康熙青花款	大英博物馆（达维德基金会）
清康熙	龙戏珠纹碟	高3.5，直径14.3	康熙青花六字款	大英博物馆（达维德基金会）
清康熙	龙纹碟	高4.3，直径17.5	康熙青花六字款	大英博物馆（达维德基金会）
清康熙	花卉云纹碗	高6.2，直径12.1	康熙青花六字款	大英博物馆（达维德基金会）
清康熙	淡蓝釉水罐	高4.0，直径11.4	康熙青花款	大英博物馆（达维德基金会）
清康熙	黄釉碗	高7.6，直径16.3	康熙青花六字款	大英博物馆（达维德基金会）
清康熙	黄釉碗	高17.0，直径36.8	康熙青花六字款	大英博物馆（达维德基金会）
清康熙	莲瓣纽带盖罐	高27.0，直径20.0	康熙青花六字款	大英博物馆（达维德基金会）
清康熙	黄釉碗	高8.3，直径18.5	康熙青花六字款	大英博物馆（达维德基金会）
清康熙	黄釉小杯	高5.5，直径11.1	康熙青花六字款	大英博物馆（达维德基金会）
清康熙	绿釉碟	高1.9，直径12.4	康熙青花六字款	大英博物馆（达维德基金会）
清康熙	绿釉碟	高1.8，直径12.4	康熙青花六字款	大英博物馆（达维德基金会）
清康熙	铜红釉瓶	高19.1，直径13.2		大英博物馆（达维德基金会）
1670—1675	花卉纹盘	高4.6，直径27.0	“慎德堂博古制”底款	大英博物馆（达维德基金会）
清康熙	桃纹盘	高2，直径6.8	康熙青花六字款	大英博物馆（达维德基金会）
清康熙	桃树鸟纹盘	高2.5，直径25.4	“大清康熙年制”款	大英博物馆（达维德基金会）
清康熙	桃纹盘	高2，直径6.8	康熙青花六字款	大英博物馆（达维德基金会）
清康熙	龙纹花瓣边盘	高4.5，直径15.8	康熙青花六字款	大英博物馆（达维德基金会）

（续表）

清康熙	龙纹碟	高4.4，直径17.4	康熙青花六字款	大英博物馆（达维德基金会）
清康熙	黄釉碗	高6.3，直径12.7	康熙青花六字款	大英博物馆（达维德基金会）
清康熙	黄釉碗	高6.3，直径12.7	康熙青花六字款	大英博物馆（达维德基金会）
清康熙	出棱碗	高5.5，直径13.2	康熙青花六字款	大英博物馆（达维德基金会）
清康熙	龙纹杯座	高2.0，直径13.0	康熙青花六字款	大英博物馆（达维德基金会）
清康熙	龙纹杯座	高2.0，直径13.0	康熙青花六字款	大英博物馆（达维德基金会）
清康熙	云龙纹杯碟	直径13.1	康熙青花六字款	大英博物馆（达维德基金会）
清康熙	龙纹杯	高3.7，直径7.1	康熙青花六字款	大英博物馆（达维德基金会）
清康熙	兽纹杯	高3，直径4.9	康熙青花六字款	大英博物馆（达维德基金会）
清康熙	龙纹杯	高4.3，直径7.3	康熙青花六字款	大英博物馆（达维德基金会）
清康熙	青釉水罐	高7.7	康熙青花款	大英博物馆（达维德基金会）
清康熙	龙纹杯（三件）	高4.4，直径7.3	康熙青花六字款	大英博物馆（达维德基金会）
清康熙	绿釉龙纹碗	高7，直径14.5	康熙青花六字款	大英博物馆（达维德基金会）
清康熙	蓝釉刻款碗	高9.2，直径21.2	康熙款	大英博物馆（达维德基金会）
清康熙	铜红团凤杯	高6，直径9.2	“大清康熙年制”青花款	大英博物馆（达维德基金会）
清康熙	柳下人物纹斗彩杯	高3.3，直径6.6	康熙青花六字款	大英博物馆（达维德基金会）
清康熙	龙戏珠纹碟	高2.8，直径11.5	康熙褐色六字款（褐色）	大英博物馆（达维德基金会）
清康熙	四季植物纹高杯	高7.8，直径8.1	康熙青花六字款	大英博物馆（达维德基金会）
清康熙	花卉纹瓶	高8.7，直径9.1	康熙青花六字款	大英博物馆（达维德基金会）
清康熙	八卦波浪纹碗	高7.1，直径12.4	康熙青花六字款	大英博物馆（达维德基金会）
清康熙	龙戏珠纹碟	高2.9，直径11.5	康熙褐色六字款（褐色）	大英博物馆（达维德基金会）
清康熙	蓝采和及仆人纹碟	高2.1，直径15.2	康熙青花六字款	大英博物馆（达维德基金会）
清康熙	铜红双龙戏珠纹碗	高7.5，直径15.7	康熙青花六字款	大英博物馆（达维德基金会）

（续表）

清康熙	水罐	高7.8，直径13.1	康熙青花六字款	大英博物馆（达维德基金会）
清康熙	莲纹碟	高2，直径11.6	“大清康熙年制”青花款	大英博物馆（达维德基金会）
清康熙	缠枝纹碗	高4.9，直径8.8	康熙青花六字款	大英博物馆（达维德基金会）
清康熙	梅树鸟纹杯	高5.6，直径8.3	康熙青花六字款	大英博物馆（达维德基金会）
清康熙	龙戏珠碟	高2.8，直径13.3	康熙黄地深褐色六字款	大英博物馆（达维德基金会）
清康熙	仕女纹盘	高2.8，直径25.0	康熙青花六字款	大英博物馆（达维德基金会）
清康熙	瓷杯	高4.5，直径6.6	“大清康熙年制”青花款	大英博物馆（达维德基金会）
清康熙	池鱼纹盘	高2.5，直径25.3	康熙款	大英博物馆（达维德基金会）
清康熙	花卉纹高足杯	高10.2，直径7.8	“康熙年制”款	大英博物馆（达维德基金会）
清康熙	官釉刻款圆碗	高7.3，直径18.6，底径6	乾隆御制诗	大英博物馆（达维德基金会）
清康熙	带款臂搁	宽9.0	养心殿用	大英博物馆（达维德基金会）
清康熙	龙纹带把杯	高4.0，直径7.9	康熙青花六字款	大英博物馆（达维德基金会）
清康熙	五彩桃果纹盘	直径28.6	“大清康熙年制”铭	达维德基金会
清康熙	绿地红彩云龙纹皿	直径21.8	“大清康熙年制”铭	达维德基金会
清康熙	芝麻酱釉钵	口径16.7	“康熙壬子中和堂制”铭	达维德基金会
清康熙	月白釉划花团龙纹小瓶	高7.5	“大清康熙年制”铭	达维德基金会
清康熙	青花釉里红龙纹瓶	高22.2	“大清康熙年制”铭	达维德基金会
清康熙	吹青釉轮花盘	直径23.5	“大清康熙年制”铭	达维德基金会
清康熙	斗彩鸡纹杯	口径8.2	“大清康熙年制”铭	达维德基金会
清康熙	桃花红釉团龙纹太白尊	底径12.7	康熙铭	达维德基金会
清康熙	红釉瓶	高8.8，底径12.8	“大清康熙年制”铭	大英博物馆
清康熙	桃花红釉刻花菊纹瓶	高21.6	康熙铭	达维德基金会
清康熙	绿釉刻花牡丹唐草纹钵	口径19.4	康熙铭	达维德基金会
清康熙	五彩果树鸟纹皿	直径25.4	康熙铭	达维德基金会

（续表）

清康熙	青瓷莲花唐草纹碗	口径15.9	“康熙六十一年王制”铭	达维德基金会
清康熙	卵白地牡丹纹珐琅彩碗	直径11.5	“康熙御制”款	大英博物馆（达维德基金会）
清康熙	景德镇十二月杯	高5，直径6.5	康熙时期，康熙款	大英博物馆（达维德基金会）
清康熙	豇豆红水盂	高7.0	“大清康熙年制”款	维多利亚和阿尔伯特博物馆
1662—1722	盘	直径40		维多利亚和阿尔伯特博物馆
1662—1722	瓶	高26.8，宽13.0，直径6.4		
1671	人物纹盘	直径36.0	“康熙辛亥中和堂制”款	大英博物馆（达维德基金会）
约1681—1688	云龙江崖纹瓶	高42.1	康熙时期，康熙款	大英博物馆（达维德基金会）
约1683—1722	瓶与座	瓶高21，直径6.7		维多利亚和阿尔伯特博物馆
17世纪	白瓷鱼笼形壶	高17.0	“永寿宫”铭	达维德基金会
约1700—1722	五彩镂空竹纹香炉	高20.0		大英博物馆（达维德基金会）
18世纪	黄釉饕餮纹爵	高13.3	黄釉祭器	达维德基金会
清康熙	瓷器		瓶底有清代康熙款	维多利亚和阿尔伯特博物馆
清康熙至雍正	釉里红莲花盆	宽26.0		维多利亚和阿尔伯特博物馆
清雍正	粉彩花鸟纹扁壶			达维德基金会
清雍正	五彩花木人物纹瓶			达维德基金会
清雍正	蓝釉碗（二件）	直径15.8、15.3	“大清雍正年制”款	维多利亚和阿尔伯特博物馆
清雍正	青花勾莲双龙耳尊	高51.8	“大清雍正年制”款	维多利亚和阿尔伯特博物馆
清雍正	红釉小瓶	高9.6	“大清雍正年制”款	维多利亚和阿尔伯特博物馆
清雍正	红釉碗	直径15.5	“大清雍正年制”款	维多利亚和阿尔伯特博物馆
清雍正	红釉菊瓣花盆	高8.0	“雍正年制”款	维多利亚和阿尔伯特博物馆
清雍正	窑变釉花盆	高9.0	“雍正年制”款	维多利亚和阿尔伯特博物馆
清雍正	红釉莲花口瓶	高35.0	“雍正年制”款	维多利亚和阿尔伯特博物馆
清雍正	青釉刻花梅瓶	高23.2		维多利亚和阿尔伯特博物馆
清雍正	炉钧釉莲瓣口长颈瓶	高31.7	“雍正年制”款	维多利亚和阿尔伯特博物馆
清雍正	浅绿釉莲瓣口碗	直径15.5	“大清雍正年制”款	维多利亚和阿尔伯特博物馆

（续表）

清雍正	黄釉小碗（三件）	直径10.1	“大清雍正年制”款	维多利亚和阿尔伯特博物馆
清雍正	哥釉胆式瓶	高29.7	“大清雍正年制”款	维多利亚和阿尔伯特博物馆
清雍正	红地五彩小碗	直径9.0	“雍正御制”款	维多利亚和阿尔伯特博物馆
清雍正	斗彩花鸟大盖碗	直径17.3	“雍正年制”款	维多利亚和阿尔伯特博物馆
清雍正	斗彩菊花纹碗	直径15.0	“大清雍正年制”款	维多利亚和阿尔伯特博物馆
清雍正	斗彩团花纹碗	直径15.2	“大清雍正年制”款	维多利亚和阿尔伯特博物馆
清雍正	斗彩寿山福海纹盘	直径15.5	“大清雍正年制”款	维多利亚和阿尔伯特博物馆
清雍正	黄地绿彩婴戏图碗	直径14.9	“大清雍正年制”款	维多利亚和阿尔伯特博物馆
清雍正	仿木纹釉粉彩人物纹笔筒	高14.0	“大清雍正年制”款	维多利亚和阿尔伯特博物馆
清雍正	粉彩过枝桃纹大盘	直径50.5	“大清雍正年制”款	维多利亚和阿尔伯特博物馆
清雍正	粉彩荷莲纹罐	高48.3		维多利亚和阿尔伯特博物馆
清雍正	粉彩花卉盘	直径15.7	仿“大明弘治年制”款	维多利亚和阿尔伯特博物馆
清雍正	粉彩鹌鹑花卉纹盘	直径20.3		维多利亚和阿尔伯特博物馆
清雍正	粉彩花蝶盘	直径20.3		维多利亚和阿尔伯特博物馆
清雍正	粉彩仕女婴戏图盘	直径20.0		维多利亚和阿尔伯特博物馆
清雍正	粉彩仕女婴戏图盘	直径10.8		维多利亚和阿尔伯特博物馆
清雍正	粉彩妇婴图折沿盘	直径21.2		维多利亚和阿尔伯特博物馆
清雍正	粉彩仕女婴戏图盘	直径19.7		维多利亚和阿尔伯特博物馆
清雍正	瓶	高31.7		维多利亚和阿尔伯特博物馆
清雍正	碗	直径15.2		维多利亚和阿尔伯特博物馆
清雍正	瓶	高65.0，直径24.0		维多利亚和阿尔伯特博物馆
清雍正	瓶	高17.4，直径8.8		维多利亚和阿尔伯特博物馆
清雍正	笔筒	高14.0		维多利亚和阿尔伯特博物馆
清雍正	盘	直径50.8	有款	维多利亚和阿尔伯特博物馆
清雍正	高足杯	高9.1，直径9.1		维多利亚和阿尔伯特博物馆
清雍正	碗	直径9.1		维多利亚和阿尔伯特博物馆
清雍正	青花瓷瓶	高52.0	雍正款	维多利亚和阿尔伯特博物馆
清雍正	瓷瓶	高20.0	雍正款	维多利亚和阿尔伯特博物馆
清雍正	仿官窑瓷瓶	高20.7	雍正款	维多利亚和阿尔伯特博物馆

（续表）

清雍正	珐琅彩瓷碗	直径22.9	雍正款	维多利亚和阿尔伯特博物馆
清雍正	碗与座			维多利亚和阿尔伯特博物馆
清雍正	珐琅彩瓷碗	直径9.0	雍正款	维多利亚和阿尔伯特博物馆
清雍正	瓷碟	直径16.8	雍正款	维多利亚和阿尔伯特博物馆
清雍正	苹果绿釉碗	直径15.5	“大清雍正年制”款	维多利亚和阿尔伯特博物馆
清雍正	官釉瓶	高21.0		大英博物馆（达维德基金会）
清雍正	五彩花木人物纹瓶	高37.5	雍正铭	达维德基金会
清雍正	黄釉瓶	高19.1	“大清雍正年制”铭	达维德基金会
清雍正	莲纹诗文珐琅彩茶壶	高11.4，宽18.5，深11.2	古月轩	大英博物馆（达维德基金会）
清雍正	莲纹诗文珐琅彩杯（一对）	高4.5，直径6.3	古月轩	大英博物馆（达维德基金会）
清雍正	粉彩罂粟纹杯	高3.7，直径9.1	雍正青花六字款	大英博物馆（达维德基金会）
清雍正	仙女乘船纹盘	高1.9，直径7.9	雍正青花六字款	大英博物馆（达维德基金会）
清雍正	深红地花卉纹珐琅彩杯	高4.4，直径6.4	雍正青花款	大英博物馆（达维德基金会）
清雍正	女仙人乘船纹盘	高1.9，直径7.8	雍正青花六字款	大英博物馆（达维德基金会）
清雍正	裂纹青釉瓶	高26.4，直径19.4，口径6.1，底径15.2		大英博物馆（达维德基金会）
清雍正	裂纹釉花形盘	高2.8，直径15.9，底径5.4		大英博物馆（达维德基金会）
清雍正	黄釉莲花形盘	高5.9，直径29.5	雍正青花六字款	大英博物馆（达维德基金会）
清雍正	黄釉杯	高3.7，直径5.1	雍正六字款	大英博物馆（达维德基金会）
清雍正	金釉杯	高3.6，直径6.0	雍正青花六字款	大英博物馆（达维德基金会）
清雍正	茄紫釉盏托	高2.6，直径11.4	雍正青花款	大英博物馆（达维德基金会）
清雍正	铜红釉茶碗	高4.0，直径7.3	“大清雍正年制”青花款	大英博物馆（达维德基金会）
清雍正	淡蓝釉碗	高7，直径14.6	雍正青花六字款	大英博物馆（达维德基金会）
清雍正	淡蓝釉盘	高3.1，直径17.1	雍正青花款	大英博物馆（达维德基金会）
清雍正	青瓷碗	高8.4，直径21.0	雍正青花款	大英博物馆（达维德基金会）

（续表）

清雍正	淡蓝釉盘	高2.9，直径13.3	雍正青花六字款	大英博物馆（达维德基金会）
清雍正	淡蓝釉盘	高3.2，直径13.3	雍正青花六字款	大英博物馆（达维德基金会）
清雍正	青瓷花瓶	高7.3，直径8.7，口径5.7	雍正青花款	大英博物馆（达维德基金会）
清雍正	龙纹盘	高5.6，直径32.0	雍正青花六字款	大英博物馆（达维德基金会）
清雍正	淡茄紫釉碟	高2.8，直径11.4	雍正青花款	大英博物馆（达维德基金会）
清雍正	咖啡釉菊瓣盘	高3.7，直径17.5	雍正款	大英博物馆（达维德基金会）
清雍正	铜红釉盘	高3.7，直径16.7	“大清雍正年制”青花款	大英博物馆（达维德基金会）
清雍正	粉红釉碗	高4.5，直径9.5	“大清雍正年制”青花款	大英博物馆（达维德基金会）
清雍正	青釉碗	高7.6，直径17.1	雍正青花款	大英博物馆（达维德基金会）
清雍正	青釉碗	高7.6，直径17.2	雍正青花款	大英博物馆（达维德基金会）
清雍正	仿古青铜器瓶	高18.0，直径19.5	雍正青花篆书款	大英博物馆（达维德基金会）
清雍正	茄紫釉碟	高2.8，直径11.4	雍正青花款	大英博物馆（达维德基金会）
清雍正	铜红釉茶碗	高4.0，直径7.3	“大清雍正年制”青花款	大英博物馆（达维德基金会）
清雍正	淡钴蓝釉碗	高7.0，直径14.6	雍正青花六字款	大英博物馆（达维德基金会）
清雍正	佛教符号纹盘	高4.5，直径20.8	“大清雍正年制”青花款	大英博物馆（达维德基金会）
清雍正	佛教符号纹盘	高4.4，直径20.8	“大清雍正年制”青花款	大英博物馆（达维德基金会）
清雍正	铁红釉碗	高4.1，直径9.2	雍正青花款	大英博物馆（达维德基金会）
清雍正	青绿釉盒	高6.0，直径12.7	雍正青花款	大英博物馆（达维德基金会）
清雍正	黄釉莲花形盘	高6.0，直径29.5	雍正青花六字款	大英博物馆（达维德基金会）
清雍正	瓷杯	高4.0，直径6.2	底部有款	大英博物馆（达维德基金会）
清雍正	灰绿釉杯	高3.8，直径9.2	雍正青花六字款	大英博物馆（达维德基金会）
清雍正	粉红釉碟	高3.1，直径13.5	雍正青花六字款	大英博物馆（达维德基金会）
清雍正	金纹杯	高5.0，直径8.3	雍正青花款	大英博物馆（达维德基金会）

（续表）

清雍正	外壁绿釉碗	直径8.2	雍正款	东方陶瓷协会成员私人藏品
清雍正	黄釉盘	高2.2，直径11	雍正青花款	大英博物馆（达维德基金会）
清雍正	深绿釉杯	高6.4，直径9.5	雍正款	大英博物馆（达维德基金会）
清雍正	绿釉杯	高6.4，直径9.5	雍正青花六字款	大英博物馆（达维德基金会）
清雍正	绿釉碟	高4.4，直径21.0	雍正青花六字款	大英博物馆（达维德基金会）
清雍正	黄釉盘	高1.9，直径7.9	雍正青花六字款	大英博物馆（达维德基金会）
清雍正	青釉香炉	高5.0，直径8.8	雍正青花篆书款	大英博物馆（达维德基金会）
清雍正	仿古青铜器瓶	高26.5	雍正青花款	大英博物馆（达维德基金会）
清雍正	铁红釉碗	高4.1，直径9.2	雍正款	大英博物馆（达维德基金会）
清雍正	灰绿釉杯	高4.5，直径10.0	雍正青花六字款	大英博物馆（达维德基金会）
清雍正	粉红釉碟	高3.1，直径13.5	雍正青花六字款	大英博物馆（达维德基金会）
清雍正	金彩纹杯	高5.0，直径8.3	雍正青花六字款	大英博物馆（达维德基金会）
清雍正	黄釉盘	高2.0，直径11.0	雍正青花六字款	大英博物馆（达维德基金会）
清雍正	黄釉盘	高1.8，直径7.9	雍正青花六字款	大英博物馆（达维德基金会）
清雍正	粉红釉碗	高4.5，直径9.5	“大清雍正年制”青花款	大英博物馆（达维德基金会）
清雍正	斗彩灵芝纹杯	高4.3，直径7.4	雍正青花六字款	大英博物馆（达维德基金会）
清雍正	粉彩梅花纹奉菜盘	高8.8，直径50.7	雍正青花六字款	大英博物馆（达维德基金会）
清雍正	花鸟纹碗	高3.8，直径9.4	雍正青花六字款	大英博物馆（达维德基金会）
清雍正	斗彩灵芝纹杯	高4.5，直径7.3	雍正青花六字款	大英博物馆（达维德基金会）
清雍正	珐琅彩牡丹纹碗	高5.4，直径11.3	雍正青花四字款	大英博物馆（达维德基金会）
清雍正	花鸟纹碗	高4.0，直径9.4	雍正青花六字款	大英博物馆（达维德基金会）
清雍正	粉彩罂粟纹杯	高4.0，直径9.3	雍正青花六字款	大英博物馆（达维德基金会）
清雍正	蝠纹铁红釉盘	高3.5，直径15.5	雍正青花款	大英博物馆（达维德基金会）
清雍正	低火白瓶	高19.3	雍正款	大英博物馆（达维德基金会）

（续表）

清雍正	钧釉花形盘	高4.2，直径25.9，底径17.6		大英博物馆（达维德基金会）
清雍正	黄釉绣花莲卉纹盘	直径29.0	“大清雍正年制”铭	达维德基金会
清雍正	黄釉划花八宝纹马上杯	口径17.8	“大清雍正年制”铭	达维德基金会
清雍正	绿釉划花雷纹钵	口径26.3	“大清雍正年制”铭	达维德基金会
清雍正	青瓷绣花菊唐草花卉纹钵	口径21.0	“大清雍正年制”铭	达维德基金会
清雍正	青花黄彩桃果纹盘	直径27.6	“大清雍正年制”铭	达维德基金会
清雍正	豆彩葡萄栗鼠纹瓢形瓶	高12.8	“大清雍正年制”铭	达维德基金会
清雍正	青花花唐草纹碗	口径15.2，高7.0	“大清雍正年制”铭	大英博物馆
清雍正	粉彩桃果纹皿	直径20.6，高4.8	“大清雍正年制”铭	大英博物馆
清雍正	粉彩芥子纹碗	口径13.3	“大清雍正年制”铭	大英博物馆
清雍正	五彩龙纹壶	高18.7，最宽处直径17.8，口径7.0	“大清雍正年制”铭	大英博物馆
清雍正	琉璃釉马上杯	高10.8，口径15.0	“大清雍正年制”铭	大英博物馆
清雍正	青釉瓢形双耳瓶	高18.2，最宽径12.0	“大清雍正年制”铭	大英博物馆
清雍正	紫褐釉划花石榴唐草纹皿	直径11.4	“大清雍正年制”铭	达维德基金会
清雍正	淡红釉瓶	高14.6	“大清雍正年制”铭	达维德基金会
清雍正	灰绿地梅花山茶诗文珐琅彩盘	直径17.1	釉上彩雍正款	大英博物馆（达维德基金会）
清雍正	棕褐地梅花诗文珐琅彩碗（一对）	直径12.7	釉上彩雍正款	大英博物馆（达维德基金会）
清雍正	瓷器	高29.3	雍正款	大英博物馆（达维德基金会）
清雍正	岁寒三友斗彩带盖茶壶	高13.8	雍正款	大英博物馆（达维德基金会）
清雍正	黄釉小碗（三件）	直径10.1	“大清雍正年制”款	维多利亚和阿尔伯特博物馆
清雍正	粉彩花卉纹盘	直径15.7		维多利亚和阿尔伯特博物馆
清雍正	粉青釉葶荠式凸莲瓣纹三系尊（六字篆书款）	高14.0	雍正款	克里斯蒂
清雍正	青花荔枝纹如意耳扁壶	高26.5		克里斯蒂

（续表）

清雍正	豆彩草花图凤凰钮盖付钵	带盖高15.3，直径17.3	雍正款	维多利亚和阿尔伯特博物馆
清雍正	粉彩鹑图皿	高3.2，直径20.3	雍正款	维多利亚和阿尔伯特博物馆
清雍正	红釉柑子口双耳瓶（火焰红）	高35，宽16.9，直径3.7	雍正款	维多利亚和阿尔伯特博物馆
清雍正	青瓷釉里红五蝙蝠（五福）纹碗	直径15.2	“大清雍正年制”款	维多利亚和阿尔伯特博物馆
清雍正	黄地绿彩桃果纹钵	直径15.9	“大清雍正年制”款	维多利亚和阿尔伯特博物馆
清雍正	蓝地黄彩花卉纹盘	直径33.7	“大清雍正年制”款	维多利亚和阿尔伯特博物馆
清雍正	斗彩花唐草纹盘	直径27.0	“大清雍正年制”款	维多利亚和阿尔伯特博物馆
清雍正	红釉瓶（桃花红）	高15.9	“大清雍正年制”款	维多利亚和阿尔伯特博物馆
清雍正	青瓷纲目浮纹壶	高17.5	“大清雍正年制”款	维多利亚和阿尔伯特博物馆
清雍正	青瓷划花松竹梅（三友）纹瓶	高33.0	“大清雍正年制”款	维多利亚和阿尔伯特博物馆
清雍正	茶叶末釉双耳瓶	高23.5	“大清雍正年制”款	维多利亚和阿尔伯特博物馆
清雍正	景德镇粉彩碗与座		雍正款	大英博物馆
清雍正	景德镇瓷碗	高4.6，直径10.0	雍正款	大英博物馆（达维德基金会）
清雍正	釉里红云龙纹瓶	高13.7	“大清雍正年制”款	维多利亚和阿尔伯特博物馆
清雍正	钴蓝釉碗（二件）		清雍正款	维多利亚和阿尔伯特博物馆
清雍正	红釉小瓶	高9.6	“大清雍正年制”款	维多利亚和阿尔伯特博物馆
清雍正	红釉菊瓣花盆	高8.0	雍正年款	维多利亚和阿尔伯特博物馆
清雍正	窑变釉花盆	高9.0	雍正年款	维多利亚和阿尔伯特博物馆
清雍正	红釉莲花口瓶	高35.0	雍正年款	维多利亚和阿尔伯特博物馆
清雍正	粉彩过枝桃纹大盘	直径50.5	雍正年款	维多利亚和阿尔伯特博物馆
清雍正	青花勾莲双龙耳尊	高51.8	雍正年款	维多利亚和阿尔伯特博物馆
清雍正	斗彩花鸟大盖碗	直径17.3	雍正年款	维多利亚和阿尔伯特博物馆
清雍正	斗彩菊花纹碗、斗彩团花纹碗	直径15、15.2	雍正年款	维多利亚和阿尔伯特博物馆
清雍正	炉钧釉莲蓬口细颈瓶	高31.7	雍正年款	维多利亚和阿尔伯特博物馆
清雍正	斗彩寿山福海纹盘	直径15.5	雍正年款	维多利亚和阿尔伯特博物馆
清雍正	浅绿釉莲瓣式浅碗	直径15.5	雍正款	维多利亚和阿尔伯特博物馆
清雍正	黄釉小碗（三件）	直径10.1	雍正年款	维多利亚和阿尔伯特博物馆

（续表）

清雍正	哥釉胆式瓶	高29.7	雍正年款	维多利亚和阿尔伯特博物馆
清雍正	黄地绿婴戏碗	直径14.9	雍正年款	维多利亚和阿尔伯特博物馆
清雍正	仿木纹釉粉彩人物笔筒	高14.0	雍正年款	维多利亚和阿尔伯特博物馆
清雍正	粉彩花鸟纹扁壶	高29.4	雍正铭	达维德基金会
18世纪初	黄釉如意形茶壶	宽17.8		大英博物馆（达维德基金会）
清雍正至乾隆	粉彩镂空人物灯罩	高33.5		维多利亚和阿尔伯特博物馆
清雍正至乾隆	粉彩花蝶盘	直径11.5		维多利亚和阿尔伯特博物馆
清雍正至乾隆	墨彩描金人物盘	直径11.8		维多利亚和阿尔伯特博物馆
清雍正至乾隆	釉上彩婴戏盘	直径11.8		维多利亚和阿尔伯特博物馆
清雍正至乾隆	粉彩花卉雄鸡纹盘	直径11.5		维多利亚和阿尔伯特博物馆
清雍正至乾隆	粉彩花卉盘	直径11.5		维多利亚和阿尔伯特博物馆
清雍正至乾隆	粉彩八仙人物图卧足杯	直径7.4		维多利亚和阿尔伯特博物馆
清雍正至乾隆	哥釉连座炉	总高16.9		维多利亚和阿尔伯特博物馆
清雍正至乾隆	哥釉双耳瓶	高20.6		维多利亚和阿尔伯特博物馆
清雍正至乾隆	粉彩鸳鸯莲花纹盘	直径21.2		维多利亚和阿尔伯特博物馆
清乾隆	蓝釉盘	高6.2，直径21.0	乾隆御制诗	大英博物馆（达维德基金会）
清乾隆	珐琅彩花卉纹瓶			达维德基金会
清乾隆	珐琅彩花卉纹盘			达维德基金会
清乾隆	珐琅彩仕女图瓶			达维德基金会
清乾隆	珐琅彩梅竹水仙纹壶		“大清乾隆年制”款	达维德基金会
清乾隆	淡蓝釉印花双耳罐	高20.6	“大清乾隆年制”款	维多利亚和阿尔伯特博物馆
清乾隆	淡蓝釉牺耳罐	高27.3	“大清乾隆年制”款	维多利亚和阿尔伯特博物馆
清乾隆	蓝釉豆	高23.0	“大清乾隆年制”款	维多利亚和阿尔伯特博物馆
清乾隆	蓝釉簠	高26.5	簠底“大清乾隆年制”款，簠盖“大清嘉庆年制”款	维多利亚和阿尔伯特博物馆
清乾隆	青花香薰	高39.4	“乾隆年制”款	维多利亚和阿尔伯特博物馆
清乾隆	青花勾莲烛台（一对）	高67.0	“乾隆六年春月”款	维多利亚和阿尔伯特博物馆

（续表）

清乾隆	青花云鹤纹爵、盘	高13.0	“乾隆年制”款	维多利亚和阿尔伯特博物馆
清乾隆	窑变釉瓜式罐	高23.7		维多利亚和阿尔伯特博物馆
清乾隆	窑变釉瓶	高19.5	“大清乾隆年制”款	维多利亚和阿尔伯特博物馆
清乾隆	窑变釉瓶	高33.5	“大清乾隆年制”款	维多利亚和阿尔伯特博物馆
清乾隆	茶叶末釉瓶	高35.0	“大清乾隆年制”款	维多利亚和阿尔伯特博物馆
清乾隆	孔雀蓝釉仿古铜纹尊	高31.1		维多利亚和阿尔伯特博物馆
清乾隆	铁红釉牺耳罐	高27.0	“大清乾隆年制”款	维多利亚和阿尔伯特博物馆
清乾隆	仿雕漆碗	直径11.2	“大清乾隆年制”款	维多利亚和阿尔伯特博物馆
清乾隆	青绿釉描金牛头杯	高10.0	“大清乾隆年制”款	维多利亚和阿尔伯特博物馆
清乾隆	仿白蜡釉描金供瓶	高26.4	“大清乾隆年制”款	维多利亚和阿尔伯特博物馆
清乾隆	粉彩花卉盘	直径11.5		维多利亚和阿尔伯特博物馆
清乾隆	粉彩蜻蜓花卉纹盘	直径13.6	“大清乾隆年制”款	维多利亚和阿尔伯特博物馆
清乾隆	五彩开光人物图罐	高26.4		维多利亚和阿尔伯特博物馆
清乾隆	紫地粉彩花卉纹瓶	高24.5	“大清乾隆年制”款	维多利亚和阿尔伯特博物馆
清乾隆	粉彩镂空转心瓶	高20.0	“大清乾隆年制”款	维多利亚和阿尔伯特博物馆
清乾隆	黄地红彩云龙纹碗（四件）	直径11.9	“大清乾隆年制”款	维多利亚和阿尔伯特博物馆
清乾隆	粉青釉开光山水纹象耳尊	高36.2	“大清乾隆年制”款	维多利亚和阿尔伯特博物馆
清乾隆	粉彩婴戏图螭耳瓶	高53.7	“大清乾隆年制”款	维多利亚和阿尔伯特博物馆
清乾隆	珐琅彩开光人物纹双耳葫芦瓶	高17.1	“乾隆年制”款	维多利亚和阿尔伯特博物馆
清乾隆	粉彩弥勒佛像、达摩像（二件）	高43.0		维多利亚和阿尔伯特博物馆
清乾隆	琉璃（圆明园建筑饰件）	最长19.5		维多利亚和阿尔伯特博物馆
清乾隆	粉彩莲花形鼻烟壶	高6.4		维多利亚和阿尔伯特博物馆
清乾隆	孔雀蓝釉柳斗式鼻烟壶	高5.6		维多利亚和阿尔伯特博物馆
清乾隆	粉彩描金雕花鼻烟壶（三件）	最高5.6		维多利亚和阿尔伯特博物馆
清乾隆	月坛蓝釉瓷尊	高27.3		维多利亚和阿尔伯特博物馆
清乾隆	仿剔红描金碗	直径11.2	“大清乾隆年制”款	维多利亚和阿尔伯特博物馆

（续表）

清乾隆	仿白镴描金供瓶	高26.4	“大清乾隆年制”款	维多利亚和阿尔伯特博物馆
清乾隆	粉彩镂空转心瓶	高20.0	“大清乾隆年制”款	维多利亚和阿尔伯特博物馆
清乾隆	诗文瓶	高9.3	古月轩	大英博物馆（达维德基金会）
清乾隆	金彩花卉纹杯	高4.4，直径6.9	乾隆款	大英博物馆（达维德基金会）
清乾隆	菊纹盖罐（一对其一）	高9.7，直径7.7	乾隆篆书款	大英博物馆（达维德基金会）
清乾隆	咖啡色釉碗	高8.3，直径15.7	乾隆款	大英博物馆（达维德基金会）
清乾隆	咖啡色釉碗	高8.4，直径15.7	乾隆款	大英博物馆（达维德基金会）
清乾隆	铜红釉盘	高3.1，直径15.9	“大清乾隆年制”款	大英博物馆（达维德基金会）
清乾隆	菊纹盖罐（一对其一）	高9.7，直径7.7	乾隆篆书款	大英博物馆（达维德基金会）
清乾隆	高足杯	高9.6，直径14.8	乾隆款	大英博物馆（达维德基金会）
清乾隆	龙纹觚形杯	高20.5，直径14.0	乾隆款	大英博物馆（达维德基金会）
清乾隆	绿釉盘	高3.5，直径15.5	乾隆款	大英博物馆（达维德基金会）
清乾隆	穆王八骏图鼻烟壶	高7.2，直径4.1	“乾隆年制”款	大英博物馆（达维德基金会）
清乾隆	仿古青铜器壶形瓶	高14.4，宽8.3	乾隆青花六字篆书款	大英博物馆（达维德基金会）
清乾隆	官釉壶形瓶	高14.2，宽8.2	乾隆青花六字篆书款	大英博物馆（达维德基金会）
清乾隆	莲纹圆盖罐	高10.4	乾隆青花六字款	大英博物馆（达维德基金会）
清乾隆	花形水罐	高6.2，宽13.5，深6	乾隆青花四字篆书款	大英博物馆（达维德基金会）
清乾隆	莲纹青花碗	高6.7，直径21.3	乾隆青花六字篆书款	大英博物馆（达维德基金会）
清乾隆	釉上蓝彩盒	高3.6，直径6.4	乾隆四字篆书款（红）	大英博物馆（达维德基金会）
清乾隆	诗文瓶	高9.4，直径5.1	乾隆四字款	大英博物馆（达维德基金会）
清乾隆	诗文瓶	高17，直径8.8	乾隆四字款	大英博物馆（达维德基金会）
清乾隆	官釉青瓷壶形瓶	高14.3，宽8.6	乾隆青花六字篆书款	大英博物馆（达维德基金会）
清乾隆	象形烛台	高18，深28.5	乾隆款	大英博物馆（达维德基金会）

（续表）

清乾隆	神兽纹青花罐	高4.5，直径6.4	乾隆青花六字款	大英博物馆（达维德基金会）
清乾隆	神兽纹青花罐	高4.5，直径6.4	乾隆青花六字款	大英博物馆（达维德基金会）
清乾隆	双龙戏珠纹盘	高4.1，直径18.4	乾隆青花六字篆书款	大英博物馆（达维德基金会）
清乾隆	官釉壶形瓶	高14.5，宽8.3	乾隆青花六字篆书款	大英博物馆（达维德基金会）
清乾隆	佛手纹碗	高6.1，直径11.1	乾隆青花六字篆书款	大英博物馆（达维德基金会）
清乾隆	黄蓝喂鸟器	高2.4，直径4.8	乾隆青花六字篆书款	大英博物馆（达维德基金会）
清乾隆	诗文瓶	高9.4，直径5.1	乾隆款	大英博物馆（达维德基金会）
清乾隆	官釉壶形瓶	高24.1，直径14.9，口宽9.3，口深7.5，底宽9.8，底深8	乾隆御制诗	大英博物馆（达维德基金会）
清乾隆	诗文瓶	高9.8，直径5.5	乾隆款，古月轩	大英博物馆（达维德基金会）
清乾隆	诗文瓶	高9.8，直径5.5	乾隆款，古月轩	大英博物馆（达维德基金会）
清乾隆	牧羊人纹水罐	高5.0	乾隆四字款	大英博物馆（达维德基金会）
清乾隆	黄釉盖罐	高19.5		大英博物馆（达维德基金会）
清乾隆	诗文瓶	高17，直径8.8	乾隆四字款	大英博物馆（达维德基金会）
清乾隆	粉彩花卉纹水注	直径11.4	乾隆铭，古月轩	达维德基金会
清乾隆	粉彩花鸟纹水注	高12.9	乾隆铭	达维德基金会
清乾隆	红地白拔花唐草纹碗	口径12.7	乾隆铭	达维德基金会
清乾隆	粉彩梅花乌鹊纹碗	高6.0，口径10.9，底径4.9	“大清乾隆年制”铭	达维德基金会
清乾隆	粉彩蔓荔枝蝶纹碗	口径11.1	“大清乾隆年制”铭	达维德基金会
1736—1795	带盖壶	高29.9，直径16.2		维多利亚和阿尔伯特博物馆
1736—1795	瓶	高19.7		维多利亚和阿尔伯特博物馆
1770	乾隆款杯	高7.0，直径8.0	乾隆御制诗	大英博物馆（达维德基金会）
1700—1737	古青铜器壶形瓶	高9，宽8.1，深7.7		大英博物馆（达维德基金会）
1700—1790（达维德基金会发表的年代为南宋）	瓶	高20.4，直径13.2		大英博物馆（达维德基金会）

（续表）

1700—1800	古青铜器壶形瓶	高26.5，直径15.3，深13.8，口宽10.4，口深8，底宽11.2，底深8.4	乾隆御制诗	大英博物馆（达维德基金会）
1700—1900	鹌鹑纹鼻烟壶	高8.0	“古月轩器”款	大英博物馆（达维德基金会）
18世纪	青釉瓶	高18.5，直径13.3，口径5，底径8.1	乾隆御制诗	大英博物馆（达维德基金会）
18世纪	青瓷羊耳瓶	高26.2	“来自北京皇家收藏”	达维德基金会
18—19世纪	瓶	高20，直径12.2		大英博物馆（达维德基金会）
18—19世纪	香炉	高9.2，宽13.6，进深12.5	无釉宽壁形圈，底部有款	大英博物馆（达维德基金会）
18世纪（达维德基金会发表的年代为南宋或之后）	香炉	高6.5，直径10.9，口径9.5	乾隆款	大英博物馆（达维德基金会）
清乾隆	青瓷墨彩竹石图六角瓶	高36.8	“大清乾隆年制”铭	达维德基金会
清乾隆	青瓷双耳壶	高24.4，最宽处直径14	“大清乾隆年制”铭	大英博物馆
清乾隆	硝子胎粉彩竹林七贤图笔筒	高10.1	“乾隆年制”铭	达维德基金会
清乾隆	素三彩双龙纹皿	直径13.2	“大清乾隆年制”铭	达维德基金会
清乾隆	抹红彩镐纹碗	口径11.4	“乾隆年制”铭	达维德基金会
清乾隆	青瓷绣花菊唐草纹共盖壶	最宽处直径16.5	“大清乾隆年制”铭	达维德基金会
清乾隆	绿釉觚形瓶	高20.3	“大清乾隆年制”铭	达维德基金会
清乾隆	青花果花纹水注	高30，最宽处22	“大清乾隆年制”铭	大英博物馆
清乾隆	粉彩竹雀图瓶（古月轩）	高9.0	“乾隆年制”铭	达维德基金会
清乾隆	粉彩竹雀图瓶（古月轩）	高9.0	“乾隆年制”铭	达维德基金会
清乾隆	粉彩妇人图瓶（古月轩）	高31.4	古月轩	达维德基金会
清乾隆	豆青地釉里红龙纹三足洗	直径9.6		维多利亚和阿尔伯特博物馆
清乾隆	青瓷粉彩山水图壶	高36.2，宽25.7，直径20	乾隆款	维多利亚和阿尔伯特博物馆

（续表）

清乾隆	粉彩草花纹瓶	高24.5，宽12.8，直径7.9	乾隆款	维多利亚和阿尔伯特博物馆
清乾隆	茶叶末釉长颈瓶	高35.0		维多利亚和阿尔伯特博物馆
清乾隆	粉彩洋人图瓢形双耳瓶	高17.1	“大清乾隆年制”款	维多利亚和阿尔伯特博物馆
清乾隆	红釉双耳壶（火焰红）	高20.3	“大清乾隆年制”款	维多利亚和阿尔伯特博物馆
清乾隆	绿釉黑花牡丹唐草纹瓶	高40.0	“大清乾隆年制”款	维多利亚和阿尔伯特博物馆
清乾隆	铁釉锈斑瓶	高19.1	“大清乾隆年制”款	维多利亚和阿尔伯特博物馆
清乾隆	景德镇珐琅彩梅树纹茶壶	高11.8	乾隆款	大英博物馆（达维德基金会）
清乾隆	欧洲和中国山水珐琅彩玻璃杯	高4.6	乾隆款	大英博物馆（达维德基金会）
清乾隆	欧洲和中国山水珐琅彩玻璃杯	高4.5	乾隆款	大英博物馆（达维德基金会）
清乾隆	珐琅彩双燕诗纹碗	直径11.3	乾隆款	大英博物馆（达维德基金会）
清乾隆	珐琅彩芙蓉草鹅诗纹带盖茶壶	高13.4	乾隆款	大英博物馆（达维德基金会）
清乾隆	珐琅彩兰石诗纹瓶	高14.9	乾隆款	大英博物馆（达维德基金会）
清乾隆	珐琅彩兰石诗纹碗	高14.4	乾隆款	大英博物馆（达维德基金会）
清乾隆	内壁花卉诗纹外壁绿地花卉纹珐琅彩盘	直径14.2	乾隆款	大英博物馆（达维德基金会）
清乾隆	彩玻璃葫芦形鼻烟壶	高4.8	乾隆四字款	大英博物馆（达维德基金会）
清乾隆	御制铜胎掐丝珐琅嵌白玉七珍（三件）、八吉祥（四件）	最高为34.2	御制	克里斯蒂
清乾隆	珊瑚红釉牺耳尊	高27.0	“大清乾隆年制”款	维多利亚和阿尔伯特博物馆
清乾隆	内壁花卉诗纹外壁绿地花卉纹珐琅彩盘	直径14.3	乾隆款	大英博物馆（达维德基金会）
清乾隆	内壁花卉纹、外壁蓝地花卉纹珐琅彩碗	直径15.7	乾隆款	大英博物馆（达维德基金会）
清乾隆	珐琅彩葫芦藤纹鼻烟壶和铜镀金塞	高5.5	乾隆款	大英博物馆（达维德基金会）
清乾隆	蓝地花卉纹御制诗粉彩壁瓶，带仿制漆座	高19.2	乾隆款	大英博物馆（达维德基金会）
清乾隆	法国洛可可风格山水人物珐琅彩瓶	高20.5	乾隆款	大英博物馆（达维德基金会）
清乾隆	粉彩蜻蜓花卉盘	直径13.6	乾隆年款	维多利亚和阿尔伯特博物馆
清乾隆	紫地粉彩灯笼式瓶	高24.5	乾隆年款	维多利亚和阿尔伯特博物馆
清乾隆	粉彩镂空转心瓶	高20.0	乾隆年款	维多利亚和阿尔伯特博物馆
清乾隆	黄地红彩云龙纹碗	直径11.9	乾隆年款	维多利亚和阿尔伯特博物馆

（续表）

清乾隆	粉青釉开光山水象耳尊	高36.2	乾隆年款	维多利亚和阿尔伯特博物馆
清乾隆	粉彩婴戏螭耳瓶	高53.7	乾隆年款	维多利亚和阿尔伯特博物馆
清乾隆	珐琅彩开光人物双耳葫芦瓶	高17.1	乾隆年款	维多利亚和阿尔伯特博物馆
清乾隆	青花香火熏	高39.4	乾隆年款	维多利亚和阿尔伯特博物馆
清乾隆	青花勾莲烛台（一对）	高67.0		维多利亚和阿尔伯特博物馆
清乾隆	青花云鹤纹爵、盘	高13.0		维多利亚和阿尔伯特博物馆
清乾隆	窑变釉瓶	高19.5		维多利亚和阿尔伯特博物馆
清乾隆	窑变釉瓶	高33.5	乾隆年款	维多利亚和阿尔伯特博物馆
清乾隆	茶叶末釉瓶	高35.0	乾隆年款	维多利亚和阿尔伯特博物馆
清乾隆	铁红釉牺耳罐	高27.0	乾隆年款	维多利亚和阿尔伯特博物馆
清乾隆	仿雕漆碗	直径11.2	乾隆年款	维多利亚和阿尔伯特博物馆
清乾隆	青绿釉描金牛头杯	高10.0	乾隆年款	维多利亚和阿尔伯特博物馆
清乾隆	淡蓝釉牺耳罐	高27.3	乾隆年款	维多利亚和阿尔伯特博物馆
清乾隆	淡蓝釉印花双耳罐	高20.6	清乾隆款	维多利亚和阿尔伯特博物馆
清乾隆	掐丝珐琅杯	高9.2	乾隆款	维多利亚和阿尔伯特博物馆
清乾隆	粉彩杏花飞燕图碗（古月轩）	口径11.4	"乾隆年制"铭	达维德基金会
清乾隆	粉彩兰石图管耳瓶	高14.3	"乾隆年制"铭	达维德基金会
清乾隆	粉彩花卉纹瓶（古月轩）	高14.0	乾隆铭	达维德基金会
清乾隆	粉彩花卉纹皿（古月轩）	直径14.2	乾隆铭	达维德基金会
清乾隆	硝子胎粉彩开光山水图杯	高4.3	"乾隆年制"铭	达维德基金会
清乾隆	粉彩妇人图瓶	高20.3	乾隆铭	达维德基金会
清乾隆至道光	青花山水纹餐具（七件）	最高26.0		维多利亚和阿尔伯特博物馆
清乾隆至嘉庆	天坛蓝釉瓷食器（簠），嘉庆盖	高23.0		维多利亚和阿尔伯特博物馆
清嘉庆	地坛黄釉瓷豆	高29.2		维多利亚和阿尔伯特博物馆
清嘉庆	茶叶末釉瓶	高2.9	"嘉庆年制"款	维多利亚和阿尔伯特博物馆
清嘉庆	青花加彩宝塔	高276.0		维多利亚和阿尔伯特博物馆
清嘉庆	粉彩花卉纹瓶	高33.5	"大清嘉庆年制"款	维多利亚和阿尔伯特博物馆
清嘉庆	粉彩包袱式瓶	高33.5	嘉庆年款	维多利亚和阿尔伯特博物馆
清嘉庆	茶叶末釉水盂	高2.9	嘉庆年款	维多利亚和阿尔伯特博物馆
清道光	黄地粉彩花卉碗	直径18.0	道光年款	维多利亚和阿尔伯特博物馆
清道光	青花松竹梅纹盘	直径17.7	道光年款	维多利亚和阿尔伯特博物馆
清道光	蓝地轧道粉彩开光人物内青花纹碗	直径14.6	道光年款	维多利亚和阿尔伯特博物馆
清道光	红地轧道粉彩开光花卉内青花纹碗	直径14.6	道光年款	维多利亚和阿尔伯特博物馆

（续表）

清道光	粉彩松禽纹碗	直径14.6	道光年款	维多利亚和阿尔伯特博物馆
清道光	粉彩蓝地花卉八方洗	直径14.5	道光年款	维多利亚和阿尔伯特博物馆
清道光	粉彩花鸟虫折腰碗、盖碗、敞口碗	最大碗直径13.5	道光年款	维多利亚和阿尔伯特博物馆
清道光	粉彩《无双谱》人物盖杯、盘（三件）	盘直径16	道光年款	维多利亚和阿尔伯特博物馆
清道光	蓝釉豆	高23.6	“大清道光年制”款	维多利亚和阿尔伯特博物馆
清道光	黄地粉彩花卉碗	直径18.0	“大清道光年制”款	维多利亚和阿尔伯特博物馆
清道光	青花松竹梅纹盘	直径17.7	“大清道光年制”款	维多利亚和阿尔伯特博物馆
清道光	轧道粉彩开光人物图碗	直径14.6	“大清道光年制”款	维多利亚和阿尔伯特博物馆
清道光	红地轧道粉彩开光花卉纹内青花碗（二件）	直径14.6	“大清道光年制”款	维多利亚和阿尔伯特博物馆
清道光	黄地粉彩鹤纹碗	直径17.5	“慎德堂制”款	维多利亚和阿尔伯特博物馆
清道光	粉彩松禽纹碗	直径14.6	“大清道光年制”款	维多利亚和阿尔伯特博物馆
清道光	粉彩蓝地花卉八方洗	直径14.5	“大清道光年制”款	维多利亚和阿尔伯特博物馆
清道光	粉彩花鸟虫纹折腰碗、盖碗、敞口碗（三件）	最大直径13.5	“大清道光年制”款	维多利亚和阿尔伯特博物馆
清道光	粉彩无双谱人物盖杯、盘（三件）	盘直径16.0	“大清道光年制”款	维多利亚和阿尔伯特博物馆
清道光	粉彩鸟兽纹鼻烟壶	高5.8	“大清道光年制”款	维多利亚和阿尔伯特博物馆
清道光	内青花、外珐琅彩开光碗	直径14.6	有款	维多利亚和阿尔伯特博物馆
清道光	斗彩灵芝纹杯	高4.5，直径7.5	道光六字款	大英博物馆（达维德基金会）
清道光	莲菊纹碗	高6.7，直径12.7	道光六字款	大英博物馆（达维德基金会）
约1831—1850	碗	高7.5，直径17.5		维多利亚和阿尔伯特博物馆
1851—1861	盘	高3.5，直径16.8		维多利亚和阿尔伯特博物馆
1862—1874	龙戏珠盘	高2.6，直径13.2	同治六字款	大英博物馆（达维德基金会）
1875—1908	紫藤纹碗	高6，直径12.6	“大雅斋”款	大英博物馆（达维德基金会）
清咸丰至同治	仿哥釉瓶	高28.5		维多利亚和阿尔伯特博物馆
清咸丰至光绪	窑变釉双耳瓶	高28.0		维多利亚和阿尔伯特博物馆

（续表）

清同治	海水云龙纹酒杯	高4.9，直径6.0	同治六字款	大英博物馆（达维德基金会）
清光绪	黄釉唾壶	高8.7	“大清光绪年制”款	维多利亚和阿尔伯特博物馆
清	蓝白釉碗			大英博物馆
清	水晶五选纹花瓶			大英博物馆
清	酒壶			大英博物馆
清	葫芦鹅形壶			大英博物馆
19世纪	黄釉爵	高14.4	黄釉祭器	大英博物馆（达维德基金会）
19世纪	黄釉爵	高13.8，宽14.3，深6	黄釉祭器	大英博物馆（达维德基金会）
晚清	粉彩蝶纹椭圆鼻烟壶	高6.1		维多利亚和阿尔伯特博物馆
晚清	粉彩人物图鼻烟壶	高8.1		维多利亚和阿尔伯特博物馆
晚清	粉彩蟹纹鼻烟壶	高6.1		维多利亚和阿尔伯特博物馆
晚清	白釉凸印龙纹鼻烟壶	高6.5		维多利亚和阿尔伯特博物馆
晚清	白釉印花筒形鼻烟壶	高8.0		维多利亚和阿尔伯特博物馆
晚清	粉彩麒麟纹鼻烟壶（二件）	高8.1		维多利亚和阿尔伯特博物馆
晚清	粉彩花卉纹鼻烟壶	高6.7		维多利亚和阿尔伯特博物馆

（三）玉器

年代	名称	尺寸（厘米）	收藏地
清	镂雕玉香炉	高27.3	维多利亚和阿尔伯特博物馆
清	山水人物青玉笔筒	高15.0	维多利亚和阿尔伯特博物馆

（四）漆器

年代	名称	尺寸（厘米）	款识等	收藏地
明永乐	剔红花卉纹瓶	高11.0	“大明永乐年制”款	大英博物馆
明永乐	剔红楼阁山水人物纹菱形盘	径35.2	“大明永乐年制”款	大英博物馆
明永乐	剔红花卉纹圆盒	径18.6		大英博物馆
明弘治	剔红楼阁人物纹盘	径18.8	“弘治二年”款	大英博物馆
明嘉靖	剔红龙纹六角盘	高4.5，径25.3	“大明嘉靖年制”款	大英博物馆
明隆庆	剔红龙纹大盆	径59.1	“大明隆庆年制”款	大英博物馆
明万历	剔红龙凤纹圆盘	径22.4	“大明万历壬辰年制”款	大英博物馆
明	戗金花鸟纹棱形盒	高8.0，径12.5		大英博物馆

（续表）

清乾隆	剔红宝座	高118，宽125		维多利亚和阿尔伯特博物馆
清乾隆	漆盖碗	直径11.2		维多利亚和阿尔伯特博物馆
清乾隆	雕漆灵牌盒	高34.5		维多利亚和阿尔伯特博物馆
清	剔红香炉	高21.0		大英博物馆
清	剔红帽架	高29.5		大英博物馆

（五）其他

年代	名称	尺寸（厘米）	材质	款识等	收藏地
商代	玉璧	高1.0，直径15.0	玉器	乾隆御制诗	大英博物馆
唐	白瓷二十三师足圆砚		文房用具		大英博物馆
宋	岩桥		建筑资料		大英博物馆
宋	云石雕夜莺砚		文房用具		大英博物馆
辽	竹段形青瓷		杂类		大英博物馆
元	子期试朱雀琴		杂类		大英博物馆
元	犀角雕离杯		杂类		大英博物馆
元	玉壶春雕		雕塑		大英博物馆
元	犀牛雕		雕塑		大英博物馆
元	玉壶春梅瓶雕		竹木牙角雕		大英博物馆
明	玉雕笔山		玉器		大英博物馆
明	玉雕琴棋纸镇		玉器		大英博物馆
明	象牙异兽印		杂类		大英博物馆
明	鎏金纹瓢		杂类		大英博物馆
明	黄花梨形器座		杂类		大英博物馆
明	寿山高山石雕（一对）		竹木牙角雕		大英博物馆
明	椰壳雕春燕图酒杯		杂类		大英博物馆
明	石雕佛手形水承		石器		大英博物馆
明	石英雕莲瓣形洗		石器		大英博物馆
明	木雕母子		雕塑		大英博物馆
明	盘龙形文玩		雕塑		大英博物馆

（续表）

明	竹雕松下老人夹子		古家具		大英博物馆
明	黄花梨长方小箱		古家具		大英博物馆
明	黄花梨桌		古家具		大英博物馆
明	象牙雕笔把		文房用具		大英博物馆
明	青铜异兽纸镇		铜器		大英博物馆
明	鎏金竹枝铜勺		铜器		大英博物馆
明	嵌金银青铜异兽纸镇		铜器		大英博物馆
明	锡毛笔连套		文房用具		大英博物馆
明	钟鼎奇字兽印		文房用具		大英博物馆
1714	香远益清（热河避暑山庄36景）	画高31.9，宽34.8，册页封面高37.8，宽40.8	铜版画	作者：马国贤	大英博物馆
1714	天宇咸畅（热河避暑山庄36景）	同上		作者：马国贤	大英博物馆
1714	莺啭乔木（热河避暑山庄36景）	同上		作者：马国贤	大英博物馆
1714	石矶观鱼（热河避暑山庄36景）	同上		作者：马国贤	大英博物馆
1714	甫田丛樾（热河避暑山庄36景）	同上		作者：马国贤	大英博物馆
1714	云容水态（热河避暑山庄36景）	同上		作者：马国贤	大英博物馆
1714	无暑清凉（热河避暑山庄36景）	同上		作者：马国贤	大英博物馆
1714	濠濮间想（热河避暑山庄36景）	同上		作者：马国贤	大英博物馆
1714	风泉清听（热河避暑山庄36景）	同上		作者：马国贤	大英博物馆
1714	松鹤清樾（热河避暑山庄36景）	同上		作者：马国贤	大英博物馆
1714	延薰山馆（热河避暑山庄36景）	同上		作者：马国贤	大英博物馆
1714	云帆月舫（热河避暑山庄36景）	同上		作者：马国贤	大英博物馆
1714	长虹饮练（热河避暑山庄36景）	同上		作者：马国贤	大英博物馆

（续表）

1714	芳渚临流（热河避暑山庄36景）	同上		作者：马国贤	大英博物馆
1714	澄泉绕石（热河避暑山庄36景）	同上		作者：马国贤	大英博物馆
1714	泉源石壁（热河避暑山庄36景）	同上		作者：马国贤	大英博物馆
1714	水流云在（热河避暑山庄36景）	同上		作者：马国贤	大英博物馆
1714	金莲映日（热河避暑山庄36景）	同上		作者：马国贤	大英博物馆
1714	镜水云岭（热河避暑山庄36景）	同上		作者：马国贤	大英博物馆
1714	水芳岩秀（热河避暑山庄36景）	同上		作者：马国贤	大英博物馆
1714	南山积雪（热河避暑山庄36景）	同上		作者：马国贤	大英博物馆
1714	梨花伴月（热河避暑山庄36景）	同上		作者：马国贤	大英博物馆
1714	暖流喧波（热河避暑山庄36景）	同上		作者：马国贤	大英博物馆
1715	锤峰照落（热河避暑山庄36景）	同上		作者：马国贤	大英博物馆
1716	北枕双峰（热河避暑山庄36景）	同上		作者：马国贤	大英博物馆
1717	芝径云堤（热河避暑山庄36景）	同上		作者：马国贤	大英博物馆
1718	西岭晨霞（热河避暑山庄36景）	同上		作者：马国贤	大英博物馆
1719	万壑松风（热河避暑山庄36景）	同上		作者：马国贤	大英博物馆
1720	四面云山（热河避暑山庄36景）	同上		作者：马国贤	大英博物馆
1721	澄波叠翠（热河避暑山庄36景）	同上		作者：马国贤	大英博物馆
1722	曲水荷香（热河避暑山庄36景）	同上		作者：马国贤	大英博物馆
1723	青枫绿屿（热河避暑山庄36景）	同上		作者：马国贤	大英博物馆
1724	远近泉声（热河避暑山庄36景）	同上		作者：马国贤	大英博物馆

（续表）

1725	云山胜地（热河避暑山庄36景）	同上		作者：马国贤	大英博物馆
约1786	静海宫西面	高51.0，宽88.0			维多利亚和阿尔伯特博物馆
清	竹根异兽奇石		雕塑		大英博物馆
清	吼山圆立轴		雕塑		大英博物馆
清	楠木鸭		雕塑		大英博物馆
清	木雕罗汉坐像		雕塑		大英博物馆
清	四色诗轴		古籍文献		大英博物馆
清	殿试试卷		古籍文献		大英博物馆
清	黄花梨书桌		古家具		大英博物馆
清	五蝠插屏		古家具		大英博物馆
清	紫檀雕灵芝如意		古家具		大英博物馆
清	象牙雕小盘		古家具		大英博物馆
清	黄花梨皮箱		古家具		大英博物馆
清	黄花梨官皮箱		古家具		大英博物馆
清	石雕孤峰		石器		大英博物馆
清	绿松石雕异兽		石器		大英博物馆
清	青铜异兽纸镇		铜器		大英博物馆
清	紫檀刻铭纸镇		铜器		大英博物馆
清	鎏金五蝠青铜小瓶		铜器		大英博物馆
清	昆仑砚		文房用具		大英博物馆
清	端石白素方砚		文房用具		大英博物馆
清	红木雕纸镇		文房用具		大英博物馆
清	紫檀琴形纸镇		文房用具		大英博物馆
清	黄杨木雕玉如意		玉器		大英博物馆
清	黄杨木雕灵芝玉如意		玉器		大英博物馆
清	笛子		杂类		大英博物馆
清	花卉相连器座		杂类		大英博物馆
清	桦木连盒		杂类		大英博物馆
清	竹叶臂搁		杂类		大英博物馆
清	雕鸟兽蛇虫核桃（一对）		杂类		大英博物馆

（续表）

清	红木棋子盖盒		杂类		大英博物馆
清	红漆木柄马尾拂尘		杂类		大英博物馆
清	木雕荔枝盖盒		杂类		大英博物馆
清	木雕荷叶		杂类		大英博物馆
清	黄杨木雕携琴游山座		杂类		大英博物馆
清	黄杨木制连环		杂类		大英博物馆
清	竹雕菊花盖盒		竹木牙角雕		大英博物馆
清	黄杨木竹段形笔筒		竹木牙角雕		大英博物馆
清	黄杨木刻铭灵芝如意		竹木牙角雕		大英博物馆
清雍正	红釉碗	直径15.5	石器	雍正年款	维多利亚和阿尔伯特博物馆
18世纪初	象牙锦缎龙袍	138.0×205.0	服饰	五爪龙图案	贺祈思
18世纪	八鹅盒	直径36.2			维多利亚和阿尔伯特博物馆
18世纪左右	四金团龙衮服	119.0×155.0	服饰		贺祈思
18世纪初	袍服	145.0×172.0	服饰	五爪龙	维多利亚和阿尔伯特博物馆
1700—1780	椅	高97，座高53.5,座长61	家具		维多利亚和阿尔伯特博物馆
1700—1800	牌匾	直径8.3	玉器		维多利亚和阿尔伯特博物馆
1720—1780	绘雕漆多宝格	高105.0	家具		维多利亚和阿尔伯特博物馆
1720—1780	花梨,红木桌	长140.5	家具		维多利亚和阿尔伯特博物馆
1720—1750	绣绸胎藏界曼达罗图	298.0×332.0	丝绣		维多利亚和阿尔伯特博物馆
1721—1725	清初焦秉真画、方观承题折扇（二）	长31.7	折扇		维多利亚和阿尔伯特博物馆
1736—1795	容器	高14.0，深20.7,长29.4		祭祀用	维多利亚和阿尔伯特博物馆
1748	玉书		玉书	从圆明园找到或获得	大英博物馆
清乾隆，1749年之后	金珐琅彩红铜尊	高19.0	铜器,仿古	“乾隆仿古”款	维多利亚和阿尔伯特博物馆

（续表）

1751	瓦	长35.5，直径12.7	建筑		维多利亚和阿尔伯特博物馆
1750—1900	丝织画	80.0×45.0	织绣	道教符号	维多利亚和阿尔伯特博物馆
1750—1820	玉雕八鹅盒	直径36.2	玉器		维多利亚和阿尔伯特博物馆
1750—1800	丝绣靠垫套	83.0×104.0	织绣	约1900年 欧洲人加边	维多利亚和阿尔伯特博物馆
1760—1795	九龙十二章缂丝龙袍	145.0×190.0	服饰	《皇朝礼器图示》里的龙袍	贺祈思
1760—1820	靠垫套	73.5×71.0	织绣		维多利亚和阿尔伯特博物馆
1770	土耳其玉瓶	高11.5	玉器		维多利亚和阿尔伯特博物馆
1777	绣绸弥勒佛图轴	76.2×52.1	丝绣		维多利亚和阿尔伯特博物馆
1780—1850	龙袍	154.0×194.0	服饰	五爪龙	维多利亚和阿尔伯特博物馆
约1770年	乔治三世鎏金铜镶嵌料石玛瑙音乐钟	90.0×48.5×48.0	钟表	面向中国皇家市场	克里斯蒂
1780—1850	丝绣臂垫（一对）	23.0	织绣		维多利亚和阿尔伯特博物馆
18世纪末—19世纪初	背心	140.0	服饰		维多利亚和阿尔伯特博物馆
约1790	如意	长35.5	玉器	乾隆送给马戈尔尼的礼物	维多利亚和阿尔伯特博物馆
1796—1820	带盖瓶			祭祀用	维多利亚和阿尔伯特博物馆
18世纪末	鎏金铜水法跑人音乐钟	111.8×68.0×55.0	钟表	面向中国市场	克里斯蒂
清乾隆	掐丝珐琅鼎式香炉	高26.4	珐琅	有款	维多利亚和阿尔伯特博物馆
清乾隆	九金团龙吉服	139.0×208.0	服饰		贺祈思
清乾隆	葫芦桃	高22.8		“乾隆年间乐制”款	维多利亚和阿尔伯特博物馆
清乾隆	御制白玉雕穿花八吉祥盘龙纹双兽耳活环盖瓶	高28.0	玉器		克里斯蒂
清乾隆	碧玉双管形器	高8.3	玉器	“大清乾隆仿古”款	维多利亚和阿尔伯特博物馆

（续表）

清嘉庆	痕都斯坦青玉盖盒	直径8.3	玉器		维多利亚和阿尔伯特博物馆
清嘉庆	刺绣龙袍	136.5×210.0	服饰		贺祈思
1800—1850	皇帝缎绣龙袍	142.9×193.0	服饰		维多利亚和阿尔伯特博物馆
1800—1911	嵌珊珠缎绣女龙袍	144.7×199.5	服饰		维多利亚和阿尔伯特博物馆
19世纪	袍服	138.0×174.0	服饰	五爪龙	维多利亚和阿尔伯特博物馆
19世纪	婚礼帽		服饰		维多利亚和阿尔伯特博物馆
可能是1821—1850	吉服	136.0×207.0	服饰		维多利亚和阿尔伯特博物馆
清咸丰	吉服	137.0×209.0	服饰		维多利亚和阿尔伯特博物馆
19世纪中	刺绣龙纹朝服	139.0×200.0	服饰		贺祈思
可能是1875—1908	龙袍	142.0×164.0	服饰		维多利亚和阿尔伯特博物馆
1894	丝质刺绣生日卷	185.4×43.2	织绣		维多利亚和阿尔伯特博物馆
19世纪末至20世纪初	四团龙缂丝衮服	133.0×178.0	服饰		贺祈思
	丝织龙袍		服饰		维多利亚和阿尔伯特博物馆
	嵌金银带钩		金银珐琅器		大英博物馆
	清碧玉龙纹圆牌	直径8.3	玉器		维多利亚和阿尔伯特博物馆
	靠垫套		织绣		维多利亚和阿尔伯特博物馆
	靠垫套或垂饰		织绣		维多利亚和阿尔伯特博物馆
	靠垫套或垂饰		织绣		维多利亚和阿尔伯特博物馆
	靠垫套或垂饰		织绣		维多利亚和阿尔伯特博物馆
	靠垫套或垂饰		织绣		维多利亚和阿尔伯特博物馆
	靠垫套或垂饰		织绣		维多利亚和阿尔伯特博物馆

（续表）

	靠垫套或垂饰		织绣		维多利亚和阿尔伯特博物馆
	靠垫套或垂饰		织绣		维多利亚和阿尔伯特博物馆
	靠垫套或垂饰		织绣		维多利亚和阿尔伯特博物馆
	丝质刺绣生日卷		织绣		维多利亚和阿尔伯特博物馆
	丝质刺绣生日卷		织绣		维多利亚和阿尔伯特博物馆
	丝质刺绣生日卷		织绣		维多利亚和阿尔伯特博物馆
	酒杯	高5.7，直径10.1			维多利亚和阿尔伯特博物馆
	香炉				维多利亚和阿尔伯特博物馆
	瓶	高27.0，直径25.4（最大）			维多利亚和阿尔伯特博物馆
	罐			祭祀用	维多利亚和阿尔伯特博物馆
	多宝格	高105.0（不含红雕漆座），高116.0（含红雕漆座），宽84.0，深28.5			维多利亚和阿尔伯特博物馆

二、法国博物馆收藏的清宫散佚文物

法国与英国同是第二次鸦片战争和庚子之变的发起国，也拥有大量的清宫文物收藏。法国枫丹白露宫中国馆、吉美博物馆和法国国家图书馆收藏的清宫文物尤为著名。著名的卢浮宫博物馆原本收藏有不少中国文物，第二次世界大战后根据法国文化部的指令全部调拨给吉美博物馆收藏展示。

（一）枫丹白露宫中国馆

枫丹白露宫是法国最大的王宫之一，位于法国北部法兰西岛地区赛纳-马恩省的枫丹白露，从12世纪起用作法国国王狩猎的行宫。“枫丹白露（fontainebleau）”由“fontaine belle eau”演变而来，“fontaine belle eau”的法文原义为“美丽的泉水”。1860年英法联军洗劫圆明园后，大量清宫收藏文物被法军作为“战利品”运回法国献给法王拿破仑三世。1861年，拿破仑三世为其妻子欧仁妮·德·蒙蒂若（Eugénie de Montijo，史称“欧仁妮皇后”）在枫丹白露宫内修建了中国宫（中国馆），专门陈设中国文物。据枫丹白露宫文化遗产和藏品部主任萨尔蒙（Salmon）先生介绍，中国馆内收藏有中国文物约800件，有549件是来自圆明园的“战利品”，于1860至1861年分四批（第一批96件，第二批53件，第三批20件，第四批380件）运来法国，曾在杜伊勒里宫举办过公开展览，后运至枫丹白露宫，其中代表性文物包括珐琅五供、缂丝、珊瑚等。其余的200余件中国文物，主要是拿破仑三世和欧仁妮皇后从当时法国的文物市场上购买的，包括镀金盆、地毯等。

中国馆按个人收藏及鉴赏习惯布置，有客厅、展室、桌椅、沙发。馆内最显著的位置摆放着一座巨大佛塔，高约2米，与故宫内现存的佛塔基本相似。这座塔通体各层镶嵌着绿宝石，为乾隆年间所少见。据史料记载，圆明园长春园含经堂梵香楼有两座金佛塔，其中一座与故宫内的金塔相仿。三幅巨大的乾隆年间缂丝制品占据了整个天花板空间。三幅图案看似相同，但有细微差异，同为藏传佛教内容，即三世佛和他们的弟子十八罗汉及四大金刚。从内容上看，这三幅巨作应是圆明园某个或某几个较大的佛堂或寺庙中之物。在该馆天花板上挂着一只巨大的景泰蓝吊灯，下方是一只巨大的兽足兽纽景泰蓝方盒。据分析，这应该是圆明园九州清晏殿内放置冰块和水果用的器物。馆内橱柜间置放着巨大的景泰蓝五供，中间是香炉，两边对称摆放的是烛台和花瓶。国内现存这样大的景泰蓝已经很少见。另有几只花梨木玻璃柜橱和角柜，里面摆放着从圆明园抢来的各种青铜器、玉器、珠宝等艺术珍品，包括一只仿周制熏香炉和一只青铜鼎。

枫丹白露宫中国馆/供图　TPG

这只青铜鼎铸造精密，形态坚稳，并配有朴素的装饰。一对龙的图案有些变化，形成突出的棱，构成饕餮纹[1]。

值得一提的是，2015年3月1日，法国枫丹白露宫中国馆发生了震惊世界的文物失窃事件，两名窃贼破窗进入中国馆，用椅子砸碎陈列柜玻璃，盗走15件文物[2]。根据法国文化部发表的声明，此次失窃的

1　参见王冠英《法国枫丹白露"中国馆"所见圆明园文物》，载于《中国文物报》2007年4月20日第5版。

2　尚栩：《法枫丹白露宫中国馆失窃》，新华网，2015年3月2日，网址：http：//www.xinhuanet.com。

文物包括欧仁妮皇后收藏的清代乾隆时期掐丝珐琅麒麟、景泰蓝镶嵌瓷瓶以及藏传佛教金曼扎等。据介绍，乾隆时期的掐丝珐琅麒麟是枫丹白露宫中国馆最具代表性的中国文物，原为一对，在1860年被英法联军各抢走一只，在法国的那只麒麟后来为欧仁妮皇后收藏，另外一只麒麟现藏于台湾私人手中；而金曼扎则是藏传佛教的寺庙摆设品，金罐通体如意花纹闪闪发光，并镶有珍珠、绿松石等多种宝石，非常奢华。枫丹白露宫管理人员让·弗朗索瓦·埃贝尔说，目前尚未估算失窃品的价值，这些艺术品都是独一无二的"无价珍宝"，"它们是博物馆里最精美的藏品之一"。这次文物失窃事件不仅对于枫丹白露宫是一次"巨大的冲击和创伤"，对于清宫散佚文物的长期调查工作也造成了不利影响。

（二）吉美博物馆

吉美博物馆（Musée Guimet）位于巴黎，是世界著名的亚洲文物收藏中心。除藏有伯希和从敦煌和新疆等地"探险"带回的经卷、佛画、纺织品、木雕等文物之外，吉美博物馆还收藏有大量中国瓷器、青铜器和书画作品，其中瓷器从原始瓷直到清五彩瓷形成完整序列，各朝各大名窑也应有尽有。吉美博物馆收藏了一些清宫散佚文物，有的明确见于著录，有的则具有显著的宫廷特征。如该馆收藏郎世宁绘制的《乾隆肖像》，是乾隆皇帝41岁时的坐像，乾隆身旁站立两位大臣，人物极具神韵，为中国与欧洲绘画技艺相结合的佳作；乾隆珐琅彩万花锦花卉罐，高达48厘米，造型精美，画法上乘，罐上所绘的花卉图案种类各异，绚丽多彩、万紫千红，非常美观，是乾隆时代的宫廷艺术珍品；此外还有康熙五彩尊、康熙黄地珐琅彩牡丹纹碗、雍正茶叶末尊、乾隆粉彩桃实蝙蝠图盘、乾隆粉彩霁蓝描金花卉大瓶都是清代不同时期制瓷工艺的上乘之作[1]。另外，该馆所藏《康熙南巡图》

1　陈文平：《流失海外的国宝·文字卷》，上海：上海文化出版社，2001年，第80页。

吉美博物馆/供图　悠悠

第二、四卷，《雍正祭先农坛图》上卷，《木兰图》一至四卷，《乾隆南巡图》第十卷，《乾隆皇帝观准噶尔贡马图》卷，等等，也都是清宫中重要的书画收藏。

清康熙　五彩尊
吉美博物馆藏

清雍正　茶叶末尊
吉美博物馆藏

清乾隆　粉彩桃实蝙蝠图盘
吉美博物馆藏

（三）法国国家图书馆

法国国家图书馆（Bibliothèque nationale de France）是法国最大的图书馆，也是屈指可数的世界大型图书馆之一。它是由皇家图书馆发展起来的，其历史可上溯至查理五世（1364—1380）为收藏历代王室藏书而建立的国王图书馆。后经弗朗索瓦一世（1515—1547）在枫丹白露重建，称皇家图书馆。

法国国家图书馆/供图　TPG

该馆内目前收藏有：由清代宫廷画师沈源和唐岱共同绘制的绢本《圆明园四十景图》；宫廷画师沈源和孙祜刻版的木刻本《圆明园四十景图》；宫廷画师伊兰泰制作的《海晏堂》等西洋楼铜版画二十幅；郎世宁绘制的宣扬乾隆皇帝武功的《格登鄂拉斫营图》，以及《圆明园菊花迷宫图》等。

除了上述博物馆外，法国巴黎东方博物院、池努奇博物馆（Musée Cernuschi）等处均有清宫文物收藏。

法国收藏清宫散佚文物（含部分疑似）数据简目

（一）绘画

年代作者	名称	形式	尺寸（厘米）	收藏地
唐·韩幹	圉人呈马图	卷，绢本设色	49.7×140.2	池努奇博物馆
唐末/五代·无款	水月观音图	纸本设色	53.0×36.9	吉美博物馆
北宋·李公麟	龙眠山庄图	卷，绢本水墨淡彩	纵25.5	池努奇博物馆
北宋·无款	观音菩萨像	轴，绢本设色	83.0×60.1	吉美博物馆
北宋·赵佶	鹰图	轴，绢本设色	120.0×62.1	池努奇博物馆
北宋·无款	千手千眼观音菩萨像	轴，绢画设色	154.0×117.0	吉美博物馆
北宋·无款	菩萨立像	幡，绢画设色	98.5×23.2	吉美博物馆
元·曹知白	注盈轩图	轴，纸本水墨	48.0×36.4	吉美博物馆
元·钱选	群马图	卷，绢本设色	纵48.6	吉美博物馆
元·无款	枯木小鸟图	册页，纸本水墨	56.6×37.6	池努奇博物馆
元·无款	枯木小鸟图	册页，纸本水墨	56.5×42.2	池努奇博物馆
明·沈周	仿梅道人山水图	纸本水墨	38.8×40.1	吉美博物馆
明·刘珏	仿倪瓒山水图	轴，绢本水墨		吉美博物馆
明·顾善有	山水图	纸本水墨淡彩	30.7×18.7	吉美博物馆
明·唐寅	肯构肯堂图	轴，绢本水墨淡彩	152.5×81.3	池努奇博物馆
明·张路	人物图	轴，绢本水墨淡彩	159.0×94.8	池努奇博物馆
明·陈洪绶	人物图	轴，绢本设色	98.1×30.3	池努奇博物馆
明·无款	葡萄图	轴，纸本水墨	140.6×43.1	池努奇博物馆
明·无款	二马图	轴，绢本设色	205.0×116.0	私人
明·佚名	柳溪牧牛图		25.7×22.7	吉美博物馆
明·文徵明	山水图		121.4×32.5	吉美博物馆
明·仇英	山水图		29.0×27.7	吉美博物馆
明·王时敏	仿黄公望山水图		28.0×237	吉美博物馆
明·陈廉	仿黄公望山水图		28.0×235	吉美博物馆
清·王原祁	山水图		95.3×51.5	吉美博物馆
清·王原祁	山水图		33.0×52.5	吉美博物馆
清·王原祁	仿李唐山水图		17.5×49.0	吉美博物馆
清·王原祁	仿黄公望山水图		260.8×31.5	吉美博物馆
清·王原祁	仿倪瓒山水图		34.1×52.0	吉美博物馆
清·王原祁	山水图		59.0×20.0	吉美博物馆
清·王翚	霜林晚霁图	纸本水墨淡彩	40.6×53.2	吉美博物馆
清·王翚、杨晋等	康熙南巡图（第二卷）	卷，绢本设色	68.7×1 334	吉美博物馆

（续表）

清·王翚、杨晋等	康熙南巡图（第四卷）	卷，绢本设色	68.2×1 562	吉美博物馆
清·王翚	仿王蒙秋山草堂图		41.0×27.6	吉美博物馆
清·王翚	山水图		30.0×35.0	法国国家图书馆
清·王翚	冬景山水图		39.3×53.5	吉美博物馆
清·王翚	仿王蒙霜林晚霁图		40.8×53.6	吉美博物馆
清·郎世宁	哈萨克贡马图	卷，纸本设色	45.4×245	吉美博物馆
清·郎世宁	乾隆肖像图		56.2×42.3	吉美博物馆
清·郎世宁	乾隆平定西域获胜图	版画	89.2×51.0	吉美博物馆
清·郎世宁	准噶尔贡马图	卷，纸本设色	150.0×41.0	盖·布朗利博物馆
清·郎世宁	木兰图（第一卷）	卷，绢本设色	50.4×1 600	吉美博物馆
清·郎世宁	木兰图（第二卷）	卷，绢本设色	50.3×1 600	吉美博物馆
清·郎世宁	木兰图（第三卷）	卷，绢本设色	50.4×1 600	吉美博物馆
清·郎世宁	木兰图（第四卷）	卷，绢本设色	50.5×1 600	吉美博物馆
清·蒋廷锡	莲池水禽图	轴，绢本设色	165.8×99.2	池努奇博物馆
清	隋炀帝下江南赏采莲图	瓷画	高55.0	吉美博物馆
清·王昱	仿王蒙山水图		63.8×53.0	吉美博物馆
清·姚宋	文人雅集图		69.5×31.5	吉美博物馆
清·贾全、黎明	平定台湾图	版画	86.7×50.7	吉美博物馆
清·徐扬	乾隆南巡图（第十卷）	卷，纸本设色	70.6×998.0	吉美博物馆
清·张宗苍	山水图（六幅）	纸本	24×19.2	吉美博物馆
清·方琮	山水图	纸本	21.7×15.0	吉美博物馆
清·方琮	山水图（八幅）		48.8×33.8	吉美博物馆
清·李秉德	花卉图	纸本	41.7×55.0	吉美博物馆
清·孙璜	滕王阁图	纸本	47.0×30.0	吉美博物馆
清·唐岱、沈源	圆明园四十景图	册页，纸本设色	62.3×62.3	法国国家图书馆
清·董邦达	山水图	纸本	87.7×42.2	吉美博物馆
清·王学浩	仿王蒙山水图	纸本	80.9×30.0	吉美博物馆
清	唐玄宗赐宴图	瓷画	高61.0	吉美博物馆
清·倪承宽	山水画（三幅）	纸本	30.2×24.0	吉美博物馆
清·佚名	芭蕉奇石图	纸本	27.4×33.5	吉美博物馆
清·佚名	花卉奇石图	纸本	27.4×33.6	吉美博物馆
清·佚名	皇帝亲耕图（第二卷）	卷，纸本设色	63.0×442.0	吉美博物馆
清·佚名	雍正皇帝肖像图	轴，纸本设色	27.5×25.8	吉美博物馆

（二）陶瓷

年代	名称	尺寸(厘米)	款识等	收藏地
明嘉靖	龙纹香炉		“大明嘉靖年制”款	吉美博物馆
明嘉靖	黄地红彩龙纹盖罐	高17.4		吉美博物馆
清康熙	青花花鸟纹尊形瓶	高42.7		吉美博物馆
清康熙	黑地素三彩花卉纹方瓶	高49.5		吉美博物馆
清康熙	黄地珐琅彩缠枝牡丹纹碗	口径12.5		吉美博物馆
清康熙	五彩蔷薇花纹水盂	底径13.0		吉美博物馆
清康熙	青花龙凤纹盘	高6.8，直径51.9，底径27.5	康熙铭	吉美博物馆
清康熙	青花花鸟纹尊形瓶	高42.7，口径21.0，底径14.4	康熙铭	吉美博物馆
清康熙	五彩莲池水禽纹皿	高3.0，直径25.3，底径16.9	康熙铭	吉美博物馆
清康熙	豆彩寿字纹皿	高4.0，直径20.7，底径12.4	康熙铭	吉美博物馆
清康熙	五彩蔷薇纹鸡罩尊	高7.5，口径8.3，底径13.0	康熙铭	吉美博物馆
清康熙	黄地珐琅彩牡丹唐草纹碗	高6.4，口径12.5，底径4.9	“康熙御制”铭	吉美博物馆
清康熙	青花葡萄栗鼠纹钵	高10.9，口径22.3，底径9.1	“大清康熙年制”铭	吉美博物馆
清康熙	豆彩桃果纹钵	高8.4，口径20.4，底径7.2	“大清康熙年制”铭	吉美博物馆
清康熙	吹青地金彩凤凰纹轮花皿	高4.5，直径23.0，底径12.5	“大清康熙年制”铭	吉美博物馆
清康熙	黄地绿彩波涛纹碗	高8.5，口径12.8，底径5.5	“大清康熙年制”铭	吉美博物馆
清康熙	山水人物四方倭角棒槌瓶	高57.0，宽18.0		吉美博物馆
清雍正	开光墨彩山水画轴图盘	墨彩描金瓷，直径20		吉美博物馆
清雍正	青花唐草纹瓶	高21.8，最宽处直径17.6，口径4.5，底径9.7	“大清雍正年制”铭	吉美博物馆
清雍正	青花花果纹六角瓶	高66.8，最宽处直径38，口径20.0，底径22.8	雍正铭	吉美博物馆
清雍正	霁青釉马上杯	高10.6，口径15.2，底径4.1	“大清雍正年制”铭	吉美博物馆
清雍正	琉璃釉白花鱼藻纹钵	高8.0，口径17.5，底径10.0	“大清雍正年制”铭	吉美博物馆
清雍正	浇青釉瓢形瓶	高26.2，最宽处直径13.4，口径1.6，底径8.8	“大清雍正年制”铭	吉美博物馆
清雍正	甜白釉暗花牡丹唐草纹水注	高25.0，最宽处直径15.8，底径8.9	“大清雍正年制”铭	吉美博物馆
清雍正	粉彩鸡纹钵	高7.6，直径13.0，口径7.9，底径5.7	“大清雍正年制”铭	吉美博物馆
清雍正	年窑桃果形碗	高4.0，长16.2，宽11.5	雍正铭	吉美博物馆
清雍正	粉青釉连瓶	高12.6，总宽11.2，每个口径1.6，每个底径3.9	“大清雍正年制”铭	吉美博物馆

（续表）

清雍正	粉彩花卉纹皿	高3.9，直径20.9，底径12.5	雍正铭	吉美博物馆
清雍正	粉彩莲花蝶纹皿	高3.4，直径15，底径8.8	雍正铭	吉美博物馆
清雍正	红地珐琅彩花卉纹碗	高6.6，口径14.8，底径6.3	“雍正御制”铭	吉美博物馆
清雍正	年窑觚形瓶	高17.5，最宽处直径8.2，口径14.2，底径6.2	雍正铭	吉美博物馆
清雍正	茶叶末釉石榴尊	高16.7，最宽处直径15.4，口径7.5，底径6.2	雍正铭	吉美博物馆
清雍正	珐琅彩红地花卉纹碗	口径14.8		吉美博物馆
清雍正	茶叶末石榴尊	高16.7		吉美博物馆
清乾隆	粉彩桃果蝙蝠图盘	口径20.6		吉美博物馆
清乾隆	珐琅彩万花锦花卉罐	高48.0		吉美博物馆
清乾隆	粉彩桃果蝙蝠图皿	高4.0，直径20.6，底径13.4	乾隆铭	吉美博物馆
清乾隆	粉彩蔓荔枝蝶纹碗	高6.0，口径10.9，底径4.9	乾隆铭	吉美博物馆
清乾隆	绿地珐琅彩花卉纹碗	高5.5，口径10.6，底径4.1	乾隆铭	吉美博物馆
清乾隆	夹彩万花纹壶	高48.0，最宽处直径36.0，口径21.5，底径25.8	乾隆铭	吉美博物馆
清乾隆	青花花果纹水注	高26.0，最宽处直径15.0，口径6.0，底径10.0	乾隆铭	吉美博物馆
清乾隆	青花梵字纹马上杯	高11.0，口径16.2，底径4.6	“大清乾隆年制”铭	吉美博物馆
清乾隆	浇青釉三连瓢瓶	高21.0，最宽处直径14.0，底径5.5	乾隆铭	吉美博物馆
清乾隆	炉钧窑瓶	高23.4，最宽处直径14.7，口径7.9，底径8.3	乾隆铭	吉美博物馆
清乾隆	粉彩菊花鸟图瓶	高9.0，最宽处直径4.3，口径1.8，底径2.3	“乾隆年制”铭	吉美博物馆
清乾隆	粉彩菊花鹑图天球瓶	高52.6，最宽处直径38.6，口径11.3，底径18.0	“大清乾隆年制”铭	吉美博物馆
清乾隆	粉彩竹梅图瓶	高20.6，最宽处直径10.2，口径3.7，底径4.7	“乾隆年制”铭	吉美博物馆
清乾隆	粉彩山水群鹿图壶	高44.1，最宽处直径35.6，口径16.1，底径24.2	“大清乾隆年制”铭	吉美博物馆
清乾隆	粉彩灵果图皿	高4.0，直径20.2，底径13.2	“大清乾隆年制”铭	吉美博物馆
清乾隆	蓝地珐琅彩缠花纹碗	高7.4，口径16.1，底径6.8	“乾隆年制”铭	吉美博物馆
清道光	粉彩花卉图碗	高6.2，口径13.9，底径4.2	“大清道光年制”铭	吉美博物馆
清光绪	绿地五彩花鸟纹碗	高9.1，口径20.4，底径8.1	“大雅斋”铭	吉美博物馆
清	西厢人物故事图大盘	直径35.2		吉美博物馆
清	学塾图杯和托碟	杯高3.8，直径7.5，托碟直径11.6		吉美博物馆
清	耳杯	高11.5，口径7.0		吉美博物馆
清	粉彩三清茶诗茶碗	高6.2，口径11.0		吉美博物馆

（三）玉器及其他

年代	名称	尺寸（厘米）	收藏地
1430	青铜香炉		枫丹白露宫
15世纪	青花碗		枫丹白露宫
16世纪	法花瓶		枫丹白露宫
17世纪	三足鼎		枫丹白露宫
明清年间	庭园仕女图高足杯	高12，直径8.2	吉美博物馆
17至18世纪	玉碗		枫丹白露宫
17至18世纪	玉碗（绿色）		枫丹白露宫
17至18世纪	白玉笔架		枫丹白露宫
1744	钟（一对）		枫丹白露宫
18世纪	罐		枫丹白露宫
18世纪	金罐（一对）		枫丹白露宫
18世纪	珐琅镀金酒壶及托盘		枫丹白露宫
清康熙	彩釉盘		枫丹白露宫
清康熙	荷塘鸳鸯图盘	直径25.5	吉美博物馆
清康熙	人物捕鱼图笔筒	高15.5，直径18.5	吉美博物馆
清康熙	人物捕鱼图盘	直径20.5	吉美博物馆
清康熙	许由巢父图花口盘	直径37.0	吉美博物馆
清康熙	山水人物渡舟图观音樽	高45.0，直径18.0	吉美博物馆
清康熙	山水人物图观音樽	高45.0，直径20.9	吉美博物馆
清康熙	山水人物图观音樽	高44.0，直径20.7	吉美博物馆
清康熙	耕织图棒槌瓶	高44.0，直径18.4	吉美博物馆
清康熙	耕织图花觚	高43.0，直径19.0	吉美博物馆
清康熙	耕织图碗	高8.4，直径19.0	吉美博物馆
清康熙	山水人物图长颈瓶	高19.5，直径9.7	吉美博物馆
清康熙	十八学生图笔筒	高17.0，直径19.0	吉美博物馆
清康熙	山水图花觚	高46.5，宽19.5	吉美博物馆
清康熙	山水人物直颈荸荠扁瓶	高44.5，直径21.5	吉美博物馆
清康熙	四季山水图方棒槌瓶	高54.0，直径15.7	吉美博物馆
清康熙	山水人物纹方瓶	高54.0，宽22.2	吉美博物馆
清康熙	山水人物图笔筒	高16.0，直径17.5	吉美博物馆
清雍正	龙状把手双耳瓮		枫丹白露宫
清雍正	文人对坐图碗	高5.5，直径10.0	吉美博物馆
清雍正	雍正宝薮印谱	长27.0，宽13.5	吉美博物馆
清雍正	海波纹饰碗	高6.2，直径9.2	吉美博物馆
清雍正	博古图印盒	高5.0，宽7.0	吉美博物馆

（续表）

清雍正	仿宋青瓷花口渣斗	高9.0，直径12.5	吉美博物馆
清雍正	山水图杯和托碟	杯高3.5，直径7.0，托盘直径11.0	吉美博物馆
清雍正	山水人物画盘	直径19.0	吉美博物馆
清雍正	仕女对弈图杯和托盘	杯高4.1，杯口直径7.0，托盘直径11.5	吉美博物馆
清乾隆	乾隆大阅盔甲		军事博物馆
清乾隆	景泰蓝麒麟		枫丹白露宫
清乾隆	珊瑚石狮		枫丹白露宫
清乾隆	千花壶		枫丹白露宫
清乾隆	红漆盒		枫丹白露宫
清乾隆	五贡		枫丹白露宫
清	青玉圆明园印	高4.5，长6.5，宽6.5	吉美博物馆
清	人物图瓜形洗	高4.2，长23.5，宽18.5	吉美博物馆
清	天福殿宝玺	高9.8，长10.5，宽7.4	吉美博物馆
清	圆明园印	高4.5，长6.5，宽6.5	吉美博物馆
清	乾隆八旬大寿印谱	长28.0，宽14.5	吉美博物馆
清	朝珠		枫丹白露宫
清	粉彩梅花仙鹤碗		枫丹白露宫
清	乾隆宝薮印谱	长27.0，宽13.5	吉美博物馆
清	仕女琴棋书画图棒槌瓶	高46.0，直径18.0	吉美博物馆
清	庭园仕女图方茶叶罐	高13.0，宽7.9，厚4.8	吉美博物馆
清	“虹文荟古”印谱，附乾隆肖像图	长22.3，宽14.8	吉美博物馆
清	仿古兽形瓮		枫丹白露宫
清	三足仿古鼎		枫丹白露宫
清	三足仿古鼎		枫丹白露宫
清	耕耘堂玉碗（白色）		枫丹白露宫
清	惠芳书院玉碗（绿色）		枫丹白露宫
清	舍利塔		枫丹白露宫
清	三世佛像		枫丹白露宫

三、美国博物馆收藏的清宫散佚文物

美国各类收藏机构和个人收藏有非常丰富的中国文物。从时间上看，美国收藏机构和收藏家系统地搜集中国文物大约始于19世纪后半叶，早期流入美国博物馆的中国文物主要是外销瓷器等商品和部分民间工艺品。到了20世纪，得益于美国的强大、富裕、稳定，以及日益增强的国际眼光和世界影响力，特别是第二次世界大战以后，随着美国取代欧洲成为世界政治、文化和贸易中心，各类中国文物（包括清宫散佚文物）通过各种方式快速地向美国汇聚，美国博物馆收藏中国文物的数量不断增加，质量不断提升；日本山中商会和中国卢吴公司等在美国各地积极举办展会、开设古董行，与中国本土古董商人

北宋　佚名　睢阳五老图（局部）　大都会艺术博物馆藏

相互勾结，大肆盗买盗卖各类中国古代文物（包括清宫散佚文物），遂使美国公私博物馆收藏的清宫散佚文物快速增加，后来居上，超越了欧洲。

当前，在收藏数量方面，大都会艺术博物馆、波士顿美术博物馆、普林斯顿大学艺术博物馆、纳尔逊-阿特金斯艺术博物馆、弗利尔艺术馆与赛克勒艺术馆、旧金山亚洲艺术博物馆、克利夫兰艺术博物馆以及宾夕法尼亚大学考古学与人类学博物馆等收藏清宫散佚文物的数量较多，亦是本书关注的重点。

（一）大都会艺术博物馆

大都会艺术博物馆（The Metropolitan Museum of Art）是美国最大的艺术博物馆，常被简称为大都会博物馆，是世界最著名的博物馆之一。它位于美国纽约第五大道与82号大街路口，占地13万平方米，现藏有埃及、巴比伦、亚述、东亚、希腊、罗马、非洲、美洲前

大都会艺术博物馆/供图　TPG

明弘治　青花黄地盘　大都会艺术博物馆藏

哥伦布时期和新几内亚等各类艺术珍品330余万件，与英国伦敦的大英博物馆、法国巴黎的卢浮宫博物馆、俄罗斯圣彼得堡的艾尔米塔什博物馆齐名。该馆成立于1870年，1915年成立远东部，1986年部门更名为亚洲部。1879年该馆从收藏家塞缪尔·阿维瑞手里购买了一大批中国陶瓷器，民国年间又在“中国通”约翰·福开森的推荐下收藏了大量高品质的中国书画和青铜器。据保守估计，该馆所藏的中国文物数量约在2万件上下，比英国大英博物馆略少[1]，但质量相当，部分品类更有过之。

2008年3月24日，时任大都会博物馆馆长菲力普·孟特伯勒来到中国参加上海博物馆主办的“国际博物馆馆长高峰论坛”时接受了《文汇报》记者的专访。当谈到大都会博物馆收藏的中国文物时，孟特伯勒认为：大都会博物馆收藏的中国文物除了中国大陆和台湾地区外，在世界上是数一数二的。主要有商周的青铜器（如原属端方

1　参见王鹤：《流失的国宝·世界著名博物馆的中国珍品》，天津：百花文艺出版社，2009年，第121页。

收藏的柸禁）、唐宋元明清瓷器、明朝家具和各个时期的中国书画，如连中国也不多见的晋唐宋元书画作品等[1]。

大都会博物馆所收藏的中国文物尤以古代书画见长，其书画藏品有很多都来自王季迁和顾洛阜（John M. Crowford, Jr.）这两位收藏家。

王季迁生于1906年，江苏苏州人，是明代正德年间宰相王鏊的第14代嫡孙。少年时即随苏州名家顾麟士习画，中学毕业后，就读于上海东吴大学法律系，仍不忘绘事，拜上海名书画家、收藏家吴湖帆为师。大学毕业后，王季迁在上海和苏州美术专科学校教授中国绘画，20世纪30年代曾随故宫博物院院长马衡赴英国筹办“伦敦中国艺术国际展览会”（International Exhibition of Chinese Art, London），对清宫书画收藏和海外博物馆都有所了解。1947年，王季迁应大都会艺术博物馆的邀请赴美考察，后于1949年定居纽约曼哈顿。定居美国后，王季迁专心于研究、收藏和经营中国书画，借着第二次世界大战以后国内动荡、美国艺术品市场发展的机遇，先后收藏了五代《唐宫乞巧图》、五代董源《溪岸图》及北宋武宗元《朝元仙杖图》等一批书画名迹，其中多为清宫散佚书画精品。1973年，王季迁将包括赵孟坚《水仙图》等25件宋元名画以250万美元的价格让售给纽约大都会博物馆，大都会博物馆也是自此才有了重量级的中国书画收藏。1997年，王季迁再次将包括五代董源《溪岸图》在内的12幅宋元书画让售给大都会博物馆华裔董事唐骝千，唐骝千又将其中11幅捐赠大都会博物馆。为了感谢王氏家族在推广中国文化方面所做的贡献，1997年，大都会博物馆特别设立了“王季迁家族艺术馆”[2]。

顾洛阜则是美国著名的中国书画收藏家，他在1937—1938年出国旅行时将目光投向了东方艺术，尤其是中国陶瓷、玉器、雕塑和青

1 张立行：《访美国大都会博物馆馆长菲力普・孟特伯勒》，《文汇报》2008年3月24日。
2 田间：《王季迁及宝五堂》，《文物天地》2010年第4期。

五代　董源　溪岸图　大都会艺术博物馆藏

唐 韩幹 照夜白图（局部） 大都会艺术博物馆藏

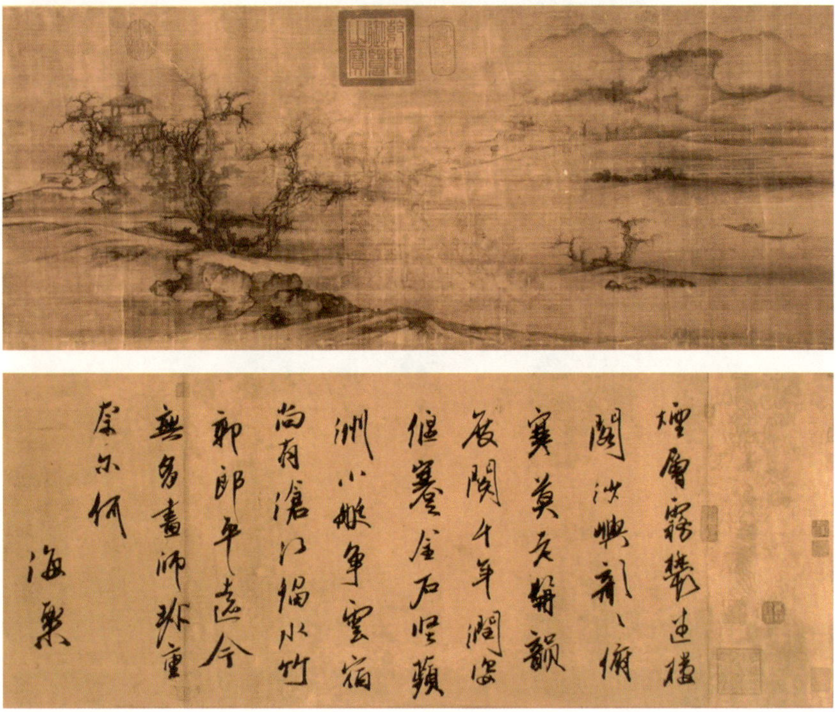

北宋 郭熙 树色平远图（局部） 大都会艺术博物馆藏

铜。1955年后顾洛阜开始收藏中国书画，顾氏旧藏中有多达10件清宫散佚书画：唐人《金粟山大藏杂阿含经》、传五代《别院春山图》、北宋郭熙《树色平远图》、黄庭坚《廉颇蔺相如列传》、米芾《吴江舟中诗》、乔仲常《后赤壁赋图》、传高克明《溪山雪霁图》《赵氏三世人马图》、元鲜于枢《石鼓歌》、赵孟坚《梅竹谱三诗》等。有学者评价其收藏，是占尽了天时（第二次世界大战后中国的动荡）、地利（美国的安定富裕吸引怀宝之士）与人和（本人的雄厚财力以及在收藏界的广泛人脉）的结果[1]。由于他膝下没有子女，所以晚年将藏品的绝大多数捐赠给了大都会艺术博物馆。

为了了解该馆收藏的清宫散佚文物情况，杨仁恺先生曾赴该馆考察，经过查对藏品目录发现，该馆共藏中国历代书画430件，其中有《佚目》著录的清宫散佚书画17件，数量虽少，但质量却极高，北宋屈鼎《夏山图》（原题燕文贵作，《石渠宝笈》二编著录）、南宋李唐《晋文公复国图》、马和之《鸿雁之什图》、南宋《胡笳十八拍图》、米友仁《云山图》、元钱舜举《王羲之观鹅图》、方从义《云山图》等均是由王季迁在20世纪70年代转让给该馆的，杨仁恺先生认为皆属“铭心绝妙之品”。此外，该馆收藏的元鲜于枢《石鼓歌》、明钱縠《兰亭修禊图》等也属《佚目》记载的清宫收藏珍品[2]。

除了《佚目》记载的文物之外，该馆收藏的唐韩幹《照夜白图》、南宋米友仁《云山烟树图》、元倪瓒《虞山林壑图》、王振鹏《维摩不二图》、张羽《山水图》、赵孟頫《双松平远图》、清《康熙南巡图》第三卷等也是流传有序的清宫散佚文物。其中唐韩幹《照夜白图》所画为唐玄宗李隆基坐骑，马系于柱上，正扬首嘶鸣，鬃毛飞扬，四蹄腾骧，显示了韩幹画马的深厚功底，该图左上有南唐李后主题“韩幹照

1 《美国纽约大都会艺术博物馆藏中国书画目》，新浪博客，网址：http：//blog.sina.com.cn/s/blog_14b3d4d590102w97h.html。

2 杨仁恺：《国宝沉浮录——故宫散佚书画见闻考略》（彩图典藏本），上海：上海古籍出版社，2007年，第139页。

北宋　屈鼎　夏山图(局部)　大都会艺术博物馆藏

夜白”六字，并有米芾、吴说等人题名和项子京等人的鉴藏印，此画曾入清宫，嘉庆时颁赐给成亲王永瑆，后又被传给恭亲王奕䜣之孙、民国著名画家溥心畬（爱新觉罗·溥儒）。随着家道中落，溥心畬将该画以一万银元的价格卖给了英国人达维德，此后该画又被转卖给了日本收藏家，直到1977年，该画最终被迪隆基金会（The Dillon Fund）捐赠给了大都会博物馆[1]。

除书画外，该馆还收藏有大量瓷器、青铜器等，到目前仅其收藏的清代瓷器一项，就有4 000件之多[2]。其收藏的瓷器中也不乏清宫散佚之品，如明弘治青花黄彩花卉纹盘、清雍正釉里红云龙纹瓶、清乾隆釉里红番莲纹僧帽壶、粉青釉花卉纹盘、豆彩莲池水禽纹皿、五彩仕女图皿、青釉红斑纹双耳瓶、黑釉金彩马上杯、青花草花纹瓶、豆青釉瓶、白瓷刻花唐草纹双耳瓶等。

对于所藏中国艺术品的来源合法性以及如何面对追索等问题，以“普世性博物馆”自居的大都会博物馆始终是三缄其口。直到2016年10月，大都会博物馆馆长托马斯·坎贝尔才少见地就此问题发声，他在接受中国媒体专访时回应说：“我们几乎只在西方市场收购中国艺术品，而它们已经离开中国多年。我们买一件重要的艺术品时，总是会花很多功夫查验艺术品的出处，非常谨慎。”面对敏感的追索问题时他说：“这么多年来，大都会的收藏方式有许多的改变，我们的法律以及道德标准也有许多的变化。有追索出现时，我们总是按件处理，非常慎重地考虑每一个案例。”

（二）波士顿美术博物馆

波士顿美术博物馆（Museum of Fine Art，Boston）是美国著名的

1 参见王鹤：《流失的国宝·世界著名博物馆的中国珍品》，天津：百花文艺出版社，2009年，第125页。

2 腾讯文化，宋佩芬：《大都会博物馆馆长：会公平处理中国文物追索》，网址：http://cul.qq.com/a/20161004/011472.htm。

综合性艺术博物馆，也有称波士顿美术馆。该馆收藏广泛，从古埃及、两河流域考古文化遗存，到希腊、罗马文明，以至欧洲各个时期的绘画流派作品，也包括东亚、印度的古代艺术品。

在美国的博物馆中，波士顿美术博物馆是最早设立中国部门的博物馆之一。该馆早在1894年就举办过中国绘画展览，1904年日本人冈仓（觉三，又名冈仓天心）任该馆东方部主任，大力购买中国古代文物，后来美国人洛巨继任，继续大肆搜罗，收获颇丰，杨仁恺先生曾将该馆称为“另一处中国画收藏研究中心”。该馆所收藏的唐阎立本《历代帝王图》、宋徽宗赵佶《五色鹦鹉图》、宋摹唐张萱《捣练图》、赵大年《湖庄清夏图》、南宋陈容《九龙图》、马和之《小雅·南有嘉鱼之什图》、李公麟《华严变相图》、佚名《柳荫牧牛图》、元周砥《吴兴小景图》等都是见于著录的清宫散佚珍品[1]。

波士顿美术博物馆/供图　视觉中国

1　杨仁恺：《国宝沉浮录——故宫散佚书画见闻考略》（彩图典藏本），上海：上海古籍出版社，2007年，第141页。

宋摹唐张萱　捣练图（局部）　波士顿美术博物馆藏

《捣练图》是波士顿美术博物馆的重要藏品之一，曾有研究认为其为圆明园文物，1860年被英法联军所劫掠；但当代学者研究发现，该图实际流失于1912年，由波士顿美术博物馆东方部主任冈仓觉三用“中国·日本特别基金”（Special Chinese and Japanese Fund）从北京的古董商处购得。该画的原卖主是一位前清贵族，但具体姓名已无从考证[1]。

（三）普林斯顿大学艺术博物馆

普林斯顿大学位于美国新泽西州，是美国一所著名的私立研究型大学，属常春藤盟校之一。普林斯顿大学艺术博物馆（Princeton

1　参见王鹤：《流失的国宝·世界著名博物馆的中国珍品》，天津：百花文艺出版社，2009年4月，第97页。

普林斯顿大学艺术博物馆/供图　TPG

University Art Museum）目前拥有大约6万件藏品，从古代到现代的艺术品都有收集，主要集中于地中海、西欧、中国、美国和拉丁美洲的作品。博物馆有专门的古希腊、罗马文化遗产藏品，包括陶器、大理石、青铜以及罗马的镶嵌工艺藏品。这些文物来自普林斯顿大学在安提阿（古叙利亚首都，现土耳其南部城市）的考古挖掘工作。博物馆还收藏了一些中世纪欧洲的雕塑、金属制品和彩色玻璃。西欧的油画收藏包括从早期文艺复兴一直到19世纪的作品，20世纪以及当代美术作品的收藏还在扩展之中。在著名华裔学者方闻的主持下，中国艺术品也成为普林斯顿大学艺术博物馆的重要收藏领域，包括青铜、造像、绘画及书法等。

据杨仁恺先生实地考查，该馆藏有元赵孟頫《赵氏一门合札》、元柯九思《上京宫词》等7件《佚目》著录的清宫散佚文物，而东晋王羲之《行穰帖》、北宋黄庭坚《张大同诗卷》、元康里巎巎《草书柳宗元梓人傅》、元鲜于枢《御史箴》、北宋米芾《三札》以及李公麟《山水》《潇湘八景》等作品虽在《佚目》没有著录，但也属于清宫散佚文物之列。

（四）纳尔逊–阿特金斯艺术博物馆

纳尔逊–阿特金斯艺术博物馆（The Nelson-Atkins Museum of Art）也称纳尔逊艺术博物馆，位于美国堪萨斯，以其收藏的中国古代绘画和造像称誉全美，跻身美国主要中国文物集藏中心之列。该博物馆的创立及早期资金主要来源于美国堪萨斯城报业大亨纳尔逊（1841—1915）的遗产以及阿特金斯夫人（1836—1911）的遗赠。

1915年纳尔逊辞世后留下高达1 200万美元的遗产用于博物馆的运作及购藏艺术品，使得博物馆自成立之初在购藏艺术珍品的能力方面即能与大都会艺术博物馆、芝加哥艺术学院以及底特律艺术学院等美国老牌博物馆并驾齐驱。1933年，新古典主义风格的老馆正式建成并开放。得益于雄厚的资金、劳伦斯·史克门的慧眼，以及美国大萧条期间没有竞争对手和中国战乱之中许多藏家急于脱手，纳尔逊艺术博物馆迅速聚集起大量中国古代绘画、青铜器、陶瓷、佛像等，仅1933年就购藏了1 500件中国文物，“如同晚来的乡巴佬闯入高级文化世界，这是充满机会的岁月”。

1911年，阿特金斯夫人去世，其将近100万美元遗产中相当一部分拟捐出建立“阿特金斯美术馆”。后来二者的遗产托管人决定合并建馆，至1983年正式更名为纳尔逊–阿特金斯艺术博物馆[1]。2007年，由建筑大师史蒂文·霍尔设计的新馆正式建成开放，与老馆相辅相成。

该馆收藏的唐陈宏《八公图》、北宋李成《晴峦萧寺图》、王利用《老君别号事实图卷》、南宋《泸南平夷图》、太古遗民《江山行旅图》（《石渠宝笈》著录为五代孙知微）、江参《林峦积雪图》、郭忠恕《雪霁江行图》、明人陈道复《荷花图》、丁云鹏《五像观音》、于若瀛《书楞严经》合璧、王穀祥《写生花卉图》以及所谓唐人《十六应真图》等均

1 陈文平：《流失海外的国宝·文字卷》，上海：上海文化出版社，2001年，第86页。

纳尔逊-阿特金斯艺术博物馆/供图 TPG

为《佚目》所载的清宫散佚文物。而北宋乔仲常《后赤壁赋图》、南宋马远《西园雅集图》、明董其昌《仿古山水册页》则属《佚目》未记载的清宫散佚文物。

（五）弗利尔艺术馆与赛克勒艺术馆

弗利尔艺术馆与赛克勒艺术馆（The Freer Gallery and Sackler Gallery, Washington），即史密森尼博物研究院亚洲艺术馆，也有称弗利尔美术馆，是美国收藏亚洲文物与艺术品的主要殿堂之一。藏品来源于弗利尔（近3万件）和赛克勒（约4 000件）两位收藏家的捐赠，中国文物大约占其藏品总数的三分之一。弗利尔早年从事实业，后致力于收藏东方艺术品，先后于1895年、1907年、1909年、1910年四次来到中国。其收藏的中国文物尤其是青铜器在全美乃至世界范围内都属一流。后来弗利尔将其全部收藏捐赠给了美国政府，并于1923年成立了由史密森尼博物研究院托管的弗利尔艺术馆。馆内除青铜器外，东汉玉辟邪、唐代白瓷壶、明代剔红盘、清代牙雕等，无不展示着悠久

弗利尔艺术馆与赛克勒艺术馆/供图　TPG

灿烂的中华文明。赛克勒艺术馆建于1987年，合并后弥补了弗利尔艺术馆受捐赠者遗嘱限制而过于封闭的缺陷。

弗利尔艺术馆曾经专门开展过对于清宫散佚书画的收集工作，先后购入中国古代书画1 200多幅，其中北宋赵光辅《蛮王礼佛图》、元程綮《耕织图》、南宋马远《豳风图》、赵孟頫《二羊图》《太上老君清净经》、赵衷《写生花卉图》、姚廷美《有余闲图》、明徐贲《溪山无尽图》等俱为清宫旧藏之物；唐代阎立本《锁谏图》、宋人《仿顾恺之洛神赋图》、元代钱选的《杨贵妃上马图》、清代石涛的《桃源图》则是其中的珍品；乾隆"四美"之一的（传）北宋李公麟《蜀川胜概图》也被收藏于该馆。

《蜀川胜概图》，又称《蜀川图卷》或《蜀江胜概图》，卷长752.1厘米，高32.3厘米。所绘内容为宋代川峡四路（今四川、重庆）的著名山岳、河流、城池风貌，且对宋代的地理名称有详细标注，长卷右上方有乾隆皇帝题写"李公麟《蜀江卷》寻丈间有万里之势，脱尽笔墨痕与造物者游矣"。据记载该图大约在清乾隆十一年（1746）

唐　阎立本　锁谏图（局部）　弗利尔艺术馆与赛克勒艺术馆藏

五代　周文矩　重屏会棋图　弗利尔艺术馆与赛克勒艺术馆藏

元　赵孟頫　二羊图　弗利尔艺术馆与赛克勒艺术馆藏

入藏清宫，清末时又被赏赐给大臣端方，1916年该图由庞元济卖给弗利尔，后入藏弗利尔艺术馆与赛克勒艺术馆，藏品编号为：F1916.539[1]。

《杨贵妃上马图》曾是清宫收藏，并著录于《石渠宝笈续编》，画面上钤有“御书房鉴藏宝”“乾隆御览之宝”“嘉庆御览之宝”“宣统御览之宝”四枚清宫鉴藏印章。作为钱选的代表作，该画被认为能够准确体现画家厌恶宋代院体风格，转而直接从唐代画风中汲取营养的“复古”创作态度。中国艺术研究院的画论专家蔡星仪曾于2005年在《美苑》杂志上撰文评价此画是“中国宋元绘画的代表之一”[2]。

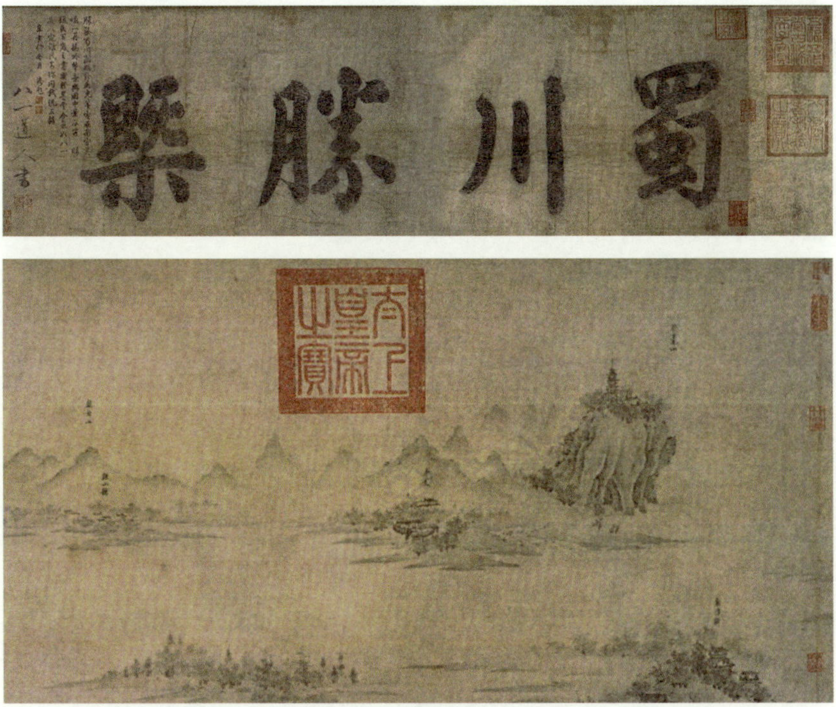

北宋　李公麟　蜀川胜概图（局部）　弗利尔艺术馆与赛克勒艺术馆藏

1　段勇：《乾隆“四美”与“三友”》，北京：紫禁城出版社，2008年，第79页。
2　蔡星仪：《从美国所见钱选画迹与研究论钱选》，《美苑》2005年第1期。

（六）旧金山亚洲艺术博物馆

旧金山亚洲艺术博物馆（Asian Art Museum of San Francisco）建于1966年，以收藏亚洲文物尤其是中国文物为主，是美国以至世界最著名的亚洲艺术博物馆之一。它是由旧金山市政府通过发行公共债券来筹集资金建造博物馆并接收房地产大亨阿维瑞·布朗迪吉手中号称“最大和最重要的亚洲艺术收藏”而建立起来的。这里收藏有来自中国、日本、朝鲜、印度尼西亚等亚洲国家和地区的各类文物艺术珍品15 000多件，其中中国瓷器有2 000多件，玉器有1 200多件，青铜器有800多件（其中商代青铜器小臣艅犀尊为镇馆之宝）。玉器收藏量大、质精、成体系，时代始于新石器讫于清，为世界上收藏中国玉器最丰富的博物馆之一。

在该馆的瓷器、玉器、漆器、珐琅、象牙、竹刻、犀角、织物和金铜佛像等各类藏品中，不乏清宫散佚文物，例如清康熙五彩人物棒槌瓶、痕都斯坦风格玉盖罐等均属清宫旧藏。

明隆庆　大彩罐　旧金山亚洲艺术博物馆藏

（七）克利夫兰艺术博物馆

克利夫兰艺术博物馆（Cleveland Museum of Art）位于美国俄亥俄州克利夫兰市，成立于1913年，是美国最重要的博物馆之一。主馆建成于1916年，东西两翼新展厅建成于2011年。该馆广泛收集中国、日本、印度与非洲艺术品，欧洲绘画及雕塑、纺织藏品，伊斯兰艺术、美国绘画及雕塑、希腊和罗马艺术、中世纪艺术、装饰艺术设计、古代美洲和大洋洲艺术、摄影和当代艺术作品等，拥有超过43 000件藏品。

霍华德·哈里斯和谢曼·李奠定了该馆收藏中国艺术的基础。

在该馆的藏品中有五代巨然《溪山兰若图》、南宋牧溪《墨龙图》、

克利夫兰艺术博物馆/供图　TPG

元代张渥《九歌图》、黄公望《仿五代董源夏山图》、清代郎世宁为乾隆皇帝及其皇后和11位皇妃绘制的肖像《心写治平》图卷（钤盖有“古稀天子”之宝）、《平定西域战图》(题有御制诗并钤盖有“五福五代堂”“古稀天子宝”“太上皇帝之宝”)等，均为清宫旧物。该馆另藏有一件银槎杯（为元代名匠朱碧山所制，该杯今存世仅4件，其中一件存于故宫博物院，此件原存圆明园，1860年“火烧圆明园”后被掠夺并流失海外）[1]以及黄釉碗、三羊头瓶、黄釉小盘、绿釉刻花卉纹盘、花卉植物纹碗、桃蝠纹盘、菱花地牡丹纹碗、浮雕新月纹罐等大量清宫瓷器。

（八）宾夕法尼亚大学考古学与人类学博物馆

宾夕法尼亚大学考古学与人类学博物馆（University of Pennsylvania Museum of Archaeology and Anthropology）是一座久负盛名的古代艺术博物馆，也是美国规模最大的大学博物馆之一。得益于该校强大的考古和研究力量，该馆收藏的古代埃及和两河流域的文物无论是数量还是质量均堪与卢浮宫博物馆和大英博物馆媲美。

该馆于1919年后通过各种途径入藏了大量中国文物，包括青铜器、石刻、塑像、壁画等，最著名的即是属于唐代“昭陵六骏”雕塑中的“飒露紫”和“拳毛䯄”，皆购入于1920年，现与易县辽代三彩罗汉、响堂山北齐石窟雕像、晋东南元代壁画等一起陈列在博物馆核心的“中国圆厅”内。

中国圆厅内还陈列有一颗据称世界第二大的天然水晶球，据载为清朝慈禧太后珍爱的“夜明珠”。这无疑也属清宫散佚文物，其流失源头，在未查到入藏档案的情况下，除英法联军之役、八国联军之役外，也不排除是1928年东陵盗宝案赃物的可能。

除了上述博物馆外，美国自然历史博物馆、美国国会图书馆、亚洲协会、哈佛大学福格艺术博物馆、费城博物馆、加利福尼亚大学东

1 陈文平：《流失海外的国宝・文字卷》，上海：上海文化出版社，2001年，第87页。

亚图书馆、芝加哥大学东亚图书馆、哥伦比亚大学斯塔尔东亚图书馆、康奈尔大学沃森藏书室、哈佛大学燕京图书馆等处均有清宫文物收藏。例如美国国会图书馆藏有1册宋版《东坡纪年录》，系《钦定天禄琳琅书目后编》卷六宋版《王状元集诸家注分类东坡先生诗》的第一册，流出清宫后先被宗室盛昱收藏，后又转归景贤，景贤再售与袁世凯的次子袁克文，袁克文复转售给著名藏书家、藏园老人傅增湘。傅增湘晚年将此书与其他4部宋版书《妙法莲华经》《魏书》《后汉书补志》及《分门集注杜工部诗》，经王重民介绍售予美国国会图书馆，入藏时间为1941年2月17日。国会图书馆尚藏有傅增湘用"藏园抄本"专用纸手书的售书记录："《东坡纪年录》一卷，美金五十元。宋刊本，半叶十一行，行十九字，白口双阑，板心上记字数，左阑有耳记篇名。此即百家注苏诗之首卷，初印精美。清代内府御藏，入《天禄琳琅后编》，有'天禄琳琅''天禄继鉴''乾隆御览之宝'各玺章。"售书记录末尾有"以上宋版书五种，定价美金壹仟贰佰元，沅叔手记"[1]。

---

1 《清宫"天禄琳琅"书存世状况总述》，刘蔷，载于《故宫博物院院刊》2010年第3期，总第14期。

美国收藏清宫散佚文物（含部分疑似）数据简目

（一）绘画

年代作者	名称	形式	尺寸（厘米）	收藏地
东晋·顾恺之	洛神赋图	卷，绢本设色	24.0×310.0	弗利尔艺术馆
唐·佚名	溪山行旅图	轴，纸本设色	100.0×60.0	费城大学博物馆
唐·佚名	隋宫谯游图	轴，绢本设色	161.5×110.4	王季迁
唐·阎立本	历代帝王图	卷，绢本设色	51.3×531.0	波士顿美术博物馆
唐·阎立本	锁谏图	卷，绢本设色	36.9×207.9	弗利尔艺术馆
唐·阎立本	杨枝净瓶观音像	轴，绢本设色	156.8×76.8	弗利尔艺术馆
唐·陈闳	八公图（残）	卷，绢本设色	25.2×82.0	纳尔逊艺术博物馆
唐·韦銮	芦雁图	轴，绢本设色	128.2×82.1	旧金山亚洲艺术博物馆
唐·周昉	弹琴仕女图	卷，绢本设色	27.9×73.7	纳尔逊艺术博物馆
唐·周昉	内人双陆图	卷，绢本设色	30.7×64.4	弗利尔艺术馆
唐·周昉	游行仕女图	轴，绢本设色	109.6×50.7	弗利尔艺术馆
唐·周昉	戏婴图	卷，绢本设色	30.8×48.5	大都会艺术博物馆
唐·周昉	倦绣图	册页，绢本设色	21.0×29.0	弗利尔艺术馆
唐·张萱	宫女宴乐图	卷，绢本设色	25.7×177.0	哈佛大学福格艺术博物馆
唐·王维	剑阁雪栈图	轴，绢本水墨淡彩	187.0×96.2	弗利尔艺术馆
唐·韩幹	照夜白图	卷，纸本设色	30.8×33.5	大都会艺术博物馆
唐·韩幹	呈马图	卷，绢本设色	31.0×192.8	弗利尔艺术馆
唐·韩滉	雪中寻梅图	轴，绢本设色	99.9×42.0	弗利尔艺术馆
唐·韩滉	骑牛图	团扇，绢本设色	26.2×28.0	弗利尔艺术馆
唐·李思训	九成宫图	轴，绢本设色	130.1×64.0	弗利尔艺术馆
唐·吴道子	刘海蟾蜍图	轴，绢本水墨淡彩	102.6×58.0	弗利尔艺术馆
唐·吴道子	释迦佛像（罗汉图）	轴，绢本设色	148.6×76.2	弗利尔艺术馆
唐·吴道子	双松图	轴，绢本水墨	190.1×69.1	弗利尔艺术馆
唐·吴道子	罗汉图	轴，绢本设色	121.9×67.4	弗利尔艺术馆
唐·吴道子	罗汉图	轴，绢本设色	124.9×61.6	弗利尔艺术馆
唐·卢鸿	夕夜归庄图	轴，绢本水墨淡彩	155.1×107.0	弗利尔艺术馆
唐·杨升	关山蒲雪图	册页，绢本设色	30.4×33.5	顾洛阜
唐·边鸾	花鸟图	轴，纸本设色	59.8×38.7	弗利尔艺术馆
五代·荆浩	雪山行旅图	轴，绢本设色	138.3×75.5	纳尔逊艺术博物馆
五代·荆浩	钟离访道图	轴，绢本水墨	146.8×75.0	弗利尔艺术馆
五代·荆浩	山水图	册页，绢本设色	28.9×17.3	弗利尔艺术馆
五代·董源	溪岸图	轴，绢本水墨淡彩	181.5×116.5	大都会艺术博物馆
五代·董源	溪山行旅图	轴，绢本水墨	117.3×52.9	弗利尔艺术馆

（续表）

五代·董源	晴岚飞瀑图	轴，绢本水墨	174.6×95.9	弗利尔艺术馆
五代·巨然	溪山兰若图	轴，绢本水墨	185.4×57.5	克利夫兰艺术博物馆
五代·巨然	长江图	卷，绢本水墨	43.7×1 654.0	弗利尔艺术馆
五代·巨然	溪山兰若图		185.4×57.5	克利夫兰艺术博物馆
五代·郭乾祐	寒鏊双鹰图	轴，绢本淡彩	200.2×156.1	弗利尔艺术馆
五代·郭乾祐	秋鹰图	轴，绢本设色	142.9×76.2	弗利尔艺术馆
五代·郭忠恕	雪霁江行图	卷，绢本水墨淡彩	纵49.2	纳尔逊艺术博物馆
五代·李昇	山水图	轴，绢本水墨淡彩	79.5×47.0	弗利尔艺术馆
五代·李赞华	东丹王出行图	卷，绢本设色	27.8×125.1	波士顿美术博物馆
五代·李赞华	射鹿图	卷，绢本设色	纵23.5	大都会艺术博物馆
五代·胡瓌	番马图	团扇，绢本设色	23.4×24.1	波士顿美术博物馆
五代·贯休	罗汉图	轴，绢本水墨淡彩	126.3×62.7	弗利尔艺术馆
五代·贯休	十六罗汉图	卷，纸本水墨	纵31.0	纳尔逊艺术博物馆
五代·周文矩	重屏会棋图	卷，绢本设色	31.3×50.0	弗利尔艺术馆
五代·周文矩	崔莺莺像	轴，绢本设色	197.4×130.4	弗利尔艺术馆
五代·周文矩	戏童图	团扇，绢本设色	25.3×26.9	弗利尔艺术馆
五代·周文矩	饮茶图	团扇，绢本设色	35.8×35.9	弗利尔艺术馆
五代·周文矩	浴婴图	团扇，绢本设色	35.8×35.9	弗利尔艺术馆
五代·周文矩	琉璃堂人物	卷，绢本设色	125.7×34.0	大都会艺术博物馆
五代·周文矩	宫中图（第一段）	卷，绢本水墨	28.3×168.5	克利夫兰艺术博物馆
五代·周文矩	宫中图（第二段）	卷，绢本水墨	纵28.0	哈佛大学福格艺术博物馆
五代·周文矩	宫中图（第三段）	卷，绢本水墨淡彩	26.5×146.0	大都会艺术博物馆
五代·周文矩	合乐图	卷，绢本设色	纵41.8	芝加哥艺术中心
五代·徐熙	草虫图	卷，绢本设色	39.5×325.1	耶鲁大学艺术馆
五代·徐熙	蓼塘鸳鸯图	轴，绢本设色	181.6×76.9	弗利尔艺术馆
五代·徐熙	白牡丹图	册页，绢本设色	24.1×23.5	纳尔逊艺术博物馆
五代·黄筌	柳塘聚禽图	卷，绢本设色	纵22.6	耶鲁大学艺术馆
五代·黄筌	花鸟图	轴，绢本设色		纳尔逊艺术博物馆
五代·黄筌（传）	柳塘聚禽图（部分）		22.8×183.0	耶鲁大学艺术馆
五代·佚名	唐宫乞巧图	轴，绢本设色	91.5×42.0	王季迁
北宋·张澄	功德神像	轴，绢本设色	119.4×69.8	王季迁
北宋·范宽	雪山楼阁	轴，绢本水墨淡彩	182.4×103.0	波士顿美术博物馆
北宋·范宽	山水图	轴，绢本水墨淡彩	139.0×92.1	顾洛阜
北宋·范宽	山水图	团扇，绢本水墨	24.0×24.5	普林斯顿大学艺术馆
北宋·范宽	山水图	卷，绢本水墨淡彩	32.4×85.9	弗利尔艺术馆
北宋·范宽	山水图	册页，绢本水墨设色	35.5×24.6	弗利尔艺术馆
北宋·范宽	蜀栈行旅图	轴，绢本设色	192.9×74.7	弗利尔艺术馆

（续表）

北宋·范宽	秋山行旅图	轴，纸本水墨	106.2×39.8	旧金山亚洲艺术博物馆
北宋·武宗元	朝元仙仗图	卷，绢本水墨	57.7×790.0	王季迁
北宋·郭熙	树色平远图（部分）	绢本	32.4×104.8	顾洛阜
北宋·郭熙	树色平远图	卷，绢本水墨	32.4×104.5	大都会艺术博物馆
北宋·郭熙	溪水秋霁图	卷，绢本水墨淡彩	26.0×206.0	弗利尔艺术馆
北宋·郭熙	雪山兰若图	轴，绢本水墨淡彩	181.0×109.5	弗利尔艺术馆
北宋·郭熙	峨嵋积雨图	轴，绢本水墨淡彩	180.7×109.6	弗利尔艺术馆
北宋·郭熙	山水图	册页，绢本水墨	36.8×26.2	弗利尔艺术馆
北宋·郭熙	山水图	册页，绢本水墨淡彩	26.6×30.4	弗利尔艺术馆
北宋·郭熙	雪山行旅图	册页，纸本水墨淡彩	28.3×45.0	弗利尔艺术馆
北宋·郭熙	寒山雪霁图	轴，绢本水墨淡彩	148.0×78.4	圣路易艺术博物馆
北宋·赵令穰	湖庄清夏图		19.1×161.3	波士顿美术博物馆
北宋·赵令穰	江村秋晓图	卷，绢本水墨淡彩	23.6×104.2	大都会艺术博物馆
北宋·赵令穰	秋塘小景图	卷，纸本水墨淡彩	24.1×187.5	弗利尔艺术馆
北宋·赵令穰	山水图	册页，绢本水墨淡彩	29.6×22.7	弗利尔艺术馆
北宋·陈用志	仿尉迟乙僧释迦出山图	轴，绢本设色	70.0×24.0	波士顿美术博物馆
北宋·燕文贵	江村图	团扇，绢本水墨淡彩	24.3×25.5	大都会艺术博物馆
北宋·燕文贵	江干雪霁图	卷，绢本水墨淡彩		哈佛大学福格艺术博物馆
北宋·燕文贵	山水图	册页，绢本水墨淡彩	19.8×30.4	弗利尔艺术馆
北宋·燕文贵	长江雪霁图	卷，绢本水墨淡彩	34.7×354.5	弗利尔艺术馆
北宋·燕文贵（传）	仿王维江干雪霁图	卷，绢本设色	28.8×117.2	弗利尔艺术馆
北宋·燕文贵	七子过关图	轴，绢本水墨淡彩	49.1×32.3	圣路易斯艺术博物馆
北宋·李公麟	孝经图	卷，绢本水墨	21.9×473.0	大都会艺术博物馆
北宋·李公麟	阿罗现相图	卷，纸本泥金	30.0×117.1	弗利尔艺术馆
北宋·李公麟	拜佛图	册页，纸本水墨	32.4×26.2	弗利尔艺术馆
北宋·李公麟	观音图	轴，纸本水墨	92.5×42.0	弗利尔艺术馆
北宋·李公麟	揭钵图	卷，绢本水墨	纵28.0	私人收藏（属斯坦福大学）
北宋·李公麟	豳风图	卷，纸本水墨	纵29.1	顾洛阜
北宋·李公麟	群仙高会图	卷，纸本水墨	41.7×947.5	弗利尔艺术馆
北宋·李公麟	桂殿兰宫图	卷，纸本水墨	36.8×164.8	弗利尔艺术馆
北宋·李公麟	陶渊明归隐图	卷，绢本水墨淡彩	37.0×518.5	弗利尔艺术馆
北宋·李公麟	莲社图	卷，纸本水墨	30.1×595.8	弗利尔艺术馆
北宋·李公麟	卖货郎图	册页，纸本水墨	21.8×29.4	弗利尔艺术馆
北宋·李公麟	古帝王先贤事实图	卷，纸本水墨	24.1×299.4	弗利尔艺术馆

（续表）

北宋·李公麟	五马图（之一、之二、之三）	纸本	29.3×225.0	私人
北宋·李公麟	丹霞访庞居士图	绢本	35.2×52.3	怀古堂
北宋·李公麟	悬崖勒马图	轴，纸本水墨	44.7×24.8	弗利尔艺术馆
北宋·李公麟	丹霞访庞居士图	卷，绢本设色	35.2×52.3	怀古堂
北宋·李公麟	蜀川图	卷，纸本水墨	32.2×746.5	弗利尔艺术馆
北宋·何充	摹唐卢媚娘像	轴，绢本设色	93.7×43.7	弗利尔艺术馆
北宋·米芾	吴江舟中诗			大都会艺术博物馆
北宋·米芾	天降时雨图	轴，绢本水墨	149.8×78.9	弗利尔艺术馆
北宋·李公年	山水图	轴，绢本水墨淡彩	130.0×48.4	普林斯顿大学艺术馆
北宋·赵佶	竹禽图	卷，绢本设色	30.0×45.7	大都会艺术博物馆
北宋·赵佶	五色鹦鹉图	卷，绢本设色	53.3×125.0	波士顿美术博物馆
北宋·赵佶	摹张萱捣练图	卷，绢本设色	37.0×147.0	波士顿美术博物馆
北宋·赵佶	鸽图	轴，纸本水墨	93.5×51.4	底特律艺术学院
北宋·赵佶	鹰图	册页，绢本设色	33.0×22.6	弗利尔艺术馆
北宋·赵佶	竹禽图	卷，绢本设色	33.8×55.5	顾洛阜
北宋·乔仲常	赤壁图（之一）	《石渠宝笈》初编著录，纸本	29.5×560.3	纳尔逊艺术博物馆
北宋·乔仲常	赤壁图（之二）	《石渠宝笈》初编著录，纸本	29.5×560.3	纳尔逊艺术博物馆
北宋·乔仲常	赤壁图（之三）	《石渠宝笈》初编著录，纸本	29.5×560.3	纳尔逊艺术博物馆
北宋·乔仲常	《后赤壁赋》图	卷，纸本水墨	29.5×56.04	纳尔逊艺术博物馆
北宋·乔仲常	西成图	卷，绢本设色	21.3×82.0	弗利尔艺术馆
北宋·王利用	写神老君变化十式图	卷，绢本设色	44.7×188.4	纳尔逊艺术博物馆
北宋·易元吉	花鸟图	团扇，绢本设色	23.8×25.1	大都会艺术博物馆
北宋·易元吉	鹿猿图	册页，绢本设色	18.5×22.4	普林斯顿大学艺术博物馆
约1101—1150	山水无尽	卷，绢本设色	35.1×213.0	克利夫兰艺术博物馆
北宋·黄庭坚	廉颇蔺相如			大都会艺术博物馆
北宋·赵光辅（传）	蛮王礼佛图	卷，绢本设色	28.6×103.5	克利夫兰艺术博物馆
北宋·刘永年	家鹅图	轴，绢本设色	131.5×71.8	底特律艺术中心
北宋·屈鼎（传）	夏山图	绢本	45.0×114.8	大都会艺术博物馆
北宋·岩叟（传）	梅花诗意图（之一、二）	绢本	19.2×112.8	弗利尔艺术馆
北宋·高克明（传）	溪山雪意图（部分）	绢本	41.0×241.3	顾洛阜

（续表）

北宋·佚名	睢阳五老图　王涣像	绢本	39.9×32.7	弗利尔艺术馆
北宋·佚名	睢阳五老图　冯平像	绢本	39.9×32.7	弗利尔艺术馆
南宋·周季常、林庭珪	五百罗汉图	轴，绢本设色	111.5×53.1	
南宋·方椿年	神仙游戏图	轴，绢本设色	121.2×78.1	弗利尔艺术馆
南宋·何大失	下元水官图	卷，纸本水墨淡彩	49.9×263.5	弗利尔艺术馆
南宋·周季常	五百罗汉图（残）	轴，绢本设色	109.4×52.4	弗利尔艺术馆
南宋·林庭珪	五百罗汉图（残）	轴，绢本设色	111.8×53.1	弗利尔艺术馆
南宋·牧溪	对月图（玉溪思珉赞）	轴，纸本水墨	74.7×32.9	普林斯顿大学艺术博物馆
南宋·牧溪	龙、虎图	轴，绢本水墨淡彩	123.6×55.8	克利夫兰艺术博物馆
南宋·牧溪	虎图	轴，绢本水墨	101.7×49.5	印第安纳波利斯艺术博物馆
南宋·金处士家	十王图（残四幅）	立轴改镜框，绢本水墨设色	107.5×47.4	波士顿美术博物馆
南宋·金处士家	十殿阎王像（残五幅）	轴，绢本设色	111.8×47.6	大都会艺术博物馆
南宋·赵琼	十六罗汉第二尊者	轴，绢本设色	85.6×47.5	波士顿美术博物馆
南宋·张思恭	文殊像	轴，绢本设色	117.1×53.8	加州大学伯克利分校
南宋·张思恭（传）	猴侍水星神图	轴，绢本设色	121.4×55.9	波士顿美术博物馆
南宋·梁楷	黄庭经图	卷，纸本水墨	25.7×74.0	翁万戈
南宋·梁楷	寒塘图	团扇，绢本水墨设色	24.1×39.1	哈佛大学福格艺术博物馆
南宋·梁楷	泽畔行吟图	团扇，绢本水墨	22.6×23.9	顾洛阜
南宋·梁楷	雪景山水图	团扇，绢本水墨淡彩	24.3×25.6	弗利尔艺术馆
南宋·梁楷	睡猿图	轴，纸本水墨	131.2×45.6	夏威夷火奴鲁鲁艺术学院
南宋·梵隆	罗汉渡海图	卷，纸本水墨	38.1×833.3	弗利尔艺术馆
南宋·梵隆	十六应真图	卷，纸本水墨	30.5×1 062.5	弗利尔艺术馆
南宋·阎次平	慧可断臂图	轴，绢本水墨	116.8×46.3	克利夫兰艺术博物馆
南宋·阎次平	松壑隐栖图	团扇，绢本水墨淡彩	22.9×21.5	大都会艺术博物馆
南宋·阎次平	风雨归舟图	团扇，绢本水墨淡彩	24.7×26.4	顾洛阜
南宋·阎次平	山水图	册页，绢本水墨淡彩	24.6×26.0	弗利尔艺术馆
南宋·陆信忠	十六罗汉图	立轴改镜框，绢本水墨设色	80.0×41.5	波士顿美术博物馆
南宋·赵璚	迦诺迦跋蹉尊者图	轴，绢本水墨设色	47.5×85.6	波士顿美术博物馆
南宋·阎次于	寒江风雨图	册页，绢本水墨		大都会艺术博物馆
南宋·阎次于	山村归骑图	册页，绢本淡彩	25.3×25.8	弗利尔艺术馆
南宋·李唐	晋文公复国图	卷，绢本水墨设色	29.4×827.0	大都会艺术博物馆

（续表）

南宋・李唐	七子度关图	卷，绢本设色		弗利尔艺术馆
南宋・李唐	采薇图	卷，绢本水墨设色	28.0×92.4	弗利尔艺术馆
南宋・李唐	山水图	册页，纸本水墨淡彩	30.0×48.0	弗利尔艺术馆
南宋・李唐	平堤散牧图	卷，绢本设色	纵30.8	底特律艺术中心
南宋・李唐	四时山水图	卷，绢本水墨淡彩	纵35.0	顾洛阜
南宋・李唐	观瀑图	团扇，绢本水墨淡彩	25.2×25.8	顾洛阜
南宋・李唐	雪夜泛舟图	轴，绢本水墨淡彩	121.0×63.2	圣路易斯艺术博物馆
南宋・李唐（传）	溪山赏秋图	册页，绢本水墨淡彩	26.7×28.0	波士顿美术博物馆
南宋・李唐（传）	春社醉归图	册页，绢本设色	25.7×27.2	波士顿美术博物馆
南宋・李唐（传）	秋江归帆图	团扇，绢本水墨淡彩	24.0×26.3	波士顿美术博物馆
南宋・李唐（传）	晋文公复国图	绢本	29.4×827	大都会艺术博物馆
南宋・李嵩	货郎图	团扇，绢本水墨淡彩	26.1×26.7	大都会艺术博物馆
南宋・李嵩	货郎图	团扇，绢本水墨淡彩	24.2×26.0	克利夫兰艺术博物馆
南宋・李嵩	灌口搜山图	卷，纸本水墨	46.9×807.2	弗利尔艺术馆
南宋・李嵩	明皇观斗鸡图	团扇，绢本设色	23.3×21.6	纳尔逊艺术博物馆
南宋・李嵩	柳荫策杖图	团扇，绢本水墨淡彩	23.5×25.4	哈佛大学福格艺术博物馆
南宋・李嵩	赤壁图	团扇，绢本浅设色	25.0×26.2	纳尔逊艺术博物馆
南宋・朱锐	盘车图	轴，绢本水墨淡彩	104.2×51.4	波士顿美术博物馆
南宋・马和之	毛诗豳风图	卷，绢本水墨淡彩	27.7×673.5	大都会艺术博物馆
南宋・马和之	毛诗豳风图	卷，纸本水墨	28.7×229.0	弗利尔艺术馆
南宋・马和之（画）、高宗（书）	小雅・南有嘉鱼之什书图	卷，绢本水墨设色	27.0×383.8	波士顿美术博物馆
南宋・马和之	豳风图（之一、二）	绢本	27.7×673.5	大都会艺术博物馆
南宋・马和之	山居会友图	轴，绢本水墨淡彩	153.2×96.4	圣路易斯艺术博物馆
南宋・马和之（传）	早秋夜泊图	团扇，绢本水墨淡彩	25.3×19.2	克利夫兰艺术博物馆
南宋・马远	商山四皓图	卷，纸本水墨淡彩	纵33.5	辛辛那提艺术馆
南宋・马远	西园雅集图	卷，绢本水墨淡彩	29.3×306.3	纳尔逊艺术博物馆
南宋・马远	高士观瀑图	册页，绢本水墨设色	25.0×26.0	大都会艺术博物馆
南宋・马远	松荫玩月图	册页，绢本水墨设色	25.0×25.1	大都会艺术博物馆
南宋・马远	山水图	卷，绢本水墨淡彩	29.8×90.8	哈佛大学福格艺术博物馆
南宋・马远	伴鹤高士图	团扇，绢本水墨	24.8×26.4	王季迁
南宋・马远	高士图	轴，绢本水墨设色		王季迁
南宋・马远	松溪高士图	团扇，绢本水墨	23.0×26.2	王季迁

（续表）

南宋·马远	停舟赏梅图	团扇，绢本水墨	25.0×26.8	王季迁
南宋·马远	观瀑图	团扇，绢本水墨淡彩	26.0×27.0	顾洛阜
南宋·马远	探梅图	团扇，绢本水墨淡彩	28.0×26.7	顾洛阜
南宋·马远	山水图	册页，绢本水墨淡彩	25.0×26.2	弗利尔艺术馆
南宋·马远	山水图	团扇，绢本水墨淡彩	25.2×26.0	弗利尔艺术馆
南宋·马远	松阁观潮图	轴，绢本水墨淡彩	191.2×94.8	弗利尔艺术馆
南宋·马远	山水图	轴，绢本设色	137.2×91.5	弗利尔艺术馆
南宋·马远	渔村读书图	轴，绢本水墨淡彩	189.8×122.8	弗利尔艺术馆
南宋·马远	秋林远眺图	轴，绢本水墨淡彩	179.3×109.4	弗利尔艺术馆
南宋·马远	携琴探梅图	轴，绢本水墨	148.3×96.5	弗利尔艺术馆
南宋·马远	林下清宴图	轴，绢本水墨淡彩		弗利尔艺术馆
南宋·马远	小景图	轴，绢本水墨淡彩	59.2×37.0	克利夫兰艺术博物馆
南宋·马远	山水人物图	册页，绢本水墨淡彩	24.0×25.3	佩利
南宋·马远	楼阁人物图	团扇，绢本设色	26.0×26.0	加州大学伯克利分校
南宋·马远	商山四皓	手卷，纸本水墨淡设色	33.6×307.3	辛辛那提艺术博物馆
南宋·马远	玩月图	轴，绢本水墨	198.1×106.1	西雅图艺术馆
南宋·马远	梅间后语图	团扇，绢本水墨淡彩	23.4×25.2	波士顿美术博物馆
南宋·马远	松溪观鹿图	册页，绢本水墨设色	24.7×26.0	克利夫兰艺术博物馆
南宋·马远	柳岸远山图	团扇，绢本水墨淡彩	23.8×24.2	波士顿美术博物馆
南宋·马远（传）	苇岸泊舟图	册页，绢本水墨设色	23.8×24.1	波士顿美术博物馆
南宋·马远（传）	雕台望云图	册页，绢本水墨设色	25.2×24.5	波士顿美术博物馆
南宋·陈居中	临东丹王还塞图	卷，绢本水墨	25.2×100.0	弗利尔艺术馆
南宋·陈居中	观猎图	团扇，绢本设色	23.6×27.3	克利夫兰艺术博物馆
南宋·陈居中	观猎图	团扇，绢本设色	24.1×27.3	大都会艺术博物馆
南宋·无准	骑驴人物图	轴，纸本水墨	64.3×33.0	大都会艺术博物馆
南宋·赵芾	仙人图	册页，绢本水墨	27.7×21.5	大都会艺术博物馆
南宋·刘松年	溪山雪意图	卷，绢本水墨设色	41.7×242.4	大都会艺术博物馆
南宋·刘松年	松荫鸣琴图	团扇，绢本设色	23.8×24.6	克利夫兰艺术博物馆
南宋·刘松年	春山仙隐图	团扇，绢本水墨淡彩	24.7×26.4	顾洛阜
南宋·刘松年	高山流水图	轴，绢本设色	118.2×62.3	弗利尔艺术馆
南宋·刘松年	山水图	册页，绢本水墨设色	21.9×17.3	弗利尔艺术馆
南宋·苏汉臣	游行仕女图	轴，绢本设色	100.9×58.2	弗利尔艺术馆
南宋·苏汉臣	妆靓仕女图	团扇，绢本设色	25.2×26.7	波士顿美术博物馆
南宋·苏汉臣（传）	婴戏图	册页，绢本水墨设色	22.7×25.0	波士顿美术博物馆

（续表）

南宋·陈容	云行雨施图	卷,纸本水墨	纵45.0	大都会艺术博物馆
南宋·陈容	五龙图	轴,纸本水墨	34.4×59.7	纳尔逊艺术博物馆
南宋·陈容	九龙图	卷,纸本水墨部分朱彩	46.3×1 096.4	波士顿美术博物馆
南宋·陈容(传)	龙虎斗图	轴,绢本水墨		波士顿美术博物馆
南宋·王洪	潇湘八景图(两卷)	卷,绢本水墨淡彩	23.5×90.3	普林斯顿大学艺术博物馆
南宋·朱怀瑾	溪畔独钓图	团扇,绢本水墨淡彩	25.5×24.2	弗利尔艺术馆
南宋·江参	林峦积翠图	绢本	32.6×296.0	纳尔逊艺术博物馆
南宋·江参	日暮归渔图	团扇,绢本水墨	24.2×26.2	波士顿美术博物馆
南宋·江参	百牛图	卷,纸本水墨	纵27.4	大都会艺术博物馆
南宋·江参	秋林叠嶂图	轴,绢本水墨淡彩	168.7×96.3	弗利尔艺术馆
南宋·江参	阴岩飞瀑图	轴,绢本水墨	83.8×36.3	克利夫兰艺术博物馆
南宋·江参	水阁雅集图	卷,绢本水墨淡彩	纵31.0	圣路易艺术博物馆
南宋·江参	林峦积翠图	卷,绢本水墨	纵32.6	纳尔逊艺术博物馆
南宋·江参	秋山行旅图	轴,绢本水墨	157.5×77.7	高居翰
南宋·米友仁	云山得意图	卷,纸本水墨	27.3×26.9	大都会艺术博物馆
南宋·米友仁	云山图	卷,绢本水墨淡彩	43.4×194.3	克利夫兰艺术博物馆
南宋·米友仁	楚山秋霁图	卷,纸本水墨	23.0×231.9	弗利尔艺术馆
南宋·米友仁	湘江夜雨图	卷,纸本水墨	纵24.5	哈佛大学福格艺术博物馆
南宋·米友仁(传)	云山图	纸本	27.5×56.9	大都会艺术博物馆
南宋·米友仁	五洲烟雨图	卷,纸本水墨	纵10.2	翁万戈
南宋·李安忠	秋景山水图	册页,纸本水墨淡彩	24.2×26.3	克利夫兰艺术博物馆
南宋·李安忠	鹰逐雉图	册页,绢本设色	23.7×27.0	西雅图艺术馆
南宋·李迪	寒树双禽图	团扇,绢本设色	23.7×24.1	大都会艺术博物馆
南宋·李迪	树禽急湍图	册页,绢本设色	24.0×27.0	克利夫兰艺术博物馆
南宋·李迪	竹梅鸳鸯图	团扇,绢本设色	22.4×24.1	克利夫兰艺术博物馆
南宋·李迪	春郊牧羊图	团扇,绢本水墨设色	22.4×24.8	大都会艺术博物馆
南宋·李迪	羊图	册页,绢本设色	29.7×25.6	哈佛大学福格艺术博物馆
南宋·李迪	归牧图	册页,绢本水墨淡彩	23.5×24.5	弗利尔艺术馆
南宋·李迪	古柏寒禽图	轴,绢本水墨	195.1×97.5	弗利尔艺术馆
南宋·夏圭	十二景山水(残四景)	卷,绢本水墨	28.0×230.8	纳尔逊艺术博物馆
南宋·夏圭	山水图	轴,绢本水墨淡彩	187.7×152.2	纳尔逊艺术博物馆
南宋·夏圭	冒雨归庄图	册页,绢本水墨	24.8×21.3	大都会艺术博物馆
南宋·夏圭	山水图	团扇,绢本水墨	22.9×21.5	大都会艺术博物馆
南宋·夏圭	捕鱼图	团扇,绢本水墨	23.0×24.2	大都会艺术博物馆
南宋·夏圭	风雨行舟图	团扇,绢本水墨淡彩	23.9×25.1	波士顿美术博物馆

（续表）

南宋・夏圭	山水图	轴，绢本淡彩	160.0×99.1	哈佛大学福格艺术博物馆
南宋・夏圭	夏雨新霁图	团扇，绢本水墨	30.4×33.8	哈佛大学福格艺术博物馆
南宋・夏圭	山水图	团扇，轴装，绢本水墨	22.9×23.5	哈佛大学福格艺术博物馆
南宋・夏圭	山水图	团扇，绢本水墨	22.9×25.4	哈佛大学福格艺术博物馆
南宋・夏圭	山水图	团扇，绢本水墨	24.1×25.1	哈佛大学福格艺术博物馆
南宋・夏圭	山水图	卷，绢本水墨	纵28.5	耶鲁大学艺术馆
南宋・夏圭	溪山行旅图	卷，绢本水墨设色	64.2×1 276.4	弗利尔艺术馆
南宋・夏圭	山水人物图	册页，绢本水墨	25.8×31.0	弗利尔艺术馆
南宋・夏圭	秋浦渔舟图	轴，绢本水墨淡彩	151.4×97.9	弗利尔艺术馆
南宋・夏圭	渭水访贤图	轴，绢本水墨设色	170.8×151.5	弗利尔艺术馆
南宋・夏圭	山水图	册页，绢本水墨	24.4×25.8	印第安纳波利斯艺术博物馆
南宋・夏圭	踏歌图	轴，绢本水墨淡彩	187.5×106.0	私人收藏（属斯坦福大学）
南宋・夏圭（传）	雨余烟树图	轴，绢本水墨淡彩	144.3×101.2	波士顿美术博物馆
南宋・夏森	烟江帆景图	团扇，绢本水墨	24.2×26.6	克利夫兰艺术博物馆
南宋・张训礼	骑驴探梅图	轴，绢本水墨淡彩	159.3×84.4	弗利尔艺术馆
南宋・赵伯驹	青绿山水图	团扇，绢本设色	26.0×27.3	密歇根大学艺术博物馆
南宋・赵伯驹	钱塘观潮图	团扇，绢本设色		爱德华
南宋・赵伯驹	山水图	卷，绢本设色		斯坦福大学博物馆
南宋・刘濯卿	柳下泊舟图	册页，绢本水墨设色	17.1×27.6	哈佛大学福格艺术博物馆
南宋・楼观	石勒问道图	轴，绢本水墨设色	176.5×88.7	王季迁
南宋・楼观	谢安东山图	轴，绢本水墨淡彩	175.9×88.3	洛克菲勒夫妇
南宋・毛益	柳燕图	团扇，绢本水墨	25.0×24.7	弗利尔艺术馆
南宋・毛益	游狗游猫图	册页（二页），绢本设色	24.5×24.7	普林斯顿大学艺术博物馆
南宋・吴炳	竹 图	团扇，绢本设色	24.2×27.0	克利夫兰艺术博物馆
南宋・林椿	山禽觅食图	册页，绢本设色	27.3×27.0	圣路易斯艺术博物馆
南宋・马逵	竹鹤图	轴，绢本设色	164.5×87.4	斯坦福大学博物馆
南宋・马逵（传）	僧院访友图	团扇，绢本水墨淡彩	23.8×26.3	波士顿美术博物馆
南宋・马麟	勾勒兰图	册页，绢本设色	26.2×24.4	大都会艺术博物馆
南宋・马麟	溪头秋色图	斗方，绢本水墨设色	25.2×26.3	波士顿美术博物馆

（续表）

南宋·马麟	巨松山水图	册页，绢本水墨设色	25.1×26.0	大都会艺术博物馆
南宋·马麟	骑鹿妃嫔游湖图	册页，绢本水墨淡彩	25.2×26.3	波士顿美术博物馆
南宋·马麟	坐看云起图	团扇，绢本设色	25.1×25.0	克利夫兰艺术博物馆
南宋·马麟(传)	秋叶鸲莺图	册页，绢本水墨设色	22.8×22.6	波士顿美术博物馆
南宋·马麟(传)	庞灵照图	册页，绢本水墨淡彩	24.5×25.6	波士顿美术博物馆
南宋·夏林	戏猿图	团扇，绢本水墨	24.8×26.5	克利夫兰艺术博物馆
南宋·赵孟坚	白描水仙图	卷，纸本水墨	33.2×373.1	大都会艺术博物馆
南宋·赵孟坚	水仙图	卷，纸本水墨	31.5×76.6	弗利尔艺术馆
南宋·郑思肖	墨兰图	卷，纸本水墨	25.4×94.5	弗利尔艺术馆
南宋·郑思肖	墨兰图	卷，纸本水墨	23.2×55.3	耶鲁大学艺术馆
南宋·鲁宗贵	橘子、葡萄、石榴图	册页，纸本设色	24.0×25.8	波士顿美术博物馆
南宋·张月湖	白衣观音像	轴，纸本水墨	104.0×42.3	克利夫兰艺术博物馆
南宋·杨士贤	赤壁图	卷，绢本水墨淡彩	30.9×128.0	波士顿美术博物馆
南宋·李结	西塞渔舍图	卷，绢本设色	40.7×135.5	大都会艺术博物馆
南宋·李祐	牧牛图	团扇，绢本水墨淡彩	24.8×25.7	克利夫兰艺术博物馆
南宋·佚名	晚霭行旅图	团扇，绢本水墨淡彩	22.8×25.3	波士顿美术博物馆
南宋·佚名（旧传范宽）	寒山萧寺图	团扇，绢本水墨淡彩	24.7×25.5	波士顿美术博物馆
南宋·佚名（旧传范宽）	寒林图	团扇，绢本水墨淡彩	23.8×24.9	波士顿美术博物馆
南宋·佚名（旧传赵令穰）	柳亭对弈图	团扇，绢本水墨淡彩	22.2×24.6	波士顿美术博物馆
南宋·佚名（旧传许道宁）	观潮图	团扇，绢本水墨淡彩	23.7×25.4	波士顿美术博物馆
南宋·佚名（旧传戴嵩）	牧牛图	团扇，绢本水墨	24.1×25.2	波士顿美术博物馆
南宋·佚名（旧传李迪）	古木竹石图	册页，绢本水墨设色	24.2×25.7	波士顿美术博物馆
南宋·佚名（旧传马远）	孔子见荣启期图	团扇，绢本水墨淡彩	24.8×25.3	波士顿美术博物馆
南宋·佚名（旧传顾德谦）	文姬图	册页，绢本水墨设色	24.4×22.2	波士顿美术博物馆
南宋·佚名（旧传王居正）	调鹦图	团扇，绢本水墨设色	23.4×24.2	波士顿美术博物馆
南宋·佚名（旧传马远）	雪阁临江图	轴，绢本水墨淡彩	91.0×54.3	波士顿美术博物馆
南宋·佚名（旧传李嵩）	柏溪蝶影图	册页，绢本水墨设色	26.2×26.0	波士顿美术博物馆
南宋·佚名（旧传李成）	雪山行旅图	轴，绢本水墨淡彩	93.3×37.0	波士顿美术博物馆

（续表）

南宋・佚名（旧传刘松年）	江浦秋亭图	团扇，绢本水墨淡彩	24.2×26.4	波士顿美术博物馆
南宋・佚名（旧传刘松年）	松涧双鹤图	团扇，绢本水墨淡彩	23.3×24.8	波士顿美术博物馆
宋・佚名	胡笳十八拍图	绢本	32.8×1 207.5	大都会艺术博物馆
宋・佚名	青山	手卷，绢本水墨淡设色	30.6×296.0	纳尔逊艺术博物馆
宋・赵昌（传）	落花游鱼图（之一、之二）	绢本	26.4×252.2	圣路易斯美术馆
宋・佚名（旧传燕文贵）	仿王维江干雪霁图（部分）	绢本	28.8×117.2	弗利尔艺术馆
辽・李赞华（传）	射鹿图	绢本	23.5	大都会艺术博物馆
金・佚名	漫游山水	手卷，纸本水墨	38.4×418.0	纳尔逊艺术博物馆
金・太古遗民	江山行旅图（部分）	纸本	38.4×418.0	纳尔逊艺术博物馆
金・佚名	溪山无尽图	绢本	35.3×213.0	克里夫兰美术馆
元・程棨	摹楼璹蚕织图	卷，纸本设色	31.9×1 249.3	弗利尔艺术馆
元・程棨	摹楼璹耕作图	卷，纸本设色	32.6×1 034.0	弗利尔艺术馆
元・张羽材	云龙图	卷，绢本水墨	27.6×270.3	大都会艺术博物馆
元・张渥	送子图	轴，纸本设色	60.0×21.9	吴讷孙
元・张渥	九歌图	卷，纸本水墨	27.3×438.2	克利夫兰艺术博物馆
元・溥圆	佛像	轴，绢本设色	127.6×61.5	克利夫兰艺术博物馆
元・颜辉	观音像	轴，绢本水墨淡彩	111.0×58.4	纳尔逊艺术博物馆
元・颜辉	元夜出游图	卷，绢本水墨	24.8×240.3	克利夫兰艺术博物馆
元・陈月溪	麻姑仙鹤图	轴，绢本水墨设色	100.7×54.0	波士顿美术博物馆
元・夏永	黄鹤楼图	册页，绢本水墨	20.7×26.8	大都会艺术博物馆
元・夏永	滕王阁图	册页，绢本水墨	26.5×27.5	弗利尔艺术馆
元・夏永	岳阳楼图	册页，绢本水墨	26.2×26.7	弗利尔艺术馆
元・夏永	楼阁山水图	轴，绢本水墨淡彩	21.5×26.1	加州大学伯克利分校
元・夏永	滕王阁图	册页，绢本水墨	24.7×24.7	波士顿美术博物馆
元・龚开	三星图	轴，绢本水墨	174.2×94.2	弗利尔艺术馆
元・龚开	芦汀醉卧图	轴，纸本水墨	104.3×55.5	弗利尔艺术馆
元・龚开	中山出游图	卷，纸本水墨	32.8×169.5	弗利尔艺术馆
元・龚开	胡笳十八拍图	卷，纸本水墨	30.6×770.0	弗利尔艺术馆
元・龚开	鸬鹚捕鱼图	轴，绢本设色	145.8×80.8	弗利尔艺术馆
元・萝窗	寒山图	轴，纸本水墨	58.9×28.7	加州大学伯克利分校
元・丁野夫	灌口搜山图	卷，绢本水墨	纵48.1	普林斯顿大学艺术馆
元・任仁发	九马图	卷，绢本设色	纵31.2	纳尔逊艺术博物馆
元・任仁发	神骏图	卷，绢本设色		哈佛大学福格艺术博物馆
元・任仁发	三马图	卷，绢本设色	28.6×136.0	克利夫兰艺术博物馆

（续表）

元·任伯温	职贡图	卷，绢本设色	36.2×220.4	旧金山亚洲艺术博物馆
元·朱德润	陶渊明图	卷，纸本水墨	28.3×317.2	弗利尔艺术馆
元·朱德润	陶渊明图	卷，纸本水墨	28.3×264.0	弗利尔艺术馆
元·朱德润	秀野轩图	卷，纸本水墨淡彩	28.2×211.2	弗利尔艺术馆
元·朱德润	怡乐堂图	卷，纸本水墨淡彩	纵24.9	顾洛阜
元·管道昇	若兰小像图	卷，绢本设色	纵29.2	哈佛大学福格艺术博物馆
元·管道昇	竹林图	轴，纸本水墨	71.0×25.5	普林斯顿大学艺术博物馆
元·赵孟頫	九歌图	册，纸本水墨	26.5×15.8	大都会艺术博物馆
元·赵孟頫	双松平远图	卷，纸本水墨	26.7×107.3	大都会艺术博物馆
元·赵孟頫	骑马人物图	轴，绢本水墨淡彩	44.5×65.4	哈佛大学福格艺术博物馆
元·赵孟頫	幼舆丘壑图	卷，绢本设色	27.0×116.8	普林斯顿大学艺术博物馆
元·赵孟頫	人马图	册页，纸本水墨	25.2×50.9	弗利尔艺术馆
元·赵孟頫	柳荫试马图	轴，绢本设色	188.2×94.7	弗利尔艺术馆
元·赵孟頫	人物像	轴，绢本设色	79.4×85.2	弗利尔艺术馆
元·赵孟頫	浴马图	卷，纸本设色	16.8×87.0	弗利尔艺术馆
元·赵孟頫	江村鱼乐图	团扇，绢本淡彩	28.6×30.0	克利夫兰艺术博物馆
元·赵孟頫	龙王礼佛图	轴，绢本设色	178.5×115.4	波士顿美术博物馆
元·赵孟頫	垂虹亭图	卷，纸本水墨淡彩	纵24.5	顾洛阜
元·赵孟頫	月下松石图	轴，绢本水墨	134.3×83.5	印第安纳波利斯艺术博物馆
元·赵孟頫	二羊图	卷，纸本水墨	25.2×48.4	弗利尔艺术馆
元·赵孟頫	三马图	册页，绢本水墨淡彩	26.7×21.9	弗利尔艺术馆
元·赵孟頫	枯树竹石图	轴，绢本水墨	159.4×85.7	王季迁
元·赵孟頫	二羊图	纸本	25.2×48.4	弗利尔艺术馆
元·赵孟頫	双松平远图	纸本	25.4×127.3	大都会艺术博物馆
元·赵孟頫	竹石幽兰图	卷，纸本水墨	纵50.5	克利夫兰艺术博物馆
元·赵孟頫	水仙图	卷，绢本水墨淡彩	纵26.1	克利夫兰艺术博物馆
元·赵孟頫（传）	松荫会琴图	轴，绢本设色	136.5×61.0	王季迁
元·赵孟頫、赵雍、赵麟	赵氏三世人马图	卷，纸本设色	30.3×177.1	大都会艺术博物馆
元·赵雍	狩猎人物图	卷，绢本设色	纵39.0	圣路易斯艺术博物馆
元·赵雍	高峰像	轴，绢本设色	114.0×45.6	波士顿美术博物馆
元·赵雍	渔夫图	轴，绢本水墨淡彩	86.4×42.5	佩利
元·赵雍	叭叭鸟图	轴，纸本水墨	114.0×37.5	顾洛阜

（续表）

元·赵雍	临李公麟人马图	卷，纸本设色	31.7×73.5	弗利尔艺术馆
元·赵雍	临李公麟人马图	纸本	31.7×73.5	弗利尔艺术馆
元·赵麟	番骑图	卷，纸本水墨泥金	23.8×108.3	弗利尔艺术馆
元·刘元	故事图	卷，绢本设色	28.9×73.4	辛辛那提艺术博物馆
元·刘贯道	梦蝶图	卷，绢本设色	30.0×65.0	王季迁
元·刘贯道	销夏图	卷，绢本水墨淡彩	29.3×71.2	纳尔逊艺术博物馆
元·刘贯道	端本澄源图	卷，绢本设色	34.1×51.7	弗利尔艺术馆
元·刘贯道	携琴观瀑图	轴，绢本设色	184.3×68.2	弗利尔艺术馆
元·钱选	王羲之观鹅图	卷，纸本设色	23.1×92.3	大都会艺术博物馆
元·钱选	梨花图	卷，纸本设色	31.7×95.2	大都会艺术博物馆
元·钱选	归去来图	卷，纸本设色	26.0×104.0	大都会艺术博物馆
元·钱选	扶醉图	轴，绢本水墨设色	28.0×49.5	王季迁
元·钱选	杨妃上马图	卷，纸本设色	29.5×117.0	弗利尔艺术馆
元·钱选	萧翼赚兰亭图	卷，纸本设色	24.6×77.1	弗利尔艺术馆
元·钱选	花鸟图	卷，绢本设色	33.8×272.6	弗利尔艺术馆
元·钱选	来禽栀子图	卷，纸本淡彩	29.2×78.3	弗利尔艺术馆
元·钱选	花鸟图	团扇，纸本设色	32.5×33.7	弗利尔艺术馆
元·钱选	水禽图	册页，绢本设色	29.5×32.0	弗利尔艺术馆
元·钱选	鸠图	卷，纸本设色	30.2×97.0	辛辛那提艺术博物馆
元·钱选	林檎雀图	轴，纸本设色	22.4×27.6	普林斯顿大学艺术博物馆
元·钱选	草虫图	卷，纸本设色	26.8×120.0	底特律艺术中心
元·钱选	异域归忠图	卷，绢本水墨	纵27.7	底特律艺术中心
元·钱选	摹阎立德西旅进獒图	卷，纸本水墨	纵29.0	克利夫兰艺术博物馆
元·钱选	王羲之观鹅图		23.3×92.7	大都会艺术博物馆
元·钱选	杨贵妃上马图	纸本	29.5×117	弗利尔艺术馆
元·钱选	归去来辞图	纸本	26.0×104.0	大都会艺术博物馆
元·钱选（传）	蜻蜓修竹图	轴，绢本设色	37.2×27.5	波士顿美术博物馆
元·黄公望（传）	仿董源《夏山》	立轴，绢本水墨淡设色	131.7×55.6	克利夫兰艺术博物馆
元·佚名	四学者像	手卷，纸本水墨设色	28.6×76.2	辛辛那提艺术博物馆
元·方从义	云山图	纸本	27.0×144.5	大都会艺术博物馆
元·唐棣	滕王阁图	卷，纸本水墨	27.5×84.4	大都会艺术博物馆
元·唐棣	摩诘诗意	轴，纸本水墨淡彩	128.9×69.2	大都会艺术博物馆
元·唐棣	归渔图	轴，绢本水墨淡彩	134.2×86.4	大都会艺术博物馆
元·唐棣	花卉图	册页，绢本设色	39.2×31.6	弗利尔艺术馆
元·周东卿	鱼乐图	卷，纸本水墨淡彩	30.8×593.7	大都会艺术博物馆

（续表）

元·赖庵	鲶图	轴，绢本水墨	20.3×16.5	哈佛大学福格艺术博物馆
元·赖庵（传）	藻鱼图	轴，绢本水墨	89.6×48.3	波士顿美术博物馆
元·方从义	云山图	卷，纸本水墨淡彩	26.1×144.3	大都会艺术博物馆
元·方从义	东晋风流图	卷，纸本水墨淡彩	25.1×133.1	王季迁
元·王蒙	为贞素作闭户著书图	卷，纸本设色	38.7×71.1	克利夫兰艺术博物馆
元·王蒙	丹崖翠壑图	轴，纸本水墨	67.8×34.3	大都会艺术博物馆
元·王蒙	一悟轩图	轴，纸本水墨淡彩	113.0×50.0	大都会艺术博物馆
元·王蒙	林麓幽居图	轴，纸本淡彩	177.6×64.0	芝加哥艺术中心
元·王蒙	静室清音图	轴，纸本水墨	71.3×38.9	翁万戈
元·王蒙	素庵图	轴，纸本设色	136.1×44.8	王季迁
元·王蒙	青卞隐居图	轴，纸本水墨	97.2×28.0	普林斯顿大学艺术博物馆
元·王蒙	临王维辋川图	卷，绢本水墨淡彩	30.0×1 076.2	弗利尔艺术馆
元·王蒙	夏山隐居图	轴，绢本水墨淡彩	56.8×34.2	弗利尔艺术馆
元·王蒙	树下高士图	册页，纸本水墨淡彩	39.6×56.6	佩利
元·王蒙	惠麓小隐图	卷，纸本水墨淡彩	28.4×73.5	弗利尔艺术馆
元·陈汝言	罗浮山樵图	轴，绢本水墨淡彩	107.0×53.5	克利夫兰艺术博物馆
元·陈汝言	仙山图	卷，绢本设色	33.0×102.9	克利夫兰艺术博物馆
元·陈汝言	山居高隐图	轴，纸本水墨	91.5×48.5	芝加哥艺术中心
元·班惟志（传）	雪江图	册页，绢本水墨设色钩金	25.4×24.5	波士顿美术博物馆
元·周砥	宜兴小景图	卷，纸本水墨	32.4×58.8	波士顿美术博物馆
元·吴镇	风竹图	轴，纸本水墨	75.2×54.3	波士顿美术博物馆
元·吴镇	曲松图	轴，绢本水墨	166.0×82.3	大都会艺术博物馆
元·吴镇	枯木兰竹图	轴，绢本水墨	167.8×97.9	王季迁
元·吴镇	竹石图	轴，纸本水墨	84.5×34.3	王季迁
元·吴镇	野竹图	轴，纸本水墨	99.9×33.5	王季迁
元·吴镇	芦滩钓艇图	卷，纸本水墨	21.3×53.8	顾洛阜
元·吴镇	仿荆浩渔夫图	卷，纸本水墨	32.5×562.2	弗利尔艺术馆
元·吴镇	山水人物图	册页，纸本水墨	27.0×36.1	弗利尔艺术馆
元·吴镇	草亭诗意图	卷，纸本水墨	23.9×99.1	克利夫兰艺术博物馆
元·吴镇	墨竹图	卷，绢本水墨	纵26.6	哈佛大学福格艺术博物馆
元·吴镇	墨竹图	轴，纸本水墨	109.0×32.6	弗利尔艺术馆
元·吴镇	野竹图	纸本	100.0×33.5	王季迁
元·李士行	寒林图	轴，绢本水墨	171.5×97.5	哈佛大学福格艺术博物馆
元·李士行	清泉高木图	轴，绢本水墨	166.2×108.4	克利夫兰艺术博物馆
元·李衎	佛陀说法图	卷，纸本水墨	27.5×111.2	佩利

（续表）

元·李衎	枯木竹石图	轴，绢本水墨	160.1×85.8	印第安纳波利斯艺术博物馆
元·李衎	竹石图（双幅）	轴，绢本水墨设色	186.8×55.3	大都会艺术博物馆
元·李衎	墨竹图	卷，纸本水墨	纵37.3	纳尔逊艺术博物馆
元·孟珍	山水图	轴，绢本水墨淡彩	41.0×30.2	普林斯顿大学艺术博物馆
元·孟珍	山水图	轴，绢本水墨	30.0×47.3	加州大学伯克利分校
元·姚廷美	有余闲图	卷，纸本水墨	23.0×83.9	克利夫兰艺术博物馆
元·姚廷美	雪景山水图	轴，绢本淡彩	159.2×48.2	波士顿美术博物馆
元·倪瓒	秋林野兴图	轴，纸本水墨	97.8×68.8	大都会艺术博物馆
元·倪瓒	虞山秋壑图	轴，纸本水墨	94.6×34.9	大都会艺术博物馆
元·倪瓒	虞山林壑图	纸本	92.5×35.9	大都会艺术博物馆
元·倪瓒	松亭山色图	纸本	92.5×35.9	大都会艺术博物馆
元·倪瓒	秋堂待思图	轴，纸本水墨	124.0×50.5	王季迁
元·倪瓒	枯木竹石图	轴，纸本水墨	90.6×34.8	王季迁
元·倪瓒	江亭山色图	轴，纸本水墨	81.6×33.9	王季迁
元·倪瓒	松亭山色图	轴，纸本水墨	101.6×43.8	王季迁
元·倪瓒	岸南双树图	轴，纸本水墨	56.3×27.3	普林斯顿大学艺术博物馆
元·倪瓒	疏林远岫图	轴，纸本水墨	51.4×28.1	普林斯顿大学艺术博物馆
元·倪瓒	墨竹图	册页，纸本水墨	29.2×28.7	弗利尔艺术馆
元·倪瓒	筠石乔柯图	轴，纸本水墨	67.3×36.8	克利夫兰艺术博物馆
元·孙君泽	山水图	轴，绢本水墨淡彩	87.5×47.6	加州大学伯克利分校
元·孙君泽	莲塘避暑图	轴，绢本水墨设色	186.0×112.5	高居翰
元·马琬	山水图	轴，纸本水墨设色	83.3×27.4	普林斯顿大学艺术博物馆
元·马琬	澄溪静樾图	轴，纸本水墨	58.5×31.0	辛辛那提艺术博物馆
元·张羽	松轩春霭图	纸本	91.5×31.5	大都会艺术博物馆
元·张羽	松轩春霭图	轴，纸本水墨设色	91.5×31.5	辛辛那提艺术博物馆
元·高克恭	云山图	轴，纸本水墨	67.9×34.1	底特律艺术中心
元·高暹	雪景山水图	轴，绢本水墨淡彩	174.9×90.2	克利夫兰艺术博物馆
元·张逊	石上松花图	轴，绢本水墨	90.5×42.1	普林斯顿大学艺术博物馆
元·张观	月下人物图	册页，绢本水墨设色	24.9×26.9	大都会艺术博物馆
元·曹知白	寒林图	团扇，绢本水墨	27.0×27.4	普林斯顿大学艺术博物馆
元·曹知白	山水图	团扇，绢本水墨淡彩	27.5×22.0	弗利尔艺术馆
元·傅光	山水图	轴，绢本设色	80.3×29.9	普林斯顿大学艺术博物馆

（续表）

元·盛著	秋江垂钓图	团扇，绢本水墨淡彩	25.9×27.4	大都会艺术博物馆
元·盛懋	秋林渔隐图	团扇，绢本水墨淡彩	27.0×25.8	大都会艺术博物馆
元·盛懋	秋林渔隐图	轴，纸本水墨	102.4×33.6	大都会艺术博物馆
元·盛懋	秋山行旅图	册页，绢本水墨淡彩	24.5×26.5	克利夫兰艺术博物馆
元·盛懋	山水图	轴，绢本水墨淡彩	182.9×103.5	哈佛大学福格艺术博物馆
元·盛懋	冬景山水图	团扇，绢本水墨淡彩	26.1×24.3	弗利尔艺术馆
元·盛懋	山水图	册页，纸本水墨	26.1×39.5	弗利尔艺术馆
元·盛懋	山水图	册页，绢本水墨	25.0×26.3	弗利尔艺术馆
元·盛懋	山水图	册页，绢本水墨设色	24.8×17.8	弗利尔艺术馆
元·盛懋	秋江待渡图	轴，纸本水墨	112.5×46.5	弗利尔艺术馆
元·盛懋	松溪渔隐图	团扇，绢本水墨淡彩	24.9×25.6	克利夫兰艺术博物馆
元·盛懋	山水图	轴		克利夫兰艺术博物馆
元·盛懋	山水图	团扇，绢本水墨淡彩	25.7×25.5	印第安纳波利斯艺术博物馆
元·盛懋	山居纳凉图	轴，绢本水墨淡彩	121.0×57.0	纳尔逊艺术博物馆
元·郭敏	风雪松杉图	轴，绢本水墨淡彩	124.8×57.5	高居翰
元·陆广	丹台春晓图	轴，纸本水墨	61.6×25.7	大都会艺术博物馆
元·黄公望	山水图	册页，绢本水墨淡彩	23.3×29.8	弗利尔艺术馆
元·黄公望	秋峰耸翠图	轴，纸本水墨淡彩	60.4×38.4	加州大学伯克利分校
元·赵原	晴川送客图	轴，纸本水墨	95.3×35.1	大都会艺术博物馆
元·赵原	仿董源长夏山居图	轴，纸本水墨淡彩	121.0×38.7	夏威夷火奴鲁鲁艺术学院
元·赵原、沈巽	山水竹石图	卷，纸本水墨	纵24.5	赛克勒艺术馆
元·赵原	仿燕文贵、范宽山水图	卷，纸本水墨	24.9×79.0	大都会艺术博物馆
元·谢伯诚	观瀑图	轴，纸本水墨淡彩	191.0×36.8	顾洛阜
元·庵居士	山水图	轴，纸本水墨淡彩	100.1×35.7	芝加哥艺术中心
元·徐泽（传）	架上鹰图	轴，绢本水墨设色钩金	54.2×98.1	波士顿美术博物馆
元·罗稚川	寒林群鸦图	轴，绢本水墨淡彩	131.0×79.9	大都会艺术博物馆
元·罗稚川	寒林图	团扇，绢本水墨	24.3×25.0	克利夫兰艺术博物馆
元·王渊	秋景鹑雀图	轴，纸本水墨	90.5×43.9	克利夫兰艺术博物馆
元·王渊	秋景鹑雀图	轴，纸本水墨	114.0×55.6	佩利
元·王渊	花竹山禽图	轴，纸本水墨	118.8×35.3	印第安纳波利斯艺术博物馆
元·王渊（传）	桃花鸳鸯图	轴，绢本设色	176.2×109.5	波士顿美术博物馆
元·刘善守	萱蝶图	轴，绢本水墨	159.5×58.2	克利夫兰艺术博物馆
元·郑禧	丹枫双鸟图	轴，绢本设色	75.4×42.7	印第安纳波利斯艺术博物馆
元·天如	水仙图	轴，绢本水墨	66.4×42.5	克利夫兰艺术博物馆

（续表）

元・日观	葡萄图	轴，绢本水墨	98.4×42.6	弗利尔艺术馆
元・王冕	墨梅图	轴，绢本水墨	113.1×49.8	大都会艺术博物馆
元・王冕	墨梅图	轴，纸本水墨	138.5×25.7	耶鲁大学艺术馆
元・王冕	墨梅图	轴，绢本水墨	163.7×94.2	克利夫兰艺术博物馆
元・王冕（传）	墨梅图	轴，纸本水墨	152.0×33.0	纳尔逊艺术博物馆
元・柯九思	墨竹图	轴，纸本水墨	150.8×54.2	夏威夷火奴鲁鲁艺术学院
元・张彦辅	棘竹幽禽图	轴，纸本水墨	63.8×50.7	纳尔逊艺术博物馆
元・雪窗	兰竹图	轴，绢本水墨淡彩	34.1×85.8	普林斯顿大学艺术博物馆
元・雪窗	兰竹图	轴，绢本水墨	76.2×44.8	克利夫兰艺术博物馆
元・一山	雪竹图	册页，纸本水墨	31.4×20.6	弗利尔艺术馆
元・邹复雷	春消息图	卷，纸本水墨	34.1×221.5	弗利尔艺术馆
元・赵衷	墨花图	卷，纸本水墨	纵31.7	克利夫兰艺术博物馆
元・檀芝瑞	竹石图	轴，纸本水墨	63.0×33.5	弗利尔艺术馆
元・邓宇	竹石图	轴，纸本水墨	134.6×42.2	大都会艺术博物馆
元・顾安	晚节图	轴，纸本水墨	113.5×33.1	辛辛那提艺术博物馆
元・杨辉	墨梅图	卷，纸本水墨	30.1×62.9	西雅图艺术馆
元・卫九鼎	河蟹图	轴，绢本水墨	23.5×31.7	波士顿美术博物馆
元・吕敬甫	花卉草虫图	轴，绢本设色	101.6×53.0	大都会艺术博物馆
元・颜庚	钟馗嫁妹图	卷，绢本水墨	24.4×253.4	大都会艺术博物馆
元・任仁发	人马图（部分）	绢本	29.2×136.8	克里夫兰美术馆
元・任仁发（传）	神骏图（部分）	绢本	28.0×175.1	哈佛大学福格美术馆
元・姚廷美	有余闲图	纸本	23.0×84.0	克里夫兰美术馆
元・邹复雷	春消息图	纸本	34.1×221.5	弗利尔艺术馆
元・佚名	名贤四像	纸本	27.4×77.2	辛辛那提艺术博物馆
元・佚名	柳荫牧归图	纸本	42.5×37.3	波士顿美术博物馆
元・佚名	梨花山鹊图	纸本	91.5×30.7	普林斯顿大学美术馆
元・佚名（旧传马麟）	秋叶双禽图	册页，绢本水墨淡彩	22.8×22.6	波士顿美术博物馆
明・丁云鹏	五种观音像及楞严经	手卷，纸本水墨设色加金彩	画 28.0×134.0；经 25.7×420.4	纳尔逊艺术博物馆
明・丁云鹏	大士像	轴，纸本水墨	48.9×29.5	普林斯顿大学艺术博物馆
明・丁云鹏	五相观音图	卷，纸本设色	28.0×134.0	纳尔逊艺术博物馆
明・丁云鹏	十八罗汉图	卷，纸本泥金	纵30.0	夏威夷火奴鲁鲁艺术学院

（续表）

明・丁云鹏	玄扈出云天都晓日图	轴，纸本设色	213.0×54.9	克利夫兰艺术博物馆
明・丁云鹏	临黄居寀秋山图	轴，纸本设色	142.5×45.6	旧金山亚洲艺术博物馆
明・王问	十八罗汉图	卷，金笺水墨	纵32.0	加州大学伯克利分校
明・王问	白描人物图	卷，绢本水墨	纵28.7	加州大学伯克利分校
明・王问	漆塘思客图	轴，绢本水墨	105.8×35.8	加州大学伯克利分校
明・王綦	听琴图	轴，纸本水墨设色	128.3×61.0	王季迁
明・吴彬	十六罗汉图	卷，纸本设色	纵32.1	大都会艺术博物馆
明・吴彬	临李公麟五百罗汉图	卷，纸本设色	33.7×2 345.2	克利夫兰艺术博物馆
明・吴彬	迎春图	卷，纸本设色	34.9×245.1	克利夫兰艺术博物馆
明・吴彬	山水图	扇面，纸本设色	17.3×47.0	大都会艺术博物馆
明・吴彬	勺园图	卷，纸本水墨淡彩	纵30.5	翁万戈
明・吴彬	山水图	轴，绢本水墨	120.1×39.9	加州大学伯克利分校
明・吴彬	山水图	轴，绢本水墨淡彩	125.0×46.2	加州大学伯克利分校
明・吴彬	方壶圆峤图	轴，绢本水墨淡彩	213.9×86.6	高居翰
明・吴彬	山水图	轴，纸本淡彩	306.4×98.5	旧金山亚洲艺术博物馆
明・吴彬	天台图	卷，绢本水墨淡彩	29.6×104.1	夏威夷火奴鲁鲁艺术学院
明・吴彬	天台图（断简）	卷，绢本水墨淡彩	29.8×40.7	夏威夷火奴鲁鲁艺术学院
明・吴彬	雪景山水图	轴，纸本淡彩	345.7×102.0	普林斯顿大学艺术博物馆
明・吴焯	河东夫人像	轴，绢本设色	119.5×62.5	哈佛大学福格艺术博物馆
明・唐寅	罗汉图	卷，纸本泥金设色	纵27.7	圣路易斯艺术博物馆
明・唐寅	竹炉图	卷，纸本水墨淡彩		芝加哥艺术中心
明・唐寅	夜饮图	卷，纸本水墨	纵30.8	芝加哥艺术中心
明・唐寅	睡女图	卷，绢本水墨	20.5×60.5	大都会艺术博物馆
明・唐寅	嫦娥执桂图	轴，纸本设色	135.3×58.4	大都会艺术博物馆
明・唐寅	山水图	轴，纸本水墨淡彩	224.7×102.0	大都会艺术博物馆
明・唐寅	雪景山水人物图	扇面，金笺水墨淡彩	180.0×50.3	大都会艺术博物馆
明・唐寅	苇渚醉渔图	轴，纸本水墨	62.2×31.8	顾洛阜
明・唐寅	峡口大江诗意图	轴，绢本水墨淡彩	36.7×59.2	翁万戈
明・唐寅	山水图	册页，绢本水墨淡彩	26.4×24.5	翁万戈
明・唐寅	芦州放棹图	轴，绢本水墨设色	168.5×103.4	王季迁
明・唐寅	桐庵图	卷，纸本设色	25.0×105.0	王季迁
明・唐寅	梦仙草堂图	卷，纸本水墨淡彩	28.3×103.0	弗利尔艺术馆
明・唐寅	南游图	卷，纸本水墨	24.3×89.3	弗利尔艺术馆
明・唐寅	楼阁山水图	团扇，绢本水墨设色	23.1×23.0	弗利尔艺术馆

（续表）

明·唐寅	华山图	轴，纸本设色	116.0×41.4	克利夫兰艺术博物馆
明·唐寅	奇峰高隐图	轴，绢本水墨淡彩	135.8×62.4	印第安纳波利斯艺术博物馆
明·唐寅	山水图	卷，绢本设色	303.0×109.2	印第安纳波利斯艺术博物馆
明·唐寅	山水人物图	册，绢本设色	23.6×30.2	加州大学伯克利分校
明·唐寅	山水图	轴，绢本水墨淡彩	64.1×32.0	加州大学伯克利分校
明·唐寅	山水图	轴，绢本设色	157.7×69.4	私人（斯坦福大学）
明·唐寅	月亭图	轴，纸本水墨	101.4×49.4	夏威夷人奴鲁鲁艺术中心
明·唐寅	野亭霭瑞图	卷，纸本水墨设色	30.0×123.5	乐艺斋
明·唐寅	墨竹图	扇面，金笺水墨	17.2×50.0	普林斯顿大学艺术馆
明·崔子忠	洗象图	轴，绢本设色	124.3×52.1	弗利尔艺术馆
明·崔子忠	山水人物图	册页，纸本水墨淡彩	37.3×27.7	弗利尔艺术馆
明·崔子忠	品画图	轴，绢本设色	61.0×41.4	普林斯顿大学艺术博物馆
明·崔子忠	移居图	轴，绢本设色	164.7×63.9	克利夫兰艺术博物馆
明·崔子忠	杏园送客图	轴，绢本水墨设色	153.7×52.4	加州大学伯克利分校
明·张路	拾得图	轴，绢本水墨	158.6×89.3	弗利尔艺术馆
明·张路	晏图	卷，金笺水墨淡彩	纵31.6	加州大学伯克利分校
明·张路	人物图	轴，绢本水墨淡彩	108.8×52.0	加州大学伯克利分校
明·张路	山水人物图（六幅）	册页，纸本水墨	33.0×59.5	私人
明·张路	观瀑图	轴，绢本水墨淡彩	166.4×102.9	明尼阿波利斯艺术中心
明·张路	弹琴图	卷，绢本水墨淡彩	31.4×61.0	高居翰
明·张路	人物图	轴，绢本水墨淡彩	31.4×61.0	加州大学伯克利分校
明·张路	望气图	轴，绢本水墨淡彩	151.1×99.5	高居翰
明·张路（传）	苏轼回翰林院图	卷，纸本水墨淡彩	31.8×121.6	高居翰
明·陈洪绶	观音像	轴，绢本设色	126.0×60.1	弗利尔艺术馆
明·陈洪绶	龙王礼佛图	轴，绢本设色	107.2×51.8	弗利尔艺术馆
明·陈洪绶	山水人物图	册，纸本水墨淡彩	33.5×27.3	弗利尔艺术馆
明·陈洪绶	仙人图	轴，绢本水墨淡彩	50.2×41.3	哈佛大学福格艺术博物馆
明·陈洪绶	王阳明像	轴，绢本水墨淡彩		哈佛大学福格艺术博物馆
明·陈洪绶	抚古图（二册）	册，绢本水墨淡彩	24.5×22.7	克利夫兰艺术博物馆
明·陈洪绶	眷秋图	轴，绢本设色	137.0×51.0	王季迁
明·陈洪绶	高贤读书图	轴，绢本设色	106.0×49.5	王季迁
明·陈洪绶	人物图	轴，绢本设色	114.2×49.5	普林斯顿大学艺术博物馆
明·陈洪绶	陶渊明对菊图	轴，绢本设色	27.3×23.9	普林斯顿大学艺术博物馆

（续表）

明・陈洪绶	宣文君授经图	轴，绢本设色	172.4×55.3	克利夫兰艺术博物馆
明・陈洪绶	白衣送酒图	轴，绢本设色	91.6×47.0	加州大学伯克利分校
明・陈洪绶	人物仕女图	轴，绢本设色	90.4×46.0	加州大学伯克利分校
明・陈洪绶	陶渊明故事图	卷，绢本水墨淡彩	30.3×308.0	夏威夷火奴鲁鲁艺术学院
明・陈洪绶	山水人物花鸟杂画	册，绢本水墨设色	25.5×29.4	夏威夷火奴鲁鲁艺术学院
明・陈洪绶	准提佛母法像	轴，纸本水墨	135.0×48.6	大都会艺术博物馆
明・陈洪绶	山水人物图	轴，绢本设色	236.0×77.5	大都会艺术博物馆
明・陈洪绶	山水人物图	轴，绢本设色	214.0×78.0	大都会艺术博物馆
明・陈洪绶	烹茶图	扇面，金笺水墨设色	19.2×56.0	大都会艺术博物馆
明・陈洪绶	倚石听阮图	扇面，金笺设色	22.3×50.8	大都会艺术博物馆
明・陈洪绶	苏李泣别图	轴，绢本设色	127.0×48.2	高居翰
明・陈洪绶	五泄山图	轴，绢本水墨	117.8×52.8	克利夫兰艺术博物馆
明・陈洪绶	山水图	扇面，金笺水墨淡彩	16.5×47.9	加州大学伯克利分校
明・陈洪绶	山水花卉杂画	册，绢本设色	21.0×15.2	加州大学伯克利分校
明・陈洪绶	蝶图	轴，绢本设色	19.9×24.9	加州大学伯克利分校
明・陈洪绶	兰花图	轴，绢本设色	119.0×46.3	普林斯顿大学艺术博物馆
明・陈洪绶	梅花竹石图	轴，绢本设色	158.0×47.0	普林斯顿大学艺术博物馆
明・陈洪绶	梅花图	扇面，金笺水墨		吴讷孙
明・陈洪绶、陈字	父子合册（十一页）	册	22.1×21.6	翁万戈
明・陈贤	佛道画	卷，绫本设色	49.5×731.3	弗利尔艺术馆
明・陈贤	观音像	轴，绫本水墨淡彩	30.6×46.7	加州大学伯克利分校
明・肃贞	渡海罗汉图	轴，绢本设色	146.8×81.4	弗利尔艺术馆
明・赵麒	汉钟离像	轴，绢本设色	134.5×57.2	克利夫兰艺术博物馆
明・归庄	罗汉图	册，纸本水墨淡彩	26.0×35.3	克利夫兰艺术博物馆
明・郑文林	山水人物图	轴，绢本水墨	176.0×101.5	高居翰
明・仇英	衣锦还乡图	卷，绢本设色	22.6×22.0	翁万戈
明・仇英	南溪图	卷，绢本设色	纵28.5	翁万戈
明・仇英	独乐图	卷，绢本设色		翁万戈
明・仇英	莲社图	轴，绢本水墨设色	78.5×46.0	王季迁
明・仇英	募驴图	卷，纸本水墨	纵26.4	普林斯顿大学艺术博物馆
明・仇英	桃源图	卷，绢本设色	29.7×155.4	弗利尔艺术馆
明・仇英	骑马图	册页，绢本设色	25.6×27.3	弗利尔艺术馆
明・仇英	陶渊明图	卷，纸本水墨	23.0×482.4	弗利尔艺术馆
明・仇英	赵孟頫写经换茶图	卷，纸本设色	20.6×77.9	克利夫兰艺术博物馆

（续表）

明·仇英	远眺图	轴，纸本水墨淡彩	89.5×37.3	波士顿美术博物馆
明·仇英	桃源图	卷，纸本水墨设色		波士顿美术博物馆
明·仇英	山水人物图（五种）	扇面，金笺水墨设色	33.0×61.9	旧金山亚洲艺术博物馆
明·仇英	双美图	轴，绢本设色	93.8×54.7	印第安纳波利斯艺术博物馆
明·仇英	山水图	册，绢本设色	30.0×24.4	印第安纳波利斯艺术博物馆
明·仇英	桃源图	卷，绢本设色	纵32.2	芝加哥艺术中心
明·仇英	仿李唐山水图	轴，纸本设色	25.4×306.7	弗利尔艺术馆
明·仇英	浔阳送别图	卷，纸本设色	33.6×399.7	纳尔逊艺术博物馆
明·仇英	采莲图	乾隆印，手卷，纸本水墨设色	36.3×95.3	
明·仇英	赵孟頫写经换茶图	绢本	21.1×77.2	克里夫兰美术馆
明·尤求	白描人物图	卷，绢本水墨淡彩	纵25.4	芝加哥大学美术馆
明·尤求	群贤修禊图	卷，纸本水墨	纵25.2	纳尔逊艺术博物馆
明·尤求	山水图	扇面，金笺设色	纵24.0	旧金山亚洲艺术博物馆
明·方壶大师	三学士图	轴，纸本水墨	83.9×47.1	大都会艺术博物馆
明·吴伟	高士图	轴，绢本水墨设色	146.2×82.5	波士顿美术博物馆
明·吴伟	美人图	轴，纸本水墨	124.5×61.2	印第安纳波利斯艺术博物馆
明·吴伟	东方朔偷桃图	轴，绢本水墨淡彩	134.6×87.6	马萨诸塞州美术馆
明·吴伟	渔乐图	卷，纸本水墨淡彩	27.3×224.2	加州大学伯克利分校
明·吴伟	吹箫图	轴，绢本水墨	168.0×102.5	王季迁
明·吴伟	放鹤图	轴，绢本水墨淡彩	189.2×100.0	旧金山亚洲艺术博物馆
明·吴伟	行旅图	轴，绢本水墨设色	311.2×143.2	密歇根大学美术馆
明·吴伟（传）	渔乐图	绢本水墨淡彩	29.0×640.4	高居翰
明·李士达	陶渊明赏菊图	轴，绢本设色	158.9×60.1	密歇根大学美术馆
明·李士达	钟馗图	轴，纸本设色	138.4×53.6	加州大学伯克利分校
明·李士达	潇湘八景之山市晴岚	册页，纸本水墨设色	24.0×25.2	赛克勒艺术馆
明·李士达	渊明赏菊图			密歇根艺术博物馆
明·杜大绶	品研图	卷，绢本设色	纵27.5	普林斯顿大学艺术博物馆
明·杜堇	伏生授经图	轴，绢本设色	147.0×104.5	大都会艺术博物馆
明·杜堇	陪月闲行图	轴，纸本水墨淡彩	156.0×72.1	克利夫兰艺术博物馆
明·杜堇	陶潜像	轴，纸本水墨		王季迁
明·沈周	铜雀砚图	轴，纸本淡彩	103.7×30.2	普林斯顿大学艺术博物馆
明·沈周	山水图	轴，纸本水墨	33.3×50.0	普林斯顿大学艺术博物馆

（续表）

明・沈周	山水图	卷，纸本水墨	纵29.8	普林斯顿大学艺术博物馆
明・沈周	春江送别图	卷，纸本淡彩	纵26.0	普林斯顿大学艺术博物馆
明・沈周	山水图	扇面，金笺水墨	19.0×53.7	普林斯顿大学艺术博物馆
明・沈周	山水图	扇面，纸本水墨淡彩	24.3×67.0	普林斯顿大学艺术博物馆
明・沈周	葫芦仙人图	轴，纸本水墨淡彩	58.6×24.2	纳尔逊艺术博物馆
明・沈周	山水图	册页，纸本淡彩	38.7×60.3	纳尔逊艺术博物馆
明・沈周	山水图	轴，纸本水墨	138.2×62.3	纳尔逊艺术博物馆
明・沈周	设色山水图	卷，纸本水墨淡彩	纵26.3	纳尔逊艺术博物馆
明・沈周	吴中胜览图	卷，纸本水墨淡彩	纵35.4	纳尔逊艺术博物馆
明・沈周	蜀葵图	轴，纸本水墨淡彩	126.6×44.2	纳尔逊艺术博物馆
明・沈周、文徵明	山水合璧册	卷装，纸本水墨淡彩	38.4×60.0	纳尔逊艺术博物馆
明・沈周、文徵明	山水图	卷，纸本水墨		翁万戈
明・沈周	山水图	卷，纸本水墨设色	16.8×350.0	旧金山亚洲艺术博物馆
明・沈周	扁舟图	扇面，金笺水墨淡彩	17.0×52.0	旧金山亚洲艺术博物馆
明・沈周	石湖归棹图	卷，纸本水墨		芝加哥艺术中心
明・沈周	临戴进谢安东山图	轴，绢本水墨设色	170.7×89.8	翁万戈
明・沈周	苏台纪胜图	册，纸本水墨淡彩	32.0×60.5	翁万戈
明・沈周	支硎过友图	卷，纸本水墨淡彩	26.5×131.1	弗利尔艺术馆
明・沈周	江村渔乐图	卷，纸本设色	24.8×1690.0	弗利尔艺术馆
明・沈周	山水图	轴，纸本水墨设色	59.8×112.5	弗利尔艺术馆
明・沈周	雪山图	卷，纸本水墨淡彩	31.0×1011.0	王季迁
明・沈周	虎丘图	册，纸本水墨淡彩	30.5×39.9	克利夫兰艺术博物馆
明・沈周	花祠三祥图	轴，纸本水墨	101.1×40.5	印第安纳波利斯艺术博物馆
明・沈周	花卉图	册，纸本水墨	23.2×40.9	印第安纳波利斯艺术博物馆
明・沈周	山水图	卷，纸本水墨淡彩	纵28.7	加州大学伯克利分校
明・沈周	山水图	卷，纸本水墨淡彩	纵16.7	旧金山亚洲艺术博物馆
明・沈周	为珍庵写山水图	轴，纸本水墨淡彩	113.6×31.5	夏威夷火奴鲁鲁艺术学院
明・沈周	雪蕉图	轴，纸本水墨设色	166.7×63.7	夏威夷火奴鲁鲁艺术学院
明・沈周	瓜榴图	轴，纸本淡彩	148.9×75.2	底特律艺术中心
明・沈周	十四夜月图	卷，纸本水墨淡彩	30.5×134.6	波士顿美术博物馆

（续表）

明·沈周	承天寺夜游诗图	轴，纸本水墨	132.0×28.2	绿韵轩
明·沈周	夜雨止宿图	轴，纸本水墨	79.7×33.5	绿韵轩
明·沈周	平远山水图	卷，纸本水墨淡彩	33.1×628.7	波特兰美术馆
明·沈周	竹园茅亭图	纸本水墨设色		赛克勒艺术馆
明·沈周	松下芙蓉图	卷，纸本水墨淡彩	25.5×111.0	密歇根大学美术馆
明·沈周	杏花图	轴，纸本水墨	87.2×28.4	佩利
明·沈周	花鸟图	轴，纸本设色		佩利
明·沈巽	竹石图	卷，纸本水墨淡彩	24.9×65.0	旧金山亚洲艺术博物馆
明·沈硕	秋林落日图	轴，纸本水墨	97.0×30.7	加州大学伯克利分校
明·沈颢	屈原渔夫图	扇面，金笺水墨		大都会艺术博物馆
明·沈颢	山水画	册，纸本水墨淡彩	29.8×24.3	普林斯顿大学艺术博物馆
明·周臣	豳风图	轴，纸本设色	54.6×38.6	普林斯顿大学艺术博物馆
明·周臣	人物图（断简）	卷，纸本水墨淡彩	31.9×244.5	克利夫兰艺术博物馆
明·周臣	人物图（断简）	卷册装，纸本水墨淡彩	31.4×245.3	夏威夷火奴鲁鲁艺术学院
明·周臣	渔夫图	轴，纸本水墨淡彩	117.1×50.1	辛辛那提艺术博物馆
明·周臣	煮茶图	轴，绢本设色		密歇根大学美术馆
明·周臣	山水图	卷，纸本水墨淡彩	纵30.9	翁万戈
明·周臣	桃源图			克利夫兰艺术博物馆
明·周臣	北溟图	卷，绢本水墨淡彩	28.4×136.6	纳尔逊艺术博物馆
明·周臣	白潭图	轴，纸本水墨淡彩	33.3×63.0	纳尔逊艺术博物馆
明·周臣	观流图	扇面，金笺水墨淡彩	18.8×52.2	夏威夷火奴鲁鲁艺术学院
明·周臣	毛诗图	纸本	54.7×38.4	普林斯顿大学美术馆
明·姜隐	芭蕉美人图	轴，绢本设色	105.1×51.8	加州大学伯克利分校
明·张宏	桐阴高士图	轴，纸本淡彩	107.0×46.7	普林斯顿大学艺术馆
明·张宏	人物图	册，绢本设色	28.3×20.0	施兰科
明·张宏	句曲松风图	轴，纸本水墨设色	148.9×46.6	波士顿美术博物馆
明·张宏	山水图	册，纸本水墨淡彩	30.1×30.5	普林斯顿大学艺术博物馆
明·张宏	山水图	扇面，金笺水墨淡彩		吴讷孙
明·张宏	仿宋元人山水	册，绢本水墨淡彩	31.8×29.1	加州大学伯克利分校
明·张宏	雪景山水图	轴，纸本水墨淡彩	160.0×40.9	加州大学伯克利分校
明·张宏	花鸟图	轴，纸本水墨淡彩	91.5×42.0	辛辛那提艺术博物馆
明·张宏	画牛图	卷，纸本水墨淡彩	纵27.0	大都会艺术博物馆
明·张龙章	胡人出猎图	卷，绢本设色	24.5×303.0	王季迁
明·郭诩	捣衣图	轴，绢本水墨	114.8×56.0	芝加哥大学美术馆
明·郭诩	山水图	卷，纸本水墨	21.0×157.5	底特律艺术中心

（续表）

明·陈子和	古木酒仙图	轴，绢本水墨设色	123.8×102.8	王季迁
明·陈子和	醉归图	轴，绢本水墨淡彩	149.9×96.9	高居翰
明·陈子和	醉归图	轴，绢本水墨淡彩	233.7×114.6	加州大学伯克利分校
明·陈字	人物图	轴，绢本设色	61.7×30.3	普林斯顿大学艺术博物馆
明·盛茂烨	兰亭修禊图	卷，绢本设色	纵30.4	密歇根大学美术馆
明·盛茂烨	山水图	册，绢本水墨淡彩	28.2×30.2	大都会艺术博物馆
明·盛茂烨	遣唐诗意山水图	册，绢本水墨淡彩	34.3×43.2	大都会艺术博物馆
明·盛茂烨	古木幽居图	轴，绢本设色	180.2×92.4	克利夫兰艺术博物馆
明·盛茂烨	琵琶行图	轴，绢本水墨淡彩	42.6×30.2	加州大学伯克利分校
明·盛茂烨	山水图	扇面轴装，金笺水墨淡彩	16.2×52.0	加州大学伯克利分校
明·盛茂烨	匡庐泉图	轴，绢本水墨淡彩	203.5×99.4	高居翰
明·盛茂烨	暗香疏影图	扇面，金笺水墨设色		高居翰
明·盛茂烨	山水图	画册卷装，纸本水墨淡彩	29.7×48.5	旧金山亚洲艺术博物馆
明·盛茂烨	山水图	册，纸本水墨淡彩	29.1×48.5	旧金山亚洲艺术博物馆
明·盛茂烨	潇湘八景之烟寺晚钟	册页，纸本水墨设色	24.0×25.2	赛克勒艺术馆
明·沈宣	潇湘八景之潇湘夜雨	册页，纸本水墨设色	24.0×25.2	赛克勒艺术馆
明·陶泓	仿高克恭云山图	轴，绢本水墨	176.4×100.3	克利夫兰艺术博物馆
明·刘俊	刘海戏蟾图	轴，纸本水墨淡彩	133.6×83.5	波士顿美术博物馆
明·曾鲸	潘老先生像	轴，纸本淡彩	116.3×58.4	密歇根大学美术馆
明·曾鲸、曹熙志	人物像	轴，绢本设色	118.0×41.2	加州大学伯克利分校
明·刘俊	听箫图	轴，绢本水墨设色	355.6×165.2	哈利斯和汤姆·斯科诺斯
明·刘俊	汉殿论功图	轴，绢本设色	165.0×106.5	王季迁
明·刘枋	钟馗图	轴，绢本水墨淡彩	101.5×59.4	弗利尔艺术馆
明·钱穀	人物图	扇面，纸本水墨淡彩	16.2×47.5	赛克勒艺术馆
明·钱穀	赤壁图	卷，绢本水墨淡彩	纵25.0	芝加哥大学美术馆
明·钱穀	东禅寺图（诸名贤寿文徵明八十寿诗画册）	册页，绢本水墨淡彩	21.8×19.0	王季迁
明·钱穀	山水图	轴，绢本水墨淡彩	138.5×49.8	斯坦福大学博物馆
明·谢环	杏园雅集图	卷，绢本设色	纵36.8	翁万戈
明·谢环	杏园雅集图	卷，绢本设色	37.5×240.7	大都会艺术博物馆
明·谢环	香山九老图	卷，绢本设色	29.8×148.2	克利夫兰艺术博物馆
明·卞文瑜	西湖八景	册，纸本水墨设色	22.8×15.6	普林斯顿大学艺术博物馆
明·卞文瑜	兰石图	轴，绢本设色	119.2×56.0	普林斯顿大学艺术博物馆

（续表）

明·文伯仁	平桥远水图	卷，纸本水墨	纵26.2	克利夫兰艺术博物馆
明·文伯仁	浔阳送客图	卷，纸本水墨淡彩	20.8×59.0	克利夫兰艺术博物馆
明·文伯仁	山水图	轴，纸本水墨淡彩	纵128.6	尤金·富勒
明·文伯仁	山水图	轴，纸本淡彩	141.8×66.9	佩利
明·文伯仁	溪山仙馆图	轴，纸本水墨淡彩	180.0×63.3	顾洛阜
明·文伯仁	夏日小隐图	卷，纸本水墨淡彩	纵27.2	加州大学伯克利分校
明·文伯仁	山水图	扇面，纸本水墨淡彩	16.0×45.7	加州大学伯克利分校
明·文伯仁	山水图	轴，绢本水墨淡彩	[illegible]	加州大学伯克利分校
明·文伯仁	山水图	轴，纸本淡彩	128.6×38.4	西雅图艺术馆
明·文伯仁	山水图	扇面，金笺水墨设色	17.9×55.8	夏威夷火奴鲁鲁艺术学院
明·文从简	竹林山水人物图	轴，纸本淡彩	98.3×46.8	普林斯顿大学艺术博物馆
明·文正	梅图	扇面，金笺设色	15.5×50.0	大都会艺术博物馆
明·文嘉	山水图	扇面，金笺水墨	17.0×49.3	大都会艺术博物馆
明·文嘉	山水图	轴，绢本水墨淡彩	119.6×44.0	芝加哥大学美术馆
明·文嘉	山水图	册，绢本水墨淡彩	29.0×23.0	翁万戈
明·文嘉	为项元汴画山水图	轴，纸本淡彩	117.2×39.8	普林斯顿大学艺术博物馆
明·文嘉	山水图	册，纸本水墨淡彩	25.0×30.1	普林斯顿大学艺术博物馆
明·文嘉	南岳佳品图	轴，纸本淡彩	110.7×36.8	克利夫兰艺术博物馆
明·文嘉	桃源行图	轴，纸本淡彩	79.3×31.3	旧金山亚洲艺术博物馆
明·文嘉	仙山楼阁图	轴，纸本水墨淡彩	101.9×28.2	加州大学伯克利分校
明·文嘉	山水图	卷，纸本水墨淡彩	25.7×220.7	乐艺斋
明·文嘉	金陵送别图	卷，纸本淡彩	26.7×98.3	旧金山亚洲艺术博物馆
明·文徵明	细笔山水			密歇根艺术博物馆
明·文徵明	山水图	轴，绢本水墨设色	175.9×77.9	大都会艺术博物馆
明·文徵明	木石图	轴，纸本水墨设色	63.7×27.7	大都会艺术博物馆
明·文徵明	泛舟图	扇面，金笺设色	17.6×51.0	大都会艺术博物馆
明·文徵明	潇湘八景书画册	册，纸本水墨	21.0×19.7	大都会艺术博物馆
明·文徵明	山水图	轴，纸本水墨	93.4×20.6	密歇根大学美术馆
明·文徵明	寒林待雪图	轴，纸本水墨淡彩	100.5×27.1	翁万戈
明·文徵明	赤壁图	卷，绢本水墨淡彩	18.3×90.0	翁万戈
明·文徵明	杂画册	册，纸本、绢本水墨	21.0×31.5	翁万戈
明·文徵明	水墨写生图	册，纸本水墨	28.7×39.3	翁万戈
明·文徵明	兰竹梅图	轴，纸本水墨	166.0×22.2	翁万戈
明·文徵明	灌木寒泉图	轴，纸本水墨淡彩		高居翰

（续表）

明·文徵明	楼居图	轴，纸本水墨淡彩	95.2×45.7	乐艺斋
明·文徵明	积雨连村图	轴，纸本水墨	87.9×29.1	波士顿美术博物馆
明·文徵明	溪山欲雪图	轴，纸本水墨	107.8×29.3	王季迁
明·文徵明	竹兰图	轴，纸本水墨	55.9×29.8	王季迁
明·文徵明	墨兰图（诸名贤寿文徵明八十寿诗画册）	册页，纸本水墨	21.8×19.0	王季迁
明·文徵明	书画合璧	卷，纸本水墨	30.6×52.7	普林斯顿大学艺术博物馆
明·文徵明	山水图	轴，纸本水墨	348.6×102.8	普林斯顿大学艺术博物馆
明·文徵明	修篁丛菊图	轴，纸本水墨	48.0×26.5	普林斯顿大学艺术博物馆
明·文徵明	赤壁胜游图	卷，纸本水墨淡彩	30.5×141.5	弗利尔艺术馆
明·文徵明	书画合璧	卷，纸本水墨	31.5×75.5	弗利尔艺术馆
明·文徵明	画松图	卷，纸本水墨	纵27.3	克利夫兰艺术博物馆
明·文徵明	幽壑鸣琴图	轴，纸本设色	132.0×50.4	克利夫兰艺术博物馆
明·文徵明	寒林飞雪图	轴，纸本水墨淡彩	101.1×46.5	印第安纳波利斯艺术博物馆
明·文徵明	古柏图	卷，纸本水墨	25.8×48.8	纳尔逊艺术博物馆
明·文徵明	风雨孤舟图	册页，纸本水墨淡彩	34.9×58.1	纳尔逊艺术博物馆
明·文徵明	山水图	轴，纸本水墨	54.2×32.6	纳尔逊艺术博物馆
明·文徵明	仿王蒙山水图	轴，纸本水墨	101.8×28.6	旧金山亚洲艺术博物馆
明·文徵明	观月图	扇面，金笺水墨	18.6×51.3	夏威夷火奴鲁鲁艺术学院
明·文震亨	山水图	扇面，金笺水墨淡彩		施兰科
明·王世昌	高士春山图	卷，绢本水墨淡彩	24.5×190.5	耶鲁大学艺术馆
明·王世昌	松荫书屋图	轴，绢本水墨淡彩	184.2×101.7	弗利尔艺术馆
明·王世昌	山水图	轴，绢本水墨淡彩	206.3×114.5	耶鲁大学艺术馆
明·王建章	山水图	轴，绫本淡彩	178.1×50.7	克利夫兰艺术博物馆
明·王建章	山水图	轴，绫本水墨淡彩	154.0×48.8	加州大学伯克利分校
明·王建章	寒林暮霭图	轴，绢本水墨	108.7×55.4	加州大学伯克利分校
明·王建章	山水图	轴，绢本水墨淡彩	154.8×49.2	高居翰
明·王绂	山水图	卷，纸本水墨	纵26.8	普林斯顿大学艺术博物馆
明·王绂	秋林隐居图	轴，纸本水墨	58.4×26.7	克利夫兰艺术博物馆
明·王绂	墨竹图	卷，纸本水墨	31.1×54.6	哈佛大学福格艺术博物馆
明·王绂	万竹秋景图	卷，纸本水墨	26.1×847.0	弗利尔艺术馆
明·王绂	竹石图	卷，纸本水墨	35.5×232.5	纳尔逊艺术博物馆
明·王绂	玉立湘滨图	卷，纸本水墨	纵32.4	纳尔逊艺术博物馆

（续表）

明·王榖祥	菊石图	轴，纸本水墨	70.5×22.8	翁万戈
明·王榖祥	玉兰图	轴，纸本水墨	57.5×29.0	乐艺斋
明·王榖祥	四时花卉图	卷，绢本水墨淡彩	纵24.0	克利夫兰艺术博物馆
明·王榖祥	水仙梅石图	扇面，金笺水墨	17.9×50.9	夏威夷火奴鲁鲁艺术学院
明·王谔	雪山行旅图	轴，绢本水墨	183.0×104.0	普林斯顿大学艺术博物馆
明·史忠	木石图	轴，纸本水墨	80.5×30.6	普林斯顿大学艺术博物馆
明·史忠	晴雪图	卷，纸本水墨	25.0×319.0	波士顿美术博物馆
明·石锐	青绿山水图	卷，绢本设色	27.7×154.9	克利夫兰艺术博物馆
明·石锐	贺岁图	卷，绢本水墨设色	25.5×170.2	克利夫兰艺术博物馆
明·朱端	销夏图	轴，绢本设色	182.5×121.2	纳尔逊艺术博物馆
明·朱端	秋江泛舟图	轴，纸本水墨淡彩	123.4×62.2	波士顿美术博物馆
明·朱端	松孔雀图	轴，绢本设色	192.8×88.6	大都会艺术博物馆
明·朱朗	雪景山水图	扇面，纸本水墨		爱德华
明·朱朗	齐门图（诸名贤寿文徵明八十寿诗画册）	册页，绢本水墨淡彩	21.8×19.0	王季迁
明·朱邦	空山独往图	轴，纸本水墨淡彩	161.0×91.5	普林斯顿大学艺术博物馆
明·朱鹭	墨竹图	扇面，金笺水墨	16.4×52.3	顾洛阜
明·朱鹭	双竹图	轴，纸本水墨	183.5×47.3	耶鲁大学艺术馆
明·米万钟	山水图	轴，绫本水墨淡彩	187.5×48.6	芝加哥大学艺术馆
明·米万钟	山水图	轴，绫本水墨淡彩	162.2×42.6	加州大学伯克利分校
明·米万钟	山水图	轴，纸本水墨淡彩	102.0×34.5	斯坦福大学艺术馆
明·叶澄（传）	泰山图	绢本水墨淡彩	213.4×120.7	哈佛大学福格艺术博物馆
明·吴伯里	龙松图	轴，纸本水墨	120.9×33.5	大都会艺术博物馆
明·吴晃	山水图	扇面，金笺水墨淡彩	17.2×53.3	加州大学伯克利分校
明·吴墨庵	仿罗山人菊石图	扇面，纸本设色	17.6×50.0	大都会艺术博物馆
明·吕文英	风雨山水图	轴，绢本水墨设色	170.0×103.0	克利夫兰艺术博物馆
明·吕端俊	墨竹图	轴，绢本水墨	125.9×48.7	高居翰
明·宋旭	仿吴镇临巨然浮岚暖翠图	轴，绢本水墨淡彩	156.3×44.4	芝加哥大学美术馆
明·宋旭	山水图	册，纸本水墨（淡彩）	25.0×19.1	翁万戈
明·宋旭	山水图	册，绢本水墨淡彩	24.1×24.7	加州大学伯克利分校
明·宋旭	雪景山水图	轴，纸本水墨淡彩	187.0×41.5	加州大学伯克利分校
明·宋克	丛竹图	卷，纸本水墨	26.9×150.3	普林斯顿大学艺术馆
明·宋克	万竹图	卷，纸本水墨	24.9×98.1	弗利尔艺术馆
明·宋克	竹林山水图	卷，纸本水墨		佩利
明·宋懋晋	山水人物图	扇面，金笺水墨设色	13.0×46.0	大都会艺术博物馆

（续表）

明·李日华	山水图	册页，绢本水墨淡彩	26.4×29.5	哈佛大学福格艺术博物馆
明·李钟衡	竹石图	轴，绢本水墨	130.1×47.1	普林斯顿大学艺术博物馆
明·李流芳	高士图	扇面，金笺水墨		大都会艺术博物馆
明·李流芳	山水图	卷，纸本水墨	纵24.5	普林斯顿大学艺术博物馆
明·李流芳	山水图	册，金笺水墨	23.0×15.6	普林斯顿大学艺术博物馆
明·李流芳	山水图（二幅）	册页，绢本水墨	23.5×23.8	绿韵轩
明·李流芳	江干雪眺图	卷，金笺水墨	28.1×218	高居翰
明·李流芳	山水图	册页，纸本水墨淡彩	30.3×50.8	波士顿美术博物馆
明·李流芳	疏林远山图	轴，纸本水墨	114.3×40.3	克利夫兰艺术博物馆
明·李流芳	山水图	册，纸本水墨淡彩	22.4×15.5	吴讷孙
明·李流芳	江干雪眺图	卷，金笺水墨	纵28.1	加州大学伯克利分校
明·李流芳	山水图	扇面，金笺水墨	17.1×56.0	夏威夷火奴鲁鲁艺术学院
明·李流芳	山水图	扇面，金笺水墨	17.6×52.6	夏威夷火奴鲁鲁艺术学院
明·李著	仿宋山水图	册页，绢本水墨淡彩	26.7×26.7	加州大学伯克利分校
明·杜琼	仿王蒙山水图	卷，纸本水墨淡彩	纵29.8	克利夫兰艺术博物馆
明·杜琼	为缉熙画山水图	卷，纸本水墨	纵26.1	夏威夷火奴鲁鲁艺术学院
明·沈士充	山水图	扇面，金笺水墨	15.1×48.5	加州大学伯克利分校
明·沈士充	山水图	轴，绢本水墨淡彩	93.9×30.8	加州大学伯克利分校
明·沈士充	山水图	轴，绢本水墨淡彩	156.0×65.7	加州大学伯克利分校
明·沈士充	山水图	册页，纸本淡彩	33.0×22.2	底特律艺术中心
明·沈士充	山水图	卷，纸本水墨淡彩	纵25.3	斯坦福大学美术馆
明·沈士充	秋郊雅兴图	册页，纸本水墨淡彩		高居翰
明·沈士鲠	山水人物图	册页，金笺水墨淡彩		施兰科
明·汪肇	月夜渔隐图	轴，绢本淡彩	147.3×72.4	辛辛那提艺术博物馆
明·汪道昆	山水图	轴，绢本水墨	151.3×57.6	普林斯顿大学艺术博物馆
明·汪道昆	山水图	轴，绢本水墨	151.3×57.6	普林斯顿大学艺术博物馆
明·林有麟	山水图	扇面，金笺水墨淡彩		吴讷孙
明·邵高	山水图	扇面，金笺水墨淡彩		吴讷孙
明·邵弥	仿文徵明山水图	扇面，金笺设色	15.3×47.5	大都会艺术博物馆
明·邵弥	庐山观瀑图	册页，绢本设色	35.8×35.3	密歇根大学美术馆
明·邵弥	山水图	扇面，金笺设色	16.0×52.7	夏威夷火奴鲁鲁艺术学院
明·邵弥	山水图	册页，纸本水墨淡彩	28.6×43.0	西雅图美术馆

（续表）

明·姚允在	青绿山水图	轴，绢本设色	104.5×45.0	密歇根大学美术馆
明·姚绶	墨竹图	轴，纸本水墨	136.5×65.4	哈佛大学福格艺术博物馆
明·姚绶	杂画	卷，纸本水墨淡彩	纵28.6	芝加哥艺术中心
明·姚绶	都门别意图	卷，纸本淡彩		芝加哥艺术中心
明·姚绶	山献翠屏图	轴，纸本水墨设色	148.3×31.0	王季迁
明·姚绶	松阴清话图	轴，纸本淡彩	146.5×65.2	王季迁
明·姚绶	书画卷	卷，纸本水墨	23.1×76.9	顾洛阜
明·倪弘鳌	山水图	轴，绢本水墨淡彩	168.5×132.2	高居翰
明·周文靖	山水图	轴，绢本设色	88.7×40.4	普林斯顿大学艺术博物馆
明·居节	观泉图	轴，纸本水墨	110.3×24.8	大都会艺术博物馆
明·居节	赤壁游图	轴，纸本淡彩	90.0×40.7	普林斯顿大学艺术博物馆
明·居节	山水人物图	扇面，金笺水墨淡彩	15.8×46.9	加州大学伯克利分校
明·居节	山水人物图	扇面，金笺水墨淡彩		施兰科
明·侯懋功	仿王蒙山水图	轴，纸本淡彩	91.0×46.9	密歇根大学美术馆
明·胡玉昆	山水图	册，纸本水墨淡彩	22.8×16.9	加州大学伯克利分校
明·孙克弘	雪岩观瀑图	轴，纸本淡彩	111.0×30.9	密歇根大学美术馆
明·孙克弘	长林石几图	卷，纸本水墨设色	31.4×369.0	旧金山亚洲艺术博物馆
明·孙枝	秋景山水图	卷，纸本淡彩	28.2×120.9	弗利尔艺术馆
明·孙枝	王维辋川别业图	卷，绢本淡彩	纵30.3	威利斯
明·徐贲	听泉图	轴，纸本水墨	139.2×37.0	芝加哥艺术中心
明·徐贲	溪山无尽图	卷，纸本水墨	28.5×496.8	弗利尔艺术馆
明·徐贲	溪山图	轴，纸本水墨	67.5×26.0	克利夫兰艺术博物馆
明·袁尚统	山水图	轴，绢本水墨淡彩	174.7×100.0	纳尔逊艺术博物馆
明·袁尚统	蜀栈道图	轴，纸本水墨淡彩	134.0×60.1	加州大学伯克利分校
明·高阳	山水图	轴，绢本水墨设色	176.0×67.5	高居翰
明·高阳	竞秀争流图	轴，纸本水墨淡彩	201.9×44.8	加州大学伯克利分校
明·张羽	松轩春霭图	轴，纸本水墨淡彩	91.5×31.5	大都会艺术博物馆
明·张翀	山水图	册页，绢本水墨淡彩	29.8×21.6	加州大学伯克利分校
明·张翀	花鸟图	扇面，金笺水墨	16.0×49.0	大都会艺术博物馆
明·张元举	菊石图	扇面，金笺水墨	15.9×47.4	大都会艺术博物馆
明·张祜	墨梅图	轴，绢本水墨	156.7×70.1	普林斯顿大学艺术博物馆
明·张复	山水图	轴，绢本水墨淡彩	147.6×50.7	纳尔逊艺术博物馆
明·张复	细笔设色山水图	轴，纸本水墨淡彩	102.2×31.0	加州大学伯克利分校
明·张宁	虚亭飞瀑图	轴，纸本设色	111.0×38.0	克利夫兰艺术博物馆

（续表）

明·张翮	山水群鸦图	扇面，金笺水墨淡彩	17.7×53.5	加州大学伯克利分校
明·张瑞图	山水图	轴，绢本水墨	168.8×51.5	普林斯顿大学艺术博物馆
明·盛年	山水图	扇面，金笺水墨	16.9×54.0	加州大学伯克利分校
明·盛于斯	山水图	册页，绢本水墨淡彩	29.8×21.6	加州大学伯克利分校
明·莫是龙	山水图	卷，纸本水墨淡彩	21.0×81.0	顾洛阜
明·莫是龙	山水图	轴，纸本水墨	46.5×26.0	普林斯顿大学艺术博物馆
明·陈汝言	山居高隐图	轴，纸本水墨	91.5×48.5	芝加哥艺术中心
明·陈汝言	罗浮山樵图	轴，绢本水墨淡彩	107.0×53.5	克利夫兰艺术博物馆
明·陈汝言	仙山图	卷，绢本设色	33.2×97.0	佩利
明·陈括	荷花荡图（诸名贤寿文徵明八十寿诗画册）	册页，绢本水墨淡彩	21.8×19.0	王季迁
明·陈季谅	山水人物图	扇面，金笺设色	18.0×54.0	大都会艺术博物馆
明·陈淳	八咏楼诗画卷	卷，纸本水墨	纵25.5	芝加哥艺术中心
明·陈淳	溽暑花卉图	轴，纸本水墨设色		大都会艺术博物馆
明·陈淳	花卉图	册，纸本水墨		翁万戈
明·陈淳	墨花图	卷，纸本水墨	21.1×472.5	王季迁
明·陈淳	梅花水仙图	轴，纸本水墨	70.2×33.1	普林斯顿大学艺术博物馆
明·陈淳	水墨花卉图	轴，纸本水墨	116.6×60.0	普林斯顿大学艺术博物馆
明·陈淳	花卉图	卷，纸本水墨	纵25.9	普林斯顿大学艺术博物馆
明·陈淳	仿米友仁云山图	卷，纸本淡彩	30.5×140.7	弗利尔艺术馆
明·陈淳	烟寺寻幽图	轴，纸本水墨	158.0×63.5	克利夫兰艺术博物馆
明·陈淳	溪山雨后图	卷，纸本水墨淡彩	纵26.1	纳尔逊艺术博物馆
明·陈淳	荷花图	卷，纸本设色	纵29.8	纳尔逊艺术博物馆
明·陈淳	蟹图	轴，纸本水墨	89.6×34.8	纳尔逊艺术博物馆
明·陈淳	西汀图	卷，绢本水墨	纵26.1	加州大学伯克利分校
明·陈淳	设色花卉图	卷，纸本设色	24.8×206.1	旧金山亚洲艺术博物馆
明·陈淳	山水图	扇面，金笺水墨	18.2×51.3	夏威夷火奴鲁鲁艺术学院
明·陈淳	山水图	扇面，金笺水墨	18.2×50.3	夏威夷火奴鲁鲁艺术学院
明·陈淳	曲港春燕图	卷，纸本水墨淡彩	纵30.6	夏威夷火奴鲁鲁艺术学院
明·陈焕	山水人物图	扇面，金笺水墨淡彩	15.4×46.7	加州大学伯克利分校
明·陈焕	仿王蒙山水图	轴，绢本水墨淡彩	112.8×47.1	加州大学伯克利分校

（续表）

明·陈焕	潇湘八景之渔村夕照	册页，纸本水墨设色	24.0×25.2	赛克勒艺术馆
明·陈裸	山水图	轴，绢本水墨淡彩	197.2×98.1	高居翰
明·陈裸	山水人物图	扇面，纸本水墨设色	16.3×50.0	大都会艺术博物馆
明·陈铨	观月图	轴，绢本水墨淡彩	110.1×45.0	加州大学伯克利分校
明·陈璜	山水图	扇面，金笺水墨淡彩		施兰科
明·陈继儒	江山萧寺图	扇面，金笺水墨	17.4×51.4	密歇根大学美术馆
明·陈继儒	墨梅图	册页，金笺水墨	27.2×33.1	弗利尔艺术馆
明·陆亢正	山水图	扇面，金笺水墨	16.2×50.0	大都会艺术博物馆
明·陆治	山水图	扇面，金笺水墨	17.5×48.5	大都会艺术博物馆
明·陆治	溪山清远图	轴，纸本设色	106.0×30.0	王季迁
明·陆治	葑溪图（诸名贤寿文徵明八十寿诗画册）	册页，绢本水墨淡彩	21.8×19.0	王季迁
明·陆治	阳城湖图（诸名贤寿文徵明八十寿诗画册）	册页，绢本水墨淡彩	21.8×19.0	王季迁
明·陆治	赏秋图	轴，纸本水墨设色	106.7×27.4	波士顿美术博物馆
明·陆治	种菊图	轴，纸本淡彩	106.2×27.2	普林斯顿大学艺术博物馆
明·陆治	仙山楼阁图	轴，纸本水墨淡彩	85.0×30.0	普林斯顿大学艺术博物馆
明·陆治	山水图	轴，纸本设色	89.0×34.6	普林斯顿大学艺术博物馆
明·陆治	山水图	轴，绢本设色	64.5×25.7	普林斯顿大学艺术博物馆
明·陆治	琵琶行图	卷，纸本设色	22.3×100.1	弗利尔艺术馆
明·陆治	仿倪瓒山水图	轴，纸本水墨	109.0×45.7	克利夫兰艺术博物馆
明·陆治	设色山水图	卷，纸本设色	纵24.3	纳尔逊艺术博物馆
明·陆治	溪石图	卷，绢本水墨淡彩	30.8×85.6	纳尔逊艺术博物馆
明·陆治	山水图	扇面，金笺水墨淡彩	17.1×51.4	夏威夷火奴鲁鲁艺术学院
明·陆治	梅花图	轴，纸本水墨淡彩	59.5×35.0	夏威夷火奴鲁鲁艺术学院
明·陆治	赏秋图	纸本	106.7×27.4	波士顿美术博物馆
明·陆复	红梅图	轴，绢本设色	88.0×45.9	普林斯顿大学艺术馆
明·陆瑞征	山水图	册页，绢本水墨淡彩	29.8×21.6	加州大学伯克利分校
明·程于圣	为鲁望画兰竹树石	卷，纸本水墨		芝加哥艺术中心
明·程嘉燧	鸡图	扇面，金笺水墨		大都会艺术博物馆
明·程嘉燧	水墨山水图	轴，纸本水墨	48.4×25.9	普林斯顿大学艺术博物馆
明·项元汴	诗画卷	卷，纸本水墨	29.5×92.5	顾洛阜
明·黄益	山水图（二幅）	册页，绢本水墨淡彩	29.8×21.6	加州大学伯克利分校
明·黄道周	山水图	卷，纸本水墨	纵27.8	普林斯顿大学艺术馆

（续表）

明・杨文骢	江山孤亭图	轴，绫本水墨	37.2×17.1	纳尔逊艺术博物馆
明・杨逊	山水图	轴，纸本水墨	115.4×48.0	施兰科
明・杨逊	山水图	轴，绢本水墨	182.7×76.9	施兰科
明・董其昌	夏木晴峦图	轴，纸本水墨	113.0×48.7	大都会艺术博物馆
明・董其昌	山水图	轴，绢本水墨淡彩	148.4×66.5	大都会艺术博物馆
明・董其昌	山水图	册，绢本设色	24.8×16.7	爱德华
明・董其昌	仿黄公望富春山图	卷，纸本水墨	纵46.8	翁万戈
明・董其昌	仿倪瓒松亭秋色图	轴，纸本水墨	138.0×53.8	翁万戈
明・董其昌	仿董源青弁山图	轴，纸本水墨	225.0×66.8	克利夫兰艺术博物馆
明・董其昌	书画册	册，纸本水墨	25.0×34.3	翁万戈
明・董其昌	己亥一月山水图	卷，纸本水墨	32.4×359.4	翁万戈
明・董其昌	仿吴镇画册	册，纸本水墨	40.0×26.8	翁万戈
明・董其昌	书画册	册，金笺水墨设色	32.7×23.5	翁万戈
明・董其昌	荆溪招隐图	卷，纸本水墨	28.5×127.0	大都会艺术博物馆
明・董其昌	山水图	轴，纸本水墨	95.8×42.4	顾洛阜
明・董其昌	仿倪瓒山水图	轴，纸本水墨	115.5×45.5	顾洛阜
明・董其昌	仿倪瓒山水图	轴，纸本水墨	100.6×26.2	普林斯顿大学艺术博物馆
明・董其昌	山水画	册，纸本水墨	24.5×15.8	普林斯顿大学艺术博物馆
明・董其昌	山水画	册，纸本水墨		普林斯顿大学艺术博物馆
明・董其昌	山水图	轴，纸本水墨	128.2×38.3	弗利尔艺术馆
明・董其昌	建溪山水图	轴，纸本设色	125.3×47.5	王季迁
明・董其昌	江山秋霁图	卷，纸本水墨	37.8×136.4	克利夫兰艺术博物馆
明・董其昌	仿杨昇没骨山水图	轴，绢本设色	77.1×34.1	纳尔逊艺术博物馆
明・董其昌	仿古山水图	册页，纸本设色	55.5×34.5	纳尔逊艺术博物馆
明・董其昌	山水图	轴，绢本设色	142.7×59.8	旧金山亚洲艺术博物馆
明・董其昌	米法山水图	扇面，金笺水墨淡彩	15.8×49.0	夏威夷火奴鲁鲁艺术学院
明・董其昌	江山秋霁图	纸本	37.8×136.4	克里夫兰美术馆
明・董其昌	仿“茅棚十景”	册页，纸本设色	62.3×40.6	纳尔逊艺术博物馆
明・董其昌	秋日山水	手卷，纸本水墨	38.4×136.8	克利夫兰艺术博物馆
明・李士达	渊明赏菊图			密歇根艺术博物馆
明・吴世恩	人物图			菲尼克斯博物馆
明・申硕	风景画			菲尼克斯博物馆
明・赵祚	访洞庭图			菲尼克斯博物馆
明・盛茂烨	风景图			菲尼克斯博物馆
明・文南	索梅图			菲尼克斯博物馆

（续表）

明・陈子河	蓝采和吹笛图			菲尼克斯博物馆
明・詹景凤	山水图	扇面，纸本水墨	18.5×53.1	夏威夷火奴鲁鲁艺术学院
明・詹景凤	洞庭秋色图	轴，纸本水墨	99.0×28.8	加州大学伯克利分校
明・邹典	山水图	册页，绢本水墨淡彩	29.8×21.6	普林斯顿大学艺术博物馆
明・赵左	溪山高隐图	卷，纸本水墨	30.5×456.0	高居翰
明・赵左	湖山烟雨图	轴，绢本水墨	87.7×33.0	哈佛大学福格艺术博物馆
明・赵左	峦容秋色图	扇面，金笺水墨淡彩	18.0×53.4	加州大学伯克利分校
明・赵左	山水图	扇面，金笺水墨淡彩		施兰科
明・赵左	雪景山水图	轴，绢本水墨淡彩	176.5×94.8	私人（属斯坦福大学）
明・夏葵	高士观瀑图	轴，绢本水墨淡彩	195.6×101.6	芝加哥艺术中心
明・夏葵	雪夜访戴图	轴，绢本水墨淡彩	195.6×88.6	芝加哥艺术中心
明・闽士宰	山水图	轴，绫本水墨淡彩	129.7×47.5	加州大学伯克利分校
明・刘世珍	山水图	扇面，金笺水墨淡彩	14.3×45.0	加州大学伯克利分校
明・刘世儒	墨梅图	轴，绢本水墨	153.2×90.0	大都会艺术博物馆
明・刘世儒	墨梅图	轴，绢本水墨	180.3×98.4	哈佛大学福格艺术博物馆
明・刘世儒	月梅图	轴，绢本水墨	91.5×136.5	高居翰
明・刘世儒	雪梅图	轴，绢本水墨	174.5×61.3	普林斯顿大学艺术博物馆
明・刘度	仿赵孟頫山水图	轴，绫本设色	135.4×52.0	克利夫兰艺术博物馆
明・刘度	仿李成山水图	轴，绢本设色	90.8×38.4	斯坦福大学美术馆
明・刘珏	山水图	册页，纸本水墨	33.6×57.8	弗利尔艺术馆
明・刘珏	山水图	扇面，金笺水墨	16.4×51.0	夏威夷火奴鲁鲁艺术学院
明・刘原起	山水图	册页，绢本淡彩	31.2×35.2	密歇根大学美术馆
明・潘云驭	秋江落照图	扇面，金笺设色	15.5×47.5	大都会艺术博物馆
明・蒋嵩	渔夫山水图	轴，绢本水墨淡彩	146.1×53.3	哈佛大学福格艺术博物馆
明・蒋嵩	晚雪渔归图	轴，绢本水墨	150.1×100.3	密歇根大学艺术馆
明・蒋嵩	山水人物图	轴，绢本水墨	135.2×46.6	加州大学伯克利分校
明・蒋嵩	渔夫山水图	轴，绢本水墨淡彩	165.8×92.3	高居翰
明・蒋贵	寒山拾得图	轴，绢本水墨淡彩	173.5×105.5	普林斯顿大学艺术博物馆
明・邓旭	墨梅图	轴，绢本水墨	127.1×66.6	克利夫兰艺术博物馆
明・郑重	万叠云山图	扇面，金笺水墨淡彩	20.9×58.5	加州大学伯克利分校
明・钱贡	渔乐图	卷，纸本水墨淡彩	纵36.0	克利夫兰艺术博物馆
明・薛素素	双钩墨兰图	卷，纸本水墨	纵31.8	夏威夷火奴鲁鲁艺术学院

（续表）

明·薛素素	菊竹石图	扇面，金笺水墨	18.4×56.7	夏威夷火奴鲁鲁艺术学院
明·谢成	山水图	册页，绢本水墨淡彩	29.8×21.6	加州大学伯克利分校
明·谢时臣	山水人物图	扇面，金笺水墨	17.7×49.7	大都会艺术博物馆
明·谢时臣	万山飞雪图	卷，纸本水墨淡彩	纵27.4	芝加哥艺术中心
明·谢时臣	山水图	轴，绢本水墨淡彩	141.2×71.8	密歇根大学美术馆
明·谢时臣	蜀道图	轴，纸本水墨设色	336.5×101.5	王季迁
明·谢时臣	衡山图(诸名贤寿文徵明八十寿诗画册)	册页，绢本水墨淡彩	21.8×19.0	王季迁
明·谢时臣	宝带桥图(诸名贤寿文徵明八十寿诗画册)	册页，绢本水墨淡彩	21.8×19.0	王季迁
明·谢时臣	芦汀放鸭图	轴，绢本水墨设色	39.4×18.4	王季迁
明·谢时臣	山水画	册，纸本水墨（淡彩）	21.4×18.0	普林斯顿大学艺术博物馆
明·谢时臣	山水图	轴，绢本水墨淡彩	108.1×48.1	弗利尔艺术馆
明·谢时臣	风雨归村图	卷，绢本设色	纵40.2	克利夫兰艺术博物馆
明·谢时臣	巫峡云涛图	轴，纸本水墨淡彩	241.3×89.9	克利夫兰艺术博物馆
明·谢时臣	山水图	轴，纸本水墨	59.6×27.6	加州大学伯克利分校
明·谢时臣	溪山霁霭图	轴，绢本水墨	26.6×22.1	加州大学伯克利分校
明·谢时臣	林泉隐居图	轴，绢本水墨淡彩	155.2×82.1	高居翰
明·谢时臣	林和靖图	轴，绢本水墨淡彩	186.1×103.2	高居翰
明·谢时臣	关山雪霁图	轴，纸本淡彩	274.6×100.9	旧金山亚洲艺术博物馆
明·谢时臣	泰山松图	轴，绢本水墨淡彩	161.0×81.2	私人（属斯坦福大学）
明·谢时臣	危楼曲阁图（二幅）	轴，绢本水墨淡彩	274.3×84.5	旧金山亚洲艺术博物馆
明·谢时臣	溪山秋霁图	卷，纸本水墨	29.0×129.7	夏威夷火奴鲁鲁艺术学院
明·钟礼	观瀑图	轴，绢本水墨淡彩	176.4×103.1	大都会艺术博物馆
明·戴进	波戚金风图	卷，纸本水墨	29.9×1112.9	弗利尔艺术馆
明·戴进	雪归图	轴，绢本水墨淡彩	167.7×82.5	大都会艺术博物馆
明·戴进	踏雪寻梅图	轴，绢本水墨设色	150.5×91.0	王季迁
明·戴进	月下眠舟图	轴，绢本水墨淡彩	42.5×59.5	王季迁
明·戴进	夏木垂阴图	轴，绢本水墨淡彩	173.3×107.0	加州美术馆
明·戴进	柳溪放舟图	轴，绢本淡彩	154.9×88.3	哈佛大学福格艺术博物馆
明·戴进	山水人物图	轴，绢本设色	137.9×75.1	克利夫兰艺术博物馆
明·戴进	山水图	轴，绢本水墨淡彩	201.3×106.2	印第安纳波利斯艺术博物馆
明·戴进（传）	秋江渔艇图	卷，纸本水墨淡彩	46.0×740.0	弗利尔艺术馆

（续表）

明·蓝瑛	仿黄公望山水图	扇面，金笺设色	16.3×52.3	大都会艺术博物馆
明·蓝瑛	山水图	册，纸本淡彩	31.5×25.7	大都会艺术博物馆
明·蓝瑛	仿黄公望山水图	卷，绢本水墨淡彩	纵58.7	芝加哥大学美术馆
明·蓝瑛	山水画	册，纸本设色	25.0×32.5	芝加哥艺术中心
明·蓝瑛	寒山雪蹇图	轴，纸本淡彩	140.3×59.0	底特律艺术中心
明·蓝瑛	仿吴镇山水图	轴，绢本水墨淡彩	175.0×43.9	爱德华
明·蓝瑛	三清图	扇面，金笺水墨		爱德华
明·蓝瑛	大泽垂纶图	轴，绢本淡彩	195.0×48.5	耶鲁大学艺术馆
明·蓝瑛	竹石图	卷，纸本水墨	纵30.3	翁万戈
明·蓝瑛	山阴道写山水图	轴，纸本淡彩	148.5×81.5	王季迁
明·蓝瑛	仿梅道人山水图	轴，绢本水墨	179.1×51.1	王季迁
明·蓝瑛	山水图	轴，纸本设色	95.0×37.7	普林斯顿大学艺术博物馆
明·蓝瑛	花鸟图	轴，纸本淡彩	164.2×53.1	普林斯顿大学艺术博物馆
明·蓝瑛	仿黄公望富春山图	卷，金笺淡彩	纵8.0	普林斯顿大学艺术博物馆
明·蓝瑛	仿王蒙山水图	卷，纸本水墨设色	纵31.1	普林斯顿大学艺术博物馆
明·蓝瑛	山水图	扇面，金笺水墨淡彩	15.5×49.7	赛克勒艺术馆
明·蓝瑛	楚山秋霁图	轴，绢本设色	135.1×48.4	克利夫兰艺术博物馆
明·蓝瑛	支许清言图	轴，纸本水墨	140.8×55.5	克利夫兰艺术博物馆
明·蓝瑛	仿董源山水图	轴，纸本淡彩	127.8×39.0	印第安纳波利斯艺术博物馆
明·蓝瑛	摹戴进山水图	轴，纸本水墨淡彩	228.8×90.4	印第安纳波利斯艺术博物馆
明·蓝瑛	仿倪瓒山水图	册页，绢本水墨	30.7×26.2	吴讷孙
明·蓝瑛	蝶恋花	扇面，纸本水墨设色	17.5×51.0	罗依与玛丽琳·巴甫
明·蓝瑛	花卉图	轴，绢本水墨设色	146.4×95.5	绿韵轩
明·蓝瑛	雪山行旅图	轴，绢本水墨设色	178.5×86.0	绿韵轩
明·蓝瑛	山水图	轴，绢本设色	173.8×53.0	绿韵轩
明·蓝瑛	辛巳为茂先画疏林图	轴，纸本水墨	102.0×31.0	乐艺斋
明·蓝瑛	花卉动物图	册，纸本水墨淡彩	25.8×16.9	加州大学伯克利分校
明·蓝瑛	仿吴镇山水图	轴，绢本水墨	109.3×45.6	加州大学伯克利分校
明·蓝瑛	山水图	轴，绢本水墨淡彩	31.0×31.7	加州大学伯克利分校
明·蓝瑛	山水图	轴，绢本水墨淡彩	31.0×30.8	加州大学伯克利分校
明·蓝瑛	山水图	轴，绢本水墨淡彩	176.5×50.6	加州大学伯克利分校
明·蓝瑛	仿赵孟頫山水图	轴，金笺水墨淡彩	161.5×52.3	加州大学伯克利分校
明·蓝瑛	雪景山水图	轴，纸本水墨淡彩	139.5×58.9	高居翰

（续表）

明・蓝瑛	江・飞雪图	轴，绢本淡彩	190.0×92.7	旧金山亚洲艺术博物馆
明・蓝瑛、谢彬	山水人物图	卷，纸本设色	纵29.0	加州大学伯克利分校
明・蓝瑛、孙杕	双钩竹石图	轴，绢本水墨	165.0×57.3	芝加哥艺术中心
明・关思	山水图	轴，绢本水墨淡彩	112.1×59.3	纳尔逊艺术博物馆
明・关思	秋江钓艇图	轴，纸本淡彩	111.8×83.8	纳尔逊艺术博物馆
明・魏之克	山水图长卷	纸本淡彩	纵30.3	大都会艺术博物馆
明・魏之克	二十四番花信图	卷，纸本设色	纵31.6	印第安纳波利斯艺术博物馆
明・魏节	山水图	册页，绢本水墨淡彩	29.8×21.6	加州大学伯克利分校
明・顾凝远	江山秋色图	轴，纸本水墨设色	53.9×31.1	加州大学伯克利分校
明・顾懿德	仿王蒙溪桥玩月图	轴，纸本水墨淡彩	纵154.7	大都会艺术博物馆
明・龚远	山水图	册页，绢本水墨淡彩	29.8×21.6	加州大学伯克利分校
明・周渊	鹿图	轴，绢本设色	179.7×92.4	弗利尔艺术馆
明・释律	水仙图	轴，绢本水墨	66.4×42.5	克利夫兰艺术博物馆
明・戴明说	墨竹图	轴，绫本水墨	152.5×48.9	加州大学伯克利分校
明・朱瞻基	桃花鹦鹉图	轴，绢本设色	81.3×34.3	西雅图艺术馆
明・朱瞻基	双犬图	轴，纸本水墨淡彩	26.0×34.3	哈佛大学福格艺术博物馆
明・朱瞻基	一笑图	轴，纸本水墨淡彩	202.1×73.5	纳尔逊艺术博物馆
明・吕纪	白鸡图	轴，绢本设色	151.9×80.0	克利夫兰艺术博物馆
明・吕纪	溪鹤图	轴，绢本水墨设色	148.6×84.2	高居翰
明・吕纪	蔷薇图	卷，绢本设色	纵32.1	克利夫兰艺术博物馆
明・吕纪	百鸟三友图	轴，绢本设色	152.4×90.2	圣地亚哥美术馆
明・吕纪	花鸟图	轴，绢本设色	148.5×83.9	加州大学伯克利分校
明・吕纪	群鹭图	轴，绢本设色	148.5×82.5	波士顿美术博物馆
明・吕纪	鹭归图	轴，绢本水墨设色	58.4×21.2	大都会艺术博物馆
明・周之冕	花卉图	卷，纸本设色	纵28.8	印第安纳波利斯艺术博物馆
明・萧海山	双鹰老松图	轴，绢本水墨淡彩	179.7×97.8	西雅图美术馆
明・岳正	临日观葡萄图	轴，纸本淡彩	122.5×42.0	纳尔逊艺术博物馆
明・林良	水墨花鸟画	轴，绢本水墨	161.1×85.5	普林斯顿大学艺术博物馆
明・林良	花鸟图	轴，绢本水墨淡彩	163.3×85.6	普林斯顿大学艺术博物馆
明・林良	孔雀图	轴，绢本水墨	154.0×107.0	克利夫兰艺术博物馆
明・林良	芦雁图	轴，绢本水墨淡彩	139.4×80.9	高居翰

（续表）

明·林雪	芦雁图	轴，绢本水墨淡彩	185.3×99.4	弗利尔艺术馆
明·殷宏	早春花鸟图	轴，绢本设色	168.7×102.7	肯贝尔美术馆
明·殷宏	百鸟图	轴，绢本设色	240.0×195.5	克利夫兰艺术博物馆
明·马守真	兰石图	轴，纸本水墨	52.5×29.1	普林斯顿大学艺术博物馆
明·马守真	设色兰竹图	卷，金笺设色	纵26.2	印第安纳波利斯艺术博物馆
明·马守真	兰竹石图	轴，纸本水墨	101.0×29.3	普林斯顿大学艺术博物馆
明·陈嘉言	花鸟图	轴，纸本水墨	120.0×51.8	吴讷孙
明·倪元璐	石图	轴，绢本水墨	130.0×45.2	顾洛阜
明·倪元璐	蕉鹤图	轴，纸本水墨		顾洛阜
明·倪元璐	石交图	册，绫本水墨淡彩	21.4×19.9	普林斯顿大学艺术博物馆
明·倪元璐	花卉图	卷，纸本水墨	26.9×313.6	弗利尔艺术馆
明·倪元璐	苍林秀石图	轴，纸本水墨	140.5×57.0	乐艺斋
明·夏昶	竹泉春雨图	卷，纸本水墨	纵40.7	芝加哥艺术中心
明·夏昶	清风高节图	轴，纸本水墨	203.3×59.8	普林斯顿大学艺术博物馆
明·夏昶	潇湘过雨图	卷，纸本水墨	29.0×780.0	弗利尔艺术馆
明·夏昶	淇园过雨图	轴，绢本水墨	125.5×53.8	克利夫兰艺术博物馆
明·夏昶	苍筠谷图	卷，纸本水墨	纵26.7	圣路易斯艺术博物馆
明·夏昶	嶰谷清风图	卷，纸本水墨	48.5×610.8	夏威夷火奴鲁鲁艺术学院
明·徐渭	水仙竹石图	轴，纸本水墨	79.2×32.3	普林斯顿大学艺术博物馆
明·徐渭	花卉图	卷，纸本水墨	32.5×535.5	弗利尔艺术馆
明·徐渭	花卉图	卷，纸本水墨	纵30.2	夏威夷火奴鲁鲁艺术学院
明·马世达	蔬菜图	轴，纸本水墨	110.0×46.5	大都会艺术博物馆
明·陈元素	墨兰图	轴，纸本水墨	82.2×30.1	普林斯顿大学艺术博物馆
明·陈元素	兰花图	轴，纸本水墨	107.9×31.7	王季迁
明·陶成	写生二种图	卷，纸本水墨	28.6×152.1	克利夫兰艺术博物馆
明·复原	墨梅图	轴，纸本水墨	103.2×33.0	纳尔逊艺术博物馆
明·冯祯卿	写意竹图	卷，纸本水墨	纵26.1	普林斯顿大学艺术博物馆
明·刘节	鱼蟹图	轴，绢本水墨设色	175.9×107.3	大都会艺术博物馆
明·赵璧	画松	扇面，金笺水墨淡彩		吴讷孙
明·祁豸佳	冬景图			菲尼克斯博物馆
清·上官周	风俗图	轴，绫本设色	211.5×129.2	纳尔逊艺术博物馆

（续表）

清·上官周	归牧图、午睡图	双幅，纸本水墨淡彩	26.6×28.1	高居翰
清·上官周	山水图	轴，纸本水墨	65.3×30.7	盖斯勒
清·归庄	罗汉图	册页，纸本水墨淡彩	26.0×35.3	克利夫兰艺术博物馆
清·文淑	百合图	轴，纸本水墨设色	126.0×51.2	顾洛阜
清·文淑	墨菊图	扇面，金笺水墨	15.9×45.0	加州大学伯克利分校
清·文淑	花卉图	扇面，金笺水墨	16.7×53.7	夏威夷火奴鲁鲁艺术学院
清·文点	山水图	轴，纸本水墨		耶鲁大学艺术馆
清·方士庶	山水图	轴，纸本水墨淡彩	67.8×46.0	大都会艺术博物馆
清·方士庶	画册	纸本水墨淡彩	22.9×27.1	普林斯顿大学艺术博物馆
清·方士庶	山水图	册，纸本水墨淡彩	24.5×14.4	加州大学伯克利分校
清·方士庶	山水图	轴，纸本水墨淡彩	135.0×60.8	加州大学伯克利分校
清·方士庶	仿董源山水图	轴，纸本水墨淡彩	132.5×57.0	绿韵轩
清·方士模	山水图	册页，纸本	19.5×13.2	加州大学伯克利分校
清·方士猷	山水图	册页，纸本水墨淡彩	19.5×13.2	加州大学伯克利分校
清·方以智	仿倪瓒山水图	轴，纸本水墨	44.1×29.1	加州大学伯克利分校
清·方以智	拟陆广笔意山水图	轴，纸本淡彩	145.9×45.1	旧金山亚洲艺术博物馆
清·王牧	山水图	册页，纸本	19.5×13.2	加州大学伯克利分校
清·王昱	富春山色图	轴，纸本水墨淡彩	122.0×68.5	加州大学伯克利分校
清·王文亭	王母庆寿图	通景屏（十二屏），金笺设色	218.0×40.0	圣路易斯艺术博物馆
清·王原祁	山水图	轴，纸本水墨	114.5×53.8	大都会艺术博物馆
清·王原祁	辋川图	册页，纸本水墨淡彩	35.3×55.0	大都会艺术博物馆
清·王原祁	仿黄公望山水图	轴，纸本淡彩	106.3×57.2	密歇根大学美术馆
清·王原祁	山水图	册页，金笺水墨		哈佛大学福格艺术博物馆
清·王原祁	仿吴镇山水图	轴，纸本水墨	108.1×51.2	顾洛阜
清·王原祁	山水图	轴，纸本水墨	93.5×45.3	顾洛阜
清·王原祁	严滩春晓图	卷，纸本水墨淡彩		波士顿美术博物馆
清·王原祁	山水图	册，纸本水墨淡彩	35.0×30.4	普林斯顿大学艺术博物馆
清·王原祁	山水图	扇面，纸本水墨淡彩	16.3×49.0	普林斯顿大学艺术博物馆
清·王原祁	仿倪瓒山水图	轴，纸本设色	95.5×50.5	弗利尔艺术馆
清·王原祁	山水图	轴，纸本设色	97.7×59.2	弗利尔艺术馆
清·王原祁	设色“云林”图	轴，纸本设色	80.4×43.5	克利夫兰艺术博物馆
清·王原祁	山水图	卷，纸本水墨设色	37.5×267.0	克利夫兰艺术博物馆
清·王原祁	岁寒三友图	轴，纸本水墨	75.2×41.7	纳尔逊艺术博物馆
清·王原祁	设色“云林”山水图	轴，纸本淡彩	119.4×51.1	纳尔逊艺术博物馆

（续表）

清·王原祁	桃源春图、江南春图	双幅，纸本水墨淡彩	32.4×24.8	纳尔逊艺术博物馆
清·王原祁	为瞻亭七发妙剂图	轴，纸本水墨淡彩	65.2×47.0	乐艺斋
清·王原祁	山水图	轴，绢本水墨淡彩	52.9×29.2	加州大学伯克利分校
清·王原祁	山水图	轴，纸本水墨淡彩	57.8×35.1	加州大学伯克利分校
清·王原祁	山水图	轴，纸本水墨	62.0×32.6	加州大学伯克利分校
清·王原祁	仿黄公望山水图	轴，纸本水墨	36.3×28.9	加州大学伯克利分校
清·王原祁	山水图	轴，纸本水墨淡彩		高居翰
清·王原祁	山水图	轴，纸本水墨	96.5×42.0	施兰科
清·王原祁	写杜甫诗意图	轴，绢本设色	320.0×91.4	翁万戈
清·王原祁	仿倪瓒黄公望山水图	轴，纸本水墨淡彩	107.8×44.7	旧金山亚洲艺术博物馆
清·王原祁	仿黄公望山水图	轴，纸本水墨淡彩	99.4×57.2	夏威夷火奴鲁鲁艺术学院
清·王原祁	桃花春日	装裱成立轴的册页；纸本水墨设色	31.2×24.8	纳尔逊艺术博物馆
清·王时敏	山水图	扇面，金笺水墨		大都会艺术博物馆
清·王时敏	仿黄子久笔意山水图	轴，纸本水墨	60.0×34.3	耶鲁大学艺术馆
清·王时敏	山水图	卷，纸本水墨设色	纵31.7	翁万戈
清·王时敏	山水图	扇面，纸本水墨淡彩	15.8×44.9	顾洛阜
清·王时敏	仿黄公望山水图	卷，纸本水墨	纵22.5	普林斯顿大学艺术博物馆
清·王时敏	山水图	册页，卷装，纸本设色	27.2×37.2	弗利尔艺术馆
清·王时敏	富春秋色图	轴		傅平山博物馆
清·王时敏	山水图	轴，纸本水墨	125.6×59.3	佩利
清·王翚	竹溪仙馆图	轴，纸本水墨淡彩	40.1×48.0	大都会艺术博物馆
清·王翚	临燕文贵勘书图	扇面，纸本水墨设色	16.2×48.5	大都会艺术博物馆
清·王翚	康熙南巡图	卷，绢本设色	67.5×114.5	大都会艺术博物馆
清·王翚	虞山秋色图	卷，绢本设色	纵39.4	密歇根大学美术馆
清·王翚	仿赵令穰山水图（祝蒋母曹夫人五十寿山水图册）	册页，金笺水墨设色	31.6×33.5	耶鲁大学艺术馆
清·王翚	泰山春雨图（祝蒋母曹夫人五十寿山水图册）	册页，金笺水墨	31.6×33.5	耶鲁大学艺术馆
清·王翚	山水图（祝蒋母曹夫人五十寿山水图册）	册页，金笺水墨	31.6×33.5	耶鲁大学艺术馆
清·王翚、王时敏	仿古山水图	册页，纸本水墨淡彩	22.0×33.6	翁万戈
清·王翚、焦秉贞	安麓村像	卷，绢本设色	37.8×348.0	翁万戈
清·王翚	长江万里图	卷，纸本水墨设色	纵40.2	翁万戈

（续表）

清·王翚	仿王蒙松峰仙馆图	轴，纸本水墨	155.5×58.5	翁万戈
清·王翚	虚亭秀木图	轴，纸本水墨淡彩	70.0×34.6	翁万戈
清·王翚	仿黄公望山水图	轴，纸本水墨淡彩	47.8×30.8	翁万戈
清·王翚	楚山清晓图	轴，纸本水墨淡彩	134.5×53.5	顾洛阜
清·王翚	山水图	扇面，纸本水墨淡彩	17.2×50.0	顾洛阜
清·王翚	仙山楼阁图	轴，纸本水墨淡彩	176.1×75.1	普林斯顿大学艺术博物馆
清·王翚	夏山松风图	轴，纸本水墨淡彩	151.7×47.4	普林斯顿大学艺术博物馆
清·王翚	仿唐寅青溪曳杖图	轴，纸本设色	184.3×49.0	普林斯顿大学艺术博物馆
清·王翚	仿倪瓒山水图	轴，纸本水墨	102.4×56.2	普林斯顿大学艺术博物馆
清·王翚	夏日园居图	轴，绢本设色	145.5×46.6	普林斯顿大学艺术博物馆
清·王翚	临巨然烟浮远岫图	轴，绢本水墨	192.5×71.5	普林斯顿大学艺术博物馆
清·王翚	仿王蒙藤花书屋图	轴，纸本水墨淡彩	117.8×58.6	普林斯顿大学艺术博物馆
清·王翚	秋山草堂图	轴，纸本水墨淡彩	149.5×54.0	普林斯顿大学艺术博物馆
清·王翚	山庄秋霁图	卷，纸本水墨淡彩	纵30.0	普林斯顿大学艺术博物馆
清·王翚	山水图	扇面，纸本设色	17.1×50.6	普林斯顿大学艺术博物馆
清·王翚	仿宋元真本山水图	册，纸本水墨淡彩	21.8×31.6	普林斯顿大学艺术博物馆
清·王翚	山水图	轴，纸本水墨	172.2×89.5	普林斯顿大学艺术博物馆
清·王翚	仿董源山水图	轴，绢本水墨淡彩	58.7×26.5	普林斯顿大学艺术博物馆
清·王翚	山水图	轴，纸本水墨淡彩	134.5×45.0	普林斯顿大学艺术博物馆
清·王翚	仿黄公望富春山居图	卷，纸本水墨淡彩	38.4×743.5	弗利尔艺术馆
清·王翚、杨晋、徐洛	麓村高逸图	轴，纸本淡彩	121.7×53.5	克利夫兰艺术博物馆
清·王翚	仿王蒙修竹远山图	轴，纸本水墨	79.2×39.2	克利夫兰艺术博物馆
清·王翚	松乔堂图	卷，纸本水墨淡彩		佩利
清·王翚	仿黄公望山水图	卷，纸本水墨	纵29.0	纳尔逊艺术博物馆
清·王翚	溪山渔乐图	扇面，金笺水墨淡彩	20.2×60.5	纳尔逊艺术博物馆
清·王翚	仿黄公望烟江叠嶂图	轴，绢本水墨淡彩	155.3×380.4	纳尔逊艺术博物馆
清·王翚	江山渔乐图	卷，纸本水墨淡彩	纵36.4	加州大学伯克利分校

（续表）

清·王翚	仿黄公望山水图	轴，纸本水墨	94.5×51.0	加州大学伯克利分校
清·王翚	云烟山水图	轴，纸本水墨	48.2×26.7	加州大学伯克利分校
清·王翚	山水图	轴，纸本水墨	97.3×45.3	施兰科
清·王翚	山水图	册，纸本水墨	46.4×30.0	绿韵轩
清·王翚	仿巨然夏山图	轴，绢本水墨淡彩	162.2×76.0	斯坦福大学博物馆
清·王翚	仿甘凤子渔庄秋霁图	轴，纸本水墨淡彩	61.8×39.8	夏威夷火奴鲁鲁艺术学院
清·王翚	仿巨然临安山色图	卷，纸本水墨淡彩	纵31.1	夏威夷火奴鲁鲁艺术学院
清·王翚等	康熙南巡图卷三——济南至泰山	宫廷画，手卷，绢本水墨设色	67.8×13.9米	
清·王翚	康熙南巡图（部分）	绢本	67.5×114.5	大都会艺术博物馆
清·王翚等	康熙南巡图卷三——济南至泰山至蒙阴	手卷，绢本水墨设色	横1 390.0	大都会艺术博物馆
清·唐岱	山水图	册，纸本水墨设色	24.6×17.5	旧金山亚洲艺术博物馆
清·郎世宁	乾隆帝及后妃像	卷，绢本水墨设色	52.9×688.3	克利夫兰艺术博物馆
清·郎世宁	夜市图	轴，绢本水墨淡彩	257.8×155.0	斯坦福大学博物馆
清·郎世宁	西洋风景图	卷，绢本设色	纵52.7	斯坦福大学博物馆
清·郎世宁等	乾隆帝与皇后肖像	绢本	53.0×688.3	克里夫兰艺术博物馆
清·郎世宁等 1736年	乾隆皇帝登基像(包括皇后和十一位皇妃)	手卷，绢本水墨设色	52.8×688.3	克利夫兰艺术博物馆
清·郎世宁	寒香幽鸟图			密歇根艺术博物馆
清·刘度	溪亭对谈			菲尼克斯博物馆
清·吴丹	仿夏圭山水			菲尼克斯博物馆
清·王专	风景图			菲尼克斯博物馆
清·张申	山中秋河图			菲尼克斯博物馆
清·王元奇	玉山风景			菲尼克斯博物馆
清·上官舟	风景			菲尼克斯博物馆
清·沈宗敬	江山无尽图			菲尼克斯博物馆
清·方世书	仿赵孟頫鹊华秋色			菲尼克斯博物馆
清·关西宁	苏东坡			菲尼克斯博物馆
清·钱韦成	花果风景图			菲尼克斯博物馆
清·方舟子荀	端午一瞥图			私人
清·永荣	两幅风景			菲尼克斯博物馆
清·王学浩	黄公望风景图			菲尼克斯博物馆
清·戴曲恒	童嬉图			菲尼克斯博物馆
清·弘历（清高宗）	古松图	卷，纸本水墨	纵22.1	斯坦福大学博物馆

（续表）

清·弘历（清高宗）	寒山别墅图	卷，纸本水墨	纵22.1	斯坦福大学博物馆
清·恽寿平	设色牡丹图	轴，绢本设色	176.0×89.3	大都会艺术博物馆
清·恽寿平	设色山水图	轴，纸本水墨淡彩	133.7×63.8	大都会艺术博物馆
清·恽寿平	米法山水图	扇面，纸本水墨	17.0×52.0	大都会艺术博物馆
清·恽寿平	山水图	册，纸本水墨设色		哈佛大学福格艺术博物馆
清·恽寿平	东园墨戏	册，纸本水墨	22.7×18.4	翁万戈
清·恽寿平	山水图	册，绢本水墨淡彩	32.5×26.5	顾洛阜
清·恽寿平	花卉图	扇面，纸本设色	17.2×50.7	顾洛阜
清·恽寿平	杂画	册，纸本水墨淡彩	26.7×59.3	普林斯顿大学艺术博物馆
清·恽寿平	桃花图	扇面，纸本设色	18.7×52.5	普林斯顿大学艺术博物馆
清·恽寿平	秋海棠图	扇面，纸本设色	17.2×52.2	普林斯顿大学艺术博物馆
清·恽寿平	山水图	册，纸本水墨淡彩	27.2×42.2	普林斯顿大学艺术博物馆
清·恽寿平	五色牡丹图	轴，绢本设色	118.5×71.6	克利夫兰艺术博物馆
清·恽寿平	菊图	扇面，金笺水墨淡彩	20.2×60.5	纳尔逊艺术博物馆
清·恽寿平	花卉图	册，绢本设色	24.5×29.1	纳尔逊艺术博物馆
清·恽寿平	山水花卉图	册，纸本设色		高居翰
清·恽寿平、王翚	仿元人山水图	卷，纸本水墨	纵19.8	加州大学伯克利分校
清·恽寿平	山水花卉图	册，纸本、绢本、水墨淡彩	22.1×31.5	加州大学伯克利分校
清·恽寿平	墨竹图	册页，纸本水墨	22.0×24.8	加州大学伯克利分校
清·恽寿平	灵芝图	册页，纸本水墨	22.0×24.8	加州大学伯克利分校
清·恽寿平	山水图	轴，纸本水墨	170.3×48.5	旧金山亚洲艺术博物馆
清·恽寿平	茄子图	扇面，纸本淡彩	17.8×52.4	夏威夷火奴鲁鲁艺术学院
清·恽寿平	萱花柏药图	轴，纸本水墨淡彩	138.3×67.7	夏威夷火奴鲁鲁艺术学院
清·恽寿平	荷花图	轴，绢本设色	169.2×73.8	旧金山亚洲艺术博物馆
清·焦秉贞	山水图	轴，绢本水墨淡彩	101.0×47.1	私人（属斯坦福大学）
清·焦秉贞	孔子圣迹图	册页	29.2×35.7	圣路易斯艺术博物馆
清·程正揆	山水图	轴，纸本水墨	100.0×40.3	加州大学伯克利分校
清·程正揆	江山卧游图	卷，纸本水墨设色	37.1×901.7	洛杉矶市立美术馆
清·程正揆	江山卧游图	卷，纸本水墨淡彩	纵24.8	克利夫兰艺术博物馆

（续表）

清·程正揆	江山卧游图第百八十本	卷，纸本水墨	纵26.3	斯坦福大学博物馆
清·程正揆	山水图	卷，纸本水墨淡彩	纵19.7	芝加哥艺术中心
清·程元吉	训子图	轴，纸本水墨	33.5×25.0	旧金山亚洲艺术博物馆
清·程师惠	山水图	册页，纸本水墨淡彩	13.4×24.4	加州大学伯克利分校
清·程邃	山水图	轴，纸本淡彩	143.5×53.0	弗利尔艺术馆
清·董邦达	山水图	册，纸本水墨淡彩	21.5×31.6	加州大学伯克利分校
清·钱维城	万有同春图（部分）	绢本		波士顿美术博物馆
清·王鉴	山水图	纸本		弗利尔艺术馆
清·徐扬	乾隆南巡图	绢本		大都会艺术博物馆
清·金农	红白梅画卷			傅平山博物馆
清·佚名	乾隆皇帝在扬州			美国国会图书馆
清·佚名	双鸭戏水图			洛杉矶博物馆
清·佚名	牡丹蝴蝶图			洛杉矶博物馆
清·佚名	牡丹花鸟图			洛杉矶博物馆
清·佚名	收服南蛮图			纳尔逊艺术博物馆
清·佚名	学者小亭饮酒图			菲尼克斯博物馆
清·佚名	天平山石泉图			菲尼克斯博物馆
清·佚名	春季河中吹笛图			菲尼克斯博物馆
清·佚名	风景图			菲尼克斯博物馆
清·佚名	风景画			菲尼克斯博物馆
清·佚名	仿郭熙秋山烟树			菲尼克斯博物馆
清·佚名	风景画			菲尼克斯博物馆
清·佚名	务农图			私人
清·佚名	雾天山水画			私人
清·佚名	花卉图			菲尼克斯博物馆
清·佚名	风景			菲尼克斯博物馆
清·佚名	西湖众乐			菲尼克斯博物馆
清·佚名	游船赏梅			菲尼克斯博物馆
清·佚名	风景			私人
清·佚名	河景图			菲尼克斯博物馆
清·佚名	花卉图			菲尼克斯博物馆
清·佚名	百美图			菲尼克斯博物馆
清·佚名	风景			菲尼克斯博物馆
清·佚名	青绿山水			菲尼克斯博物馆
清·佚名	风景			私人
清·佚名	松鹰图			菲尼克斯博物馆
清·佚名	风景			菲尼克斯博物馆

（续表）

清·佚名	松芝庆寿图			菲尼克斯博物馆
清·佚名	花草图			私人

（二）陶瓷

年代	名称	尺寸（厘米）	款识等	收藏地
北宋	白釉枕	长20.9，高12.4	釉中刻入乾隆御制诗	弗利尔博物馆
12世纪（北宋）	盘	直径16.8	1777年釉上刻款：乾隆丁酉春日御题	纳尔逊艺术博物馆
宋	白瓷瓶			洛杉矶博物馆
宋	白釉窄瓶			洛杉矶博物馆
宋	浇注瓷			洛杉矶博物馆
宋	汝窑瓶			洛杉矶亚洲艺术博物馆
宋	钧窑盘			洛杉矶亚洲艺术博物馆
宋	官窑瓶			洛杉矶博物馆
宋	龙泉瓶			洛杉矶博物馆
宋	大瓷水壶			洛杉矶博物馆
宋	龙泉瓶			洛杉矶博物馆
宋	龙泉焚香炉			洛杉矶博物馆
宋	鸡首水壶			洛杉矶博物馆
宋	耀州窑瓷叶			洛杉矶博物馆
宋	镶釉碗			旧金山亚洲艺术博物馆
宋	梅瓶			洛杉矶亚洲艺术博物馆
宋	瓷碗			旧金山亚洲艺术博物馆
宋	茶或酒碗			旧金山亚洲艺术博物馆
宋	彩绘碗			旧金山亚洲艺术博物馆
宋	瓷酒杯			旧金山亚洲艺术博物馆
宋	瓷盒子			旧金山亚洲艺术博物馆
宋	平底瓷盘			旧金山亚洲艺术博物馆
宋	绿釉凤凰大口水壶			旧金山亚洲艺术博物馆
宋	青白陶瓷碗			旧金山亚洲艺术博物馆
宋	浙江绿陶盘			旧金山亚洲艺术博物馆
宋	五件瓷瓶			旧金山亚洲艺术博物馆
宋	青花瓷葡萄藤			旧金山亚洲艺术博物馆
宋	有盖瓷水壶			旧金山亚洲艺术博物馆
宋	青花瓷花瓶			旧金山亚洲艺术博物馆

（续表）

宋	西班牙菲利普斯二世朝圣者的长颈瓶			旧金山亚洲艺术博物馆
宋	彩饰瓷盘			旧金山亚洲艺术博物馆
宋	瓷瓶			旧金山亚洲艺术博物馆
宋	带青蛙的青花瓷船			旧金山亚洲艺术博物馆
宋	香炉			旧金山亚洲艺术博物馆
宋	有盖青花瓷瓶			旧金山亚洲艺术博物馆
宋	哥窑淡青釉方杯	长、宽7		大都会艺术博物馆
宋	影青双螭龙耳碗	口径10.8		
宋	钧窑天蓝釉长方水仙花盆	长19		
宋	钧窑玫瑰紫釉鼓钉洗			
宋	陶器花瓶			旧金山亚洲艺术博物馆
元	斗彩如意灵芝纹碟	口径14.6	双框双行六字楷书款“大明嘉庆年制”	
元	青花祭器（三件）	高14.5		
元	红蓝玉壶春瓶			私人
元	淀青釉红斑纹碗（钧窑）	直径19.5，高8.4	乾隆御题	弗利尔博物馆
元	景德镇窑影青划青缠枝莲花梅瓶	高37.4，腹围23.2		弗利尔博物馆
元	景德镇窑青白瓷划花龙纹梅瓶	高32.0		波士顿美术博物馆
元	景德镇窑影青双凤环耳瓶	高19.0		旧金山亚洲艺术博物馆
元	景德镇窑釉里红缠枝牡丹大碗	径40.0		大都会艺术博物馆
元	景德镇窑青花花卉纹花瓣口盘	径44.8，高6.0		洛杉矶郡艺术博物馆
元	有盖梅瓶			旧金山亚洲艺术博物馆
元	青花瓷八角水注			私人
元	红釉玉壶春瓶			私人
元	粗陶釉尖塔			旧金山亚洲艺术博物馆
明永乐	青花花卉葡萄纹莲瓣口盘	高7.6，径43.2		克利夫兰艺术博物馆
明宣德	青花花卉纹葵口碗	口径22.9		旧金山亚洲艺术博物馆
明宣德	青花龙纹梅瓶	高53.1		纳尔逊艺术博物馆
明宣德	青花花卉豆	高10.1，径10.1		旧金山亚洲艺术博物馆
明宣德	青花龙纹大罐	高48.4		大都会艺术博物馆
明宣德	青花缠枝花卉圆罐	高7.3，宽15.2		旧金山亚洲艺术博物馆
明宣德	青花双耳扁壶	径29.2		西雅图艺术馆

（续表）

明宣德	青花折枝花卉纹碗	高14.3，径34.0		洛克菲勒亚洲协会
明宣德	青花龙纹扁壶	高47，径35.6		洛克菲勒亚洲协会
明宣德	青花折枝花卉纹碗	高7.9，径22.2		洛克菲勒亚洲协会
明宣德	蓝地白花折枝花卉纹盘	高5.7，径29.2		洛克菲勒亚洲协会
明宣德	青花龙纹大瓶	高53.1	“宣德年制”款	纳尔逊艺术博物馆
明宣德	青花松竹梅纹碗	高11.1，径30.5		洛克菲勒亚洲协会
明成化	青花缠枝番莲纹碗	高6.4，径15.2		洛克菲勒亚洲协会
明成化	斗彩团龙纹杯	高4.8，径7.3		洛克菲勒亚洲协会
明弘治	青花龙纹碗	高8.9，径19.7		旧金山亚洲艺术博物馆
明弘治	青花黄彩花卉纹盘	径26.0		大都会艺术博物馆
明弘治	黄地青花花卉纹盘	径26.0		洛杉矶艺术馆
明正德	绿彩龙纹碗	高8.5，径18.7		旧金山亚洲艺术博物馆
明正德	黄地绿彩龙纹小壶	高13.6		芝加哥艺术中心
明正德	三彩贴花龙纹鼎式香炉	高43.5		大都会艺术博物馆
明正德	青花莲花纹钵式碗	口径20.5		大都会艺术博物馆
明正德	青花阿拉伯文四方瓶	高26.0		克利夫兰艺术博物馆
明中期	青花海水龙纹盘	高3.8，径20		洛克菲勒亚洲协会
明嘉靖	五彩鱼藻纹盖罐	高47.0，径40.0		洛克菲勒亚洲协会
明嘉靖	青花龙纹盖罐	高66.0		旧金山亚洲艺术博物馆
明嘉靖	黄地红彩花卉纹盘	径19.0		哈佛大学福格艺术博物馆
明嘉靖	斗彩婴戏图杯	高4.7		克利夫兰艺术博物馆
明嘉靖	五彩鱼藻纹大盖罐	高45.1		华特斯艺术陈列馆
明嘉靖	五彩鱼藻纹大盖罐	高45.8，径40.0		旧金山亚洲艺术博物馆
明嘉靖	青花红绘龙纹碗	高15.9，径10.8		旧金山亚洲艺术博物馆
明嘉靖	黄绿彩龙纹方斗杯	高7.2		圣路易斯艺术博物馆
明嘉靖	三彩龙纹罐	高40.3，径37.7		圣路易斯艺术博物馆
明隆庆	五彩凤凰纹大方罐	高26.6		旧金山亚洲艺术博物馆
明万历	黄地紫彩人物花瓶	高25.8		哈佛大学福格艺术博物馆
明万历	青花鱼藻纹碗	高14.3，径36.5		旧金山亚洲艺术博物馆
明万历	青花鱼藻纹把壶	高12.0		旧金山亚洲艺术博物馆
明万历	青花婴戏图龙纹长方盒	长13.3		旧金山亚洲艺术博物馆
明万历	五彩龙凤纹圆盒	径29.1		哈佛大学福格艺术博物馆
明万历	五彩人物纹盖罐	高10.2		克利夫兰艺术博物馆
明万历	五彩龙纹蒜头瓶	高43.8，径21.6		旧金山亚洲艺术博物馆
明万历	五彩龙纹方盒			克利夫兰艺术博物馆
明	红玫瑰盘			旧金山亚洲艺术博物馆
明	青花番莲龙纹盘	口径23.18		旧金山亚洲艺术博物馆

（续表）

明	海难瓷瓶			旧金山亚洲艺术博物馆
明	瓷器模子和窑具			旧金山亚洲艺术博物馆
明	镶有牡丹的瓷便器			旧金山亚洲艺术博物馆
明	荆条瓷瓶			旧金山亚洲艺术博物馆
明	铜币碗			旧金山亚洲艺术博物馆
明	白瓷盘			旧金山亚洲艺术博物馆
明	白色瓷僧侣茶杯			旧金山亚洲艺术博物馆
明	铜红釉高足杯			旧金山亚洲艺术博物馆
明	瓷便器			旧金山亚洲艺术博物馆
明	青花瓷荷花			旧金山亚洲艺术博物馆
明	瓶			旧金山亚洲艺术博物馆
明	青花瓷盒			旧金山亚洲艺术博物馆
明	梅瓶			旧金山亚洲艺术博物馆
明	碗			旧金山亚洲艺术博物馆
明	盒子瓷瓶			旧金山亚洲艺术博物馆
明	青花瓷香炉			旧金山亚洲艺术博物馆
明	瓷盘			旧金山亚洲艺术博物馆
明	镶有野鸡和花的瓷瓶			旧金山亚洲艺术博物馆
明	一对酒杯			旧金山亚洲艺术博物馆
明	瓷梅瓶			旧金山亚洲艺术博物馆
明	陶瓷墓穴模型			旧金山亚洲艺术博物馆
明	瓷花瓶和两个烛台			旧金山亚洲艺术博物馆
明	财神瓷器			旧金山亚洲艺术博物馆
明	梅瓶			旧金山亚洲艺术博物馆
明	青花缠枝花卉纹碗	口径20.5		
明	白釉刻纹碗	口径20.8	青花双圈“大明宣德年制”	
明	蓝釉盘	口径20	底部青花双圈“大明宣德年制”	
明	黄地绿彩龙纹盘	口径20.5	底款青料双圈“正德年制”	
明	青花花卉纹碗	口径20.7	底款“大明宣德年制”	
明	青豆釉海棠式盘	口径19.7	双圈底款“大明宣德年制”	
明	青花双龙赶珠纹撇口盘	口径16.3	双圈款“大明成化年制”	
清康熙	青瓷开片纹瓶	高16.5，宽10.1		旧金山亚洲艺术博物馆
清康熙	豆青釉刻花龙纹莱菔瓶	高19.7，宽7.6		旧金山亚洲艺术博物馆
清康熙	桃花红太白尊	高8.9，径12.7		旧金山亚洲艺术博物馆

（续表）

清康熙	素三彩多穆壶	高41.9，宽21.6		旧金山亚洲艺术博物馆
清康熙	五彩人物盘口瓶	高76.2，宽22.9		旧金山亚洲艺术博物馆
清康熙	五彩花鸟纹大花瓶	高74.0		弗利尔博物馆
清康熙	青瓷瓶	高21.1，宽8.6	康熙铭	弗利尔博物馆
清康熙	桃花红瓶	高19.8，宽8.5	“大清康熙年制”铭	弗利尔博物馆
清康熙	红釉瓶（郎窑）	高17.6，宽9.8	“大清康熙年制”铭	弗利尔博物馆
清康熙	宝石红荸荠尊	高38.1		克利夫兰艺术博物馆
清康熙	绘红彩碗	高5.1		克利夫兰艺术博物馆
清康熙	五彩花鸟纹瓶	高44.1		克利夫兰艺术博物馆
清康熙	盘	直径20.7	康熙时期，康熙款	克利夫兰艺术博物馆
清康熙	盘	直径20.7	康熙时期，康熙款	克利夫兰艺术博物馆
清康熙	凤纹棒槌瓶	直径10.5，总17.8	“大清康熙年制”款	克利夫兰艺术博物馆
清康熙	女性及仆人纹盘	直径24.6	“大清康熙年制”款	克利夫兰艺术博物馆
清康熙	西王母及仆人纹碗	直径14.3，总17.8	康熙款	克利夫兰艺术博物馆
清康熙	西王母及仆人纹碗	直径14.4，总17.8	康熙款	克利夫兰艺术博物馆
清康熙	仿古觚形瓶	总27.7	康熙款	克利夫兰艺术博物馆
清康熙	仿古觚形瓶	总27.7	康熙款	克利夫兰艺术博物馆
清康熙	花石鸡纹罐	直径35.5，口径21.8，总42.3	康熙款	克利夫兰艺术博物馆
清康熙	桃枝鸟纹盘	直径20.7	“大清康熙年制”款	克利夫兰艺术博物馆
清康熙	桃枝鸟纹盘	直径20.5	“大清康熙年制”款	克利夫兰艺术博物馆
清康熙	牡丹纹碗	直径12.4，总6.2	“康熙御制”款	克利夫兰艺术博物馆
清康熙	青瓷云纹水盛	高7.6，宽7.9		旧金山亚洲艺术博物馆
清康熙	青瓷罐	高6.0		西雅图艺术馆
清康熙	红釉太白尊	口径3.5		圣路易斯艺术博物馆
清康熙	青花花卉纹瓶	高45.4		托雷多艺术馆
清康熙	青花长颈瓶	高42.2		耶鲁大学艺术陈列馆
清康熙	素三彩觚形瓶	高14.0，宽9.0		旧金山亚洲艺术博物馆
清康熙	五彩花鸟纹瓶	高72.1		托雷多艺术馆
清康熙	豇豆红水盂	高8.9		洛杉矶美术馆
清康熙	人物纹盘口瓶	高44.5		托雷多艺术馆
清康熙	黑地素三彩花鸟纹瓶	高80		西雅图艺术馆
清康熙	五彩花鸟纹瓶	高73.6		克利夫兰艺术博物馆

（续表）

清康熙	红釉瓶	高21.1		克利夫兰艺术博物馆
清康熙	珐琅彩牡丹纹碗	口径12.7		波士顿美术博物馆
清康熙	花卉纹蓝碗	高7.6，口径14.5	“康熙御制”款	波士顿美术博物馆
清康熙	黄地粉彩牡丹纹碗	高6.4，口径12.7，底径4.9	“康熙御制”铭	波士顿美术博物馆
清康熙	红地粉彩花卉纹碗	高5.7，口径10.9	“康熙御制”铭	波士顿美术博物馆
清康熙	青花鱼龙变化纹大盘	高7.6，直径43.2	康熙铭	波士顿美术博物馆
清康熙	花卉纹黄色碗	高6.4，口径12.7，足径4.9	“康熙御制”款	波士顿美术博物馆
清康熙	红釉盒	直径7.3	康熙款	大都会艺术博物馆
清康熙	红釉太白尊	高8.7	康熙款	大都会艺术博物馆
清康熙	红釉小壶	直径10.0	康熙款	大都会艺术博物馆
清康熙	红釉瓶	高20.3	康熙款	大都会艺术博物馆
清康熙	红釉瓶	高21.0	康熙款	大都会艺术博物馆
清康熙	红釉瓶	高15.4	康熙款	大都会艺术博物馆
清康熙	红釉瓶	高20.3	康熙款	大都会艺术博物馆
清康熙	红釉笔洗	直径11.6	康熙款	大都会艺术博物馆
清康熙	釉里红龙纹瓶	高20.3	康熙款，可能为康熙晚期	大都会艺术博物馆
清康熙	釉里红纹瓶	高22.5	康熙款，可能为康熙晚期	大都会艺术博物馆
清康熙	青花纹瓶	高23.7	康熙款，可能为康熙晚期	大都会艺术博物馆
清康熙	五彩武人图皿	直径17.5	康熙年间，康熙款	大都会艺术博物馆
清康熙	白瓷刻花花卉纹长颈瓶	高20.3	康熙款，可能为康熙晚期	大都会艺术博物馆
清康熙	月白釉水差	直径10.3	康熙款，可能为康熙晚期	大都会艺术博物馆
清康熙	月白釉瓶	高15.9	康熙款，可能为康熙晚期	大都会艺术博物馆
清康熙	月白釉笔洗	直径11.6	康熙款，可能为康熙晚期	大都会艺术博物馆
清康熙	黄地青花双龙寿字碗（二件）	口径13.2	双圈款“大清康熙年制”	美国
清康熙	五彩红地花卉碗	口径12.2	红彩双框楷书款“康熙御制”	美国
清康熙四十八年	粉青釉金彩花鸟纹瓶	高44.5	18世纪初，诗文日期为1709年	大都会艺术博物馆
清雍正	釉里红云龙纹瓶	高19.7		大都会艺术博物馆
清雍正	五彩花鸟纹碗	口径14.7		克利夫兰艺术博物馆

（续表）

清雍正	青花暗花缠枝灵芝花浇	高25.4，宽15.2		旧金山亚洲艺术博物馆
清雍正	茶叶末釉梅瓶	高24.8		旧金山亚洲艺术博物馆
清雍正	红地珐琅彩梅树纹碗	径10.2		弗利尔博物馆
清雍正	红地粉彩菊花文双耳瓶	高12.2，宽7.5	雍正铭	弗利尔博物馆
清雍正	绿地粉彩花卉纹皿	直径17.2，高4.4	雍正铭；古月轩	弗利尔博物馆
清雍正	粉彩花鸟纹碗	径15.8		费城艺术博物馆
清雍正	粉彩“长治久安”图碗	高4.4，径9.8		洛克菲勒亚洲协会
清雍正	粉彩折枝花果纹瓶	高34.3，径22.2		洛克菲勒亚洲协会
清雍正	青花龙纹玉壶春瓶	高28.6		克利夫兰艺术博物馆
清雍正	青瓷瓜棱纹盖罐	高17.1，径12.7		旧金山亚洲艺术博物馆
清雍正	红釉盘	径19.7		旧金山亚洲艺术博物馆
清雍正	墨彩米芾拜石图盘	径15.3		波士顿美术博物馆
清雍正	红地粉彩梅花纹杯	高2.7，口径5.3	“雍正年制”铭	波士顿美术博物馆
清雍正	豆彩莲花纹碗	高6.6，口径14.2	雍正铭	波士顿美术博物馆
清雍正	豆彩花果纹轮花皿	直径14.2	雍正铭	波士顿美术博物馆
清雍正	豆彩梵字莲唐草纹杯	高4.2，口径6.3	雍正铭	波士顿美术博物馆
清雍正	豆彩梵字莲唐草纹杯	高4.2，口径6.3	雍正铭	波士顿美术博物馆
清雍正	墨彩山水人物图杯	高5.1，口径9.2	雍正铭	波士顿美术博物馆
清雍正	墨彩山水人物图杯	高5.1，口径9.2	雍正铭	波士顿美术博物馆
清雍正	粉彩花虫纹碗	高6.9，口径14.8	雍正铭	波士顿美术博物馆
清雍正	青花釉里红龙纹杯	高5，口径6.2	雍正铭	波士顿美术博物馆
清雍正	青花釉里红龙纹杯	高5，口径6.2	雍正铭	波士顿美术博物馆
清雍正	仿官窑青瓷管耳壶	高8.8	雍正铭	波士顿美术博物馆
清雍正	五彩唐草纹皿	高3.8，直径13.5	雍正铭	波士顿美术博物馆
清雍正	五彩唐草纹皿	高3.8，直径13.5	雍正铭	波士顿美术博物馆
清雍正	黄地绿彩龙纹碗	口径15	底款青料双圈“大清雍正年制”	美国
清雍正	五彩花卉盘（二件）	口径15	底款青料双圈“大清雍正年制”	美国
清雍正	五彩花卉碗（二件）	口径11	底款青料“大清乾隆年制”	美国
清雍正	五彩花鸟纹撇口碗（二件）	口径13	双圈底款“大清雍正年制”	美国
清雍正	茄皮紫釉刻八吉祥纹碟	口径11.3	底款青料双圈“大清雍正年制”	美国
清雍正	蓝釉直口碗（二件）	口径12	双圈底款“大清雍正年制”	美国

（续表）

清雍正	茄皮紫釉刻缠枝花碟（二件）	口径11.5	双圈底款“大清雍正年制”	美国
清雍正	柠檬黄小碗（二件）	口径6.4	双圈底款“雍正年制”	美国
清雍正	矾红彩缠枝灵芝纹碟（二件）	口径11	双圈底款“大清雍正年制”	美国
清雍正	绿游龙戏珠碗（二件）	口径14.4，14.9	双圈双行六字楷书底款“大清雍正年制”	美国
清雍正	斗彩折枝莲纹碗（二件）	口径10.3	双圈双行六字楷书款“大清雍正年制”	美国
清雍正	斗彩八宝纹碗（二件）	口径13.3	双圈双行六字楷书款“大清雍正年制”	美国
清雍正	斗彩游龙戏珠盘（二件）	口径21.2	双圈双行六字楷书款“大清雍正年制”	美国
清雍正	斗彩团花碗	口径22.3	双圈双行六字楷书款“大清雍正年制”	美国
清雍正	斗彩多子、多福寿纹杯（二件）		底款青料双圈“大清雍正年制”	美国
清雍正	琉璃釉菊花形皿	高3.7，直径17.9	雍正铭	波士顿美术博物馆
清雍正	红釉菊花形皿	高3.7，直径17.9	雍正铭	波士顿美术博物馆
清雍正	蝶卉纹碗	高4.9，口径8.6	“大清雍正年制”款	波士顿美术博物馆
清雍正	山水纹笔筒	高13.1，直径17.2	“雍正年制”款	波士顿美术博物馆
清雍正	山水纹盖碗	碗高6.8，口径14.5；盖高3.8，口径15.4	“大清雍正年制”款	波士顿美术博物馆
清雍正	粉彩山水图碗	直径10.1，高4.1	“大清雍正年制”铭	弗利尔博物馆
清雍正	粉彩花鸟图碗	直径8.1，高4.6	古月轩；“大清雍正年制”铭	弗利尔博物馆
清雍正	青瓷瓶	高10.1，宽7.0	“大清雍正年制”铭	弗利尔博物馆
清雍正	豆彩花树纹瓶	高10.4，宽5.8	“大清雍正年制”铭	弗利尔博物馆
清雍正	豆彩花树纹瓶	高10.4，宽5.8	“大清雍正年制”铭	弗利尔博物馆
清雍正	珐琅彩花卉纹碗	径14.3，高7.0		克利夫兰艺术博物馆
清雍正	绿地珐琅彩花卉纹钵	径17.2		弗利尔美术馆
清雍正	红地粉彩菊花纹双耳瓶	高12.2		弗利尔美术馆

（续表）

清雍正	陈汉文作紫砂金彩山水壶	宽15.0		克利夫兰艺术博物馆
清雍正	酒杯	直径9.6，总4.6	雍正款	克利夫兰艺术博物馆
清雍正	碗	直径11.8，总6.4	雍正款	克利夫兰艺术博物馆
清雍正	黄釉碗	直径14.8，总6.7	雍正款	克利夫兰艺术博物馆
清雍正	黄釉碗	直径14.8，总6.7	雍正款	克利夫兰艺术博物馆
清雍正	水仙石纹盘（内部）；花卉纹（外部）	直径16.8，总4.8	雍正款	克利夫兰艺术博物馆
清雍正	花卉纹山水人物开光碗	直径14.6，总7	雍正款	克利夫兰艺术博物馆
清雍正	山水公鸡纹盘	直径15.2	雍正款	克利夫兰艺术博物馆
清雍正	瓶	总52.1	雍正款	克利夫兰艺术博物馆
清雍正	花卉植物纹碗	直径12.8，总6.7	“雍正年制”款	克利夫兰艺术博物馆
清雍正	壁瓶	总35.3	雍正款	克利夫兰艺术博物馆
清雍正	桃蝠纹盘	直径20.6	“大清雍正年制”款	克利夫兰艺术博物馆
清雍正	黄彩小碟	直径7.7，总1.8	“大清雍正年制”款	克利夫兰艺术博物馆
清雍正	花卉纹葫芦瓶	总49.2×35.5	雍正款	克利夫兰艺术博物馆
清雍正	竹纹牡丹燕纹碗	直径11.8	“大清雍正年制”款	克利夫兰艺术博物馆
清雍正	罂粟牡丹含羞草纹碗	直径14.1，总6.6	“大清雍正年制”款	克利夫兰艺术博物馆
清雍正	飞鹤纹碗	直径8.8	“大清雍正年制”款	克利夫兰艺术博物馆
清雍正	海水龙纹梅瓶	直径17.3，总28.5	“大清雍正年制”款	克利夫兰艺术博物馆
清雍正	盘	直径17，总3.5	雍正款	克利夫兰艺术博物馆
清雍正	碗	直径6.5，总14.7	“雍正御制”款	克利夫兰艺术博物馆
清雍正	仙人岛纹盘	直径21.2	“大清雍正年制”款	克利夫兰艺术博物馆
清雍正	瓶		“大清雍正年制”款，底款处破洞	克利夫兰艺术博物馆
清雍正	带塞鼻烟壶		雍正款	克利夫兰艺术博物馆
清雍正	带塞鼻烟壶		雍正款	克利夫兰艺术博物馆
18世纪中期—	青瓷刻花云龙纹瓶	高52.7	五爪龙	大都会艺术博物馆
清雍正	釉里红云龙纹瓶	高19.7	雍正款	大都会艺术博物馆
清雍正	粉彩牡丹纹碗	直径11.3	雍正款	大都会艺术博物馆
清雍正	粉青釉花卉纹盘	直径33.0	雍正款	大都会艺术博物馆

（续表）

清雍正	豆彩莲池水禽纹皿	直径17.8	雍正款	大都会艺术博物馆
清雍正	五彩妇人图皿	直径20.0	雍正款	大都会艺术博物馆
清雍正	青釉红斑纹双耳瓶	高36.8	雍正款	大都会艺术博物馆
清雍正	黑釉金彩马上杯	高8.9	雍正款	大都会艺术博物馆
清乾隆	粉彩天仙长安双耳瓶	高27.0		克利夫兰艺术博物馆
清乾隆	珐琅彩人物贯耳瓶	高15.4		克利夫兰艺术博物馆
清乾隆	螭耳花口瓶	高19.7		克利夫兰艺术博物馆
清乾隆	红蓝彩龙纹碗	径14.0		克利夫兰艺术博物馆
清乾隆	青花釉里红龙纹瓶	高35.5		克利夫兰艺术博物馆
清乾隆	珐琅彩蒜头瓶	高19.0		克利夫兰艺术博物馆
清乾隆	青釉螭耳花口瓶	高19.7		克利夫兰艺术博物馆
清乾隆	蓝色瓶		乾隆款	克利夫兰艺术博物馆
清乾隆	蓝色瓶		乾隆款	克利夫兰艺术博物馆
清乾隆	海水龙纹瓶		乾隆款	克利夫兰艺术博物馆
清乾隆	碗	直径14，总6.6	乾隆款	克利夫兰艺术博物馆
清乾隆	瓜形笛状瓶	直径21.5，总41.4	乾隆款	克利夫兰艺术博物馆
清乾隆	双葫芦形瓶	总22.6	乾隆款	克利夫兰艺术博物馆
清乾隆	古月轩瓶	总15.4	“乾隆年制”款	克利夫兰艺术博物馆
清乾隆	黄釉小盘	直径8.8，总3	“大清乾隆年制”款	克利夫兰艺术博物馆
清乾隆	绿釉刻花绘纹盘	直径27.7，总5.3	“大清乾隆年制”款	克利夫兰艺术博物馆
清乾隆	菱花地牡丹纹（外部）碗，内部菊纹	直径15.5，总7.6	乾隆款	克利夫兰艺术博物馆
清乾隆	菱花地牡丹纹（外部）碗，内部菊纹	直径15.5，总7.6	乾隆款	克利夫兰艺术博物馆
清乾隆	浮雕新月纹罐	直径16.6，总18.9	“大清乾隆年制”款	克利夫兰艺术博物馆
清乾隆	灵芝形笔架	总0.8×11.1×10.9	“大清乾隆年制”款	克利夫兰艺术博物馆
清乾隆	兰纹碗	直径11.6，总5.4	“大清乾隆年制”款	克利夫兰艺术博物馆
清乾隆	菊花鸟纹微型瓶	口径2.1，总9.5	乾隆款	克利夫兰艺术博物馆
清乾隆	菊花鸟纹微型瓶	口径2.1，总9.5	乾隆款	克利夫兰艺术博物馆
清乾隆	铁红釉柄瓶	总27.3	“大清乾隆年制”款	克利夫兰艺术博物馆
清乾隆	藏文佛教符号高足杯	直径14.5，总13.4	“大清乾隆年制”款	克利夫兰艺术博物馆
清乾隆	碗	直径20.4，总14	乾隆款	克利夫兰艺术博物馆
清乾隆	金鸡纹瓶	直径7.3，总3.5	“乾隆年制”款	克利夫兰艺术博物馆

（续表）

清乾隆	瓶	直径8，总14.1	乾隆款	克利夫兰艺术博物馆
清乾隆	青瓷地粉彩花卉瓶	高19.6		纳尔逊艺术博物馆
清乾隆	茶叶末釉长寿瓶	高20.9		西雅图艺术馆
清乾隆	釉里红番莲纹僧帽壶	高14.6		大都会艺术博物馆
清乾隆	青釉簋	高19.7	乾隆款	大都会艺术博物馆
清乾隆	青釉划花蕉叶纹觚形瓶	高28.6	乾隆款	大都会艺术博物馆
清乾隆	茶叶末釉双耳瓶	高35.6	乾隆款	大都会艺术博物馆
清乾隆	粉彩牡丹纹皿	直径13.8	乾隆款，早期	大都会艺术博物馆
清乾隆	粉彩桃树纹瓶	高51.4	乾隆款，早期	大都会艺术博物馆
清乾隆	粉彩诗铭共盖瓶	总高22.9	乾隆款，早期	大都会艺术博物馆
清乾隆	珐琅彩花唐草纹双耳瓶	高73.7	乾隆款，早期	大都会艺术博物馆
清乾隆	青花草花纹瓶	高37.8	乾隆款	大都会艺术博物馆
清乾隆	豆青釉瓶	高23.2	乾隆款	大都会艺术博物馆
清乾隆	白瓷刻花唐草纹双耳瓶	高20.3	乾隆款	大都会艺术博物馆
清乾隆	青釉豆	高27.1	乾隆款	大都会艺术博物馆
清乾隆	青釉豆	高27.1	乾隆款	大都会艺术博物馆
清乾隆	釉里红宝相华唐草纹僧帽壶	带盖高14.6	乾隆款	大都会艺术博物馆
清乾隆	五彩山水楼阁图瓶	高24.4，宽13.2	乾隆铭	弗利尔博物馆
清乾隆	珐琅彩山水丸纹马上杯，青瓷托	直径16.4，高13.1	乾隆铭	弗利尔博物馆
清乾隆	青瓷云龙纹长方盒子	长22.2×6.7，高5.7	“大清乾隆年制”铭	弗利尔博物馆
清乾隆	青瓷六连瓶	高16.5，宽14.0	“大清乾隆年制”铭	弗利尔博物馆
清乾隆	粉彩妇人唐儿图瓶	高17.2，宽9.5	“大清乾隆年制”铭	弗利尔博物馆
清乾隆	粉彩山水楼阁图瓶	高19.6，宽9.8	“大清乾隆年制”铭	弗利尔博物馆
清乾隆	青瓷粉彩山水图双耳瓶	高11.4	乾隆铭	波士顿美术博物馆
清乾隆	粉彩牡丹纹杯	高3.1，口径6.1	乾隆铭	波士顿美术博物馆
清乾隆	炉钧釉双耳瓶	高21.0	乾隆铭	波士顿美术博物馆
清乾隆	仿珐琅器瓶	高14.0	“大清乾隆年制”款	波士顿美术博物馆
清乾隆	仿珐琅器瓶	高14.0	“大清乾隆年制”款	波士顿美术博物馆
清乾隆	仿珐琅香炉	高13.4	“大清乾隆年制”款	波士顿美术博物馆

（续表）

清乾隆	方形书法纹笔筒	高10，宽6.6，深6	“大清乾隆年制”款	波士顿美术博物馆
清乾隆	仿官窑瓶	高20.3	“这件瓶反映出清代皇帝对宋代釉色的极大兴趣”	辛辛那提艺术博物馆
清乾隆	碗	高6.3，直径13	乾隆年间，乾隆款	辛辛那提艺术博物馆
清乾隆	碗	高6.3，直径13	乾隆年间，乾隆款	辛辛那提艺术博物馆
清乾隆	碗	高7.2	乾隆年间，乾隆款	辛辛那提艺术博物馆
清乾隆	粉彩鸡缸杯（二件）	高6.7	篆书底款“大清乾隆仿古”	美国
清嘉庆	五彩蕃莲纹花觚			洛杉矶艺术馆
清嘉庆	百花纹碗	高6.7，径13.0		旧金山亚洲艺术博物馆
清嘉庆	茶叶末釉双葫芦瓶	高28.6	底部有嘉庆印款	辛辛那提艺术博物馆
清道光	珐琅彩牡丹纹钵	直径18.4	道光款	大都会艺术博物馆
清道光	黄釉碗	直径14.7，总6.8	“大清道光年制”款	克利夫兰艺术博物馆
清道光	黄釉渣斗	高8.6	黄釉	东方陶瓷协会成员私人藏品
清道光	黄彩大碗	直径38.5，总16.5	道光款	克利夫兰艺术博物馆
清道光	粉彩三羊开泰题诗笠式碗（二件）	口径14.3	六字篆书款“大清道光年制”	美国
清	粉牡丹瓷瓶			旧金山亚洲艺术博物馆
清	彩饰瓷便器			旧金山亚洲艺术博物馆
清	一对瓷瓶			旧金山亚洲艺术博物馆
清	瓷罐			旧金山亚洲艺术博物馆
清	茶壶			旧金山亚洲艺术博物馆
清	瓷茶壶			旧金山亚洲艺术博物馆
清	瓷道观陶瓷			旧金山亚洲艺术博物馆
清	瓷花瓶			旧金山亚洲艺术博物馆
清	瓷瓶			旧金山亚洲艺术博物馆
清	青花瓷瓶			旧金山亚洲艺术博物馆
清	蓝釉花瓶			大都会艺术博物馆
清	枕头			旧金山亚洲艺术博物馆

（续表）

清	五彩龙凤花卉纹碗（二件）	口径13.2	双圈双行六字楷书款	美国
清	五彩过墙果蝶小碗（二件）	口径9.6	双圈三行六字楷书款	美国
清	粗陶茶壶			旧金山亚洲艺术博物馆
清	釉便盆（一对）			旧金山亚洲艺术博物馆
清	青花瓷笔筒			旧金山亚洲艺术博物馆

（三）玉器

年代	名称	尺寸（厘米）	收藏地
明	英雄合卺杯	高9.2	圣路易斯艺术博物馆
明	双人耳玉杯	高8.9，宽10.2	旧金山亚洲艺术博物馆
明	环把玉樽（失盖）	高6.4，径10.3	克利夫兰艺术博物馆
明	方耳玉杯	高10.2，径7.6	旧金山亚洲艺术博物馆
明	山水人物玉山子	高18.4，宽11.4	旧金山亚洲艺术博物馆
清	鸟纹玉戚	长16.7，刃宽14.9	弗利尔博物馆
清	兽面纹玉环	径11.4	克利夫兰艺术博物馆
清	浮雕蟠螭纹玉环	径5.7	旧金山亚洲艺术博物馆
清	盘龙玉环	长8.4，宽6.4	克利夫兰艺术博物馆
清	龙纹玉佩	长5.4，宽3.8	旧金山亚洲艺术博物馆
清	龙纹玉斧佩	长6.7，宽2.5	旧金山亚洲艺术博物馆
清	玉罗汉	高26.7，宽17.8	旧金山亚洲艺术博物馆
清	玉罗汉	高15.2，宽19.1，深7.6	纳尔逊艺术博物馆
清	玉人	高7.0，宽3.0，深2.0	旧金山亚洲艺术博物馆
清	玉仙人	高26.7	哈佛大学福格艺术博物馆
清	玉仙女	高28.6	自然历史博物馆
清	玉刘海戏金蟾	高4.4，宽2.5	旧金山亚洲艺术博物馆
清	玉童子玩球	长8.9，宽4.4	旧金山亚洲艺术博物馆
清	玉鸟	宽15.6	西雅图艺术馆
清	玉鸟	高2.2，宽3.2	旧金山亚洲艺术博物馆
清	玉子母鸟	高2.9，宽4.4	旧金山亚洲艺术博物馆
清	玉鹅	高5.1，宽7.3	旧金山亚洲艺术博物馆
清	玉鹅	高5.1，宽8.1	旧金山亚洲艺术博物馆
清	玉鹅	高6.7，宽10.8	旧金山亚洲艺术博物馆
清	玉双鱼立雕	高19.1	大都会艺术博物馆
清	玉牧童与马	高9.5，长15.3	旧金山亚洲艺术博物馆
清	玉牛	长21.0	克利夫兰艺术博物馆

（续表）

清	玉牛	长21.3，高9.8	旧金山亚洲艺术博物馆
清	玉鹤竹灵芝	高16.5，宽10.2	旧金山亚洲艺术博物馆
清	玉蟹	宽12.7	旧金山亚洲艺术博物馆
清	玉卧马	高2.9，长5.4	旧金山亚洲艺术博物馆
清	玉黑白狗	高1.7，宽5.0	旧金山亚洲艺术博物馆
清	玉母子猫	高3.5，宽7.6	旧金山亚洲艺术博物馆
清	玉母子狮	高4.8，宽3.8	旧金山亚洲艺术博物馆
清	玉异兽	高4.4，宽7.0	旧金山亚洲艺术博物馆
清	玉鸟竹节	高5.7，宽3.5	旧金山亚洲艺术博物馆
清	浮雕风纹角杯	高25.4，长10	旧金山亚洲艺术博物馆
清	蟠螭纹玉杯	高7.5	克利夫兰艺术博物馆
清	玉牛首角杯	高17.8，宽10.7	旧金山亚洲艺术博物馆
清	玉鸟形杯	高16.2	西雅图艺术馆
清	龙纹觥形玉杯	高16.5	旧金山亚洲艺术博物馆
清	带盏托玉杯	宽15.6	克利夫兰艺术博物馆
清	玉把杯	高2.5，宽8.3	旧金山亚洲艺术博物馆
清	御用玉盖杯	高14.7，径8.9	旧金山亚洲艺术博物馆
清	梅花纹玉杯	高11.4，宽15.6	洛杉矶艺术馆
清	玉角形杯	高19.8	圣路易斯艺术博物馆
清	螭龙纹玉杯	高16.5	大都会艺术博物馆
清	兽纹玉角杯	高13.2，宽12.7	旧金山亚洲艺术博物馆
清	兽纹觥形玉杯	高9.8，宽6.7	旧金山亚洲艺术博物馆
清	玉觥	长22.9	弗利尔博物馆
清	龙纹玉尊	高26.0，连耳宽40.6	弗利尔博物馆
清	龙耳黄玉尊	高12.7，宽17.1	哈佛大学福格艺术博物馆
清	双羊玉尊	高11.4，宽11.4	旧金山亚洲艺术博物馆
清	双龙耳玉豆	高21.0	西雅图艺术馆
清	玉花觚	高23.8，宽12.1	旧金山亚洲艺术博物馆
清	虎纹白玉罐	高5.4，宽4.8	旧金山亚洲艺术博物馆
清	玉盖罐	高13.4，宽11.7	旧金山亚洲艺术博物馆
清	痕都斯坦风格玉盖罐	高9.5，宽10.2，深2.7	旧金山亚洲艺术博物馆
清	玉盖瓶	高24.5	克利夫兰艺术博物馆
清	螭耳玉瓶	高9.5	克利夫兰艺术博物馆
清	螭耳吊环玉瓶	高45.7，宽15.9	旧金山亚洲艺术博物馆
清	寿字玉瓶	高31.4	大都会艺术博物馆
清	花卉纹玉瓶	高23.0，宽8.9	旧金山亚洲艺术博物馆
清	连环套玉瓶	高25.0，宽8.4	旧金山亚洲艺术博物馆

（续表）

清	浮雕花卉玉瓶	高37.5	西雅图艺术馆
清	葫芦形玉瓶	高13.6	克利夫兰艺术博物馆
清	浮雕葫芦形玉瓶	高25.4，宽13.3	哈佛大学福格艺术博物馆
清	喜字方玉瓶	高11.7，宽4.4	旧金山亚洲艺术博物馆
清	兽耳玉瓶	高14.0，宽6.4	旧金山亚洲艺术博物馆
清	羽纹玉瓶	高11.7，宽5.7	旧金山亚洲艺术博物馆
清	觥形玉瓶	高10.2，宽7.3	旧金山亚洲艺术博物馆
清	花柄玉壶	高15.8，宽11.8	旧金山亚洲艺术博物馆
清	麒麟形玉水注	高5.7，宽12.1	洛杉矶艺术馆
清	兽形玉水盛	高9.2，长23.2	弗利尔博物馆
清	兽首玉带钩	长8.6	纳尔逊艺术博物馆
清	浮雕蟠螭纹玉璧	径14.0	旧金山亚洲艺术博物馆
清	浮雕龙纹玉璧	长31.1，宽21.3	自然历史博物馆
清	荷叶纹玉碗	径16.2	西雅图艺术馆
清	兽耳玉碗	高6.4，径15.2	旧金山亚洲艺术博物馆
清	莲瓣纹玉盘	径11.3	克利夫兰艺术博物馆
清	痕都斯坦风格心形玉盘	高2.6，长13.3，宽8.5	旧金山亚洲艺术博物馆
清	寿字纹玉盘	长14.5，宽13.5，厚2.2	旧金山亚洲艺术博物馆
清	痕都斯坦风格心形玉盒	长15.6，宽10.7，高7.3	旧金山亚洲艺术博物馆
清	痕都斯坦风格四瓣玉盒	长10.5，宽7.7，高3.8	旧金山亚洲艺术博物馆
清	镂雕花卉玉盒	长21.0，高7.0	西雅图艺术馆
清	双桃形玉盒	长26.7，宽14.6，高5.4	纳尔逊艺术博物馆
清	兽耳翡翠香炉	高15.2	克利夫兰艺术博物馆
清	凤纹玉香炉	高17.8	克利夫兰艺术博物馆
清	杂宝纹玉香炉	高17.5	克利夫兰艺术博物馆
清	玉香炉	高19.7	克利夫兰艺术博物馆
清	竹节形玉笔筒	高7.0，宽3.2	旧金山亚洲艺术博物馆
清	山水人物玉笔筒	高17.1，径17.8	旧金山亚洲艺术博物馆
清	山水人物玉笔筒	高12.4	旧金山亚洲艺术博物馆
清	山水人物青玉笔筒	高13，径10.4	旧金山亚洲艺术博物馆
清	双鱼玉洗	径25.4	旧金山亚洲艺术博物馆
清	四足玉笔洗	长12.7，宽7.6，高9.0	旧金山亚洲艺术博物馆
清	荷叶玉笔洗	长15.9，高10.8	纳尔逊艺术博物馆
清	山水玉插屏	高17.8，宽25.4	旧金山亚洲艺术博物馆
清	松鹤纹玉插屏	高16.2	克利夫兰艺术博物馆
清	农耕图圆形玉插屏	径16.7	西雅图艺术馆
清	玉扳指	高5.9	克利夫兰艺术博物馆

（续表）

清	玉如意	高38.1	克利夫兰艺术博物馆
清	玉鼻烟壶	高5.9	克利夫兰艺术博物馆
清	玉杖饰	高18.1	旧金山亚洲艺术博物馆
清	玉磬	长51.4，宽12.7	旧金山亚洲艺术博物馆
清	玉指甲套	长8.3，径1.6	旧金山亚洲艺术博物馆
清	玉佛手水丞	长20.3，宽12.7	旧金山亚洲艺术博物馆
清	玉佛手水丞	长17.7，宽11.0	旧金山亚洲艺术博物馆
清	玉童与象	长10.2，宽6.4	旧金山亚洲艺术博物馆
清	双龙玉环	长8.4，宽6.4	克利夫兰艺术博物馆
清	山水玉山子	长22.9，高17.1	旧金山亚洲艺术博物馆
清	佛教人物玉山子	高70.5	旧金山亚洲艺术博物馆
清	山水人物玉山子	高19.7	西雅图艺术馆

（四）漆器

年代	名称	尺寸（厘米）	收藏地
元至明初	剔红栀枝纹漆盒	高3.2，径9.6	旧金山亚洲艺术博物馆
明早期	轩辕黄帝问道图剔红盘	高4.1，径34.6	洛克菲勒亚洲协会
明永乐	剔红莲花圆盘	高2.5，径17.9	纳尔逊艺术博物馆
明永乐	剔红牡丹圆盒	高6.3，径18.7	洛杉矶艺术馆
明永乐	剔红婴戏图花瓣盘	高3.1，径17.8	洛杉矶艺术馆
明宣德	剔红龙纹盏托	高7.9，径12.9	洛杉矶艺术馆
明弘治	剔红楼阁人物插屏	长47.7，宽32.1	洛杉矶艺术馆
明嘉靖	剔红荔枝杯盘	杯径10.2，盘径12.4	纳尔逊艺术博物馆
明嘉靖	剔红云龙纹圆盒	高10.2，径19.7	洛杉矶艺术馆
明嘉靖	剔红婴戏图碗	高6.4，径11.4	洛杉矶艺术馆
明万历	剔红龙纹圆盘	高2.8，径15.9	洛杉矶艺术馆
明万历	剔彩人物圆盘	高10.3，径22.8	洛杉矶艺术馆
明崇祯	竹胎彩绘牡丹圆盒	高21.0，径41.3	洛杉矶艺术馆
明	褐漆菱形盘	长25.2，高18.5	旧金山亚洲艺术博物馆
明	黑漆竹边圆盘	高5.1，径36.7	旧金山亚洲艺术博物馆
明	褐漆盏托	高18.9	底特律艺术中心
明	剔红凤凰牡丹圆盘	高3.2，径29.2	旧金山亚洲艺术博物馆
明	剔红莲花圆盘	高4.4，径29.2	旧金山亚洲艺术博物馆

（续表）

明	剔红莲塘图圆盘	高3.2，径22.9	旧金山亚洲艺术博物馆
明	剔红寿字八方盘	高3.0，径17.2	旧金山亚洲艺术博物馆
明	剔红牡丹圆盒	高8.3，径23.2	旧金山亚洲艺术博物馆
明	剔红牡丹圆盒	高2.9，径12.1	旧金山亚洲艺术博物馆
明	剔红荔枝圆盒	高3.8，径9.5	旧金山亚洲艺术博物馆
明	剔红荔枝圆盒	高4.1，径8.3	旧金山亚洲艺术博物馆
明	剔红荔枝圆盒	高4.0，径7.5	洛杉矶艺术馆
明	剔红龙纹圆盒	高8.9，径22.9	旧金山亚洲艺术博物馆
明	剔红山水人物圆盒	高7.3，径23.5	旧金山亚洲艺术博物馆
明	剔红楼阁人物葵瓣式盒	宽24.5，高13.0，径23.7	旧金山亚洲艺术博物馆
明	剔红山水人物碗	高11.4，径24.4	纳尔逊艺术博物馆
明	剔红龙纹箱	宽40.8，高38.1，径34.4	克利夫兰艺术博物馆
明	剔黑凤凰牡丹菱花式盘	高5.1，径37.1	旧金山亚洲艺术博物馆
明	雕漆花鸟葵瓣式盘	高3.8，径32.1	旧金山亚洲艺术博物馆
明	雕漆牡丹长方盘	宽12.7，高2.5	旧金山亚洲艺术博物馆
明	雕漆凤凰牡丹圆盒	高3.1，径6.3	旧金山亚洲艺术博物馆
明	剔犀菱花式盘	高3.5，径31.4	洛杉矶艺术馆
明	剔犀长方盘	长38.6，宽12.9，高3.2	旧金山亚洲艺术博物馆
明	剔犀圆盒	高2.7，径8.1	旧金山亚洲艺术博物馆
明	剔犀圆盒	高6.4，径17.8	旧金山亚洲艺术博物馆
明	剔犀菱花式盒	高9.0，径18.8	旧金山亚洲艺术博物馆
明	竹胎描漆山水人物长方盒	宽34.3，高12.1	旧金山亚洲艺术博物馆
明	描漆花鸟长方几	宽32.4，高28.9，径24.4	旧金山亚洲艺术博物馆
明	填漆描彩双龙长方盒	宽26.7，高15.2	旧金山亚洲艺术博物馆
明	戗金松鹤六方盘	高4.5，径22.5	底特律艺术中心
明	螺钿人物长方盘	长38.0，宽13.0，高7.0	底特律艺术中心
明	螺钿人物长方盘	长39.4，宽14.9	旧金山亚洲艺术博物馆
明	螺钿花鸟长方盘	长37.5，宽16.5	旧金山亚洲艺术博物馆
明	螺钿人物箱	长56.0，宽54.7，高43.0	克利夫兰艺术博物馆
明	螺钿花卉盏托	高8.8，径7.8	底特律艺术中心
明	藤编百宝嵌人物方盒	宽10.2，高7.8	克利夫兰艺术博物馆
明	黑漆象牙嵌人物长方盒	长77.2，高12.4，深19.7	旧金山亚洲艺术博物馆

（续表）

明	弓		旧金山亚洲艺术博物馆
清乾隆	夹纻菊瓣式盘	径11.7	纳尔逊艺术博物馆
清乾隆	夹纻菊瓣式盖碗	高10.8，径10.2	旧金山亚洲艺术博物馆
清乾隆	剔红梵文番莲靶碗	高13.0，径15.2	旧金山亚洲艺术博物馆
清乾隆	菊形盘	直径12.1	纳尔逊艺术博物馆
清乾隆	花卉纹鼻烟壶		克利夫兰艺术博物馆
清	竹胎黑漆笔搁		私人
清	剔红龙方圆盒	径17.4	旧金山亚洲艺术博物馆
清	剔红婴戏图圆盒	高7.3，径15.6	旧金山亚洲艺术博物馆
清	剔红人物圆盒	高12.0，径12.7	旧金山亚洲艺术博物馆
清	剔红春寿宝盒	高12.7，径52.7	旧金山亚洲艺术博物馆
清	剔红山水人物花瓣式盒	径48.3	旧金山亚洲艺术博物馆
清	剔红花卉葵瓣式盘	高17.8，径47.0	旧金山亚洲艺术博物馆
清	剔红花卉菊瓣式盒	高9.5，径20.3	旧金山亚洲艺术博物馆
清	剔红长方盒	宽26.7，高4.1	旧金山亚洲艺术博物馆
清	剔红楼阁人物兽环钵	高19.0	旧金山亚洲艺术博物馆
清	剔红人物笔筒	高17.6	纳尔逊艺术博物馆
清	剔红座架三叠式盒		旧金山亚洲艺术博物馆
清	剔红人物天球瓶	高61.0	旧金山亚洲艺术博物馆
清	剔红长方案	长40.6，宽20.3，高10.2	旧金山亚洲艺术博物馆
清	剔红太师椅	宽66.0，高111.8	旧金山亚洲艺术博物馆
清	剔红八宝番莲桌屏	宽29.8，高19.7	旧金山亚洲艺术博物馆
清	雕漆乾隆题诗碗	高6.0，径12.1	旧金山亚洲艺术博物馆
清	剔犀葵瓣式盘	径40.6	纳尔逊艺术博物馆
清	描漆龙纹长方盒	长23.0，宽14.9，高11.1	克利夫兰艺术博物馆
清	竹胎描漆花鸟圆盒	高12.4，径37.8	旧金山亚洲艺术博物馆
清	描漆螺钿人物屏风	长274.4，高54.6	旧金山亚洲艺术博物馆
清	描漆西湖八景屏风		旧金山亚洲艺术博物馆
清	描漆楼阁人物屏风	长118.7，宽29.2	旧金山亚洲艺术博物馆
清	戗金描彩云龙纹八方盒	宽39.9，高17.8	旧金山亚洲艺术博物馆
清	戗金填漆云龙纹几	高103.5，径50.8	纳尔逊艺术博物馆
清	戗划描彩山水楼阁剑环式盒	长25.4，宽19.1，高3.2	旧金山亚洲艺术博物馆
清	螺钿人物长方几	宽40.0，高37.0，径26.0	旧金山亚洲艺术博物馆
清	铜胎螺钿壶	高38.0	旧金山亚洲艺术博物馆

（续表）

清	百宝嵌人物六方盒	宽15.5	旧金山亚洲艺术博物馆

（五）其他

年代	名称	尺寸（厘米）	材质	款识等	收藏地
宋	石器枕头		石器		旧金山亚洲艺术博物馆
宋	鼎		铜器		旧金山亚洲艺术博物馆
1345年（元）	朱碧山银槎杯	长20.5	银器		克利夫兰艺术博物馆
明	石根		石器		旧金山亚洲艺术博物馆
晚明或清初	香炉	高72.4	珐琅		辛辛那提艺术博物馆
清乾隆	麒麟形容器	总16.1×25.2	珐琅	乾隆款	克利夫兰艺术博物馆
清乾隆	三羊头瓶	直径9.4，总14.0	珐琅	乾隆款	克利夫兰艺术博物馆
清乾隆	花卉纹鼻烟壶		珐琅器	乾隆款	克利夫兰艺术博物馆
清乾隆	花卉纹鼻烟壶		珐琅器	乾隆款	克利夫兰艺术博物馆
清乾隆	花卉纹鼻烟壶		珐琅器	乾隆款	克利夫兰艺术博物馆
清乾隆	花卉纹鼻烟壶		珐琅器	乾隆款	克利夫兰艺术博物馆
清乾隆	欧洲人物纹鼻烟壶		珐琅器	乾隆款	克利夫兰艺术博物馆
（清乾隆）1765—1774，诗1755	平定西部叛乱战场，有御制诗	51.0×87.0			克利夫兰艺术博物馆
18世纪	十二章袍	143.8×161.3	服饰		大都会艺术博物馆
不详	印		石器		旧金山亚洲艺术博物馆
清乾隆	墨	总2.4×13.4	文房用具	乾隆款和刻款	克利夫兰艺术博物馆
清乾隆	碗	直径16.4	玉器	乾隆款	克利夫兰艺术博物馆
清乾隆	碗	直径16.4	玉器	乾隆款	克利夫兰艺术博物馆
清乾隆	碗	直径14.4，总6.0	玉器	乾隆款	克利夫兰艺术博物馆
清乾隆	兽面纹椭圆杯座	总10.5×14.7	玉器	乾隆款	克利夫兰艺术博物馆
清乾隆，1764年之前	御用手卷套	38.10×34.29	金属线缂丝		大都会艺术博物馆
清	清宫微型玉书	页长5.2，宽3.2，匣长7.5	玉器		
清	玉雕人像（二件）	人物高5.6，匣长10.6	玉器		
清	缂丝祝寿御表手卷	宽35.5，长222.0	织绣		
清	缂丝祝寿御表手卷	宽35.5，长222.0	织绣		

四、日本博物馆收藏的清宫散佚文物

近代以来，中国宫廷文物流入日本有三种方式[1]：

一是赠与。日本皇室收藏的一件饕餮纹青铜爵，登记册上就注明“由清朝赠”，应属清朝同治皇帝或光绪皇帝送给日本明治天皇的礼物。1923年东京大地震后，逊帝溥仪也将大批珍宝赠交日本公使作为赈灾捐款。

二是贸易。据日本古董商广田松繁回忆：“当时从中国购买古美术品运到国外时，来采购的外国人和日本人大都同样把物品包装好后运到天津，在这儿接受海关的出国检查……大家收买鉴定人刘，请他把价格估为实际的半价或三分之一。另外，货物十个中只打开两个……预先在货物箱子上记上号码，再给刘送上贿赂，告诉他当天开箱的号码。”据统计，1916至1931年间，天津港的古董出口总额为321万两白银，其中输往日本的占了三分之一，位居各国之首。

山中定次郎创办的山中商社，是1890年代至1940年代全世界规模最大的古董连锁商号，主要购买、销售以中国、日本为主的东亚文物艺术品，在日本、美国、英国、法国和中国都开设有分号，被称为“世界的山中”。日本古董商广田不孤斋记载：“一听说山中老先生来北京，北京的一流至二、三流的同行者和杂货店主，就都显得很活跃。老先生早晨在北京分店采购（主动送来推销的）物品……下午去转各一流同行者的店铺……至于天津、上海、香港等全中国的银行里抵押的物品，则设法以数十万、数百万元，全部汇总买下。”我们现在已知逊清皇室当时在各银行抵押了大量珍贵文物，山中定次郎当时很可能了解这一情况，才能下手如此稳、准、狠。

---

1 本节引文均出自（日）富田升著、赵秀敏译《近代日本的中国艺术品流转与鉴赏》，上海古籍出版社，2005年。

山中商社购销的中国文物类别，早中期是以陶瓷、青铜器和佛像为主，其中陶瓷中大约一半都疑似源于清室收藏，后期更有大量宫廷钟表、文房用具等，均通过山中商社销往日本、美国和欧洲。

清室收藏的古代书画则是通过别的途径流入日本。据日本古董商原田悟郎回忆，辛亥革命之后不久，逊清皇室内务府就通过“中国通”内藤湘南和犬养木堂等人介绍，陆续把大量的古书画送往日本，委托东京的博文堂等古董店售卖处理。乾隆“四美”之一的《潇湘卧游图》则是原田悟郎本人从中国贴身带回日本的。

三是掠夺。八国联军之役，紫禁城四个城门中，日军占领了其中三个：神武门、东华门、西华门，由此控制了绝大部分皇宫，剩下的午门则由美军占领。“虽然日军自夸‘不犯秋毫’……但很明显，日军曾进行了大规模的掠夺。”当时日本国内的报纸曾连续报道了山口师团长及其士兵在北京大肆掠夺的情形，成为损害日本国际形象的政治问题而引起国内广泛关注。“虽然进行了强制搜查，可是最终，真相却被模糊地掩盖起来了。据说他们把金块、银块、马蹄银、金制装饰品、珠玉、丝绸物品、书画古董等，通过各种途径巧妙地带回，或归己有，或换成了现金。”

创办了日本第一家私人博物馆的大仓喜八郎则称：“中国发生了义和团暴乱……混乱中，中国的贵重品落入了外国人之手，并被频繁地带到了海外。当时，停泊在长崎港的外国船，把满载的中国美术品全部卖掉了。于是，我为了中国，为了东亚，便对这些美术品进行了保护和收集。”

由于文化上的渊源，日本比欧美更注重搜集中国的古籍文献。“东京帝国大学副教授市村，接受国家命令，于1901年6月至8月去中国出差……并得到特许进入了紫禁城……带回了‘某军’占领的书籍，总共有两百余部，三千册以上。”目前存世仅810卷、约400册的《永乐大典》，日本即收藏了110卷、59册，数量仅次于中国，且均是1900年以后流入的。

至第二次世界大战爆发前，日本已形成了有代表性的一些中国文物收藏，比如住友家族收藏的中国青铜器（后创办泉屋博古馆）、横河家族收藏的中国陶瓷（后捐给东京国立博物馆811件）、阿部家族收藏的中国书画（后捐赠大阪市立博物馆160件）、东洋文库收藏的中国典籍等。

由于历史的原因，加之地理上的便利，流失到日本的清宫文物时代早、数量大，品类也极为丰富。日本许多公、私收藏机构均可见到清宫散佚文物的收藏。以下择要述之。

（一）东京国立博物馆

东京国立博物馆是日本最大的博物馆，位于东京台东区上野公园北端，收藏并陈列着日本及整个东亚地区的重要文化遗产。该馆共有藏品89 000件，其中有近100件被定为日本国宝，500多件被定为日本重要文物。

该馆收藏的中国古代陶瓷十分丰富，其中有清雍正五彩仙女图

东京国立博物馆/供图　TPG

明宣德　釉里红龙纹钵　东京国立博物馆藏

明成化　斗彩罐　东京国立博物馆藏

明嘉靖　彩绘钵　东京国立博物馆藏

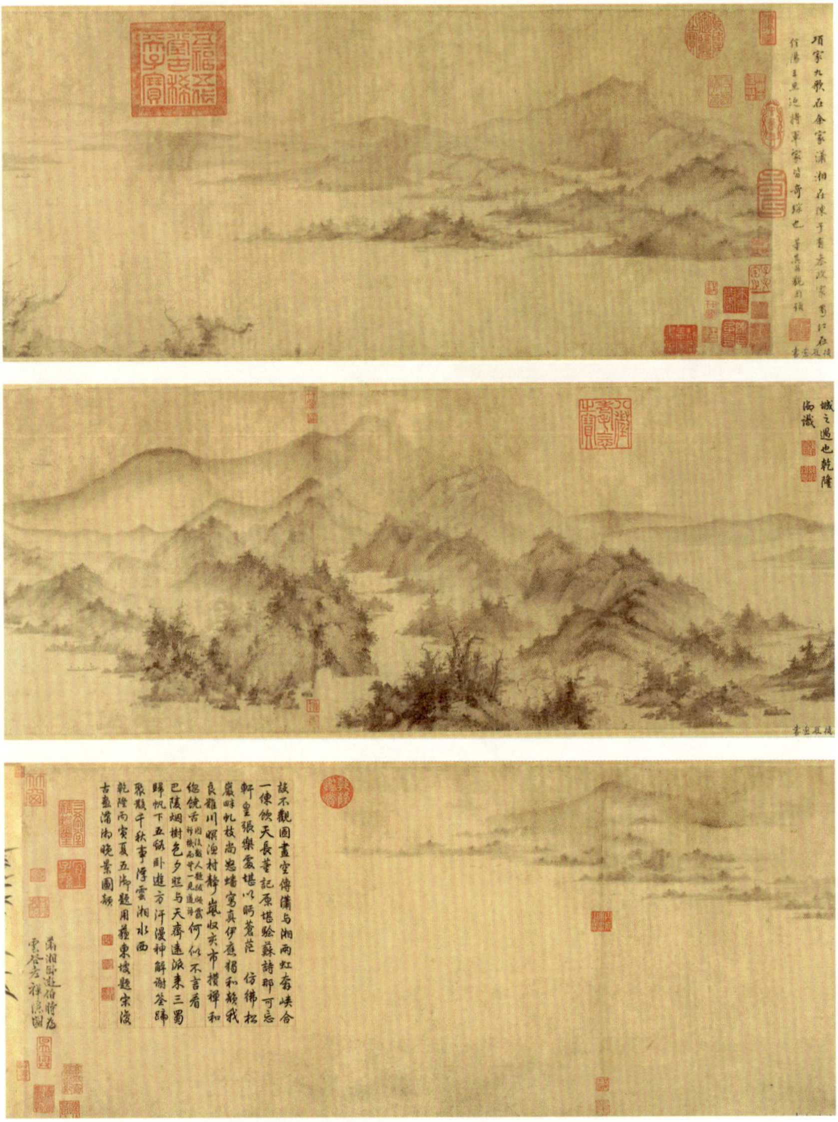

北宋　李公麟（传）　潇湘卧游图卷（局部）　东京国立博物馆藏

南宋　梁楷　雪景山水图
东京国立博物馆藏

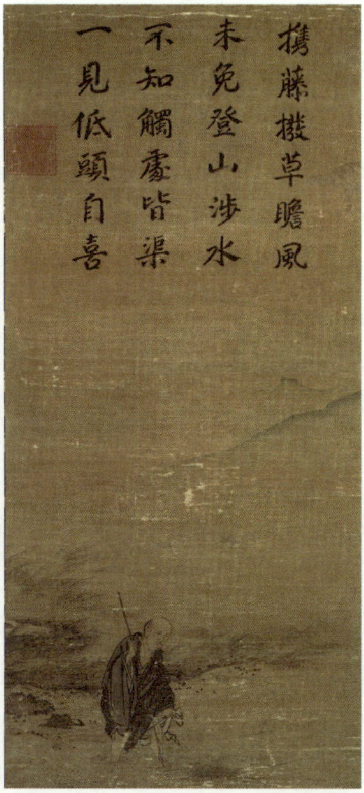

南宋　马远　洞山渡水图
东京国立博物馆藏

南宋　马远　寒江独钓图　东京国立博物馆藏

盘、斗彩莲纹钵、珐琅彩梅花松树文盘（古月轩款）、粉彩牡丹纹大瓶、五彩花鸟纹八角花盆、素三彩果纹皿、青花黄彩花卉纹盘、青花唐草纹共盖壶、釉里红云蝠纹大瓶、青花虹彩云蝠纹共盖壶、粉彩瓜蝠纹瓢形瓶、茶叶末釉双耳瓶、天蓝釉罍形瓶等清宫旧藏瓷器。特别值得一提的是古月轩款珐琅彩梅花松树纹盘，传说“古月轩”是当时雍正、乾隆二朝的内务府主事海望主持烧造的官窑制品，被视为清代瓷器中的极品，存世量极少，该盘是日本唯一被指定为“重要文化财”的中国清朝瓷器。

在书画方面，该馆收藏有马远《洞山渡水图》《寒江独钓图》、梁楷《雪景山水图》《李白行吟图》、陈容《五龙图》、朱熹《草书尺牍》等多幅巨作。其收藏的《潇湘卧游图》是乾隆帝珍爱并命名的“四美”（其余三美分别是《女史箴图》《蜀川胜概图》《九歌图》）之一，作者传为北宋画家李公麟（号龙眠居士），纸本水墨，长（横）400.4厘米，宽（纵）30.3厘米，全卷分为引首、本幅、尾纸三大部分。《石渠宝笈》载其：“卷高九寸五分，宽一丈二尺三寸”。引首为乾隆御书“气吞云梦”，本幅画面一气呵成，既山水相依、浑然一体，又山水相隔，可大致分为前后两段相连的景色。学界普遍认为该画内容与著名的“潇湘八景”有关。该画曾由高士奇收藏，于乾隆十一年入藏内府，乾隆帝对其钟爱有加，自识“一再展玩”。晚清时，该画被盗卖出宫，落于日本古董商原田悟郎之手，后又被卖给日本银行家菊池惺堂（名晋二，号惺堂），后者对此画十分珍爱，曾于1923年9月关东大地震时冒险从大火中将其抢出，一时传为佳话。1934年，日本政府将该画评为“重要文化财”，1936年升格为“国宝”，1961年该画被移交给东京国立博物馆收藏（藏品编号：TA161，绘画第11186号）[1]。

该馆还收藏有大量漆器如剔红云龙纹圆盒、镶嵌婴戏纹方胜盒等，都是宫廷御用的精品。

1　段勇：《乾隆“四美”与“三友”》，北京：紫禁城出版社，2008年，第72页。

（二）京都国立博物馆

京都国立博物馆位于日本京都府，在这里珍藏着流传至今的与千年古都共呼吸的国宝，是闻名遐迩的“宝物殿”。该馆占地10万平方米，是日本明治中叶时期建造的法式文艺复兴风格的博物馆。明治初年，在欧化主义和“排佛弃释”的浪潮中，轻视、破坏文物之风盛行。为了保护那些神社和寺庙中的文物免遭破坏，1889年，当时的宫内省决定在京都设立博物馆，于1897年建成开放。

馆中所藏有的中国各个时代的绘画作品共516件，中国诗词典籍书法类作品250余件，数目繁多。绘画作品被列为重要文化财产的有9幅，书法作品则以拓本为主。被列为重要文化财产的绘画作品包括了宋李公麟《维摩居士像》、南宋牧溪《远浦归帆图》、元《寒林归樵

京都国立博物馆/供图　杨波

宋　李公麟(款)　维摩居士像　京都国立博物馆藏

图》、清恽寿平《花坞夕阳图》等[1]。

（三）大阪市立美术馆

大阪市立美术馆位于大阪市天王寺公园内，开馆于1936年，由旧财阀的宅邸改建而成。收藏品主要包括中国绘画、石佛等东方美术，还有佛教美术、尾形光琳的资料、近世的漆工艺等日本美术。

该馆收藏有大量中国书画藏品，多是东洋纺织株式会社社长阿部房次郎的旧藏。阿部房次郎收集中国书画始于1905年，当时正值清王朝倾覆，清宫文物大量外流之际，阿部房次郎趁此机会收购了许多中国书画珍品。1942年，按照阿部房次郎的遗愿，其嗣子阿部孝次郎将全部藏品捐赠给了大阪市立美术馆。

这批藏品中有唐吴道子《天王送子图》、王维《伏生授经图》、梁

大阪市立美术馆/供图 杨波

1 陈文平：《流失海外的国宝·文字卷》，上海：上海文化出版社，2001年，第64页。

唐 王维 伏生授经图 大阪市立美术馆藏

唐 吴道子 天王送子图 大阪市立美术馆藏

令瓒《五星二十八宿神形图》、北宋李成、王晓《读碑窠石图》、燕文贵《江山楼观图》、苏轼《李白仙诗帖》、米芾《草书帖》、南宋米友仁《远岫晴云图》、郑思肖《墨兰图》、金宫素然《明妃出塞图》、元倪瓒《疏林图》、龚开《骏骨图》、明戴进《松岩萧寺图》、董其昌《盘谷序书画合璧图》、清恽寿平《花卉图》、石涛《东坡序诗意图》等书画巨作，多属清宫内府旧藏。

（四）大阪市立东洋陶瓷美术馆

大阪市立东洋陶瓷美术馆位于大阪市都心部的中之岛公园，是一个专门从事收集、展览和研究东洋陶瓷的美术馆。该馆1982年11月正式开馆，其藏品主要由住友集团安宅产业株式会社的收藏品构成。该馆目前收藏有中国陶瓷144件、韩国陶瓷793件、越南陶瓷5件、日本陶瓷2件以及5件中国工艺品、10件韩国工艺品、6件日本工艺品和其他资料，总数约1 000件。其收藏的中国陶瓷，时代从东汉一直至明末，其中东汉陶瓷2件、六朝1件、唐代23件、五代3件、

大阪市立东洋陶瓷美术馆/供图　TPG

宋代47件、元代18件和明代50件。其中青花花鸟纹大盘、波涛海水龙纹扁壶五彩人物纹盘、明珐琅花鸟纹罐、内府铭梅瓶都属于宫廷文物范畴。

除了上述博物馆外，日本藤井斋成会有邻馆、大和文华馆、MIHO（美秀）美术馆、京都泉屋博古馆、东京静嘉堂文库、东京出光美术馆、东京富士美术馆、松冈美术馆、福冈市立美术馆、冈山县立美术馆、德川美术馆、长崎县立美术博物馆、根津美术馆、藤田美术馆等处均有清宫文物收藏。

此外，日本的许多寺庙里也收藏有来自各种渠道的中国古代文物。

明嘉靖　黄红彩云龙纹罐　大阪市立东洋陶瓷美术馆藏

日本收藏清宫散佚文物(含疑似)数据简目

(一)书画

年代作者	名称	形式	尺寸(厘米)	收藏地
南北朝・刘裕	梁武帝草书			藤井斋成会有邻馆
唐・梁令瓒(传)	五星二十八宿神形图	卷,绢本设色	28.0×489.7	大阪市立美术馆
唐・吴道子	送子天王图	卷,纸本水墨	35.6×338.0	大阪市立美术馆
唐・吴道子	观音图	轴,绢本水墨	98.1×43.4	高桐院
唐・吴道子	观音图	轴,绢本设色	162.0×86.0	南禅寺
唐・吴道子	观音图	轴,绢本水墨	164.6×88.5	向岳寺
唐・李真	真言七祖不空像	轴,绢本设色	211.0×151.0	教王护国寺
唐・卢楞伽	渡水僧图	轴,绢本设色	154.8×73.2	大阪市立美术馆
唐・韩虬	献香菩萨图	轴,绢本设色	156.9×73.2	大阪市立美术馆
唐・韩幹	人马图(三幅)	轴,绢本设色	73.7×51.2	宫内厅
唐・韩幹	马性图	卷,绢本设色	32.0×38.5	藤田美术馆
唐・韩滉	五牛图	卷,绢本设色	高29.7	大原美术馆
唐・戴峄	山水百牛图	卷,绢本水墨淡彩	27.3×224.0	京都国立博物馆
唐・戴嵩	牧童图	卷,绢本水墨	高23.5	福冈市立美术馆
唐・阎立本	回纥进宝图	卷,绢本设色	高44.2	根津美术馆
唐・王维	伏生授经图	卷,绢本水墨设色	25.4×44.7	大阪市立美术馆
唐・王维(元摹本)	辋川图	卷,绢本设色	29.8×481.6	圣福寺
唐・无款	护法天王图	绢本设色	34.0×153.5	大阪市立美术馆
唐・无款	雪山行旅图	册页,绢本设色	23.9×21.1	大阪市立美术馆
唐・无款	汉武帝会西王母图	册页,绢本设色	23.5×23.6	大阪市立美术馆
唐・无款	树下人物图	纸本设色	140.0×54.9	东京国立博物馆
唐・无款	树下美人图	纸本设色	140.0×54.9	热海美术馆
唐・无款	树下美人图	轴,纸本设色	139.3×52.9	MOA美术馆
唐・无款	明皇幸蜀图	轴,绢本设色	50.7×37.4	大和文华馆
唐・梁令瓒(传)	五星二十八宿神形图(上卷)		纵28.0,横207.9	大阪市立美术馆
晚唐至五代・无款	毗沙门天像	纸本设色	80.0×64.0	大和文华馆
五代・贯休(传)	十六罗汉图(十六幅)	轴,绢本设色	129.1×65.7	高台寺
五代・贯休	罗汉图	轴,绢本设色	159.3×77.3	立本寺
五代・贯休	十八罗汉图(双幅)	轴,绢本水墨淡彩	97.7×48.0	定胜寺
五代・贯休	十六罗汉图(双幅)	轴,绢本设色	118.1×43.0	总见寺
五代・贯休	布袋图	轴,绢本水墨	82.5×37.6	薮本庄五郎

（续表）

五代·贯休	罗汉图	轴，绢本水墨	109.3×51.4	薮本庄五郎
五代·贯休	罗汉图	绢本水墨		茧山龙泉堂
五代·贯休	罗汉图	轴，绢本水墨	111.4×52.0	东京国立博物馆
五代·贯休	罗汉图	轴，绢本水墨	110.2×50.7	东京国立博物馆
五代·贯休	罗汉图	轴，绢本水墨	112.0×52.3	根津美术馆
五代·贯休	罗汉图（三幅）	轴，绢本水墨	109.2×503.0； 108.8×50.1； 109.2×50.3	藤田美术馆
五代·贯休	十六罗汉图	轴，绢本设色	90.0×45.0	宫内厅
五代·贯休	释迦图	轴，绢本水墨	103.1×69.4	福冈市美术馆
五代·关仝	待渡图	轴，绢本水墨淡彩	126.8×48.7	阿形邦三
五代·关仝	山水图	轴，绢本水墨	124.6×50.1	大阪市立美术馆
五代·左礼	水官图	轴，绢本设色	155.6×74.4	大阪市立美术馆
五代·张元	大阿罗汉图	轴，绢本设色	148.8×75.8	大阪市立美术馆
五代·曹仲元	慈氏菩萨图	轴，绢本设色	165.3×99.7	大阪市立美术馆
五代·石恪	二祖调心图（双幅）	卷，纸本水墨	（各）35.6× 64.4	东京国立博物馆
五代·周文矩	玉步摇仕女图	轴，绢本设色	150.2×74.6	大阪市立美术馆
五代·郭忠恕	明皇避暑宫图	轴，绢本水墨	161.5×105.6	大阪市立美术馆
五代·郭忠恕	辋川图	卷，绢本水墨淡彩	高29.0	贝塚茂树
五代·荆浩	秋山瑞霭图	轴，绢本水墨设色	112.5×70.9	大阪市立美术馆
五代·董源	云壑松风图	轴，绢本水墨淡彩	232.6×119.6	大阪市立美术馆
五代·董源	松峰高士图	轴，绢本水墨淡彩	217.0×99.1	京都国立博物馆
五代·董源	夏木清阴图	轴，绢本水墨淡彩	296.5×115.2	京都国立博物馆
五代·董源	寒林重汀图	轴，绢本水墨淡彩	181.5×116.5	黑川古文化研究所
五代·董源	群峰雪霁图	卷，绢本水墨淡彩	高35.3	大原美术馆
五代·巨然	烟浮远岫图	轴，绢本水墨淡彩	211.8×95.3	大阪市立美术馆
五代·巨然	山居图	轴，绢本水墨	67.5×40.5	斋藤悦
五代·巨然	江山平远图	轴，绢本水墨淡彩	179.5×102.7	京都国立博物馆
五代·徐崇嗣	莲鹭图（双幅）	轴，绢本水墨	95.3×43.6	东京国立博物馆
五代·徐熙	雏鸽药苗图	轴，绢本设色	48.0×54.3	大阪市立美术馆
五代·徐熙	莲池水禽图（双幅）	轴，绢本设色	126.2×73.2	藤田美术馆
五代·徐熙	花卉草虫图	卷，绢本设色	高35.5	福冈市立美术馆
五代·黄筌	竹鹤图	轴，绢本设色	155.3×91.9	大阪市立美术馆
五代·顾德谦	莲池水禽图（双幅）	轴，绢本设色	150.6×91.0	东京国立博物馆

（续表）

五代·滕昌祐	白鸥春水图	轴，绢本设色	154.8×76.0	大阪市立美术馆
五代·无款	药师曼荼罗	绢本设色	94.6×58.5	白鹤美术馆
五代·无款	观音曼荼罗	绢本设色	91.5×59.8	私人
五代·无款	十王经图	卷，纸本设色	34.2×680.0	久保惣纪念美术馆
五代至北宋·无款	放光、地藏、观音菩萨像	绢本设色	62.0×54.3	藤井斋成会有邻馆
北宋·李公麟	圣僧文殊图	轴，绢本水墨淡彩	85.4×41.2	南禅寺
北宋·李公麟	释迦变相图	轴，绢本设色	118.7×56.0	金莲寺
北宋·李公麟（旧传）	维摩天女像	轴，绢本水墨	156.0×105.2	东福寺
北宋·李公麟	十六罗汉图（十六幅）	轴，绢本设色	99.8×40.5	光明寺
北宋·李公麟	释迦三尊十六罗汉图	轴，绢本设色	121.5×55.3	兵库县大觉寺
北宋·李公麟	龙山圣会图	卷，纸本水墨淡彩	高28.9	阿形邦三
北宋·李公麟	五马图	卷，纸本水墨	29.3×225.0	私人
北宋·李公麟	罗汉图	轴，绢本设色	115.4×51.7	东京国立博物馆
北宋·李公麟（旧传）	维摩诘像	轴，绢本水墨	89.7×51.5	京都国立博物馆
北宋·李公麟	阿弥陀三尊图	轴，绢本设色	142.9×94.1	泉屋博古馆
北宋·李公麟	潇湘卧游图卷（局部）			东京国立博物馆
北宋·赵佶	秋冬山水图（双幅）	轴，绢本设色	（秋）128.2×55.1；（冬）127.8×55.1	金地院
北宋·赵佶	鹞鸽图（摹本）	轴，纸本水墨	88.2×53.0	原田尾山
北宋·赵佶	墨竹图	绢本水墨		江田勇二
北宋·赵佶	墨竹图（附椿山摹本）	绢本水墨		江田勇二
北宋·赵佶	水仙鹑图	册页，绢本设色	26.9×41.8	私人
北宋·赵佶	盆池鹡鸰图	册页，绢本淡彩	31.0×27.0	贝塚茂树
北宋·赵佶	桃鸠图	册页，绢本设色	26.1×28.5	东京国立博物馆
北宋·赵佶	晴麓横云图	轴，纸本水墨淡彩	149.0×61.3	大阪市立美术馆
北宋·赵佶	枇杷小鸟图	绢本设色	26.0×27.1	根津美术馆
北宋·赵佶	石榴小鸟图	绢本设色	19.5×22.0	根津美术馆
北宋·赵佶	花鸟图	绢本设色	26.3×28.3	根津美术馆
北宋·赵佶	鹡鸰图	轴，绢本设色	69.0×30.8	根津美术馆
北宋·苏轼	赤壁图（双幅）	轴，绢本水墨淡彩	155.7×87.3	妙心寺
北宋·苏轼	墨竹图	轴，绢本水墨	78.0×63.3	白林寺
北宋·苏轼	墨竹图（附摹本）	绢本水墨	28.2×40.9	住友
北宋·苏轼	枯木竹石图	卷，绢本水墨	高54.7	永青文库

（续表）

北宋·苏轼	墨竹图	纸本水墨	28.1×26.8	福冈市立美术馆
北宋·文同	墨竹图	轴，绢本水墨	69.3×50.0	常盘山文库
北宋·文同	墨竹图	轴，绢本水墨	55.5×30.7	大阪市立美术馆
北宋·文同	墨竹图	轴，绢本水墨	155.9×79.3	藤田美术馆
北宋·文同	墨竹图	轴，绢本水墨	120.1×36.3	正木美术馆
北宋·杨补之	墨梅图	轴，纸本水墨	107.8×35.9	藤田美术馆
北宋·杨补之	墨梅图	轴，绢本水墨	136.2×78.8	小田义一
北宋·张敦礼	香山九老图	卷，绢本设色	高29.3	细川护贞
北宋·李成	夏景清岚图	卷，绢本水墨淡彩	高55.9	阿形邦三
北宋·李成	乔松平远图	轴，绢本水墨淡彩	205.6×126.1	澄怀堂文库
北宋·李成、王晓	读碑窠石图	轴，绢本水墨淡彩	126.3×104.9	大阪市立美术馆
北宋·范宽	秋山萧寺图	卷，绢本水墨淡彩	高42.2	阿形邦三
北宋·范宽	山水图	轴，绢本水墨	131.0×84.2	薮本庄五郎
北宋·范宽	云壑高士图	轴，绢本设色	51.7×35.4	大阪市立美术馆
北宋·赵令穰	春江烟雨图	卷，绢本水墨淡彩	高22.8	阿形邦三
北宋·赵令穰	春江待渡图	册页，绢本设色	23.5×24.4	贝塚茂树
北宋·赵令穰	柳塘游鹅图	卷，绢本设色	32.5×93.4	藤田美术馆
北宋·赵令穰	秋塘图	册页，绢本水墨淡彩	22.1×24.2	大和文华馆
北宋·赵昌	茉莉花图	绢本设色	26.6×27.0	常盘山文库
北宋·赵昌	草虫图（双幅）	轴，绢本设色	75.5×27.0	柳孝
北宋·赵昌	贝图（双幅）	绢本设色	23.0×25.4	薮本庄五郎
北宋·赵昌	桃花二会图	册页，绢本设色	31.8×29.3	贝塚茂树
北宋·赵昌	桃图	团扇，绢本设色	27.5×29.0	私人
北宋·赵昌	竹虫图	轴，绢本设色	99.1×54.2	东京国立博物馆
北宋·赵昌	牡丹图	轴，绢本设色	127.2×76.0	宫内厅
北宋·赵昌	林檎花图	绢本设色	22.8×25.0	畠山纪念馆
北宋·赵昌	篠虫图	绢本设色	28.4×45.6	畠山纪念馆
北宋·赵昌	菜蝶图	绢本设色	22.1×21.5	德川美术馆
北宋·惠崇	芦雁图	绢本水墨淡彩	33.4×33.4	薮本宗四郎
北宋·惠崇	莲池浴鸟图	团扇，绢本水墨淡彩	24.9×26.7	薮本庄五郎
北宋·惠崇	芦雁图	轴，绢本水墨淡彩	92.4×38.5	京都国立博物馆
北宋·吴元瑜	梨花黄莺图	轴，绢本设色	104.4×52.1	大阪市立美术馆
北宋·易元吉	白鹅图	轴，绢本设色	153.5×90.3	大阪市立美术馆
北宋·易元吉	聚猿图	卷，绢本水墨	39.7×141.0	大阪市立美术馆
北宋·崔白	三清猫虫图	轴，绢本水墨设色	161.4×57.5	黑川古文化研究所
北宋·米芾	烟云松壑图	轴，绢本水墨淡彩	161.0×95.5	大阪市立美术馆
北宋·胡舜臣、蔡京	送郝玄明使秦书画合璧卷	绢本水墨淡彩	30.0×111.0	大阪市立美术馆

（续表）

北宋·张择端	清明上河图	卷，绢本设色	27.8×551.5	东京国立博物馆
北宋·张择端	卖货郎图	轴，绢本水墨设色	192.8×96.3	东京国立博物馆
北宋·许道宁	云山楼观图	轴，纸本水墨淡彩	126.0×89.6	大阪市立美术馆
北宋·许道宁	幽林樵隐图	轴，绢本水墨	155.9×52.4	大阪市立美术馆
北宋·许道宁	秋山萧寺图	卷，绢本水墨淡彩	38.3×147.5	藤井斋成会有邻馆
北宋·燕文贵	江山楼观图	卷，纸本水墨淡彩	32.0×161.0	大阪市立美术馆
北宋·孙知微	伏羲图	轴，绢本水墨设色	124.2×61.0	大阪市立美术馆
北宋·武洞清	女仙图	轴，绢本设色	168.2×75.4	大阪市立美术馆
北宋·无款	濯足万里流图	轴，绢本水墨	73.2×39.7	大阪市立美术馆
北宋·无款	临卢鸿草堂十志图	卷，纸本水墨	30.3×59.7	大阪市立美术馆
北宋·无款	山水图	团扇，绢本水墨淡彩	24.7×26.7	大阪市立美术馆
北宋·无款	溪居图	轴，绢本水墨淡彩	114.5×59.9	阿形邦三
北宋·无款	花鸟图	绢本水墨	28.2×49.4	阿形邦三
北宋·无款（旧题王维）	江山雪霁图	卷，绢本水墨设色	28.4×171.5	小川睦之辅
北宋·无款	十六罗汉图（十六幅）	轴，绢本设色	82.0×36.4	清凉寺
金·王庭筠	幽竹枯槎图	纸本	38.0×117.0	藤井斋成会有邻馆
南宋·牧溪	寒山图	轴，纸本水墨	85.9×30.7	大阪市立美术馆
南宋·牧溪	目黑达摩图	轴，纸本水墨	94.9×33.7	大阪市立美术馆
南宋·牧溪	罗汉图	轴，绢本水墨	106.1×52.4	静嘉堂文库
南宋·牧溪	白衣观音图	轴，绢本水墨	94.8×52.2	根津美术馆
南宋·牧溪	政黄牛图	轴，纸本水墨	66.0×29.8	根津美术馆
南宋·牧溪	对月图	轴，纸本水墨	65.3×28.5	根津美术馆
南宋·牧溪	罗汉图	轴，纸本水墨	64.5×31.9	根津美术馆
南宋·牧溪	白衣观音图	轴，纸本水墨	99.0×35.0	根津美术馆
南宋·牧溪	韦驼天（中）、猿图（左、右）（三幅）	轴，绢本水墨	（韦驼天）98.8×42.5；（猿图）98.7×41.5	福冈市立美术馆
南宋·牧溪	五祖栽松图	轴，纸本水墨	86.0×36.0	福冈市立美术馆
南宋·牧溪	蚬子和尚图	轴，绢本水墨	84.8×31.5	京都国立博物馆
南宋·牧溪	布袋图	轴，纸本水墨	96.7×41.5	私人
南宋·牧溪	政黄牛图	轴，纸本水墨	67.3×32.0	福冈市立美术馆
南宋·牧溪	罗汉图	纸本水墨	30.4×62.9	颖川美术馆
南宋·牧溪	杜子美图	轴，纸本水墨	89.1×31.0	福冈市立美术馆
南宋·牧溪	杜子美图	轴，纸本水墨	75.5×29.5	根津美术馆
南宋·牧溪	枯木雀图	轴，纸本水墨	84.6×31.0	根津美术馆
南宋·牧溪	渔村夕照图	卷，纸本水墨	34.4×112.4	根津美术馆
南宋·牧溪	龙图	绢本水墨	45.7×92.0	根津美术馆

（续表）

南宋·牧溪	山水图	轴，纸本水墨	40.6×25.3	德川美术馆
南宋·牧溪	洞庭秋月图（潇湘八景断简）	纸本水墨	29.4×93.1	德川美术馆
南宋·牧溪	渔村夕照图（潇湘八景断简）	纸本水墨	33.0×112.0	根津美术馆
南宋·牧溪	烟寺晚钟图（潇湘八景断简）	纸本水墨	33.0×104.0	畠山纪念馆
南宋·牧溪	平山落雁图（潇湘八景断简）	纸本水墨	33.0×109.9	出光美术馆
南宋·牧溪	远浦归帆图（潇湘八景断简）	纸本水墨	32.3×103.6	日野原节
南宋·牧溪	猿猴图	轴，纸本水墨	93.9×35.9	根津美术馆
南宋·牧溪	芦蟹图	轴，纸本水墨	88.2×37.7	根津美术馆
南宋·牧溪	虎图	轴，绢本水墨	187.0×111.8	德川美术馆
南宋·牧溪	柳燕图	轴，绢本水墨	87.6×43.9	德川美术馆
南宋·牧溪	叭叭鸟图	轴，纸本水墨	52.6×30.0	MOA美术馆
南宋·牧溪	翡翠、鹡鸰图（双幅）	轴，纸本水墨	（各）79.2×31.0	MOA美术馆
南宋·牧溪	荷叶图	纸本水墨	35.4×49.4	根津美术馆
南宋·牧溪	枯木鸠图	轴，纸本水墨	41.6×32.4	根津美术馆
南宋·牧溪	远浦归帆图	卷，纸本水墨	32.0×110.0	京都国立博物馆
南宋·牧溪	叭叭鸟图	轴，纸本水墨	78.5×39.0	东京国立博物馆
南宋·牧溪	鸟荷图	轴，纸本水墨	79.4×30.9	私人
南宋·牧溪	老子图	轴，纸本水墨	88.9×33.5	冈山县立美术馆
南宋·牧溪	芦雁图	轴，纸本水墨	70.4×27.5	群马县立近代美术馆
南宋·牧溪	观音、猿、鹤图（三幅）	轴，绢本水墨淡彩	173.3×99.3	大德寺
南宋·牧溪	龙虎图（咸淳年记）	轴，绢本水墨淡彩	147.8×94.0	大德寺
南宋·牧溪	芙蓉图	册页，纸本水墨	34.5×36.7	大德寺
南宋·牧溪	龙虎图	轴，绢本水墨	178.2×93.3	大德寺
南宋·牧溪	观音、寒山、拾得图（三幅）	轴，绢本水墨	94.1×37.5	妙心寺
南宋·牧溪	白衣观音、山水图（三幅）	轴，绢本水墨	（观音）97.3×46.7；（山水）93.0×44.0	妙心寺
南宋·牧溪	杨柳观音图	轴，纸本水墨	132.2×60.6	妙心寺
南宋·牧溪	观音图	轴，绢本设色	154.5×93.7	圆觉寺
南宋·牧溪	白衣观音图	轴，绢本水墨	87.7×37.9	定胜寺
南宋·牧溪	白衣观音图	绢本水墨		观念寺
南宋·牧溪	观音图	轴，绢本水墨	39.5×18.6	光明寺
南宋·牧溪	绳衣文殊图	轴，绢本设色	79.0×38.0	道隆寺

（续表）

南宋・牧溪	杨柳观音图	轴，绢本水墨	77.8×31.7	鸡足寺
南宋・牧溪	观音、船子、夹山图（三幅）	轴，绢本设色	98.3×47.5	光云寺
南宋・牧溪	柿图	纸本水墨	35.1×29.0	龙光院
南宋・牧溪	栗图	纸本水墨	35.2×33.0	龙光院
南宋・牧溪	白衣观音图	轴，绢本水墨	103.2×40.2	茂林寺
南宋・牧溪	观音、牧牛图（三幅）	轴，绢本设色	95.5×44.1	永源寺
南宋・牧溪	观音图	轴，绢本水墨	87.6×29.5	圣福寺
南宋・牧溪	达摩图	轴，纸本水墨	94.9×33.7	天龙寺
南宋・牧溪	芦鹭图（双幅）	轴，绢本水墨	100.1×51.6	圣福寺
南宋・牧溪	虎图	绢本设色		慈照院
南宋・牧溪	马祖庞居士问答图	轴，绢本水墨	105.4×34.6	天宁寺
南宋・牧溪	竹鸠图	轴，绢本水墨	78.2×40.4	薮本宗四郎
南宋・牧溪	鸠、叭叭鸟图（双幅）	轴，纸本水墨	74.7×33.9	薮本庄五郎
南宋・牧溪	丰干、柳燕竹雀图（双幅）	轴，绢本水墨	97.2×43.8	薮本庄五郎
南宋・牧溪	鸠图	轴，绢本水墨	75.2×35.2	薮本庄五郎
南宋・牧溪	猿猴图	轴，纸本水墨	81.0×32.0	薮本庄五郎
南宋・牧溪	虎图	轴，绢本水墨	133.4×87.3	薮本庄五郎
南宋・牧溪	杜子美图	绢本水墨	37.8×23.9	薮本庄五郎
南宋・牧溪	观音图	轴，绢本水墨	107.0×45.3	薮本庄五郎
南宋・牧溪	龙虎图	绢本水墨		江田勇二
南宋・牧溪	水月观音图	绢本水墨		关口诚也
南宋・牧溪	猿猴图	绢本水墨		中村胜五郎
南宋・牧溪	布袋图（附探幽摹本）	纸本水墨	77.1×30.9	藤井明
南宋・直翁	六祖挟担图	轴，纸本水墨	93.0×31.0	大东急纪念文库
南宋・直翁	布袋图	轴，纸本水墨	91.8×28.8	梅泽美术馆
南宋・于子明	莲池水禽图（双幅）	轴，绢本设色	（各）122.0×73.8	知恩院
南宋・金大受	十六罗汉图	轴，绢本设色	111.6×50.2	东京国立博物馆
南宋・金大受	罗汉图	轴，绢本设色	116.8×50.1	群马县立近代美术馆
南宋・胡直夫	布袋图	轴，纸本水墨	70.6×29.3	福冈市立美术馆
南宋・马远	洞山渡水图	轴，绢本水墨设色	77.8×33.1	东京国立博物馆
南宋・马远	福禄寿图	轴，绢本水墨设色	99.7×46.4	藤田美术馆
南宋・马远	竹燕图	轴，绢本水墨淡彩	64.5×32.2	大和文华馆
南宋・马远	林和靖图	轴，绢本水墨淡彩	24.2×41.5	根津美术馆

（续表）

南宋·马远	琴棋书画图	轴，绢本水墨淡彩	118.5×58.4	颖川美术馆
南宋·马远	寒江独钓图	轴，绢本水墨淡彩	26.8×50.2	东京国立博物馆
南宋·马远	松岸高逸图	轴，绢本设色	61.0×28.4	大阪市立美术馆
南宋·马远	古松楼阁图	团扇，绢本水墨淡彩	24.0×24.2	大阪市立美术馆
南宋·马远	风雨山水图	轴，绢本水墨设色	111.2×56.1	静嘉堂文库
南宋·马远	山水图	轴，绢本水墨设色	94.2×44.3	京都国立博物馆
南宋·马远	山水图	卷，绢本水墨淡彩	26.0×129.4	京都国立博物馆
南宋·马远	松下人物图	轴，绢本设色	150.2×84.2	根津美术馆
南宋·马远	李白观瀑图	团扇，绢本水墨淡彩	23.2×26.9	藤田美术馆
南宋·马远	山水图	轴，绢本水墨淡彩	55.4×32.0	MOA 美术馆
南宋·马远	高士观月图	轴，绢本水墨淡彩	57.2×26.0	MOA 美术馆
南宋·马远	会友图	卷，纸本水墨淡彩	高46.8	阿形邦三
南宋·马远	楼阁山水图	轴，绢本水墨淡彩	157.4×88.2	细见实
南宋·马远	陶渊明采菊图	册页，绢本设色	29.3×25.5	贝塚茂树
南宋·马远	清凉法眼云门大师像（双幅）	轴，绢本设色	79.2×32.9	天龙寺
南宋·马远	山水图	轴，绢本水墨	70.6×36.6	两足院
南宋·马远（传）	风雨山水图	绢本墨画淡彩		静嘉堂文库美术馆
南宋·马逵	松下布袋图	绢本水墨	23.3×53.1	泉屋博古馆
南宋·马逵	山水人物图	绢本水墨淡彩	32.1×72.4	根津美术馆
南宋·马逵	鹿柴之图	轴，绢本水墨淡彩	144.1×42.0	藤田美术馆
南宋·马和之	瀑边游鹿图	团扇，绢本水墨淡彩	23.0×23.5	大阪市立美术馆
南宋·马和之	毛诗图	卷，绢本设色	26.0×867.0	藤井斋成会有邻馆
南宋·马和之	唐风图	卷，绢本设色	26.7×821.1	京都国立博物馆
南宋·马肇	风雨楼阁图	团扇，绢本水墨淡彩	23.1×17.9	大阪市立美术馆
南宋·马麟	夕阳秋色图	轴，绢本设色	51.7×26.6	根津美术馆
南宋·马麟	林和靖孤山图	绢本水墨淡彩	29.3×30.3	藤田美术馆
南宋·马麟	祖师图	轴，绢本水墨	46.8×19.3	群马县立近代美术馆
南宋·马麟	普贤图	轴，绢本淡彩	134.2×79.0	妙心寺
南宋·马麟	竹雀图	绢本设色	19.8×20.2	大安寺
南宋·马麟	山水图（双幅）	轴，绢本水墨淡彩	104.0×49.2	两足院
南宋·马麟	祖师图	绢本淡彩		井上房一郎
南宋·马公显	药山李翱问答图	轴，绢本水墨淡彩	115.9×48.3	南禅寺
南宋·张思恭	释迦三尊图	轴，绢本设色	111.2×58.1	东京国立博物馆
南宋·张思恭	罗汉图（三幅）	轴，绢本设色	128.2×54.8	藤田美术馆
南宋·张思恭	观音图	轴，绢本设色	128.4×50.7	妙心寺
南宋·张思恭、明兆	五百罗汉图（四十九幅）	轴，绢本设色	159.5×90.5	圆觉寺

（续表）

南宋・张思恭	释迦三尊十六善神图	轴，绢本设色	145.5×102.8	南禅寺
南宋・张思恭	释迦三尊图（三幅）	轴，绢本设色	158.7×80.2	知恩院
南宋・张思恭	三尊图	绢本设色		大泉寺
南宋・张思恭	释迦三尊图	轴，绢本水墨淡彩	107.1×52.0	鸡足寺
南宋・张思恭	观音图	轴，绢本设色	136.1×89.4	了莲寺
南宋・张思恭	阿弥陀三尊图	轴，绢本设色	101.9×57.8	禅林寺
南宋・张思恭	阿弥陀三尊图（三幅）	轴，绢本设色	（阿弥陀）128.9×53.8；（观音）128.8×53.8；（势至）128.5×54.0	禅林寺
南宋・张思恭	释迦八大菩萨图	轴，绢本设色	153.0×84.3	阿寺
南宋・张思恭	释迦三尊图	轴，绢本设色	97.5×51.9	大觉寺（兵库县）
南宋・张思恭	观音、毗沙门、小王图	轴，绢本设色	89.8×46.0	正觉寺
南宋・张思恭	阿弥陀如来立像	轴，绢本设色	103.2×42.6	泷谷寺
南宋・张思恭	不空三藏像	轴，绢本设色	118.1×59.4	高山寺
南宋・梁楷	雪景山水图	轴，绢本水墨设色	111.4×50.4	东京国立博物馆
南宋・梁楷	李白吟行图	轴，纸本水墨	81.2×30.4	东京国立博物馆
南宋・梁楷	出山释迦图	轴，绢本设色	119.0×52.0	东京国立博物馆
南宋・梁楷	六祖截竹图	轴，纸本水墨	73.0×31.8	东京国立博物馆
南宋・梁楷	十六应真图	卷，纸本水墨	32.5×572.9	大阪市立美术馆
南宋・梁楷	达摩图	轴，绢本设色	59.8×36.4	根津美术馆
南宋・梁楷	寒山拾得图	轴，纸本水墨	78.6×33.3	藤田美术馆
南宋・梁楷	寒山拾得图	轴，绢本水墨	87.4×32.4	正木美术馆
南宋・梁楷	鸡骨图	轴，纸本水墨	77.9×32.2	福冈市美术馆
南宋・梁楷	踊布袋图	轴，纸本水墨	81.4×33.0	香雪美术馆
南宋・梁楷	寒山拾得图	轴，纸本水墨	81.1×33.9	MOA 美术馆
南宋・梁楷	鹭图	绢本水墨	24.7×25.4	MOA 美术馆
南宋・梁楷	蚬子图	轴，绢本设色	26.0×26.7	柳孝
南宋・梁楷	寒山图	轴，绢本水墨	59.1×32.2	薮本庄五郎
南宋・梁楷	寒山拾得图	轴，绢本水墨淡彩	44.1×29.2	小山弘子
南宋・梁楷	朝阳、对月图（双幅）	轴，纸本水墨	104.4×47.9	妙心寺
南宋・陆信忠	十王图（十幅）	轴，绢本设色	80.6×45.7	文化厅（东京国立博物馆寄托）
南宋・陆信忠	涅槃图	轴，绢本设色	157.3×82.1	奈良国立博物馆
南宋・陆信忠	十王图（十幅）	轴，绢本设色	83.2×47.0	奈良国立博物馆
南宋・陆信忠	十王图（十幅）	轴，绢本设色	92.5×44.5	神奈川县立博物馆

（续表）

南宋・陆信忠	十王图（六幅）	轴，绢本设色	58.6×37.9	金泽文库
南宋・陆信忠	十王图	轴，绢本水墨	56.0×38.6	正木美术馆
南宋・陆信忠	十六罗汉图（十六幅）	轴，绢本设色	115.0×50.8	相国寺
南宋・陆信忠	十王图（十幅）	轴，绢本水墨	84.5×52.0	高桐院
南宋・陆信忠	地藏十王图（十一幅）	轴，绢本设色	108.4×55.3	誓愿寺
南宋・陆信忠	十王图（五幅）	轴，绢本设色	583.0×40.2	净土寺
南宋・陆信忠	十王图（七幅）	轴，绢本设色	58.0×40.2	净土寺
南宋・陆信忠	十六罗汉图（二十幅）	轴，绢本设色	119.3×48.9	光明寺
南宋・陆信忠	地藏十王图（十一幅）	轴，绢本设色	118.2×60.5	定胜寺
南宋・陆信忠	十王图（十幅）	轴，绢本设色	53.0×36.4	法然寺
南宋・陆信忠	十王图	轴，绢本设色	39.5×25.0	善导寺
南宋・陆信忠	地藏十王图（十一幅）	轴，绢本设色	54.3×38.1	永源寺
南宋・陆信忠	十王图（十二幅）	轴，纸本设色	79.5×50.5	西教寺
南宋・李唐	田家聚妇图	卷，绢本设色	24.0×102.7	京都国立博物馆
南宋・李唐	山水马上人物图	绢本水墨淡彩	24.7×27.8	京都国立博物馆
南宋・李唐（传）	雪景图	团扇，绢本水墨淡彩	24.5×24.5	大阪市立美术馆
南宋・李唐	水庄琴棋图	轴，绢本水墨淡彩	181.4×94.7	柳孝
南宋・李唐	蜀栈道图	轴，绢本水墨设色	140.8×68.7	阿形邦三
南宋・李唐	江村渔乐图	卷，绢本水墨淡彩	高25.8	贝塚茂树
南宋・李唐	渔樵问答图	团扇，绢本水墨	24.4×25.1	贝塚茂树
南宋・李唐	山水图（双幅）	轴，绢本水墨	98.1×43.4	高桐院
南宋・范安仁	游鱼图	纸本水墨淡彩	19.8×27.5	MOA美术馆
南宋・陈容	龙图	轴，绢本水墨	147.5×77.9	宫内厅
南宋・陈容	六龙图	卷，纸本水墨	高34.2	藤田美术馆
南宋・陈容	龙图	轴，绢本水墨	187.0×111.8	德川美术馆
南宋・玉涧	庐山图（摹本）	轴，纸本水墨	49.5×105.0	根津美术馆
南宋・玉涧	庐山图	轴，绢本水墨	35.5×62.7	冈山县立美术馆
南宋・玉涧	远浦归帆图（潇湘八景断简）	卷，纸本水墨	30.6×77.0	德川美术馆
南宋・玉涧	山市晴峦图（潇湘八景断简）	卷，纸本水墨	33.0×83.1	出光美术馆
南宋・玉涧	庐山瀑布图（断简）	轴，绢本水墨	43.0×27.0	私人
南宋・玉涧	水仙图	轴，纸本水墨	77.5×25.0	根津美术馆
南宋・玉涧	墨兰图	纸本水墨	32.5×57.5	藤田美术馆

（续表）

南宋·米友仁	远岫晴云图	轴，纸本水墨	24.7×28.6	大阪市立美术馆
南宋·米友仁	雨景山水图	轴，绫本水墨	146.6×42.1	山口谦四郎
南宋·李迪	雪中归牧图（双幅）	册页，绢本水墨设色	23.5×23.5	大和文华馆
南宋·李迪	狸奴蜻蜓图	册页，绢本设色	25.4×26.2	大阪市立美术馆
南宋·李迪	莲池蜻蛉图	册页，绢本设色	24.2×22.6	根津美术馆
南宋·李迪	古木水牛图（双幅）	轴，绢本水墨淡彩	91.7×56.2	森村义行
南宋·李迪	红白芙蓉图（双幅）	册页轴装，绢本设色	（各）25.2×25.5	东京国立博物馆
南宋·李公麟	潇湘卧游图	卷，纸本水墨	30.4×400.4	东京国立博物馆
南宋·夏圭	山水图（双幅）	轴，绢本水墨淡彩	168.2×76.6	东京国立博物馆
南宋·夏圭	山水图（双幅）	轴，绢本水墨淡彩	153.6×86.0	柳孝
南宋·夏圭	山水图	绢本水墨	22.6×25.4	东京国立博物馆
南宋·夏圭	山水图	轴，绢本水墨淡彩	100.2×50.9	薮本庄五郎
南宋·夏圭	湖畔幽居图	团扇，绢本水墨淡彩	23.7×24.8	大阪市立美术馆
南宋·夏圭	月下弹琴图	轴，绢本水墨淡彩	97.6×44.5	薮本庄五郎
南宋·夏圭	纳凉图	册页，绢本水墨淡彩	20.3×23.7	大阪市立美术馆
南宋·夏圭	山水图	卷，绢本水墨淡彩	高55.0	林宗毅
南宋·夏圭	山水图	轴，纸本水墨	88.5×35.5	根津美术馆
南宋·夏圭	山水图	绢本水墨		小川广己
南宋·夏圭	牧童图	绢本水墨淡彩	25.4×19.8	泉屋博古馆
南宋·夏圭	风雨归庄图	册页，绢本水墨淡彩	21.2×20.8	贝塚茂树
南宋·夏圭	竹林山水图	轴，纸本水墨	87.5×34.5	畠山纪念馆
南宋·夏圭	山水图	纸本水墨	44.4×107.8	畠山纪念馆
南宋·夏圭	山水图	册页，绢本水墨	25.0×34.6	静嘉堂文库
南宋·楼观	江头泊舟图	团扇，绢本设色	22.7×24.0	东京国立博物馆
南宋·阎次平	山水图	绢本水墨淡彩	20.9×26.2	东京国立博物馆
南宋·阎次平	山水图（双幅）	轴，绢本水墨淡彩	127.0×72.3	东京国立博物馆
南宋·阎次平	秋野牧牛图	轴，绢本水墨淡彩	97.5×50.6	泉屋博古馆
南宋·阎次平	秋林放牧图	轴，绢本淡彩	97.0×50.9	秋元春朝氏
南宋·苏显祖	山水图（双幅）	轴，绢本水墨	135.3×79.0	根津美术馆
南宋·毛松	猿图	册页，绢本设色	46.9×36.5	东京国立博物馆
南宋·宋汝志	笼雀雏图	册页，绢本设色	21.5×22.3	文化厅（东京国立博物馆寄托）
南宋·李安忠	群鸟图	轴，绢本设色	126.1×67.6	宫内厅
南宋·李安忠	水墨山水图	绢本水墨	42.0×31.0	山口谦四郎
南宋·李安忠	鹑图	册页，绢本设色	27.3×24.5	根津美术馆
南宋·李安忠	鹌鹑图	册页，绢本设色	26.1×35.5	中村富次郎
南宋·萝窗	竹鸡图	轴，绢本水墨淡彩	96.3×43.4	东京国立博物馆
南宋·郑思肖	墨竹图	卷，纸本水墨	17.5×108.7	东京国立博物馆

（续表）

南宋·郑思肖	墨兰图	卷，纸本水墨	25.7×42.4	大阪市立美术馆
南宋·门无关	芦叶达摩图	轴，绢本水墨	80.6×36.6	菊屋嘉十郎
南宋·门无关、李确	达摩、丰干、布袋图	轴，纸本水墨	门无关（达摩图）83.7×32.8；李确（丰干、布袋）105.6×32.2	妙心寺
南宋·门无关	寒山拾得图（双幅）	轴，绢本水墨淡彩	（寒山）94.3×33.3；（拾得）94.1×33.1	今出川勇子
南宋·李口	法华曼荼罗图	轴，绢本设色	109.3×53.3	成菩提院
南宋·林椿	白桃小禽图	团扇，绢本设色	25.0×25.0	私人
南宋·林庭珪、周季常	五百罗汉图	轴，绢本设色	112.8×53.4	大德寺
南宋·陆仲涧	释迦三尊图	轴，绢本水墨	103.8×48.2	鹿王院
南宋·普悦	阿弥陀三尊图（三幅）	轴，绢本设色	（阿弥陀）125.4×48.6；（观音）127.4×48.8；（势至）127.4×48.6	清净华院
南宋·喻弥陀	阿弥陀如来图	轴，绢本设色	111.5×48.2	金莲寺
南宋·赵璚	十六罗汉图（一对）	屏风，绢本设色	89.8×47.7	法华经寺
南宋·赵琼	诸尊集会图	轴，绢本设色	122.5×58.5	满愿寺
南宋·赵孟坚	墨竹图（双幅）	轴，绢本水墨	159.5×95.3	南禅寺
南宋·寄堂	布袋图	纸本水墨		西胁敬三郎
南宋·陆仲渊	十王图（三幅）	轴，绢本设色	85.8×50.6	森村义行
南宋·智融	牧牛图	纸本水墨	30.0×39.7	薮本庄五郎
南宋·刘松年	唐子游图	绢本设色	27.5×43.0	住友
南宋·苏汉臣	唐子游图	轴，绢本设色	76.2×50.5	住友
南宋·赵伯驹	楼阁山水图	轴，绢本设色	136.4×82.6	菊屋嘉十郎
南宋·赵伯驹	楼阁山水图	卷，绢本设色	高29.0	细川护贞
南宋·赵伯驹	山庄避暑图	绢本水墨设色	46.9×22.4	贝塚茂树
南宋·毛益	萱草游狗图	册页，绢本设色	25.3×25.7	大和文华馆
南宋·毛益	狗图	绢本淡彩	24.8×21.8	菊屋嘉十郎
南宋·毛益	蜀葵游猫图	册页，绢本设色	25.3×25.8	大和文华馆
南宋·朱义	牧牛图	绢本水墨	25.0×25.7	山口谦四郎
南宋·李嵩	十牛图	纸本水墨	27.4×44.3	薮本庄五郎
南宋·李嵩	十牛图	纸本水墨	27.7×44.7	小山弘子
南宋·廉布	葡萄图	绢本水墨	27.5×50.0	柳孝
南宋·佚名	鸭图　徽宗皇帝笔（传）	绢本著色	37.8×25.7	五岛美术馆

（续表）

宋・吴说	游丝书			藤井斋成会有邻馆
宋・王庭筠	幽竹枯槎图			藤井斋成会有邻馆
宋・宋高宗赵构楷书、马和之画	大雅・荡之什			藤井斋成会有邻馆
宋・赵佶（传）	鹳鸽图	纸本	82.2×53.0	原田尾山
宋・米芾	元日帖			大阪市立美术馆
宋・米芾	吾友帖			大阪市立美术馆
宋・米芾	中秋诗帖/目穷帖（一纸两帖）			大阪市立美术馆
宋・米芾	海岱帖			大阪市立美术馆
宋・黄庭坚	行书伏波神辞诗			永青文库美术馆
宋・郑思肖	墨兰图			大阪市立美术馆
元・方从义	太白泷湫图	轴，纸本水墨	105.6×46.1	大阪市立美术馆
元・方从义	白云春岫图	卷，绢本水墨	26.2×243.6	京都国立博物馆
元・方从义	狮子林图	轴，纸本水墨淡彩	102.2×17.2	黑川古文化研究所
元・方从义	潇湘雨意图	轴，纸本水墨	96.0×24.7	正木美术馆
元・日观	葡萄图	轴，绢本水墨	102.7×34.6	根津美术馆
元・日观	葡萄图	轴，绢本水墨	144.2×85.2	藤田美术馆
元・日观	葡萄图	轴，绢本水墨	106.2×28.2	群马县立近代美术馆
元・日观	葡萄图	轴，纸本水墨	65.8×30.0	阿形邦二
元・日观	葡萄图	轴，纸本水墨	82.6×37.1	薮本庄五郎
元・日观	葡萄图	纸本水墨		中村胜五郎
元・日观	葡萄图	轴，绢本水墨	64.8×28.8	小山弘子
元・日观	葡萄图	轴，绢本水墨	31.6×42.9	平山堂
元・日观	葡萄图	轴，绢本水墨	63.2×29.7	饭田义治
元・日观	葡萄图（双幅）	绢本水墨		长乐寺
元・张月壶	白衣观音图	轴，纸本水墨	77.1×34.8	MOA美术馆
元・张月壶	白衣观音图	轴，绢本水墨	87.5×46.4	大阪市立美术馆
元・毛伦	牧牛图	轴，绢本水墨	104.5×52.1	根津美术馆
元・毛伦	牧牛图	轴，纸本水墨	68.5×28.7	江田勇二
元・毛伦	柳牛图	轴，绢本水墨	87.6×47.8	妙兴寺
元・王振鹏	白衣观音图	轴，绢本水墨	99.5×53.3	根津美术馆
元・王冕	墨梅图	轴，绢本水墨	143.1×97.1	宫内厅
元・王冕	墨梅图	轴，纸本水墨	92.4×31.7	京都国立博物馆
元・王冕	墨梅图	轴，纸本水墨	155.0×57.3	正木美术馆
元・王冕	墨梅图	卷，绢本水墨	高25.7	万俵次郎
元・王渊	鸳鸯图	轴，绢本设色	145.0×88.9	东京国立博物馆
元・王渊	竹雀图	轴，纸本水墨	139.3×49.9	大阪市立美术馆

（续表）

元·王渊	桃花鹦鹉图	轴，绢本设色	84.6×47.4	根津美术馆
元·王渊	牡丹图（二幅）	轴，绢本设色	147.9×80.6；148.3×84.5	德川美术馆
元·王渊	凤凰图	轴，绢本设色	145.0×92.5	群马县立近代美术馆
元·王渊	花鸟图（双幅）	轴，绢本水墨设色	172.3×91.9	相国寺
元·王渊	花鸟图（双幅）	轴，绢本设色	141.1×74.8	光云寺
元·王渊	花鸟图	绢本设色		薮本庄五郎
元·王渊	葵图	轴，绢本设色	52.0×28.4	薮本庄五郎
元·王渊	花鸟图	绢本设色	28.3×63.5	细见实
元·王渊	莲鹭图	轴，绢本设色	112.1×47.1	贝塚茂树
元·王渊	元	竹雀图		大阪市立美术馆
元·王蒙	松溪草堂图	轴，纸本水墨淡彩	66.6×29.8	东京国立博物馆
元·王蒙	松壑云涛图	轴，纸本水墨淡彩	36.8×58.6	大阪市立美术馆
元·王蒙	江皋烟岚图	卷，纸本水墨	28.2×190.4	大阪市立美术馆
元·王蒙	柳桥渔唱图	卷，纸本水墨淡彩	24.5×159.1	京都国立博物馆
元·王蒙	山水图	纸本水墨		薮本庄五郎
元·王蒙	山居图	轴，纸本水墨淡彩	130.4×34.0	阿形邦三
元·正悟	白衣观音图	轴，绢本水墨	125.7×53.8	京都国立博物馆
元·永中	白衣观音像	轴，纸本水墨	65.9×30.2	藤田美术馆
元·任仁发	琴棋书画图（四幅）	轴，绢本设色	172.8×104.2	东京国立博物馆
元·任仁发	饰马图	绢本设色	29.8×36.2	宫内厅
元·任仁发	夏冬游鹤图（双幅）	轴，绢本设色	127.5×77.8	宫内厅
元·任仁发	马人物图	绢本设色	26.6×45.6	小山弘子
元·因陀罗	寒山拾得图（双幅）	轴，纸本水墨	77.9×31.4	东京国立博物馆
元·因陀罗	五祖再来图	轴，纸本水墨	34.6×21.0	东京国立博物馆
元·因陀罗	寒山拾得图	纸本水墨	35.1×49.7	东京国立博物馆
元·因陀罗	布袋图	轴，纸本水墨	35.8×49.7	根津美术馆
元·因陀罗	朝阳图	轴，纸本水墨	58.8×32.2	根津美术馆
元·因陀罗	寒山拾得图	轴，纸本水墨	87.3×33.4	藤田美术馆
元·因陀罗	禅机图（断简）	纸本水墨	35.1×45.1	畠山纪念馆
元·因陀罗	芦叶达摩图	轴，纸本水墨	66.4×29.8	群马县立近代美术馆
元·因陀罗	闽王参雪峰图	轴，纸本水墨	71.5×27.8	正木美术馆
元·因陀罗	芦叶达摩图	轴，纸本水墨	79.2×31.0	福冈市立美术馆
元·因陀罗	维摩图	轴，纸本水墨	48.9×28.0	香雪美术馆
元·朱德润	秋林读书图	轴，绢本水墨淡彩	165.0×92.1	东京国立博物馆
元·朱德润	陶渊明故事图	卷，纸本水墨		小川广己
元·朱德润	石鱼亭图	绢本设色	31.0×24.0	贝塚茂树

（续表）

元·吴太素	墨梅图	轴，纸本水墨	116.5×40.4	东京国立博物馆
元·吴太素	松梅图	轴，绢本水墨	141.0×94.0	大泉寺
元·吴太素	墨梅图	轴，纸本水墨	116.3×40.3	私人
元·吴镇	竹石图	轴，纸本水墨	88.0×40.8	东京国立博物馆
元·吴镇	湖船图（双幅）	纸本水墨	27.1×39.2； 27.0×44.5	大阪市立美术馆
元·吴镇	竹石图	轴，纸本水墨	93.0×28.4	京都国立博物馆
元·吴镇	墨竹图	轴，纸本水墨	90.2×40.7	藤田美术馆
元·吴镇	十六应真图	卷，绢本水墨	高32.0	惠林寺
元·吴镇	墨竹图	绢本水墨		慈照院
元·吴镇	山水图	纸本水墨	24.5×24.1	阿形邦三
元·吴镇	竹石图（双幅）	轴，绢本水墨	116.5×51.6	阿形邦三
元·吴镇	竹石图	轴，绢本水墨	175.1×106.9	薮本庄五郎
元·吴镇	墨竹图	卷，纸本水墨		江田勇二
元·吴镇	墨竹图	轴，绢本水墨	98.0×43.0	菅原寿男
元·李衎	竹石图	轴，绢本水墨	157.0×105.9	大阪市立美术馆
元·李衎	墨竹图	轴，绢本水墨	144.0×96.9	宫内厅
元·李衎	竹石图	轴，绢本水墨	108.5×45.4	常盘山文库
元·李衎	墨竹图	轴，绢本水墨	150.5×44.4	住友
元·周白	三星围棋图	轴，绢本设色	152.1×80.1	根津美术馆
元·孟珍	山水图	轴，绢本水墨	56.8×26.2	藤田美术馆
元·孟珍	雪中骑马图	轴，绢本水墨	110.4×49.6	群马县立近代美术馆
元·柯九思	寒江独钓图	团扇，绢本水墨	27.5×27.0	大阪市立美术馆
元·柯九思	横竿晴翠图	轴，纸本水墨	51.5×32.2	大阪市立美术馆
元·柯九思	山水图	卷，纸本水墨	高27.9	黑川古文化研究所
元·柯九思	山水图	团扇，绢本水墨		薮本庄五郎
元·柯九思	横竿晴翠图	纸本	51.7×32.5	大阪市立美术馆
元·柴桢	秋山曳杖图	轴，纸本水墨淡彩	105.5×32.5	大阪市立美术馆
元·柏子庭	墨兰图	轴，绢本水墨	85.2×37.3	根津美术馆
元·柏子庭	石菖蒲图	轴，绢本水墨	101.5×45.4	梅泽美术馆
元·柏子庭	石菖蒲图	纸本水墨	34.0×52.6	福冈市立美术馆
元·柏子庭	石菖蒲图	纸本水墨	31.4×52.7	MOA美术馆
元·柏子庭	石菖蒲图	纸本水墨	32.1×53.4	薮本庄五郎
元·倪瓒	杜陵诗意图	轴，纸本水墨	67.7×32.9	东京国立博物馆
元·倪瓒	溪亭秋色图	纸本水墨	29.2×36.6	大阪市立美术馆
元·倪瓒	疏林图	轴，纸本水墨	69.7×58.3	大阪市立美术馆
元·倪瓒	云林六墨图	册，纸本水墨	28.9×46.4	京都国立博物馆
元·倪瓒	山水图	轴，纸本水墨	87.0×29.8	阿形邦三
元·倪瓒	疏林图			大阪市立美术馆

（续表）

元·孙君泽	雪中山水图	轴，绢本水墨设色	125.8×56.4	东京国立博物馆
元·孙君泽	山水图	轴，绢本水墨淡彩	102.1×82.7	文化厅（东京国立博物馆寄托）
元·孙君泽	楼阁山水图（双幅）	轴，绢本设色	141.8×59.0	静嘉堂文库
元·孙君泽	楼阁山水图	轴，绢本设色	105.0×47.5	根津美术馆
元·孙君泽	丁兰陆绩图（双幅）	轴，绢本水墨淡彩	30.4×47.3	根津美术馆
元·孙君泽	楼阁山水图（双幅）	轴，绢本设色	102.0×44.5	根津美术馆
元·孙君泽	楼阁图	轴，绢本设色	96.8×46.3	常盘山文库
元·孙君泽	归去来图	绢本水墨设色	22.2×45.3	薮本庄五郎
元·孙君泽	刘阮天台图	轴，绢本水墨淡彩	99.0×24.4	菊屋嘉十郎
元·孙君泽	观瀑山水图	轴，绢本水墨淡彩	126.7×65.2	山口谦四郎
元·孙君泽	李白醉归图	团扇，绢本设色	25.6×26.1	住友
元·孙君泽	骑驴探梅图	轴，绢本设色	173.0×91.5	妙心寺
元·马琬	夏山欲雨图	轴，纸本水墨淡彩	103.0×32.1	大阪市立美术馆
元·高然晖	山水图	轴，纸本水墨	128.0×38.7	藤田美术馆
元·高然晖	朝阳图	纸本水墨淡彩	50.7×52.8	MOA 美术馆
元·高然晖	米法山水图	轴，绢本水墨	143.0×68.9	薮本宗四郎
元·高然晖	山水图	轴，绢本水墨	88.8×57.0	薮本庄五郎
元·高然晖	山水图	绢本设色		江田勇二
元·张中	垂杨双燕图	轴，纸本水墨	107.7×30.3	大阪市立美术馆
元·张中	柳燕图	轴，纸本水墨	109.5×32.4	根津美术馆
元·张芳汝	牧童图（双幅）	轴，纸本水墨	87.1×34.7	MOA 美术馆
元·张芳汝	牧童图	轴，纸本水墨	58.8×32.8	小山弘子
元·郭畀	幽篁枯木图	卷，纸本水墨	32.8×106.1	京都国立博物馆
元·郭畀	古木山水图	轴，纸本水墨淡彩	71.3×35.8	泉屋博古馆
元·陆四郎	罗汉图	轴，绢本设色	71.0×40.8	藤田美术馆
元·雪窗	兰图（四幅）	条屏，绢本淡彩	106.4×46.0	宫内厅
元·雪窗	兰石图	轴，绢本水墨	118.8×83.1	京都国立博物馆
元·雪窗	墨兰图（双幅）	轴，绢本水墨	112.3×51.7	根津美术馆
元·雪窗	兰石图（双幅）	轴，绢本水墨	115.6×51.2	阿形邦三
元·雪窗	兰石图	绢本水墨淡彩		组田昌平
元·雪窗	兰图	轴，纸本水墨	124.5×35.5	长乐寺
元·雪涧	朱衣达摩图	轴，绢本设色	95.2×45.7	圣福寺
元·雪涧	绳衣文殊图	轴，绢本设色	86.8×38.4	圣福寺
元·雪涧	达摩图	绢本设色		慈照院
元·雪涧	绳衣文殊图	绢本设色	16.6×35.0	根津美术馆
元·雪涧	绳衣文殊图	轴，纸本水墨淡彩	73.1×35.2	MOA 美术馆
元·雪涧	绳衣文殊图	绢本水墨淡彩	35.7×20.9	薮本庄五郎
元·盛懋	松荫高士图	绢本水墨设色	28.2×48.1	大阪市立美术馆

（续表）

元・盛懋	山水图	轴，纸本水墨	70.5×44.4	大阪市立美术馆
元・盛懋	秋江归雁图	册页，绢本水墨淡彩	25.5×24.7	贝塚茂树
元・盛懋	故事山水图（双幅）	轴，绢本设色	165.0×183.3	本法寺
元・盛懋	山水图	绢本设色		慈照院
元・黄公望	江山幽兴图	卷，纸本水墨淡彩	27.0×360.3	大阪市立美术馆
元・黄公望	天池石壁图（附摹本）	轴，绢本水墨淡彩	126.6×54.5	藤田美术馆
元・黄公望	秋山图	轴，纸本水墨	101.5×28.9	永青文库
元・黄公望	听泉图	轴，纸本水墨淡彩	73.7×29.6	阿形邦三
元・杨月涧	茄子图	轴，绢本设色	77.9×39.3	永青文库
元・杨月涧	云龙图	轴，绢本水墨	145.0×83.0	泉屋博古馆
元・管道升	墨竹图	卷，绢本水墨	26.2×632.4	东京国立博物馆
元・管道升	仿吴道子鱼篮观音图	轴，纸本水墨	98.4×32.8	大阪市立美术馆
元・管道升	竹石图	绢本水墨	37.2×68.1	京都国立博物馆
元・管道升	兰花图	绢本设色	36.8×24.4	阿形邦三
元・赵孟頫	瓶花图	轴，绢本水墨	111.4×44.4	中埜又左卫门
元・赵孟頫	竹图	轴，绢本水墨	112.4×65.9	东京国立博物馆
元・赵孟頫	墨竹图	轴，纸本水墨	97.8×36.1	大阪市立美术馆
元・赵孟頫	子母图	卷，绢本设色	22.8×162.1	大阪市立美术馆
元・赵孟頫	沧浪濯足图	轴，纸本设色	110.4×50.2	根津美术馆
元・赵孟頫	琴棋书画图（四幅）	轴，绢本设色	133.6×74.2；133.0×74.2；139.1×74.2；132.4×74.2	德川美术馆
元・赵孟頫	故事人物图	册，绢本设色	28.9×22.4	黑川古文化研究所
元・赵孟頫	人物图	绢本设色		薮本庄五郎
元・赵孟頫	枯树赋图	卷，纸本水墨		
元・赵孟頫	伯乐观马图	卷，绢本设色	高31.7	细川护贞　小川广己
元・赵孟頫	浴马图	轴，纸本水墨淡彩	89.6×161.6	平山堂
元・赵雍（明・周之冕）	三圣、花鸟图（三幅）	轴，绢本水墨淡彩	141.8×76.5	德川美术馆
元・赵雍	双骑图	纸本水墨淡彩	35.8×42.9	贝塚茂树
元・赵雍	龟乘仙人图	轴，绢本水墨淡彩	60.6×47.2	住友
元・刘因	秋江渔艇图	轴，纸本水墨淡彩	62.3×36.5	大阪市立美术馆
元・蔡山	十八罗汉图（十八幅）	轴，绢本设色	第一至十六尊者117.0×48.0；十七尊者117.8×48.5；十八尊者116.6×48.5	总持寺（和歌山）
元・蔡山	罗汉图	轴，绢本水墨淡彩	114.2×54.8	薮本庄五郎

（续表）

元·蔡山	罗汉图	轴，绢本设色	114.0×54.2	东京国立博物馆
元·蔡山	十六罗汉图（十六幅）	轴，绢本设色	130.0×52.8	东海庵
元·蔡山	罗汉图	轴，绢本设色	132.5×54.0	常盘山文库
元·钱选	雏鸭图	绢本水墨淡彩	22.1×20.9	东京国立博物馆
元·钱选	石榴图	纸本设色	30.9×48.3	东京国立博物馆
元·钱选	双笋图	绢本设色	20.4×31.3	东京国立博物馆
元·钱选	品茶图	绢本设色	32.2×63.4	大阪市立美术馆
元·钱选	石勒问道图	卷，纸本设色	27.3×102.2	大阪市立美术馆
元·钱选	百禽随凤凰图	轴，绢本设色	152.7×185.7	宫内厅
元·钱选	莲蛙图	轴，绢本设色	51.0×32.9	京都国立博物馆
元·钱选	瓢壶图	轴，绢本设色	47.7×29.1	京都国立博物馆
元·钱选	七贤过关图	卷，纸本水墨	29.2×138.0	京都国立博物馆
元·钱选	石榴叺叺鸟图	绢本设色	27.0×20.5	根津美术馆
元·钱选	篠贝图	绢本设色	18.5×22.5	根津美术馆
元·钱选	花鸟图	绢本设色	38.0×29.5	根津美术馆
元·钱选	花笼图	纸本水墨	19.2×27.0	根津美术馆
元·钱选	梨花鸠图	纸本设色	46.0×33.1	根津美术馆
元·钱选	鹅头花图	纸本设色	17.5×27.7	根津美术馆
元·钱选	蜀葵蝶图	绢本设色	26.1×21.2	根津美术馆
元·钱选	茶花图	纸本设色	18.5×22.7	根津美术馆
元·钱选	宫女图	轴，绢本设色	29.4×55.1	泉屋博古馆
元·钱选	栗雀图	轴，绢本设色	63.7×28.4	黑川古文化研究所
元·钱选	果蓏秋虫图	绢本设色	29.2×27.1	正木美术馆
元·钱选	牡丹图	绢本设色	31.1×26.7	福冈市立美术馆
元·钱选	花笼图	绢本设色	27.5×25.6	MOA 美术馆
元·钱选	花鸟图	绢本设色	25.8×26.0	MOA 美术馆
元·钱选	牡丹图（双幅）	轴，绢本设色	151.1×91.8	高桐院
元·钱选	花鸟图	轴，绢本设色	162.4×102.4	茂林寺
元·钱选	风莲图	轴，绢本设色	129.0×72.1	兴圣寺
元·钱选	茉莉花图	绢本设色		薮本庄五郎
元·钱选	宫女图	轴，绢本设色	86.0×29.9	大原谦一郎
元·钱选	牡丹图	绢本设色		西胁敬三郎
元·钱选	鹡鸰鹑图（三幅）	绢本设色	28.7×27.4；（中）32.2×31.8	菊屋嘉十郎
元·钱选	草虫图	轴，绢本设色	86.0×193.4	菊屋嘉十郎
元·钱选	花鸟图	轴，绢本设色	84.1×42.2	太田喜
元·钱选	花鸟图	轴，纸本设色	64.4×28.1	染殿花院
元·钱选	群仙图	卷，绢本设色	高28.7	住友

（续表）

元·钱选	仕女童子图	绢本设色	29.4×55.1	住友
元·钱选	梨花图	轴，纸本设色	50.2×31.1	住友
元·钱选	蒲公英图	团扇，绢本设色	18.1×19.7	住友
元·檀芝端	墨竹图	绢本水墨	47.8×25.6	大阪市立美术馆
元·檀芝端	墨竹图（双幅）	轴，绢本水墨	113.4×51.5	根津美术馆
元·檀芝端	岩竹图	轴，纸本水墨	53.2×29.2	根津美术馆
元·檀芝端	墨竹图	轴，纸本水墨	87.0×29.0	根津美术馆
元·檀芝端	墨竹图	轴，纸本水墨	43.8×30.1	藤田美术馆
元·檀芝端	竹图	轴，纸本水墨	46.4×27.3	薮本庄五郎
元·檀芝端	墨竹图	轴，纸本水墨	100.4×51.8	私人
元·萧月潭	水月观音图	轴，绢本水墨	87.0×38.7	正木美术馆
元·颜辉	寒山拾得图	轴，纸本水墨淡彩	99.6×56.2	东京国立博物馆
元·颜辉	寒山拾得图	轴，绢本水墨设色	127.8×41.7	东京国立博物馆
元·颜辉	朱衣达摩图	轴，绢本设色	106.0×52.1	根津美术馆
元·颜辉	达摩图	轴，绢本设色	110.9×53.2	泉屋博古馆
元·颜辉	十六罗汉图	轴，绢本设色	115.7×58.3	藤田美术馆
元·颜辉	达摩图	轴，绢本设色	104.0×96.8	妙心寺
元·颜辉	罗汉图	轴，纸本设色	151.2×64.0	妙心寺
元·颜辉	十六罗汉图（十六幅）	轴，绢本设色	123.0×64.5	新知恩院
元·颜辉	十六罗汉图（十六幅）	轴，绢本水墨淡彩	105.6×48.4	建长寺
元·颜辉	芦叶达摩图	轴，绢本设色	73.6×36.5	南禅寺
元·颜辉	释迦三尊十六罗汉图（三幅）	轴，绢本设色	106.8×40.0	佛土寺
元·颜辉	十六罗汉图（十六幅）	轴，绢本设色	112.3×59.4	龙光院
元·颜辉	四睡图	绢本设色	30.5×44.8	龙光院
元·颜辉	十六罗汉图（十六幅）	轴，绢本设色	114.0×51.9	永源寺
元·颜辉	十六罗汉图（十六幅）	轴，绢本设色	92.0×40.0	圣福寺
元·颜辉	释迦三尊图（三幅）	轴，绢本设色	135.7×77.7	鹿王院
元·颜辉	十六罗汉图（双幅）	轴，绢本设色	128.4×85.7	鹿苑寺
元·颜辉	出山释迦图	轴，绢本设色	94.7×40.5	大觉寺（兵库县）
元·颜辉	涅槃图	轴，绢本设色	186.0×150.2	永保寺
元·颜辉	罗汉图	轴，绢本水墨	51.0×23.2	薮本庄五郎
元·颜辉	寒山拾得图	绢本设色		江田勇二
元·颜辉	蛤蟆仙人像、铁拐仙人像（二幅）	轴，绢本设色	191.3×79.8	知恩寺

（续表）

元・颜辉	十六罗汉图（十六幅）	轴，绢本水墨淡彩	99.3×56.5	羽贺寺
元・罗稚川	雪江图	绢本水墨设色	53.4×78.5	东京国立博物馆
元・龚开	骏骨图	卷，纸本水墨	29.9×56.9	大阪市立美术馆
元・龚开	百马图	绢本设色		小川广己
元・龚开	骏骨图			大阪市立美术馆
元・龚开	骏骨图	纸本	29.9×56.9	大阪市立美术馆
元・朱克恭	墨梅图	纸本水墨		慈照院
元・周丹士	十六罗汉图（双幅）	轴，绢本水墨淡彩	95.8×50.5	成菩提院
元・张思训	天台大师像	轴，绢本设色	115.9×58.1	西教寺
元・陈孟原	山水图（双幅）	轴，绢本水墨淡彩	163.0×95.0	永保寺
元・陆仲渊	罗汉图	轴，绢本设色	111.6×55.8	常照皇寺
元・镜堂	虎关师像（二幅）			海藏院
元・李元达	墨竹图	轴，绢本水墨	92.8×42.3	薮本庄五郎
元・李享	莲花水禽图	轴，纸本设色	127.2×31.0	阿形邦三
元・宗莹	悬崖双清图	轴，纸本水墨	75.0×34.3	薮本庄五郎
元・范安仁	藻鱼图（双幅）	绢本水墨淡彩	28.1×44.3	薮本庄五郎
元・范安仁	藻鱼图	轴，绢本水墨	73.7×38.5	薮本庄五郎
元・唐棣	辋川图	卷，绢本水墨淡彩	高35.0	石黑丰次
元・高完恭	山水图	纸本水墨		江田勇二
元・溥光	罗汉图	轴，绢本水墨	69.5×24.3	薮本庄五郎
元・溥光	山水图	绢本淡彩		江田勇二
元・乐志轩	山水图	纸本水墨	27.8×27.8	今出川勇子
元・赖庵	藻鱼图	绢本水墨	27.1×47.7	薮本庄五郎
元・赖庵	鲤图	绢本水墨		茧山龙泉堂
元・顾瑛	自画像	绢本水墨淡彩		小川广己
元・佚名	墨兰图	纸本	25.7×42.4	大阪市立美术馆
元・赵子昂（传）	与中峰明本尺牍	纸本墨书		静嘉堂文库美术馆
明・丁云鹏	洗象图	轴，纸本水墨	116.7×49.3	东京国立博物馆
明・丁云鹏	菩提叶罗汉图	菩提叶设色		京都国立博物馆
明・丁云鹏、盛茂烨	罗汉图	轴，纸本水墨设色	209.4×103.4	京都国立博物馆、仁和寺分藏
明・丁云鹏	罗汉图	卷，绢本水墨	高29.5	永青文库
明・丁云鹏	罗汉图	卷，纸本水墨		江田勇二
明・丁云鹏	夏山欲雨图	轴，绢本水墨淡彩	170.6×52.7	桥本末吉
明・丁云鹏	树下人物图	轴，纸本设色	146.0×75.5	桥本末吉
明・丁云鹏	普贤菩萨图	轴，纸本水墨设色	57.0×25.7	桥本末吉
明・丁云鹏	罗汉图	卷，纸本水墨	高26.7	细川护贞

（续表）

明・丁云鹏	十六应真图	卷，纸本水墨	高6.5	细川护贞
明・丁云鹏	紫芝图	轴，纸本水墨	142.5×33.4	中埜又左卫门
明・丁云鹏	洗象图	纸本	117.1×49.3	东京国立博物馆
明・丁玉川	山水人物图	轴，绢本水墨	85.2×139.2	薮本庄五郎
明・丁玉川	山水图	绢本水墨		组田昌平
明・子莹	十八罗汉图	轴，绢本水墨	134.9×49.0	中埜又左卫门
明・仇英	楼阁山水图	轴，绢本水墨淡彩	137.1×60.2	东京国立博物馆
明・仇英	山水人物	扇面，冷金笺水墨淡彩	17.8×53.9	东京国立博物馆
明・仇英	山水图	轴，绢本设色	138.0×60.5	东京国立博物馆
明・仇英	九成宫图	卷，绢本设色	31.7×342.2	大阪市立美术馆
明・仇英	沉香亭图	轴，绢本设色	173.1×103.7	宫内厅
明・仇英	清明上河图	卷，绢本设色	高33.7	宫内厅
明・仇英	若兰玑图	卷，绢本设色	高30.7	宫内厅
明・仇英	听琴图	绢本水墨淡彩	53.1×67.1	京都国立博物馆
明・仇英	宫女图	轴，绢本设色	118.0×58.5	德川美术馆
明・仇英	山水人物图	纸本设色	38.5×29.9	黑川古文化研究所
明・仇英	仕女图	卷，绢本设色	29.5×300.0	大和文华馆
明・仇英	宫中图	卷，绢本设色	高31.1	永青文库
明・仇英	青绿山水图	卷，绢本设色	高40.1	永青文库
明・仇英	山水图（双幅）	轴，绢本设色	162.0×82.6	南禅寺
明・仇英	桃李园、金谷园图（双幅）	轴，绢本设色	206.4×120.1	知恩院
明・仇英	十六罗汉图	轴，绢本设色	79.9×36.5	宝镜寺
明・仇英	桃李园图	绢本设色		组田昌平
明・仇英	高士观瀑图	扇面，金笺设色	18.8×56.7	桥本末吉
明・仇英	公子访荫图	轴，绢本设色	172.7×99.7	山口谦四郎
明・仇英	双凫图	轴，绢本设色	131.0×69.4	山口谦四郎
明・仇英、钱穀	摹张择端清明上河图	卷，绢本设色	高29.0	山口谦四郎
明・仇英	群仙图	卷，绢本设色	高30.0	中埜又左卫门
明・仇英	陶渊明图	轴，绢本设色	139.1×60.0	住友
明・仇英	莲池纳凉图	轴，绢本设色	167.8×60.1	住友
明・卞文瑜	静居图	轴，纸本水墨	82.0×32.0	大阪市立美术馆
明・卞文瑜	山水图	轴，绫本水墨	193.7×49.6	大阪市立美术馆
明・尤求	山水图	册页，云母水墨淡彩	16.5×52.2	冈山县立美术馆
明・文伯仁	四万山水图（四幅）	轴，纸本水墨	189.0×73.6	东京国立博物馆
明・文伯仁	李龟年弹弦图	轴，绢本水墨淡彩	71.9×29.7	大阪市立美术馆

（续表）

明·文伯仁	仿黄公望山水图	轴，纸本水墨	64.2×34.0	京都国立博物馆
明·文伯仁	山水图	扇面，金笺水墨淡彩	16.7×50.3	万福寺
明·文伯仁	山水图	扇面，纸本水墨淡彩		薮本庄五郎
明·文伯仁	山水图	轴，纸本水墨淡彩	120.0×30.1	林宗毅
明·文伯仁	山水图	绢本设色		组田昌平
明·文伯仁	山水图	扇面，纸本设色		村上舆四郎
明·文从简	江山平远图	轴，纸本水墨淡彩	66.2×31.9	大阪市立美术馆
明·文嘉、侯懋功、钱穀	山水图	卷，纸本淡彩	高 26.5	东京国立博物馆
明·文嘉	琵琶行图	轴，纸本水墨	149.4×29.7	大阪市立美术馆
明·文嘉	赤壁前游图	卷		张允中
明·文嘉	古木竹亭图	扇面，金笺水墨	17.7×49.5	桥本末吉
明·文嘉	琵琶行图	轴，纸本淡彩	130.6×44.1	北野正男
明·文嘉	琵琶行图			大阪市立美术馆
明·文徵明	山水图	卷，纸本淡彩	25.4×211.0	东京国立博物馆
明·文徵明	黄花幽石图	轴，纸本水墨	131.6×45.4	大阪市立美术馆
明·文徵明	枯木竹石图	轴，纸本水墨	103.8×31.7	大阪市立美术馆
明·文徵明	云山图	轴，纸本水墨	131.2×51.6	大阪市立美术馆
明·文徵明	兰竹图	卷，绢本水墨	17.6×117.9	大阪市立美术馆
明·文徵明	烹茶图	轴，纸本水墨	95.1×31.4	京都国立博物馆
明·文徵明	紫薇睡猫图	轴，绢本设色	106.7×31.6	京都国立博物馆
明·文徵明	停云馆图	册，纸本水墨	31.5×39.8	京都国立博物馆
明·文徵明	山水图	纸本水墨	28.3×15.8	黑川古文化研究所
明·文徵明	石湖图	册页，金笺水墨淡彩	19.7×36.4	冈山县立美术馆
明·文徵明	墨竹图	册页，金笺水墨	15.5×44.2	冈山县立美术馆
明·文徵明	仙逸图	绢本设色		妙心寺
明·文徵明	河东盐池图	轴，绢本设色	99.0×144.8	永源寺
明·文徵明	山水图	扇面，金笺水墨淡彩	76.3×51.1	万福寺
明·文徵明	山水图	卷		张允中
明·文徵明	山水图	扇面，纸本水墨		薮本庄五郎
明·文徵明	松下人物图	轴，绢本设色	124.0×63.6	薮本庄五郎
明·文徵明	秋景山水图	轴，绢本设色	123.9×63.6	薮本庄五郎
明·文徵明	兰竹图	绢本水墨		江田勇二
明·文徵明	秋光泉声图	轴，纸本水墨淡彩	113.0×27.0	桥本末吉
明·文徵明	山水图	卷，绢本水墨	22.2×171.2	桥本末吉
明·文徵明	停云馆言别图	轴，纸本水墨淡彩	52.1×25.4	桥本末吉
明·文徵明	游西苑诗画卷	纸本水墨	28.8×452.5	桥本末吉
明·文徵明	雪景山水图	轴，纸本水墨	133.3×50.0	私人
明·文徵明	高士观泉图	扇面，金笺水墨	17.7×51.6	桥本末吉

（续表）

明・文徵明	雪景山水图	轴，绢本水墨设色	185.3×72.5	山口谦四郎
明・文徵明	墨兰图	册，纸本水墨	24.3×33.9	山口谦四郎
明・文徵明	灌木寒泉图	轴，纸本水墨淡彩	96.3×27.9	山口谦四郎
明・文徵明	石湖图	卷，绢本设色	高28.2	贝塚茂树
明・文徵明	茶具图	卷，纸本水墨	23.0×36.9	住友
明・文正	鸣鹤图（双幅）	绢本水墨淡彩	165.4×84.8	相国寺
明・文鼓	蕉石盆图	轴，绢本水墨	57.9×27.6	中埜又左卫门
明・文震孟	米法山水图	轴，绢本水墨淡彩	114.3×45.5	柳孝
明・文枏	寒江渔隐图	轴，绢本水墨设色	209.0×55.7	桥本末吉
明・月洲	孔雀图	轴，绢本设色	170.1×104.4	泉屋博古馆
明・月光	说法图	绢本水墨		慈照院
明・王世昌	山水人物图	轴，绢本水墨淡彩	206.0×110.5	东京国立博物馆
明・王世昌	山水图	轴，绢本水墨设色		村上舆四郎
明・王建章	山水图	扇面，金笺设色		柳孝
明・王建章	山水图	扇面		张允中
明・王建章	云岭水声图	轴，绢本水墨淡彩	94.6×47.9	大阪市立美术馆
明・王建章	十六罗汉图	扇面，金笺水墨	16.6×52.0	薮本宗四郎
明・王建章	山水图	轴，金笺水墨	180.5×37.6	黑川古文化研究所
明・王建章	山水图	金笺水墨		江田勇二
明・王建章	山水图	扇面，金笺水墨	15.5×47.3	林宗毅
明・王建章	遥山飞泉图	轴，绫本水墨淡彩	169.5×43.0	桥本末吉
明・王建章	山水图	轴，绢本水墨设色	93.0×48.5	中埜又左卫门
明・王建章	欹器图	卷，绫本设色	高26.5	中埜又左卫门
明・王建章	米法山水图	绢本水墨淡彩	24.4×23.9	平山堂
明・王建章	米法山水图	轴，金笺水墨淡彩	122.8×30.4	静嘉堂文库
明・王建章	山水图	轴，绢本水墨淡彩	190.0×104.0	私人
明・王思任	山水图	轴，绢本水墨淡彩	156.1×51.5	静嘉堂文库
明・王问	渔乐图	轴，绢本水墨	160.3×83.9	静嘉堂文库
明・王问	山水图	册页，金笺水墨	16.7×49.1	冈山县立美术馆
明・王问	十八罗汉图	卷，纸本水墨	27.2×367.4	桥本末吉
明・王纯	竹林七贤图	轴，绢本水墨淡彩	156.7×97.9	东京国立博物馆
明・王绂	秋林幽居图	轴，纸本水墨	96.0×32.0	东京国立博物馆
明・王绂	为密斋写山水图	卷	26.6×67.9	大阪市立美术馆
明・王榖祥	花卉图	册页，金笺设色	18.0×50.4	冈山县立美术馆
明・王榖祥	枯木竹石图	册页，金笺水墨	17.0×49.5	冈山县立美术馆
明・王榖祥	花鸟图	册页，金笺设色	17.5×50.5	冈山县立美术馆
明・王谔	山水图	轴，绢本水墨淡彩	145.7×79.8	东京国立博物馆
明・王谔	雪岭风高图	轴，绢本水墨淡彩	187.0×98.8	出光美术馆

（续表）

明·王谔	赤壁图	轴，绢本水墨设色	154.1×51.2	常照皇寺
明·王谔	高士濯足图	轴，绢本水墨淡彩	169.0×103.8	桥本末吉
明·王世祥	十六罗汉图（十六幅）	轴，绢本设色	129.3×49.5	大念佛寺
明·王极	山水图	扇面，金笺水墨	17.0×52.5	万福寺
明·王心一	山水图	轴，绢本水墨	159.9×58.9	薮本庄五郎
明·王一清	松黄鸟图	绢本设色	46.6×105.4	薮本庄五郎
明·王一清	松鸟图	绢本设色		江田勇二
明·王圭	山水图	轴，绢本水墨淡彩	137.2×77.5	山口谦四郎
明·王式	兰亭图	扇面，金笺水墨	17.1×51.5	桥本末吉
明·王佑	墨竹图	轴，纸本水墨	156.5×75.0	薮本庄五郎
明·王宾	山水图	扇面，纸本水墨		江田勇二
明·王维烈	花鸟图	轴，金笺水墨淡彩	63.5×29.2	林宗毅
明·王维烈	百春平安图	轴，绢本水墨设色	135.2×61.0	静嘉堂文库
明·王维烈	菊兔图	轴，绢本设色	102.1×47.7	薮本庄五郎
明·王维烈	百子花图	轴，纸本淡彩	80.4×32.0	盛田昭夫
明·木庵	布袋、蕙兰、水仙图（三幅）	轴，绢本水墨	各115.0×38.3	万福寺
明·木庵	柳翡翠图	纸本水墨	27.5×25.3	桥本末吉
明·方大猷	山水图	轴，绫本水墨	191.9×54.4	薮本庄五郎
明·史忠	山水图	轴，绢本水墨	156.0×49.2	东京国立博物馆
明·石渔继	山水图	轴，绢本水墨	163.2×55.5	东京国立博物馆
明·石锐	山水人物图	轴，绢本设色	214.0×96.5	京都国立博物馆
明·石锐	圆窗楼阁山水图	轴，绢本设色	高52.0	根津美术馆
明·石锐	饭牛锄地图（双幅）	轴，绢本设色	85.7×47.3	德川美术馆
明·石锐	楼阁山水人物图	轴，绢本设色	214.0×96.5	妙心寺
明·石锐	楼阁山水图	轴，绢本设色	142.8×74.8	私人
明·石锐	探花图	卷，绢本设色	32.7×122.0	桥本末吉
明·可瑞	花端图	轴，纸本水墨	95.5×28.2	中埜又左卫门
明·古愚	鹤图	绢本设色		江田勇二
明·有君荣	爪图	纸本水墨	27.5×47.4	阿形邦三
明·朴夫	山水图（双幅）	绢本水墨		江田勇二
明·朱完	行春图	扇面，金笺水墨淡彩	15.6×46.6	中埜又左卫门
明·朱旺	墨松图	扇面，纸本水墨	16.5×49.0	中埜又左卫门
明·朱朗	老松图	扇面，纸本水墨		江田勇二
明·朱端	竹石图	轴，绢本水墨淡彩	178.0×104.0	桥本末吉
明·朱端	寒江独钓图	轴，绢本水墨淡彩	172.5×109.5	东京国立博物馆
明·朱端木	暮春山水图	轴，纸本水墨淡彩	115.3×48.7	贝塚茂树
明·朱蔚	兰盆图	轴，绢本水墨	50.0×37.2	中埜又左卫门

（续表）

明・朱同	白梅双鸦图	轴，纸本水墨设色	86.9×39.3	京都国立博物馆
明・朱口	墨梅图（双幅）	轴，绢本水墨	168.8×95.5	薮本庄五郎
明・朱口	牡丹图	团扇，绢本设色	23.6×22.8	薮本庄五郎
明・伍梅	竹林人物图	扇面，金笺设色	15.0×44.8	万福寺
明・刑侗	文石图	轴，绫本水墨	140.7×51.2	大阪市立美术馆
明・米万钟	山水图	轴，绢本水墨设色	331.2×101.1	东京国立博物馆
明・米万钟	山水图	卷，纸本水墨	32.8×547.0	大阪市立美术馆
明・米万钟	菊石图	绫本水墨		江田勇二
明・米万钟	寒林访客图	轴，绢本水墨设色	173.5×79.0	桥本末吉
明・米万钟	峰峦晴逸图	轴，绢本水墨淡彩	175.0×67.0	桥本末吉
明・米万钟	山水图	轴，绢本水墨	149.7×47.5	山口谦四郎
明・米万钟	山水图	轴，绢本水墨淡彩	132.9×51.8	小幡醇一
明・米万钟	山水图	卷，绫本水墨	高27.0	中埜又左卫门
明・何口	松鹭图	轴，绢本水墨设色	159.2×95.6	永青文库
明・何白	竹石菊图	轴，绢本水墨	142.7×68.6	柳孝
明・何腾蛟	高士观瀑图	轴，纸本水墨淡彩	162.0×53.6	大阪市立美术馆
明・吕纪	松孔雀图	轴，绢本设色	178.8×110.1	坂本五郎
明・吕纪	花鸟图	轴，绢本设色	168.4×95.5	柳孝
明・吕纪	梅花群鸟图	轴，绢本设色	124.0×79.4	柳孝
明・吕纪	花鸟图	轴，绢本设色	173.7×102.0	柳孝
明・吕纪	花鸟图			张允中
明・吕纪	梅花鸳鸯图	轴，绢本水墨设色	140.0×52.3	阿形邦三
明・吕纪	柳鹭图	轴，绢本设色	151.0×79.0	薮本宗四郎
明・吕纪	花鸟图（双幅）	轴，绢本水墨淡彩	128.5×72.4	薮本庄五郎
明・吕纪	花鸟图	绢本设色		江田勇二
明・吕纪	花鸟图	轴，绢本设色	169.2×42.1	小幡醇一
明・吕纪	葵图	轴，绢本设色	63.6×32.9	住友
明・吕纪	雉鸡寒溪图	轴，绢本设色	158.0×77.0	东京伦敦画廊
明・吕纪	花鸟图	绢本设色		慈照院
明・吕纪	花鸟图	轴，绢本设色	119.1×58.4	东京国立博物馆
明・吕纪	花鸟图	轴，绢本设色	181.1×99.4	东京国立博物馆
明・吕纪	芍药图	轴，绢本设色	176.0×95.8	东京国立博物馆
明・吕纪	四季花鸟图（四幅）	轴，绢本设色	174.4×99.7	东京国立博物馆
明・吕纪	花鸟图	轴，绢本设色	157.3×94.0	根津美术馆
明・吕纪	花鸟图（四幅）	轴，绢本设色	161.7×98.6	根津美术馆
明・吕纪	寿老人、花鸟图（三幅）	轴，绢本设色	166.3×85.1	德川美术馆
明・吕纪	花鸟图	轴，绢本设色	133.3×80.4	永青文库
明・吕纪	鹤图	轴，绢本设色	132.9×81.6	永青文库

（续表）

明·吕纪	花鸟图（双幅）	轴，绢本设色	144.8×78.5	永青文库
明·吕纪	花鸟图	轴，绢本水墨	170.3×102.2	福冈市立美术馆
明·吕健	芙蓉鹭图	轴，绢本设色	121.0×68.6	永青文库
明·吕健	柳鹭图	轴，绢本设色	142.4×53.5	薮本宗四郎
明·吕敬甫	瓜虫图	纸本设色	34.5×84.8	根津美术馆
明·吕文英	卖货郎图（双幅）	轴，绢本设色	163.2×91.5	根津美术馆
明·吕文英	卖货郎图	轴，绢本设色	133.0×79.5	东京国立博物馆
明·吕文英	卖货郎图（双幅）	轴，绢本设色	161.2×91.8	东京艺术大学
明·余世权	大树双鹘图	轴，绢本水墨淡彩	33.5×35.5	泉屋博物馆
明·吴振	江山无尽图	卷，纸本水墨	34.4×1382.3	东京国立博物馆
明·吴振	山水图	轴，绢本水墨	140.6×73.3	静嘉堂文库
明·吴振	溪山秋晚图	轴，绢本水墨淡彩	155.0×48.0	桥本末吉
明·吴伟	枫桥渔隐图	卷，纸本水墨淡彩	28.5×134.2	东京国立博物馆
明·吴伟	仙人图	轴，绢本水墨淡彩	185.8×101.9	根津美术馆
明·吴伟	柳下孤舟读书图	轴，绢本水墨淡彩	155.5×101.2	藤田美术馆
明·吴伟	樵夫图	轴，纸本水墨	91.5×38.5	黑川吉文化研究所
明·吴伟	许由巢父图	轴，绢本水墨淡彩	142.7×77.6	德川黎明会
明·吴良知	观月图	绢本淡彩		江田勇二
明·吴彬	罗汉图	卷，绢本设色	42.0×282.3	私人
明·吴彬	溪山绝尘图	轴，绫本水墨淡彩	250.5×82.2	桥本末吉
明·吴彬	佛涅槃图	轴，绢本设色	401.0×208.5	崇福寺
明·吴之	山水图	扇面，金笺设色	15.5×48.7	万福寺
明·吴会	山水图	扇面，金笺设色	15.4×47.8	万福寺
明·宋登春	松风流水图	扇面，银笺水墨	19.7×57.5	桥本末吉
明·宋照	山水图	扇面，金笺水墨	16.8×49.4	桥本末吉
明·宋懋晋	松下听泉图	轴，纸本水墨淡彩	132.0×62.0	桥本末吉
明·希悦	鹫鸟获禽图	轴，绢本水墨	142.7×87.2	山口谦四郎
明·杜子明	山水图	扇面，纸本水墨设色	18.7×57.8	万福寺
明·杜堇	大士三十二相图	册，纸本泥金、银	26.2×45.3	东京国立博物馆
明·杜堇	山水图	轴，绢本水墨淡彩	153.7×79.0	薮本庄五郎
明·李士达	石湖图	扇面，金笺设色	16.0×48.3	桥本末吉
明·李士达	骑驴寻梅图	扇面，金笺设色	18.3×55.8	桥本末吉
明·李士达	文姬归汉图	扇面，金笺水墨设色	17.5×54.0	桥本末吉
明·李士达	竹里泉声图	轴，绢本水墨设色	145.7×98.7	东京国立博物馆
明·李士达	寒林钟馗图	轴，纸本水墨	124.1×31.6	大阪市立美术馆
明·李士达	松风瀹茗图	扇面轴装，金笺设色	18.0×54.0	大阪市立美术馆
明·李士达	山水图	轴，绢本设色	168.8×89.9	静嘉堂文库
明·李士达	瀑布图	轴，绢本水墨	84.8×39.1	黑川古文化研究所

（续表）

明·李良	人物图	纸本淡彩		江田勇二
明·李宗成	山水图	轴，绢本设色	171.6×101.8	薮本庄五郎
明·李煐	龙图	纸本水墨	56.6×137.6	常盘山文库
明·李著	渔乐图	卷，纸本水墨淡彩	36.5×1082.5	桥本末吉
明·李远	雪中山水图	轴，绢本水墨淡彩	149.5×81.5	柳孝
明·李麟	人物图	绢本淡彩		江田勇二
明·李在	山水图	轴，绢本水墨淡彩	138.8×83.2	东京国立博物馆
明·李在	雪景山水图	轴，绢本水墨	121.3×59.6	私人
明·李在	菊图	轴，纸本水墨	55.8×30.3	藤田美术馆
明·李在	山水图	轴，绢本水墨设色	120.0×60.1	小川广己
明·李在	山水图	轴，绢本水墨设色	138.8×83.2	东京国立博物馆
明·李明	山水图	轴，绢本设色	162.0×82.6	南禅寺
明·李一和	四季花鸟图	轴，绢本设色	200.3×103.5	万福寺
明·李一和	草虫图	轴，绢本设色	120.2×51.0	私人
明·李一白	山水图	扇面，金笺水墨	17.4×54.2	万福寺
明·李一白	松下围棋图	扇面，金笺水墨淡彩	17.2×54.1	万福寺
明·李宗漠	陶渊明图	卷，绢本水墨	28.0×501.0	大和文华馆
明·李芳	山水图	册页，金笺设色	17.9×54.2	冈山县立美术馆
明·李章	山水图	册页，金笺水墨	16.4×51.6	冈山县立美术馆
明·李流芳	菊图	轴，纸本水墨	61.6×30.2	黑川古文化研究所
明·李流芳	山水图	卷，纸本水墨	高27.4	黑川古文化研究所
明·李流芳	山水图	卷，纸本水墨	28.5×219.0	藤井斋成会有邻馆
明·李流芳	山水图	扇面，金笺水墨		薮本庄五郎
明·李流芳	山水图	扇面（二幅），纸本水墨		江田勇二
明·李流芳	峰峦寥落图	轴，金笺水墨	142.4×35.6	桥本末吉
明·李流芳	山水图	扇面，金笺水墨	15.8×49.0	桥本末吉
明·沈士充	山水图	轴，纸本水墨淡彩	129.7×46.7	柳孝
明·沈士充	山水图	扇面，纸本水墨淡彩		薮本庄五郎
明·沈士充	山水图	纸本淡彩		江田勇二
明·沈士充	山水图	绢本水墨淡彩		组田昌平
明·沈士充	秋山图	扇面，金笺水墨淡彩	17.0×53.5	桥本末吉
明·沈士充	招隐图	卷，纸本水墨淡彩	高33.1	细川护贞
明·沈士充（画）、董其昌（书）	书画合璧图册	绢本淡彩	22.1×15.3	东京国立博物馆
明·沈士充	山水图	轴，绢本水墨	145.8×51.0	东京国立博物馆
明·沈士充	山水图	册页，纸本水墨淡彩	30.0×21.8	黑川古文化研究所
明·沈恢	雪中花鸟图轴	绢本水墨设色	184.4×105.0	泉屋博古馆

（续表）

明・沈观	楼阁山水图	轴，纸本水墨	98.3×25.5	黑川古文化研究所
明・沈周	万寿吴江图	卷，纸本水墨	35.4×843.0	东京国立博物馆
明・沈周	月下弹琴图	轴，纸本水墨	175.2×58.3	大阪市立美术馆
明・沈周	菊花文禽图	轴，纸本水墨	104.0×29.3	大阪市立美术馆
明・沈周	灵隐旧游图	轴，绢本水墨淡彩	82.3×27.5	大阪市立美术馆
明・沈周	幽居图	轴，纸本水墨	77.2×34.1	大阪市立美术馆
明・沈周	大石山图	卷，纸本水墨淡彩	23.5×287.3	大阪市立美术馆
明・沈周	山水图	卷，纸本水墨	26.6×42.3	大阪市立美术馆
明・沈周	七星桧书画合璧卷	纸本水墨	45.8×579.8	大阪市立美术馆
明・沈周	吴中名胜图	册，纸本水墨淡彩	24.8×42.0	大阪市立美术馆
明・沈周	石榴图	纸本水墨	32.1×45.8	京都国立博物馆
明・沈周	山水采菱图	轴，纸本水墨淡彩	36.3×22.8	京都国立博物馆
明・沈周	送陈燕词图	轴，纸本水墨淡彩	127.5×30.0	京都国立博物馆
明・沈周	山水图	纸本水墨	31.1×78.7	京都国立博物馆
明・沈周	连霖江涨图	轴，纸本水墨淡彩	114.9×114.1	京都国立博物馆
明・沈周	水村图	卷，纸本水墨淡彩	35.4×694.9	泉屋博古馆
明・沈周	桃花小鹅图	轴，纸本水墨淡彩	82.4×42.9	泉屋博古馆
明・沈周	山水图	卷，纸本水墨	高33.4	黑川古文化研究所
明・沈周	茄子图	纸本淡彩	31.2×52.8	黑川古文化研究所
明・沈周	山水图	卷，纸本水墨淡彩	高28.9	黑川古文化研究所
明・沈周	四景合璧山水图	卷，纸本水墨淡彩	31.2×61.7， 32.5×61.4， 32.1×66.7， 31.1×59.1， 跋31.0×49.2	冈山县立美术馆
明・沈周	山水图	轴，绢本水墨淡彩	129.4×48.6	阿形邦三
明・沈周	春草秋花图	卷，绢本水墨	高30.1	阿形邦三
明・沈周	山水图	卷，纸本淡彩		江田勇二
明・沈周	山水图	扇面，金笺水墨		江田勇二
明・沈周	山水图	轴，纸本水墨淡彩	245.0×102.8	山口谦四郎
明・沈周	江山壮观图	卷，纸本水墨淡彩		小川广己
明・沈周	村居野寺图	卷，纸本水墨设色	52.0×1252.0	私人
明・沈周	松溪小隐图	卷，纸本水墨淡彩	高34.9	细川护贞
明・沈周	太湖石菊鸡图	轴，绢本水墨设色	136.5×37.2	中埜又左卫门
明・沈周	山水图	轴，纸本水墨	131.0×275.0	菅原寿男
明・沈王集	花鸟图	轴，绢本设色	157.8×68.8	山口谦四郎
明・沈仕	山水图	扇面，金笺水墨	15.3×47.5	薮本庄五郎
明・沈仕	山水图	轴，纸本水墨	158.2×45.1	桥本末吉
明・沈炯	罗汉图赞（三幅）	轴，绫本设色	157.0×20.2	中埜又左卫门

（续表）

明·沈昭	山水图	册页,金笺水墨淡彩	15.9×50.2	冈山县立美术馆
明·沈昭	山水图	扇面,金笺水墨淡彩	16.5×49.3	万福寺
明·沈昭	山水图	扇面,金笺水墨淡彩	17.7×54.4	万福寺
明·沈昭	山水图	扇面,金笺水墨淡彩	16.5×50.4	万福寺
明·汪宗哲	墨菜图	轴,绢本水墨	133.1×40.2	中埜又左卫门
明·汪邦秀	墨梅图	轴,纸本水墨	95.0×28.3	薮本宗四郎
明·汪肇	陶渊明爱菊图	轴,绢本水墨淡彩	137.0×97.9	林宗毅
明·汪肇	竹林幽居图	卷,纸本水墨	28.8×147.7	私人
明·汪肇	月下抚琴图	轴,绢本水墨淡彩	128.2×50.0	桥本末吉
明·汪肇	山水人物图	轴,绢本水墨淡彩	128.0×49.2	桥本末吉
明·周之冕	花鸟图	轴,绢本设色	182.7×88.1	薮本庄五郎
明·周之冕	花笼图	绢本设色		西协敬三郎
明·周之冕	墨梅图	扇面,金笺水墨	18.2×58.5	桥本末吉
明·周之冕	芦雁图	轴,绢本设色	126.4×106.3	山口谦四郎
明·周之冕	山水图	扇面,金笺水墨淡彩	18.2×54.0	中埜又左卫门
明·周之冕	花鸟图	轴,绢本设色	135.7×75.1	南禅寺
明·周之冕	花鸟图	轴,绢本设色	133.6×68.8	德川美术馆
明·周之冕	芙蓉鸳鸯图	轴,绢本设色	110.9×55.9	德川美术馆
明·周之冕	花鸟图	轴,绢本设色	141.8×76.5	德川美术馆
明·周之冕	梅枝图	纸本淡彩	30.6×57.4	群马县立近代美术馆
明·周之冕	花鸟图	册页,金笺设色	19.5×56.2	冈山县立美术馆
明·周之冕	花鸟图	册页,金笺设色	15.2×46.3	冈山县立美术馆
明·周之冕	白梅图	册页,金笺设色	20.0×55.1	冈山县立美术馆
明·周之夔	秋景山水图	轴,绫本水墨	153.6×48.2	泉屋博古馆
明·周之夔	山水图			张允中
明·周之夔	山水图	轴,绫本水墨	107.2×50.6	林宗毅
明·周士昌	山水图	扇面,金笺水墨	18.1×56.3	万福寺
明·周天球	墨兰图	册页,金笺水墨	16.7×49.5	冈山县立美术馆
明·周臣	山水图	轴,绢本水墨设色	129.6×70.1	大阪市立美术馆
明·周臣	山水图	册页,金笺水墨	18.5×50.3	冈山县立美术馆
明·周臣	山水图	轴,绢本水墨淡彩	187.2×99.5	柳孝
明·周臣	山水图（二幅）	绢本设色		江田勇二
明·周臣	烟霭秋涉图	轴,纸本水墨设色	99.5×35.5	私人
明·周臣	风雨归舟图	扇面,银笺水墨淡彩	17.6×50.4	桥本末吉
明·周臣	松岩泊舟图	扇面,金笺设色淡彩	18.0×51.0	桥本末吉
明·周臣	高士观瀑图	扇面,金笺水墨淡彩	17.7×50.3	桥本末吉
明·周砥	长林幽溪图	轴,纸本水墨	91.5×28.8	大阪市立美术馆
明·长吉	虎溪三笑图	轴,纸本水墨设色	67.4×39.7	静嘉堂文库

（续表）

明・性合	山水图	扇面与书扇合装卷，金笺水墨	16.3×50.3	万福寺
明・林良	凤凰图	轴，绢本水墨淡彩	163.4×97.0	相国寺
明・林良	花鸟图	轴，绢本水墨	134.0×80.3	圣福寺
明・林良	花鸟图（双幅）	轴，绢本水墨	114.0×58.0	羽贺寺
明・林良	鹭鹚图	轴，绢本水墨	135.7×74.4	东京国立博物馆
明・林良	花鸟图	轴，绢本水墨淡彩	180.3×46.0	京都国立博物馆
明・林良	芦雁图	轴，绢本水墨	128.8×77.5	永青文库
明・林良	柳雁、芦雁图（双幅）	轴，绢木水墨淡彩	138.5×82.8	永青文库
明・林良	花鸟图	轴，绢本水墨淡彩	159.8×83.5	柳孝
明・林良	古木雁图	轴，绢本水墨	144.5×76.2	柳孝
明・林良	鸭图	轴，绢本水墨	166.5×97.0	柳孝
明・林良	花鸟图	轴，绢本水墨	165.8×96.7	薮本庄五郎
明・林良	莲鹭、梅鸟图（双幅）	轴，绢本设色	148.5×70.6	薮本庄五郎
明・林良	花鸟图	绢本水墨		江田勇二
明・林良	花鸟图	绢本水墨淡彩		组田昌平
明・林良	芦边双鹅图	轴，绢本水墨	147.0×75.0	桥本末吉
明・林良	群雁图	轴，绢本水墨	139.0×80.5	东京伦敦画廊
明・林良	柳塘游鸭图	轴，绢本水墨淡彩	141.7×80.0	桥本末吉
明・林良	鹰雉子图	轴，绢本水墨	59.1×78.3	贝塚茂树
明・林良	花鸟图	轴，绢本水墨设色	103.4×47.4	喜多野花枝
明・林良	百鸟图	卷，纸本水墨淡彩	高34.6	中埜又左卫门
明・林台衡	祝寿图	轴，绫本水墨	124.1×53.4	中埜又左卫门
明・居节	访隐图	轴，纸本水墨	76.0×37.0	桥本末吉
明・居节	山水图	册页，金笺水墨	16.7×51.8	冈山县立美术馆
明・金湜	老松图	轴，绫本水墨	176.0×42.8	东京国立博物馆
明・金湜	双钩竹石图	轴，纸本水墨	145.5×62.6	大阪市立美术馆
明・金门	山水图	扇面，纸本水墨		江田勇二
明・愈时笃	山水图	册页，绢本水墨淡彩	29.7×19.9	大阪市立美术馆
明・俞增	双鹭图	轴，绢本水墨	136.5×93.9	薮本庄五郎
明・俞增	花鸟图	轴，绢本设色	169.5×100.7	相国寺
明・胡靖	山水图	绢本淡彩		江田勇二
明・胡宗信	山水图	册页，金笺水墨	15.0×57.6	福冈市立美术馆
明・胡宗仁	山水图	扇面，金笺水墨	18.1×55.6	万福寺
明・胡宗仁	山水图	册页，金笺水墨	16.6×49.8	福冈市立美术馆
明・胡宗仁	山水图	纸本淡彩		组田昌平
明・胡治	狩猎图	扇面，金笺设色	14.8×45.5	万福寺

（续表）

明·胡俨	群羊图	轴，绢本水墨设色	100.6×51.4	京都国立博物馆
明·胡珀旭	山水图	轴，绢本水墨	92.2×77.0	檀王法林寺
明·胡玉昆	山水图	扇面，纸本水墨淡彩	14.5×46.2	中埜又左卫门
明·胡氏	藻鱼图	轴，纸本水墨	112.9×43.0	薮本庄五郎
明·范道生	达摩图	轴，绢本设色	198.8×35.9	西源院
明·姜隐	唐子图	绢本设色	48.1×49.8	东京国立博物馆
明·皇甫濂	梅图	轴，纸本水墨	96.4×29.0	东京国立博物馆
明·皇甫涣	清溪钓艇图	轴，绢本水墨	119.5×45.6	桥本末吉
明·纪镇	春苑游狗图	轴，绢本设色	145.8×83.5	黑川古文化研究所
明·邵弥	山水图	轴，纸本水墨	117.5×38.5	泉屋博古馆
明·邵弥	溪亭访友图	轴，纸本设色	50.0×34.6	桥本末吉
明·邵弥	山水图	纸本淡彩		江田勇二
明·邵弥	山水图	扇面，金笺淡彩		江田勇二
明·邵弥	山水图	轴，纸本水墨	80.9×29.2	中埜又左卫门
明·邵弥	云山平远图	卷，纸本水墨	26.0×781.7	大阪市立美术馆
明·邵弥	山水图			张允中
明·邵宝	扁舟归阙图	轴，纸本水墨	135.7×31.5	京都国立博物馆
明·红白川	草虫图	轴，绢本设色	108.9×52.9	群马县立近代美术馆
明·姚子祥	松石图	轴，绫本水墨	158.3×46.5	中埜又左卫门
明·姚俊	山水图	扇面，金笺水墨		江田勇二
明·施原	驴背寻诗图	纸本水墨	28.7×57.0	薮本庄五郎
明·柯士璜	芭蕉图	轴，绢本水墨	140.9×49.2	中埜又左卫门
明·柯士璜	紫薇芭蕉石图	轴，绢本设色	132.4×51.8	中埜又左卫门
明·柯士璜	秋色图	册页，金笺设色	16.3×48.5	福冈市立美术馆
明·倪元璐	山水图			张允中
明·倪元璐	松图	纸本水墨		茧山龙泉堂
明·倪元璐	秋景山水图	轴，绫本水墨	113.2×50.8	静嘉堂文库
明·倪元璐	秋山萧寺图	轴，绢本水墨	158.0×37.6	桥本末吉
明·倪元璐	太湖石图	绫本水墨	35.4×41.4	中埜又左卫门
明·倪元璐	文石图	轴，绫本水墨	156.3×47.8	大阪市立美术馆
明·倪元璐	山水图	卷，绫本水墨	26.0×317.2	京都国立博物馆
明·倪元璐	山水图	扇面，金笺水墨淡彩	18.1×49.7	泉屋博古馆
明·唐寅	天女图	轴，绢本设色	84.0×37.7	贝性寺
明·唐寅	枫林觅句图	轴，绢本水墨淡彩	162.5×101.0	茂林寺
明·唐寅	溪桥策杖图	轴，纸本水墨	107.3×48.2	大阪市立美术馆
明·唐寅	秋声图	卷，绢本水墨	15.4×59.1	泉屋博古馆
明·唐寅	一枝春图	轴，纸本水墨	120.6×28.3	大阪市立美术馆

（续表）

明・唐寅	春江鲥鱼图	轴，纸本水墨淡彩	142.6×62.8	京都国立博物馆
明・唐寅	秋景山水图	轴，绢本水墨淡彩	50.8×28.8	京都国立博物馆
明・唐寅	江山骤雨图	轴，纸本水墨淡彩	171.4×94.8	京都国立博物馆
明・唐寅	山水图	轴，绢本水墨淡彩	124.0×31.2	林宗毅
明・唐寅	指头山水图	绢本淡彩		组田昌平
明・唐寅	麻姑仙人图	轴，绢本设色	114.2×55.3	山口谦四郎
明・唐寅	芦雁图	轴，绢本水墨淡彩	133.6×48.2	贝塚茂树
明・唐寅	秋声图	卷，绢本水墨	15.4×59.1	住友
明・夏昶	墨竹图（双幅）	轴，绢本水墨	155.9×79.8	慈照院
明・夏昶	墨竹图	轴，绢本水墨	153.4×88.1	东京国立博物馆
明・夏昶	墨竹图	轴，纸本水墨	51.2×872.0	东京国立博物馆
明・夏昶	墨竹图	轴，纸本水墨	90.8×42.6	东京国立博物馆
明・夏昶	朝阳舞凤图	轴，绢本水墨	133.5×78.0	根津美术馆
明・夏昶	竹石图	纸本水墨		江田勇二
明・夏昶	墨竹图	绢本水墨		江田勇二
明・夏昶	墨竹图	绢本水墨	36.5×35.6	山口谦四郎
明・夏昶	山水图	绢本设色	25.3×20.4	东京国立博物馆
明・夏昶	钱塘观潮图	绢本设色	22.4×20.5	根津美术馆
明・夏昶	林和靖图	绢本设色	59.1×107.6	根津美术馆
明・夏昶	楼阁山水图	绢本设色	23.2×25.4	根津美术馆
明・夏芷	灵阳十景图	册，绢本水墨淡彩	27.5×54.0	桥本末吉
明・孙克弘	寒山拾得图	轴，纸本淡彩	130.9×56.2	东京国立博物馆
明・孙克弘	秋华图	轴，金笺设色	125.2×44.3	林宗毅
明・孙克弘	山水图	轴，纸本水墨淡彩	74.2×30.4	桥本末吉
明・孙克弘	仿马远十二水图	卷，纸本水墨淡彩		小川广己
明・孙杕	竹石水仙图	轴，绢本水墨淡彩	122.1×48.5	东京国立博物馆
明・孙杕	牡丹图	轴，绢本设色	163.5×50.2	桥本末吉
明・孙枝	山水图	绢本设色		薮本庄五郎
明・孙枝	山水图	册页，金笺水墨	17.0×51.3	冈山县立美术馆
明・孙枝	山水图	扇面，金笺水墨淡彩	15.1×47.6	万福寺
明・孙枝	山水图	册页，金笺设色	15.7×48.7	冈山县立美术馆
明・马一卿	山水图	扇面，金笺水墨淡彩	17.1×53.6	万福寺
明・马守真	秦淮水榭图	卷，纸本水墨	高16.0	林宗毅
明・马守真	兰图	轴，纸本水墨	111.4×29.8	黑川古文化研究所
明・马守真	墨兰图	扇面，金笺水墨	16.3×49.5	万福寺
明・马守真	兰石图	扇面，纸本水墨		江田勇二
明・马员	山水图	轴，绢本设色	120.0×66.0	群马县立近代美术馆
明・马定	花鸟图	团扇，绢本设色	28.4×34.2	平山堂
明・马俊	骑驴访友图	轴，绢本水墨淡彩	261.5×113.6	桥本末吉

（续表）

明・马轼	山水图	轴，绢本水墨	110.1×18.1	泉屋博古馆
明・马轼	山水图	绢本水墨	20.0×18.8	住友
明・徐贲	松溪幽屋图	轴，纸本水墨	107.8×26.0	大阪市立美术馆
明・徐贲	亭林读书图	轴，纸本水墨	49.5×31.0	山口谦四郎
明・徐贲	山水图	轴，纸本水墨	66.9×27.5	京都国立博物馆
明・徐贲	山水图	轴，纸本水墨淡彩	65.7×32.1	小幡醇一
明・徐柱	葡萄图	轴，纸本水墨	101.3×33.1	森畅
明・徐智	山水图	扇面，金笺水墨淡彩	15.0×47.8	万福寺
明・徐渭	花卉图	卷，纸本水墨		薮本宗四郎
明・徐渭	松石图	轴，纸本水墨	123.0×31.5	桥本末吉
明・徐渭	芦蟹图	轴，纸本水墨	72.0×32.0	桥本末吉
明・徐渭	花卉图	轴，纸本水墨淡彩	109.6×59.7	贝塚茂树
明・徐渭	花卉杂画图	卷，纸本水墨	28.2×665.1	东京国立博物馆
明・徐渭	拜孝陵诗意图	轴，纸本水墨	108.9×28.9	大阪市立美术馆
明・徐渭	花鸟图	卷，纸本水墨淡彩	31.2×104.9	大阪市立美术馆
明・徐渭	花卉杂画	卷，纸本水墨	25.6×291.2	泉屋博古馆
明・徐渭	松石新篁图	轴，纸本水墨	124.5×32.8	黑川古文化研究所
明・徐渭	花卉杂画卷	纸本水墨	高31.5	黑川古文化研究所
明・素菴	草虫图	绢本设色		江田勇二
明・袁尚统	山水图	纸本水墨淡彩		薮本庄五郎
明・袁尚统	山水图	轴，纸本水墨淡彩	131.6×50.7	薮本庄五郎
明・袁尚统	枫林夜泊图	轴，金笺水墨	180.8×46.0	薮本庄五郎
明・袁尚统	江寒雁影图	轴，绢本水墨淡彩	162.0×58.0	桥本末吉
明・商喜	老子出关图	纸本水墨淡彩	56.1×111.2	MOA美术馆
明・高阳	松石图			张允中
明・高阳	怪石图	扇面，金笺水墨	18.6×55.2	薮本庄五郎
明・崔朴	柳溪松风图	扇面，金笺水墨	17.6×54.2	桥本末吉
明・张子、陈括	白鹦鹉图	轴，纸本设色	129.2×31.6	黑川古文化研究所
明・张宏	山水图	扇面，纸本水墨淡彩		薮本庄五郎
明・张宏	山水图	绢本淡彩		江田勇二
明・张宏	风树吟秋图	卷，纸本设色	高32.1	林宗毅
明・张宏	寒山清逸图	轴，纸本水墨淡彩	181.8×57.8	小幡醇一
明・张宏	山水图	轴，纸本水墨	98.4×49.4	中埜又左卫门
明・张宏	山水图	纸本水墨淡彩	29.5×24.1	泉屋博古馆
明・张宏	山水图	册，纸本水墨淡彩	29.6×24.0	泉屋博古馆
明・张宏	山水图	册页，金笺设色	16.9×52.5	冈山县立美术馆
明・张宏	仿北苑山水图	轴，金笺水墨	326.2×101.4	建仁寺
明・张宏	越中十景图	册，绢本水墨设色	29.9×18.2	大和文华馆
明・张灵	赤壁后游图	卷，纸本水墨淡彩	25.7×159.6	私人

（续表）

明・张琦	费隐通容像	轴，绢本设色	159.7×98.5	万福诗
明・张恂	溪山幽趣图	轴，纸本水墨淡彩	86.0×40.6	泉屋博古馆
明・张建	林和靖图	册页，金笺设色	16.6×49.5	冈山美术馆
明・张祜	墨梅图	绢本水墨		组田昌平
明・张翀	树下人物图	轴，纸本水墨淡彩	126.4×57.1	小林荻泉堂
明・张弼	古木群鸦图	扇面，金笺水墨	15.8×50.6	桥本末吉
明・张复	山水图	扇面，金笺水墨淡彩	17.8×55.0	万福寺
明・张复	山水图	绢本水墨		江田勇二
明・张复	山水图	册页，金笺淡彩	19.6×52.4	冈山县立美术馆
明・张复	园林图	扇面，纸本水墨设色	16.6×52.0	贝塚茂树
明・张复	山水图	册页，金笺水墨	18.2×55.5	冈山县立美术馆
明・张复	山水图	扇面，纸本水墨淡彩	17.4×53.9	中埜又左卫门
明・张瑞图	松山图	轴，绢本水墨	151.8×47.8	静嘉堂文库
明・张瑞图	山水图	轴，绢本水墨	116.9×48.8	福冈市立美术馆
明・张瑞图	春景山水图	轴，绫本水墨	201.4×53.5	泉屋博古馆
明・张瑞图	拔嶂悬泉图	轴，绢本水墨	166.1×50.3	大阪市立美术馆
明・张瑞图	山水图	卷，金笺水墨	23.2×352.3	泉屋博古馆
明・张瑞图	梧桐高士图	册页，金笺水墨	17.2×55.7	冈山县立美术馆
明・张路	仙人图	轴，绢本水墨淡彩	146.7×104.0	柳孝
明・张路	渔夫图	轴，绢本水墨淡彩	138.0×69.0	护国寺
明・张路	仙人图（二幅）			张允中
明・张路	山水图	轴，绢本水墨淡彩	74.0×128.2	京都国立博物馆
明・张路	李白骑驴图	轴，绢本水墨	140.3×56.1	薮本庄五郎
明・张路	山水图	轴，绢本水墨淡彩	131.8×75.1	德川美术馆
明・张路	仙人图	绢本水墨		村上舆四郎
明・张路	采芝图	轴，绢本水墨	125.0×73.7	平林寺
明・张路	三仙图	绢本设色		村上舆四郎
明・张路	仙人图	轴，绢本水墨淡彩	63.2×92.5	大安寺
明・张路	道院训鹤图	轴，绢本水墨淡彩	140.0×97.0	高概
明・张路	老松鸣鹤图	轴，绢本水墨淡彩	122.5×100.0	桥本末吉
明・张路	女仙图	轴，绢本水墨淡彩	162.4×96.7	贝塚茂树
明・张凤仪	山水图	扇面，金笺淡彩		江田勇二
明・张凤仪	山水图	金笺水墨淡彩	30.6×29.2	中埜又左卫门
明・张凤仪	枯木竹石图	扇面，纸本水墨	17.2×49.5	中埜又左卫门
明・张凤仪	山水人马图	扇面，纸本水墨设色	16.6×51.0	中埜又左卫门
明・张龙章	穆王骏骥图	轴，绢本设色	132.3×60.8	桥本末吉
明・张檟	载菊舟行图	轴，绢本水墨淡彩	149.0×46.6	桥本末吉
明・张瀚	藻鱼图（双幅）	轴，纸本水墨淡彩	101.2×58.5	菊屋嘉十郎
明・曹有光	山水图	绢本淡彩		组田昌平

（续表）

明·曹有光	松溪豪饮图	轴，绢本设色	197.0×66.5	桥本末吉
明·曹振	山水图	册页，绢本水墨淡彩	29.7×19.9	大阪市立美术馆
明·曹洙	山水图	册页，绢本水墨淡彩	29.7×19.9	大阪市立美术馆
明·曹有光	山水图	册页，绢本水墨淡彩	29.7×19.9	大阪市立美术馆
明·曹羲	山水图	绢本水墨淡彩		组田昌平
明·曹羲	山水图	轴，绢本淡彩	201.3×99.8	东京国立博物馆
明·章元恺	水墨山水图	轴，绫本水墨	107.5×48.2	中埜又左卫门
明·莫是龙	山水图	纸本水墨		薮本庄五郎
明·莫是龙	溪雨初霁图	轴，纸本水墨淡彩	130.3×63.1	大阪市立美术馆
明·莫是龙	云林飞瀑图	轴，纸本水墨淡彩	110.5×26.0	桥本末吉
明·莫云卿	墨竹图	扇面，纸本水墨	18.5×54.1	中埜又左卫门
明·野舟	山水图	轴，绢本水墨淡彩	122.5×68.8	薮本庄五郎
明·陶成	白鹅图	卷，纸本水墨淡彩		薮本庄五郎
明·陶成	菊石图	轴，绢本水墨淡彩	150.8×66.0	山口谦四郎
明·陆士仁	山水图	册页，金笺设色	15.0×48.5	冈山县立美术馆
明·陆治	山水图	扇面，纸本水墨淡彩		薮本庄五郎
明·陆治	山水图	轴，纸本水墨淡彩	127.5×30.8	薮本庄五郎
明·陆治	夏景山水图	扇面，金笺设色	17.6×53.0	薮本庄五郎
明·陆治	山水图	扇面，金笺水墨淡彩	15.6×46.9	薮本庄五郎
明·陆治	白岳纪游图	册，纸本设色	28.0×47.0	藤井斋成会有邻馆
明·陆治	山水图	纸本淡彩		茧山龙泉堂
明·陆治	蝴蝶花图	纸本设色	21.9×16.4	住友
明·陆治	百合蔷薇图	纸本设色	22.1×16.4	住友
明·陆治	花卉图（三幅，各幅上下二图）	轴，绢本设色	31.0×20.5	住友
明·陆治	花梅图	轴，绢本设色	113.8×61.3	东京国立博物馆
明·陆治	花笼图	绢本设色	24.9×30.2	根津美术馆
明·陆治	山水图	轴，纸本水墨	88.2×35.3	黑川古文化研究所
明·陆治	老松图	轴，纸本水墨	131.6×101.5	万福寺
明·陆师道	高斋坐雨图	扇面，金笺水墨	21.0×57.0	泉屋博古馆
明·陆復	墨梅图（双幅）	纸本水墨		长乐寺
明·陆復	花鸟图	绢本设色		江田勇二
明·陆原	三公图	轴，金笺水墨设色	80.0×38.5	桥本末吉
明·陆广明	倪法山水图	轴，纸本水墨	143.7×52.6	林宗毅
明·陈子和	松树山鸟图	轴，绢本水墨淡彩	136.4×79.4	东京国立博物馆
明·陈子和	群仙图	轴，绢本水墨淡彩	176.5×199.6	程琦
明·陈子和	花鸟图（双幅）	轴，绢本水墨淡彩	177.2×107.7	东海庵
明·陈子和	瀑布图	轴，绢本水墨淡彩	142.5×80.7	薮本庄五郎
明·陈子和	山水人物图	轴，绢本水墨淡彩	119.5×85.7	薮本庄五郎

（续表）

明・陈元素	兰石图	纸本水墨	27.4×28.9	中埜又左卫门
明・陈旭	山水图	轴，绫本水墨	129.8×44.9	泉屋博古馆
明・陈玄藻	水墨山水图	轴，绫本水墨淡彩	139.2×53.6	中埜又左卫门
明・陈嘉言	花鸟图	轴，绢本水墨	182.4×85.3	静嘉堂文库
明・陈汝文	冬景山水图	轴，绢本水墨	121.9×66.7	本出精一
明・陈汝砺	山水图（双幅）	轴，绢本水墨淡彩	231.8×99.6	冈山县立美术馆
明・陈洪绶	米芾拜石图	轴，绢本水墨淡彩	125.2×50.5	薮本庄五郎
明・陈洪绶	合欢多子图	轴，绢本设色	156.3×102.0	东京国立博物馆
明・陈洪绶	山水图	绢本淡彩		江田勇二
明・陈洪绶	竹石文禽图	轴，纸本设色	103.7×50.5	藤井斋成会有邻馆
明・陈洪绶	霜林着色图	轴，绫本淡彩	63.4×26.7	山口谦四郎
明・陈淳	山水图	轴，绢本水墨淡彩	124.8×63.0	薮本庄五郎
明・陈淳	江山雨意图	卷，绢本水墨	32.5×262.0	桥本末吉
明・陈淳	花卉图	轴，绢本设色	144.2×74.3	太山寺
明・陈淳	花卉图	卷，纸本水墨	27.8×530.4	东京国立博物馆
明・陈淳	松菊图	轴，纸本水墨	103.5×35.1	大阪市立美术馆
明・陈淳	前赤壁图	卷，纸本水墨淡彩	26.6×85.5	大阪市立美术馆
明・陈淳	云白山青图	卷，纸本水墨	26.8×223.5	大阪市立美术馆
明・陈淳	晚翠图	轴，纸本水墨淡彩	97.5×38.2	京都国立博物馆
明・陈淳	花卉图	册页，金笺水墨	20.4×55.8	冈山县立美术馆
明・陈佑	满畦生意图	绢本设色	42.1×80.9	德川美术馆
明・陈砥	兰图	纸本水墨	25.3×27.1， 26.9×33.6	东京国立博物馆
明・陈绍英	山水图	轴，绢本水墨淡彩	170.5×50.2	静嘉堂文库
明・陈浩	松石图	轴，绢本水墨淡彩	193.3×94.0	万福寺
明・陈遵	花卉图	轴，绢本水墨设色	136.8×57.8	泉屋博古馆
明・陈遵	松鹤图	扇面，金笺水墨	18.1×55.1	万福寺
明・陈介夫	山水图	扇面，金笺水墨淡彩	18.0×55.1	万福寺
明・陈介夫	山水图	扇面，金笺水墨淡彩	15.4×48.2	万福寺
明・陈玄	山水图	扇面，金笺水墨淡彩	18.0×56.8	万福寺
明・陈范	山水图	扇面，金笺水墨	16.8×51.0	万福寺
明・陈范	山水图	扇面，书扇合装轴， 金笺水墨淡彩	（画）17.8×57.2	万福寺
明・陈范	西王母图	轴，绢本设色	114.8×50.7	冈山县立美术馆
明・陈德	山水图	绢本设色		村上舆四郎
明・陈焕	山水图	册页，金笺水墨淡彩	19.0×55.5	冈山县立美术馆
明・陈焕	山水图	扇面，金笺水墨		江田勇二
明・陈焕	山水图	扇面，金笺淡彩	17.3×54.6	林宗毅
明・陈焕	山水图	扇面，金笺水墨淡彩	18.5×51.0	桥本末吉

（续表）

明・陈墫	山水图	扇面，金笺水墨淡彩	18.2×53.3	中埜又左卫门
明・陈宪章	墨梅图	轴，绢本水墨	147.2×73.4	东京国立博物馆
明・陈璜	杨柳观音图	轴，绫本设色	100.0×43.2	中埜又左卫门
明・陈暹	瀛洲图	卷，绢本设色	高26.6	永青文库
明・陈贤	观音图	绫本水墨淡彩	33.7×47.8	薮本宗四郎
明・陈贤	观音图	绢本设色	33.1×42.8	泉屋博古馆
明・陈贤	白衣观音图	轴，纸本水墨淡彩	249.2×96.0	私人
明・陈贤	观音图	绫本水墨淡彩	33.7×50.7	泉屋博古馆
明・陈贤	观音图	绫本设色	33.9×50.4	中埜又左卫门
明・陈贤	观音图	册，绫本设色	35.5×53.6	万福寺
明・陈贤	观音图	轴，纸本水墨设色	120.7×65.6	住友
明・陈贤	列祖图	册，纸本水墨淡彩	49.2×38.2	万福寺
明・陈树	山水图	轴，绫本水墨	164.8×44.4	山口谦四郎
明・陈龙运	山水图	册页，绢本水墨淡彩	29.7×19.9	大阪市立美术馆
明・陈録	墨梅图	轴，绢本水墨	138.5×73.0	薮本庄五郎
明・陈裸	巉林远眺图	轴，纸本水墨淡彩	86.9×35.2	桥本末吉
明・陈裸	山水图	扇面，金笺水墨设色	16.5×50.0	中埜又左卫门
明・陈裸	山水图	纸本水墨淡彩		江田勇二
明・陈鎏	圆窗山水图	绢本水墨淡彩	25.6×62.9	柳孝
明・陈继儒	山水图	绢本水墨淡彩		慈照院
明・陈继儒	仿董北苑山水图	金笺淡彩		江田勇二
明・陈继儒	江南秋色图	卷，绢本设色	25.9×302.0	东京国立博物馆
明・陈继儒	山水图	绢本水墨淡彩		井上房一郎
明・陈继儒	梅花图	卷，纸本水墨	31.3×515.7	大阪市立美术馆
明・陈继儒	山水图	轴，绫本水墨	136.3×40.0	桥本末吉
明・陈继儒	梅花图	册，纸本水墨	25.8×15.9	京都国立博物馆
明・盛茂烨	山水图	绢本设色		薮本宗四郎
明・盛茂烨	松下人物图	轴，绢本设色	171.7×92.9	薮本庄五郎
明・盛茂烨	归棹回首图	扇面，金笺水墨淡彩	17.2×48.7	薮本庄五郎
明・盛茂烨	山水图	绢本水墨		组田昌平
明・盛茂烨	山水图	金笺淡彩	27.1×31.0	东京国立博物馆
明・盛茂烨	元旦欣赏之图	轴，绢本水墨淡彩	184.9×70.9	东京国立博物馆
明・盛茂烨	山水图	卷，绫本设色	42.3×160.0	大阪市立美术馆
明・盛茂烨	山水图	扇面，金笺水墨	15.5×47.6	泉屋博古馆
明・盛茂烨	山水图	轴，金笺水墨淡彩	143.3×36.3	藤田美术馆
明・盛茂烨	天池石壁图	轴，绢本淡彩	128.8×42.3	群马县立近代美术馆
明・盛茂烨	春夜宴桃李园图	扇面，纸本水墨淡彩		村上舆四郎
明・盛茂烨	秋山观瀑图	轴，绢本水墨淡彩	176.6×102.0	桥本末吉

（续表）

明·盛茂烨	梅柳待腊图	轴，绢本水墨设色	186.0×98.5	桥本末吉
明·盛茂烨	秋郊策蹇图	扇面，金笺水墨	15.7×50.0	桥本末吉
明·盛茂烨	寒林暮鸦图	扇面，金笺水墨	17.5×56.2	桥本末吉
明·盛茂烨	春夜宴桃李园图	扇面，金笺水墨设色	17.5×55.0	桥本末吉
明·盛茂烨	高楼听秋图	轴，绢本水墨设色	176.3×42.9	北野正男
明·盛茂烨	溪头闲兴图	绢本水墨淡彩		小川广己
明·盛茂烨	山水图	扇面，纸本设色	16.5×50.5	中埜又左卫门
明·逸然	观音菩萨图	轴，纸本水墨淡彩	108.5×40.6	万福寺
明·游其耀	山水图	扇面，金笺水墨淡彩	19.1×58.5	万福寺
明·游斯道	山水图	扇面，金笺水墨	18.7×56.8	万福寺
明·恽向	林壑流泉图	轴，纸本水墨	95.2×32.7	桥本末吉
明·闵文逸	山水图	扇面，金笺水墨	15.8×49.5	万福寺
明·隆珂	蔬菜图	轴，绢本水墨淡彩	114.1×71.0	薮本宗四郎
明·傅清	老圃秋容图	册页，纸本水墨淡彩	30.0×21.8	黑川古文化研究所
明·云江	观瀑图	扇面，金笺水墨淡彩	19.8×52.2	桥本末吉
明·程嘉遂	山水图	轴，纸本水墨	97.7×28.3	京都国立博物馆
明·项元汴	竹石图	扇面，金笺水墨	16.0×50.0	桥本末吉
明·项御徵	山水图	轴，金笺淡彩	216.5×50.0	桥本末吉
明·项德新	墨竹图	扇面，纸本水墨		江田勇二
明·虚仙	墨菜图	绢本水墨	45.2×55.9	东京国立博物馆
明·冯可宾	画石册	纸本水墨	31.6×32.9	柳孝
明·冯可宗	竹石图	轴，绫本水墨	143.5×56.3	泉屋博古馆
明·云友	山水图	册页，金笺水墨	18.4×54.7	冈山县立美术馆
明·黄经	山水图	扇面，金笺水墨	16.5×50.3	桥本末吉
明·黄文立	寒林晓月图	册页，金笺水墨	16.7×52.1	冈山县立美术馆
明·黄道周	山水图	绢本水墨		组田昌平
明·黄道周	砚山图	轴，纸本水墨	152.4×48.8	住友
明·黄道周	墨菜图	卷，纸本水墨淡彩	23.1×192.8	大阪市立美术馆
明·黄道周	松石图	卷，绢本水墨	27.2×232.2	大阪市立美术馆
明·黄道周	山水图	轴，绫本水墨	112.5×38.5	京都国立博物馆
明·黄道周	松石图	卷，纸本水墨	27.2×232.2	大阪市立美术馆
明·黄道周	墨菜图	卷，纸本水墨淡彩	23.1×192.8	大阪市立美术馆
明·黄道周	山水图	轴，绫本水墨	112.5×38.5	京都国立博物馆
明·黄仲祥	雪景山水图	绢本设色	35.1×118.5	永青文库
明·黄翰	花鸟图	轴，绢本水墨	136.0×87.3	永青文库
明·杨文骢	山水图	轴，绫本水墨	115.3×48.5	藤田美术馆
明·杨文骢	山水图	册，纸本水墨	22.7×16.0	京都国立博物馆
明·杨文骢	兰石图	轴，纸本水墨淡彩	63.2×29.6	京都国立博物馆
明·杨文骢	林泉清集图	册，纸本水墨	23.9×32.0	大阪市立美术馆

（续表）

明·杨文骢	秋林远岫图	轴，绫本水墨	144.5×55.8	大阪市立美术馆
明·杨文骢	山水图	卷，金笺水墨	31.0×570.1	东京国立博物馆
明·杨文骢	山水图	扇面，金笺水墨	16.4×48.7	桥本末吉
明·杨允昇	山水图	轴，绫本水墨	167.5×49.5	山口谦四郎
明·杨所修	竹石图	轴，绫本水墨	149.5×51.1	中埜又左卫门
明·杨明时	山水图	扇面，金笺水墨淡彩	17.8×51.3	林宗毅
明·杨浙	山水图（双幅）	轴，绢本水墨淡彩	127.0×53.1	柳孝
明·杨逊	雪景山水图	轴，绢本水墨	170.1×74.8	东京国立博物馆
明·杨震卿	人物图	轴，绢本水墨淡彩	70.5×40.9	薮本宗四郎
明·董孝初	秋日山水图	金笺水墨	27.7×46.0	贝塚茂树
明·董孝初	山水图	扇面，纸本水墨淡彩	16.3×50.8	中埜又左卫门
明·董其昌	仿倪瓒山水图	轴，纸本水墨	238.0×98.0	柳孝
明·董其昌	峒关雪山图	轴，绢本设色	126.5×48.8	阿形邦三
明·董其昌	山水图	轴，绫本水墨	119.7×45.5	薮本庄五郎
明·董其昌	山水图	轴，绢本水墨淡彩	102.0×32.3	薮本庄五郎
明·董其昌	山水图（双幅）	纸本水墨		江田勇二
明·董其昌	山水图	扇面，纸本水墨		江田勇二
明·董其昌	山水图	绢本水墨		茧山龙泉堂
明·董其昌	山水图	扇面，金笺水墨	17.6×52.6	桥本末吉
明·董其昌	山水图	册，绫本水墨淡彩	25.7×24.3	山口谦四郎
明·董其昌	竹石图	轴，纸本水墨	161.2×76.5	中埜又左卫门
明·董其昌（画）、沈士充（书）	书画合璧	册，绢本淡彩	22.1×15.3	东京国立博物馆
明·董其昌	书画合璧	册，绢本设色	27.0×25.7	东京国立博物馆
明·董其昌	溪山仙馆图	轴，纸本水墨	55.5×34.7	东京国立博物馆
明·董其昌	仿董源夏山欲雨图	轴，纸本水墨	142.7×75.8	大阪市立美术馆
明·董其昌	盘谷序书画合璧图	卷，绢本淡彩	40.2×677.3	大阪市立美术馆
明·董其昌	设色山水图	纸本设色	51.2×31.8	京都国立博物馆
明·董其昌	仿米山水图	轴，纸本水墨	89.9×35.1	京都国立博物馆
明·董其昌	蔡文姬小像	轴，绢本设色	63.2×22.5	京都国立博物馆
明·董其昌	山水图	绫本水墨	26.5×53.3	京都国立博物馆
明·董其昌	峒关蒲雪图	绢本设色		慈照院
明·董其昌	米法山水图	轴，绢本水墨	115.9×46.7	黑川古文化研究所
明·董其昌	山水图	卷，绢本水墨	高27.9	黑川古文化研究所
明·董其昌	米法山水图	册页，金笺水墨	17.2×52.8	冈山县立美术馆
明·董策	山水图	扇面，金笺水墨淡彩	18.4×57.2	万福寺

（续表）

明·叶有年	山水图	纸本淡彩		江田勇二
明·叶广	渔乐图			张允中
明·万国桢	睡鸭图（双幅）	轴，绢本水墨	84.7×39.6，97.0×39.6	南禅寺
明·万国桢	竹岩双雁图	轴，绢本水墨	96.1×40.5	中埜又左卫门
明·万国桢	花鸟图	册页，金笺水墨	17.1×52.1	福冈市立美术馆
明·万寿棋	高松幽岑图	轴，绫本水墨	99.5×54.0	桥本末吉
明·万寿棋	达摩图	轴，纸本水墨	104.9×50.3	小幡醇一
明·万寿棋	梅花图	轴，纸本水墨淡彩	167.6×45.5	田中好文
明·葛徵奇	山水图	轴，绢本水墨	191.3×54.0	静嘉堂文库
明·虞谦	仿云林山水图	轴，纸本水墨	94.7×32.5	黑川古文化研究所
明·詹仲和	墨竹图	纸本水墨		江田勇二
明·詹景凤	山水图	绢本水墨		组田昌平
明·詹景凤	罗汉图	纸本水墨淡彩	30.7×57.0	中埜又左卫门
明·詹景凤	云林山水图	轴，绢本水墨	184.3×50.2	泉屋博古馆
明·詹景凤	墨竹图	轴，纸本水墨	145.5×32.5	大和文华馆
明·詹景凤	达摩图	绢本水墨淡彩	24.9×28.5	中埜又左卫门
明·赵左	竹园逢僧图	轴，纸本水墨淡彩	67.9×31.3	大阪市立美术馆
明·赵左	山水图	轴，纸本水墨	112.1×39.8	黑川古文化研究所
明·赵左	秋景山水图	卷，纸本水墨淡彩	高26.8	黑川古文化研究所
明·赵左	山水图	卷，绢本水墨淡彩	高20.4	黑川古文化研究所
明·赵左	山水图	册页，金笺设色	16.8×49.0	冈山县立美术馆
明·赵左	山水图	扇面，金笺水墨淡彩	16.8×51.6	万福寺
明·赵左	茅舍清谈图	扇面，金笺水墨淡彩	16.5×47.0	桥本末吉
明·赵麒	虾蟆仙人图	轴，绢本设色	149.0×90.5	根津美术馆
明·赵珣	山水图	轴，绢本水墨	95.2×40.6	山口谦四郎
明·赵珣	松竹图	轴，纸本水墨	165.0×106.2	万福寺
明·赵珣	雪中梅竹图	轴，绫本水墨	141.7×54.6	中埜又左卫门
明·赵浙	清明上河图	卷，绢本设色	高28.4	冈山县立美术馆
明·刘求乐	夏木垂阴图	轴，绢本水墨	101.8×38.7	林宗毅
明·刘世儒	雪梅图	绢本水墨		江田勇二
明·刘世儒	月梅图	轴，绢本水墨	136.4×71.8	东京国立博物馆
明·刘世儒	墨梅图	绢本水墨		组田昌平
明·刘世儒	墨梅图	轴，绢本水墨	167.0×103.0	东京国立博物馆
明·刘世儒	墨梅图	绢本水墨	40.7×76.4	根津美术馆
明·刘世儒	墨梅图	轴，绢本水墨	139.8×86.0	成菩提院
明·刘世儒	墨梅图	轴，绢本设色	156.0×99.4	永青文库
明·刘度	蜀栈道图	轴，绢本设色	168.0×66.3	小幡醇一
明·刘度	剑阁图	轴，绢本水墨设色	153.0×49.2	东京国立博物馆

（续表）

明・刘度	山水图	册页,绢本水墨淡彩	29.7×19.9	大阪市立美术馆
明・刘珏	山水图	纸本水墨淡彩	94.5×31.9	柳孝
明・刘晋	藻鱼图	绢本水墨	21.6×20.7	薮本庄五郎
明・刘节	藻鱼图（双幅）	绢本水墨淡彩		中村胜五郎
明・刘俊	寒山、拾得、蛤蟆、铁拐图（四幅）	轴,绢本水墨设色	134.1×73.1	东京国立物馆
明・刘俊	陈南浮浪图	轴,绢本水墨淡彩	141.5×77.4	相园寺
明・刘荣仲	藻鱼图	轴,纸本水墨	110.5×45.0	薮本庄五郎
明・刘祥	云龙图	轴,绢本水墨	144.3×84.0	永青文库
明・达仙	竹石图	轴,绢本水墨	120.5×68.7	薮本庄五郎
明・达仙	琴棋图	轴,绢本水墨	158.1×52.8	慈照院
明・雷鲤	菊花湖石图	轴,绢本设色	153.8×100.4	中埜又左卫门
明・蒋嵩	渔夫山水图	轴,绢本水墨淡彩	140.6×94.5	铃木功子、辉子
明・蒋嵩	山水图	轴,绢本水墨淡彩	122.6×76.3	铃木功子、辉子
明・蒋嵩	山水人物图	册,纸本水墨	28.6×39.9	藤田美术馆
明・蒋嵩	秋江渔艇图	轴,绢本水墨	140.9×94.9	柳孝
明・蒋嵩	山水人物图	轴,绢本水墨	123.0×76.5	柳孝
明・蒋嵩	江山渔舟图	轴,绢本水墨	156.0×105.5	南禅寺
明・蒋嵩	山水图			张允中
明・蒋乾	山水图	册页,金笺水墨	15.2×48.9	冈山县立美术馆
明・蒋乾	山水图	扇面,金笺水墨淡彩	16.1×49.5	万福寺
明・蒋乾	山水图	扇面,金笺水墨	17.7×53.5	万福寺
明・蒋乾	山水图	扇面,金笺水墨淡彩	16.6×50.4	万福寺
明・蔡国重	墨竹图	轴,绢本水墨	154.7×73.7	山口谦四郎
明・蔡辉	隐元贺寿书画	卷,绢本水墨淡彩	高35.6	万福寺
明・刘珏	芭蕉人物图	扇面,金笺水墨	17.5×54.0	万福寺
明・诚意	杏坛弦歌图	轴,绢本设色	145.0×103.0	薮本庄五郎
明・许俊	钟馗嫁妹图	轴,纸本水墨设色		薮本庄五郎
明・莹贞	山水图	扇面,金笺水墨	18.1×56.4	万福寺
明・郑文英	山水人物图	轴,绢本水墨设色	127.3×51.5	桥本末吉
明・郑颠仙	柳荫人物图	轴,绢本水墨淡彩	161.0×70.0	桥本末吉
明・郑颠仙	龙虎图（双幅）	轴,绢本水墨	179.2×105.9	国清寺
明・郑颠仙	渔童吹笛图	轴,绢本水墨淡彩	162.7×76.7	桥本末吉
明・鲁王（乾峰主人）	梅图	轴,绫本水墨	126.3×46.5	桥本末吉
明・鲁得之	墨竹图			张允中
明・鲁得之	墨竹图	轴,绢本水墨	160.0×42.5	林宗毅

（续表）

明·独堪	松图	轴，纸本水墨	130.9×55.8	万福寺
明·钱永	梅花图	轴，绢本设色	111.7×34.7	群马县立近代美术馆
明·钱贡	停舟吹笛图	轴，绢本水墨淡彩	48.0×76.8	桥本末吉
明·钱贡	太湖渔乐图	扇面，金笺设色	16.1×49.8	桥本末吉
明·钱贡	山水图	扇面，金笺水墨淡彩	19.0×58.0	万福寺
明·钱贡、程淳	幽兰图	纸本水墨	30.7×68.7	细川护贞
明·钱穀	山水图	绢本淡彩		江田勇二
明·钱穀	山水图	扇面，金笺水墨		江田勇二
明·钱穀	松亭论古图	轴，绢本水墨淡彩	116.7×33.6	东京国立博物馆
明·钱穀	山水图	轴，纸本水墨淡彩	177.3×54.3	小幡醇一
明·钱穀	山水人物图（双幅）	轴，绢本设色	116.8×48.9	根津美术馆
明·谢时臣	天台石梁图	扇面，金笺水墨	15.5×47.1	薮本庄五郎
明·谢时臣	山水图	绢本水墨	24.3×21.3	东京国立博物馆
明·谢时臣	浮匡远岫图	纸本淡彩		江田勇二
明·谢时臣	秣陵春早图	轴，绢本水墨淡彩	147.2×66.6	东京国立博物馆
明·谢时臣	山水图（双幅）	绢本淡彩		江田勇二
明·谢时臣	辋川积雨图	轴，绢本水墨淡彩	146.9×66.7	东京国立博物馆
明·谢时臣	山水图	绢本设色		江田勇二
明·谢时臣	秋江钓鱼图	轴，纸本水墨	303.2×98.7	东京国立博物馆
明·谢时臣	山水图	扇面，纸本水墨		江田勇二
明·谢时臣	山水图	绢本水墨淡彩		慈照院
明·谢时臣	夏冬山水图（双幅）	绢本淡彩		村上舆四郎
明·谢时臣	山水图	轴，绢本淡彩	136.0×85.0	大光院
明·谢时臣	华山仙掌图	轴，纸本水墨	332.0×97.5	桥本末吉
明·谢时臣	山斋雅集图	轴，绢本水墨淡彩	113.0×60.0	桥本末吉
明·谢时臣	四杰四景图	轴，绢本水墨淡彩	185.2×94.8	静嘉堂文库
明·谢时臣	山水图	轴，纸本水墨淡彩	115.7×57.6	德川美术馆
明·谢时臣	练溪佳胜图	卷，绢本水墨	28.4×120.0	京都国立博物馆
明·谢时臣	岳阳楼图	纸本水墨淡彩		京都国立博物馆
明·谢时臣	湖堤春晓、巫峡云涛图	轴，绢本水墨淡彩	326.9×99.7，344.9×102.7	大阪市立美术馆
明·谢时臣	楚江春晓图	轴，绢本水墨淡彩	149.0×75.6	大阪市立美术馆
明·谢时臣	林泉散逸图	扇面，金笺水墨	18.0×52.0	桥本末吉
明·谢时臣	夕阳帆影图	扇面，金笺水墨	18.5×50.0	桥本末吉
明·谢时臣	夏山观瀑图	轴，纸本水墨淡彩	227.0×104.0	桥本末吉
明·谢时臣	松林煎茶图	轴，绢本水墨淡彩	161.2×84.2	山口谦四郎
明·谢天游	青绿山水图（双幅）	轴，绢本设色	133.8×65.8	永青文库

（续表）

明・谢时中	兰石图	绢本水墨	45.2×55.9	东京国立博物馆
明・钟礼	渔樵问答图	轴，绢本淡彩	142.7×82.6	定胜寺
明・钟礼	观瀑图	轴，绢本水墨	152.1×82.3	薮本庄五郎
明・钟鹤龄	山水图	册页，金笺水墨	16.6×50.0	冈山县立美术馆
明・隐斋	夏冬山水图	绢本水墨		细见实
明・韩旭	藻鱼图	轴，纸本设色	135.0×65.3	根津美术馆
明・韩秀实	鲤图	屏风（二曲），绢本水墨	128.5×76.3	常盘山文库
明・戴进	松鹿图	绢本淡彩		江田勇二
明・戴进	山水图	绢本水墨		组田昌平
明・戴进	春冬山水图（双幅）	轴，绢本水墨淡彩	144.7×79.1	菊屋嘉十郎
明・戴进	竹菊图	轴，绢本水墨设色	150.2×54.3	私人
明・戴进	松岩萧寺图	轴，纸本水墨	226.7×51.3	大阪市立美术馆
明・戴进	凤凰图	轴，绢本设色	147.1×85.4	龙光院
明・戴进	山水图	绢本水墨淡彩	28.0×28.6	藤田美术馆
明・戴进	山水图	轴，绢本水墨淡彩	117.6×64.3	长谷寺
明・蓝瑛、孙杕	竹石图	轴，绫本水墨	164.6×52.9	东京国立博物馆
明・蓝瑛	山水图	轴，绢本水墨淡彩	159.1×44.0	东京国立博物馆
明・蓝瑛	秋景山水图	轴，绢本水墨淡彩	176.6×57.7	大阪市立美术馆
明・蓝瑛	仿郭熙松岩话古图	轴，绫本水墨淡彩	224.6×51.0	大阪市立美术馆
明・蓝瑛	山水图	册页，绢本水墨淡彩	29.7×19.9	大阪市立美术馆
明・蓝瑛	山水图	轴，绢本水墨淡彩	187.2×52.5	静嘉堂文库
明・蓝瑛	山水图	轴，纸本水墨淡彩	127.5×61.3	京都国立博物馆
明・蓝瑛	山水图	纸本水墨淡彩	33.1×27.8	黑川古文化研究所
明・蓝瑛	江郇远眺图	扇面，金笺水墨	15.1×47.7	黑川古文化研究所
明・蓝瑛	杂画	册（十页），纸本水墨淡彩	26.0×16.9	黑川古文化研究所
明・蓝瑛	山水图	轴，绢本设色	142.4×57.2	柳孝
明・蓝瑛	山水图			张允中
明・蓝瑛	山水图	轴，绢本水墨	160.8×50.9	薮本庄五郎
明・蓝瑛	山水图	轴，绢本设色	161.8×53.2	薮本庄五郎
明・蓝瑛	山水图	轴，绢本设色	173.8×98.4	薮本庄五郎
明・蓝瑛	兰竹图	卷，纸本水墨淡彩	高22.2	薮本庄五郎
明・蓝瑛	山水图	纸本淡彩		江田勇二
明・蓝瑛	秋山飞瀑图	绢本设色		江田勇二
明・蓝瑛	山水图	绢本水墨淡彩		江田勇二
明・蓝瑛	山水图	绢本设色		江田勇二

（续表）

明·蓝瑛	荷乡清夏图	轴，绢本水墨淡彩	153.7×49.0	林宗毅
明·蓝瑛	仿李唐山水图	绢本设色		组田昌平
明·蓝瑛	山水图	绢本水墨		组田昌平
明·蓝瑛	山水图	绢本设色		组田昌平
明·蓝瑛	山水图	纸本淡彩		茧山龙泉堂
明·蓝瑛	山水图	纸本淡彩		村上舆四郎
明·蓝瑛	仿梅花道人山水图	轴，纸本水墨	321.0×103.0	桥本末吉
明·蓝瑛	目乔松图	轴，绢本设色	205.0×65.2	桥本末吉
明·蓝瑛	溪居赏秋图	轴，绢本水墨淡彩	160.5×46.2	桥本末吉
明·蓝瑛	山水图	轴，纸本水墨设色	156.5×46.4	桥本末吉
明·蓝瑛	秋溪幽居图	轴，绢本水墨设色	149.0×41.5	桥本末吉
明·蓝瑛	山水图	金笺水墨	38.6×25.0	桥本末吉
明·蓝瑛	秋汀孤舟图	扇面，金笺水墨	16.0×51.0	桥本末吉
明·蓝瑛	兰竹石图	卷，纸本水墨	32.8×559.2	桥本末吉
明·蓝瑛	山水图	扇面，金笺水墨设色	17.5×53.0	桥本末吉
明·蓝瑛	夏木垂阴图	轴，绢本水墨	225.0×99.0	山口谦四郎
明·蓝瑛	仿高克恭云林秋霁、仿张僧繇山水图（双幅）	绢本设色	31.3×29.7	山口谦四郎
明·蓝瑛	仿王蒙山水图	轴，绢本水墨淡彩	130.0×46.1	小幡醇一
明·蓝瑛	山水图	轴，纸本水墨淡彩	128.0×49.0	小幡醇一
明·蓝瑛	兰石图	轴，纸本水墨淡彩	221.3×75.1	木佐靖治
明·蓝瑛	秋景山水图	轴	178.6×53.1	中埜又左卫门
明·蓝瑛	山水图	扇面，纸本水墨	18.0×51.5	中埜又左卫门
明·钟礼	春景、冬景山水图（二幅）	轴，绢本水墨	139.0×82.6	金地院
明·魏之克	江源晴览图	卷，绢本水墨设色	32.6×275.0	桥本末吉
明·魏之克	山水图	扇面，金笺水墨淡彩	15.8×52.1	万福寺
明·魏之克	山水图	卷，纸本水墨	51.5×115.5	岛田修二郎
明·魏之璜	山水图	扇面，金笺水墨	17.2×55.5	万福寺
明·魏之璜	林峦烟霭图	轴，纸本水墨	133.5×55.5	桥本末吉
明·魏之璜	山水图	扇面，金笺设色	15.9×50.1	中埜又左卫门
明·魏之璜	山水图	卷，纸本水墨淡彩	高31.2	中埜又左卫门
明·边景昭	竹石草花白犬图	轴，绢本设色	114.0×74.7	柳孝
明·边景昭	群雀图	轴，绢本设色	152.7×95.6	薮本庄五郎
明·边景昭	花鸟图	绢本设色		中村胜五郎
明·边景昭	柏鹰图	轴，绢本水墨设色	145.5×74.0	桥本末吉
明·边景昭	花鸟图	绢本设色	97.1×48.0	细川护贞
明·边景昭	鹤图	绢本设色	14.2×13.5	住友

（续表）

明·边景昭	鸠图	绢本设色	36.2×29.0	住友
明·边景昭	双鹤图	轴，绢本设色	133.2×80.5	住友
明·边景昭	双鹤图	轴，绢本设色	163.5×86.6	尼崎薮本
明·边景昭	鸠图	卷，绢本设色	25.7×76.8	泉屋博古馆
明·边景昭	花鸟图（双幅）	绢本设色	31.0×30.9	永青文库
明·关思	山水图	纸本淡彩		江田勇二
明·关思	平沙落雁图	轴，纸本淡彩	128.2×36.4	东京国立博物馆
明·关思	仿吴镇山水图	轴，绢本淡彩	129.9×52.8	山口谦四郎
明·关思	山水图	轴，绢本淡彩	145.7×48.5	静嘉堂文库
明·关思	仿倪瓒枯木竹石图	轴，纸本水墨	80.2×34.5	中埜又左卫门
明·关思	溪山雨霁图	轴，绢本水墨淡彩	197.8×73.7	根津美术馆
明·芦宗	枯荷水禽图	轴，绢本设色	142.6×82.2	北野正男
明·萧增	花鸟图	轴，绢本水墨设色	152.0×82.0	私人
明·顾懿德	山水图	纸本水墨		江田勇二
明·续奎	山水图双幅	绢本水墨淡彩	28.7×21.0，31.5×32.5	东京国立博物馆
明·丽宇	山水图	扇面，金笺水墨淡彩	15.3×47.3	万福寺
明·项圣谟	山水图	册，纸本水墨淡彩	28.2×20.4	藤井斋成会有邻馆
明·项圣谟	二松图	绢本水墨		组田昌平
明·项圣谟	梧荫钓舟图	轴，纸本水墨	101.5×39.7	黑川古文化研究所
明·项圣谟	山水图	轴	95.8×46.2	贝塚茂树
明·项圣谟	山水图	轴，纸本水墨	75.2×32.0	东京国立博物馆
明·项圣谟	松石图	轴，纸本水墨	89.0×39.8	细川护贞
明·萧云从	秋山行旅图卷	纸本	25.4×551.8	东京国立博物馆
明·徐赍	松溪幽屋图	纸本	107.3×26.0	大阪市立美术馆
明·朱瞻基	双犬图	纸本	26.2×34.6	沙可乐博物馆
明·戴进	松岩萧寺图	纸本	226.7×51.3	大阪市立美术馆
明·祝允明	临黄庭经			澄怀堂美术馆
清·上官周	花鸟图	绢本设色	37.0×62.6	东京国立博物馆
清·上官周	松石图			张允中
清·上官周	达摩图	纸本淡彩		村上舆四郎
清·上睿	山水图	扇面，纸本水墨淡彩		薮本庄五郎
清·上睿	广陵春游图	纸本淡彩		茧山龙泉堂
清·上睿	溪山深秀图	卷，绢本水墨淡彩	29.2×282.5	桥本末吉
清·上睿	雪景山水图	轴，绢本水墨淡彩	112.7×58.8	大阪市立美术馆
清·上睿	山水图	纸本水墨淡彩	31.9×52.9	黑川古文化研究所
清·王原祁	山水图			张允中
清·王原祁	山水图	轴，纸本水墨淡彩	95.5×45.3	薮本庄五郎

（续表）

清・王原祁	山水图	轴，绫本水墨	166.0×42.7	桥本末吉
清・王原祁	山水图	纸本水墨		小川广己
清・王原祁	山水图	轴，纸本水墨	75.7×39.4	中埜又左卫门
清・王原祁	林壑幽栖图	轴，纸本水墨	112.5×75.4	大阪市立美术馆
清・王原祁	山水图	轴，纸本水墨	65.7×44.9	京都国立博物馆
清・王原祁	山水图	轴，纸本水墨	55.3×33.8	京都国立博物馆
清・王原祁	仿元四大家山水图（四幅）	轴，纸本水墨淡彩	102.4×47.5	京都国立博物馆
清・王原祁	山水图	纸本水墨	25.1×25.6	黑川古文化研究所
清・王宸	江山雨意图	轴，纸本水墨	88.0×41.7	桥本末吉
清・王宸	浯溪图	卷，纸本水墨	29.6×123.5	东京国立博物馆
清・王宸	浯溪烟柳图	轴，纸本水墨	117.7×46.3	东京国立博物馆
清・王时敏	林壑清秋图	轴，绢本水墨	81.5×34.5	桥本末吉
清・王时敏	山水图	扇面，金笺水墨淡彩	20.6×52.9	木佐靖治
清・王时敏	墨笔山水图	轴，纸本水墨	122.7×51.0	大阪市立美术馆
清・王时敏	仿范宽雪景山水图	轴，纸本水墨	96.3×57.0	京都国立博物馆
清・王时敏	山水图	金笺水墨	31.1×46.9	京都国立博物馆
清・王时敏	山水图	册，纸本设色	24.0×16.4	京都国立博物馆
清・王时敏	山水图	纸本水墨	27.6×40.0	黑川古文化研究所
清・王时敏、吴伟业	诗画	卷		藤井斋成会有邻馆
清・王令寿	鹤竹图	轴，纸本水墨淡彩	97.8×44.4	大阪市立美术馆
清・王廷章	山水图	轴，绫本水墨	141.6×51.7	东京国立博物馆
清・王学浩	山水图	扇面，纸本水墨淡彩	17.4×53.7	东京国立博物馆
清・王冈	四季花鸟图	卷，绢本设色	42.7×521.2	东京国立博物馆
清・王珪	春景山水图	轴，纸本水墨	135.6×44.6	山口谦四郎
清・王海	山水图	册，纸本淡彩	14.7×10.7	贝塚茂树
清・王寅	水仙图	绫本水墨淡彩	134.6×39.9	泉屋博古馆
清・王愫	茂林叠嶂图	轴，绢本水墨淡彩	191.5×52.5	薮本庄五郎
清・王愫	山水图	绢本淡彩		组田昌平
清・王楚珍	草花百蝶图	轴，绢本设色	128.9×80.6	泉屋博古馆
清・王铎	山水图	轴，绫本水墨	149.7×72.0	藤井斋成会有邻馆
清・王铎	六根无尘图	轴，绫本水墨	190.4×52.0	桥本末吉
清・王铎	兰石图	卷，绢本水墨		小川广己
清・王铎	山水图	绫本水墨	111.5×49.8	小幡醇一
清・王铎	竹石图	轴，绫本水墨	198.9×47.8	贝塚茂树
清・王铎	书画合璧	卷，纸本水墨	32.6×610.8	大阪市立美术馆
清・王翚	仿李成关山霁雪图	轴，纸本水墨淡彩	94.5×51.0	斋藤悦

（续表）

清·王翚	关山雪晴图	轴，纸本水墨淡彩	146.5×43.0	阿形邦三
清·王翚	山水图	卷，纸本水墨		荫山龙泉堂
清·王翚	山水图	册，纸本淡彩		村上舆四郎
清·王翚	山水图	册，绢本淡彩		村上舆四郎
清·王翚	渔村雨霁图	轴，纸本水墨	106.6×53.5	桥本末吉
清·王翚	仿倪瓒溪亭山色图	轴，纸本水墨	59.4×35.5	山口谦四郎
清·王翚	山水图	轴，绢本水墨淡彩	189.2×95.5	小幡醇一
清·王翚	秋林清爽图	轴，纸本水墨淡彩	106.2×38.3	贝塚茂树
清·王翚	青绿山水图	轴，绢本设色	173.0×59.7	小林荻泉堂
清·王翚	青绿山水图	轴，绢本设色	160.9×77.5	东京国立博物馆
清·王翚	江山无尽图	卷，绢本设色	61.8×1566.6	东京国立博物馆
清·王翚	观瀑图	轴，纸本水墨淡彩	103.9×44.1	东京国立博物馆
清·王翚	仿巨然、王蒙山水图（双幅）	纸本水墨淡彩	29.2×40.6，29.3×40.4	大阪市立美术馆
清·王翚	仿李营丘江山雪霁图	卷，绢本水墨淡彩	29.8×799.5	大阪市立美术馆
清·王翚	仿宋人山水图	轴，绢本设色	179.8×52.0	京都国立博物馆
清·王翚	耕烟草堂图	轴，纸本水墨淡彩	124.2×44.8	京都国立博物馆
清·王翚	江村平远图	轴，纸本水墨淡彩	75.0×37.5	京都国立博物馆
清·王翚	仿董源山水图	轴，纸本水墨淡彩	177.6×94.7	京都国立博物馆
清·王翚	山水图	纸本水墨	23.4×30.5	黑川古文化研究所
清·王翚	山水图		23.5×34.4	黑川古文化研究所
清·王翚	江山纵览图卷			东京国立博物馆
清·伊秉绶	山水图两幅	扇面轴装，纸本水墨	16.4×52.5 16.3×52.8	东京国立博物馆
清·伊秉绶	竹石图	扇面，纸本水墨	17.8×52.0	东京国立博物馆
清·伊秉绶	仙鹤独立图	轴，纸本水墨	72.9×26.8	大阪市立美术馆
清·余玑	唐美人图	轴，绢本设色	91.0×31.8	东京国立博物馆
清·余崧	花鸟图	轴，纸本水墨	101.1×39.8	泉屋博古馆
清·余正元	山水图	轴，绫本水墨	158.1×40.8	盛田昭夫
清·余省	太湖石图	轴，纸本水墨淡彩	77.0×26.4	桥本末吉
清·余省	雪梅聚雀图	轴，纸本淡彩	150.3×57.0	细川护贞
清·余集	花卉图	扇面，纸本设色		江田勇二
清·冷枚	兰汤浴罢图	轴，绢本设色	163.0×63.5	桥本末吉
清·冷枚	吉庆图	轴，绢本设色	111.7×58.6	私人
清·冷枚	宓妃图	轴，纸本水墨淡彩	87.5×43.2	细川护贞
清·冷枚	美人童子图	轴，绢本设色	97.1×41.5	细川护贞
清·姚文翰	层峦耸翠图	轴，纸本水墨淡彩	97.1×37.8	桥本末吉
清·姚文燮	山水图	绫本水墨		江田勇二

（续表）

清·禹之鼎	城南雅集图	卷，绢本设色	50.5×126.0	东京国立博物馆
清·禹之鼎	问字图	卷，纸本设色	高28.5	永青文库
清·禹之鼎	春泉洗药图	卷，纸本设色	36.2×132.4	藤井斋成会有邻馆
清·禹之鼎	墨竹图			张允中
清·禹之鼎	王原祁像	轴，纸本水墨	81.8×31.8	阿形邦三
清·禹之鼎	象罗汉图	轴，绢本设色	103.8×31.7	林宗毅
清·禹之鼎	秋宵赋诗图	轴，纸本水墨淡彩	104.6×28.3	桥本末吉
清·禹之鼎	岁寒三友图	轴，绢本设色	121.2×56.1	桥本末吉
清·唐岱	山水图	册，纸本水墨设色	31.7×23.5	细川护贞
清·唐岱	山水图	轴，绢本水墨淡彩	160.5×92.8	藤井斋成会有邻馆
清·唐岱	山水图	卷，纸本水墨	33.1×356.5	东京国立博物馆
清·唐岱	山水图	扇面，纸本水墨	18.4×57.9	东京国立博物馆
清·郎世宁	牧马图	卷，纸本设色	30.6×344.0	东京国立博物馆
清·郎世宁	柳荫八骏图	轴，绢本设色	124.3×66.9	薮本宗四郎
清·郎世宁	虎图	轴，绢本设色	259.0×199.8	大阪市立美术馆
清·郎世宁	西洋人物图	轴，绢本设色	131.4×48.0	住友
清·郎世宁	封侯图	轴，绢本设色	96.0×136.1	大阪市立美术馆
清·郎世宁、唐岱	春郊阅骏图			藤井斋成会有邻馆
清·恽寿平	鹑图	纸本水墨淡彩	22.8×29.3	泉屋博古馆
清·恽寿平	花鸟图	纸本设色	23.0×29.8	泉屋博古馆
清·恽寿平	红雀图	纸本设色	23.0×29.5	泉屋博古馆
清·恽寿平	鱼藻图	纸本设色	23.1×29.3	泉屋博古馆
清·恽寿平	芙蓉图	纸本设色	24.2×29.6	泉屋博古馆
清·恽寿平	凤仙花图	纸本设色	22.9×29.4	泉屋博古馆
清·恽寿平	牡丹图	纸本设色	22.9×29.2	泉屋博古馆
清·恽寿平	菊图	纸本设色	22.7×29.0	泉屋博古馆
清·恽寿平	罂粟图	扇面，纸本设色	27.5×52.6	泉屋博古馆
清·恽寿平	蜻蜓图	纸本设色	23.1×29.5	泉屋博古馆
清·恽寿平	梅花小禽图	纸本设色	23.2×29.5	泉屋博古馆
清·恽寿平	山居图	卷，纸本水墨	19.7×127.0	东京国立博物馆
清·恽寿平	岁寒四友图	轴，纸本水墨	90.0×40.2	盛田昭夫
清·恽寿平	花卉图	册（十二开），纸本设色	27.5×42.8	大阪市立美术馆
清·恽寿平	山水图	扇面，纸本设色		薮本庄五郎
清·恽寿平	山水图	轴，纸本水墨	52.6×30.1	京都国立博物馆
清·恽寿平	桃花图	扇面，纸本设色		江田勇二
清·恽寿平	仿王蒙山水图	轴，纸本设色	131.5×59.3	京都国立博物馆
清·恽寿平	花卉图	绢本设色		荫山龙泉堂

（续表）

清・恽寿平	花坞夕阳图	卷，纸本水墨淡彩	24.0×106.1	京都国立博物馆
清・恽寿平	三友独清图	轴，纸本水墨淡彩	120.0×46.0	桥本末吉
清・恽寿平	书画扇面	册，纸本水墨设色	17.6×53.7	京都国立博物馆
清・恽寿平	菊花图	册，绢本设色	39.7×23.6	桥本末吉
清・恽寿平	山水图	册（十开），纸本水墨淡彩	29.5×43.0	泉屋博古馆
清・恽寿平	墨竹图	卷，纸本水墨	高19.2	山口谦四郎
清・恽寿平	山水花卉图	册，纸本水墨设色	29.1×45.5	黑川古文化研究所
清・恽寿平	山水图	轴，纸本水墨	94.8×27.4	山口谦四郎
清・恽寿平	天池石壁图	卷，纸本水墨淡彩	39.8×235.6	小川广己
清・恽寿平	花卉图	轴，纸本设色	175.8×50.3	小幡醇一
清・恽寿平	玉堂富贵图	轴，绢本设色	128.2×58.7	贝塚茂树
清・恽寿平	临关仝太行山色图	绢本水墨设色	40.9×30.4	贝塚茂树
清・恽寿平	菊图	纸本水墨	25.0×20.0	住友
清・焦秉贞	拟赵承旨山水图	轴，绢本设色	120.5×40.8	林宗毅
清・焦秉贞	西洋风俗图	轴，绢本设色	129.0×50.0	大和文华馆
清・董邦达	仿王蒙松壑鸣瑞图	轴，纸本水墨	109.6×52.5	东京国立博物馆
清・董邦达	长林密壑图	轴，纸本水墨淡彩	180.0×89.7	大阪市立美术馆
清・董邦达	梅花书屋图	轴，纸本水墨设色	95.1×48.7	京都国立博物馆
清・董邦达	山水图	册，纸本设色	16.8×18.8	京都国立博物馆
清・董邦达	山水图	纸本水墨	26.1×32.2	黑川古文化研究所
清・董邦达	山水图	轴，绢本设色	203.0×47.8	总见寺
清・金廷标	春元瑞兆图	纸本	154.8×84.3	大阪市立美术馆
清・蒋廷锡	藤花山雀图	绢本	212.5×97.1	大阪市立美术馆
清・丁观鹏	阿罗汉像	菩提叶	18.5×12.6	桥本末吉
清・袁瑛	山水图	纸本	13.3×121.7	桥本末吉
清・佚名	阎相师像			大和文华馆
清・佚名	草书七言诗立轴			私人

（二）陶瓷

年代	名称	尺寸（厘米）	款识等	收藏地
唐（8世纪前半叶）	三彩弁口水注	高32.9，直径17.9，底径9.4		东京富士美术馆
唐（9世纪）	绿釉兔形枕	高7.0，幅13.4，进深7.8		东京富士美术馆
南宋时代	青瓷筒花生	高18.4 口径8.2 底径6.5	南宋官窑	根津美术馆

（续表）

金（12世纪）	白瓷牡丹纹碗	高5.4，直径18.3，底径4.4	定窑	东京富士美术馆
金—元（13—14世纪）	白釉铁绘牡丹纹梅瓶	高39.1，口径3.9，直径18.0，底径10.4	磁州窑	东京富士美术馆
元—明（14世纪后半叶）	釉里红牡丹唐草纹瓶	高32.2，口径8.5，直径20.3，底径12.0	景德镇窑	东京富士美术馆
元	青花龙纹罐	口径20.4		东京国立博物馆
明永乐	青花波涛龙纹扁壶			大阪市立东洋陶瓷美术馆
明永乐	青花花鸟纹盘			大阪市立东洋陶瓷美术馆
明永乐	青花“内府”款梅瓶			大阪市立东洋陶瓷美术馆
明永乐	青花“内府”款梅瓶			大阪市立东洋陶瓷美术馆
明永乐	青花花鸟纹执壶			大阪市立东洋陶瓷美术馆
明永乐	青花荔枝纹扁壶			大阪市立东洋陶瓷美术馆
明宣德	青花缠枝花卉纹罐		大明宣德年制	大阪市立东洋陶瓷美术馆
明宣德	蓝釉白花牡丹纹盘			大阪市立东洋陶瓷美术馆
明宣德	青花宝相华唐草纹壶		大明宣德年制	大阪市立东洋陶瓷美术馆
明宣德	琉璃地白花牡丹纹盘		大明宣德年制	大阪市立东洋陶瓷美术馆
明宣德	青花瓜纹碗		大明宣德年制	大阪市立东洋陶瓷美术馆
明宣德	宝相华唐草纹壶		大明宣德年制	大阪市立东洋陶瓷美术馆
明宣德	琉璃地白花牡丹纹盘		大明宣德年制	大阪市立东洋陶瓷美术馆
明成化	青花蜀葵纹碗		大明成化年制	大阪市立东洋陶瓷美术馆
明成化	青花双凤纹盘		大明成化年制	大阪市立东洋陶瓷美术馆
明成化	青花瓜纹碗		大明成化年制	大阪市立东洋陶瓷美术馆

（续表）

明成化	青花蜀葵纹碗		大明成化年制	大阪市立东洋陶瓷美术馆
明成化	青花瓜纹碗		大明成化年制	大阪市立东洋陶瓷美术馆
明成化	青花蜀葵纹碗		大明成化年制	大阪市立东洋陶瓷美术馆
明成化	青花龙唐草纹碗		大明成化年制	大阪市立东洋陶瓷美术馆
明成化	青花凤凰纹碗		大明成化年制	大阪市立东洋陶瓷美术馆
明成化	青花凤凰纹盘		大明成化年制	大阪市立东洋陶瓷美术馆
明弘治	青花龙唐草纹碗		大明弘治年制	大阪市立东洋陶瓷美术馆
明弘治	青花瓜纹碗		大明弘治年制	
明正德	黄地青花折枝花卉纹盘		大明正德年制	大阪市立东洋陶瓷美术馆
明嘉靖	黄地青花红彩牡丹唐草纹瓢形瓶		大明嘉靖年制	大阪市立东洋陶瓷美术馆
明嘉靖	绿地红彩宝相华唐草纹瓢形瓶		大明嘉靖年制	大阪市立东洋陶瓷美术馆
明嘉靖	黄地红彩龙纹壶		大明嘉靖年制	大阪市立东洋陶瓷美术馆
明嘉靖	五彩描金葫芦形瓶			大阪市立东洋陶瓷美术馆
明嘉靖	黄地红彩龙纹盖罐		大明嘉靖年制	大阪市立东洋陶瓷美术馆
明嘉靖	青花璎珞纹瓶		大明嘉靖年制	根津美术馆
明嘉靖	青花人物图罐	口径25.7	大明嘉靖年制	根津美术馆
明嘉靖	五彩花纹角皿	边长18.2，高4.0	大明嘉靖年制	ポーラ美术馆
明嘉靖	五彩唐子纹角钵	径11.5	大明嘉靖年制 景德镇窑	ポーラ美术馆
明嘉靖	黄地红彩云龙纹壶	高13.8	大明嘉靖年制 景德镇窑	ポーラ美术馆
明嘉靖	五彩花唐草纹方壶	高16.8	大明嘉靖年制 景德镇窑	POLA 美术馆
明隆庆	五彩莲池水禽纹缸		大明隆庆年制	冈山纪念馆
明万历	五彩龙凤纹圆盒		大明万历年制	梅沢纪念馆
明万历	五彩高士图折沿盆		大明万历年制	大阪市立东洋陶瓷美术馆

（续表）

明万历	五彩牡丹纹盘		大明万历年制	大阪市立东洋陶瓷美术馆
明万历	五彩龙凤纹瓶	口径21.8	大明万历年制	根津美术馆
明万历	五彩龙凤花卉纹尊			东京国立博物馆
明万历	五彩龙纹透周长方盒	幅25.1	大明万历年制景德镇窑	POLA美术馆
明万历	五彩仙人纹钵	高7.6，径15.3	大明万历年制	POLA美术馆
明万历	五彩龙纹笔皿	幅29.4	大明万历年制景德镇窑	POLA美术馆
明万历	五彩牡丹纹盘		大明万历年制	大阪市立东洋陶瓷美术馆
明万历	五彩松下高士图面盆		大明万历年制	大阪市立东洋陶瓷美术馆
明万历	红地绿彩宝相华纹钵		青花铭大明万历年制	东京艺术大学美术馆
明天启	青花花蓝纹盘	口径23.5		根津美术馆
明（16—17世纪）	五彩鱼藻纹面盆	直径35.5	景德镇官窑	东京富士美术馆
明	五彩松下高士图面盆		大明万历年制	
明	青花龙纹壶		宣德年制	出光美术馆
明	法华花鸟纹罐			大阪市立东洋陶瓷美术馆
明	五彩龙凤纹盖罐			东京国立博物馆
明	五彩花鸟纹罐	口径10.3		根津美术馆
明	黄釉盘			京都国立博物馆
明	青花人物花鸟纹盒子		大明万历年制	京都国立博物馆
明	染付龙涛纹天球瓶	口径9.0，洞径35.0，底径16.0，高43.6	景德镇官窑制	畠山纪念馆
明	黄地青花折枝花卉纹盘		大明正德年制	大阪市立东洋陶瓷美术馆
明	黄地青花红彩牡丹唐草纹瓢形瓶		大明嘉靖年制	大阪市立东洋陶瓷美术馆
明	绿地红彩宝相华唐草纹瓢形瓶		大明嘉靖年制	大阪市立东洋陶瓷美术馆
明	黄地红彩龙纹壶		大明嘉靖年制	大阪市立东洋陶瓷美术馆
明	黄地红彩龙纹壶		大明嘉靖年制	大阪市立东洋陶瓷美术馆
明末清初	青花琴棋书画纹罐	口径18.3		根津美术馆

（续表）

清康熙	红地金彩百寿纹钵		朱彩铭大清康熙年制	东京艺术大学美术馆
清康熙	红地金彩百寿纹钵		朱彩铭大清康熙年制	东京艺术大学美术馆
清康熙	五彩花鸟纹八角花盆	口径45.5，高24.0	大清康熙年制	东京国立博物馆
清康熙	素三彩果纹皿	直径25.0，高4.5，底径16.6	大清康熙年制	东京国立博物馆
清康熙	五彩仙姑鹿车纹盘	直径39.2，高4.8，底径31.1	康熙铭	东京国立博物馆
清康熙	五彩仙女图盘		大清康熙年制	东京国立博物馆
清康熙	青花白梅图瓶			永青文库
清康熙	豇豆红印盒（一对）			永青文库
清康熙	五彩花鸟纹盘	径41.3	大清康熙年制景德镇窑	POLA美术馆
清雍正	粉彩梅树纹皿	直径17.3，高4.4，底径10.8	雍正铭（古月轩，景德镇窑）	东京国立博物馆
清雍正	粉彩牡丹纹大瓶	高51.1，口径12.0，底径16.2	雍正铭	东京国立博物馆
清雍正	青花黄彩花卉纹盘	直径33.3，高6.5，底径21.8	大清雍正年制	东京国立博物馆
清雍正	豆彩莲花纹钵	口径20.2，高14.0，底径11.0	雍正铭	东京国立博物馆
清雍正	珐琅彩梅树纹碗			东京国立博物馆
清雍正	斗彩龙凤纹盘	口径45.1	大清雍正年制	根津美术馆
清雍正	粉彩牡丹纹钵（二）	径14.2	大清雍正年制景德镇窑	POLA美术馆
清雍正	斗彩莲纹钵		大清雍正年制	东京国立博物馆
清雍正	斗彩莲花纹小钵（一对）			大阪市立美术馆
清乾隆	粉彩百鹿尊		大清乾隆年制	根津美术馆
清乾隆	青花花唐草纹共盖壶	总高49.7，口径14.4，底径18.0	大清乾隆年制	东京国立博物馆
清乾隆	釉里红云蝠纹大瓶	高50.6，口径9.8，底径15.2	大清乾隆年制	东京国立博物馆
清乾隆	青花虹彩云蝠纹共盖壶	总高47.4，口径15.1，底径15.1	大清乾隆年制	东京国立博物馆

（续表）

清乾隆	粉彩瓜蝠纹瓢形瓶	高33.6，口径2.0，底径7.3	大清乾隆年制	东京国立博物馆
清乾隆	茶叶末釉双耳瓶（景德镇窑）	高29.3，口径10.6，底径12.1	大清乾隆年制	东京国立博物馆
清乾隆	天蓝釉罍形瓶	高34.3，口径11.8，底径11.6	大清乾隆年制	东京国立博物馆
清乾隆	粉彩松梅南天纹瓶	高20.6	大清乾隆年制	POLA美术馆
清乾隆	五彩宝相华唐草纹瓶		青花铭乾隆年制	东京艺术大学美术馆
清乾隆	青花白梅冰裂纹瓶		青花铭大清乾隆年制	东京艺术大学美术馆
清嘉庆	黄釉印花牡丹纹碗			大阪市立美术馆
清光绪	青花白梅冰裂纹瓶		青花铭大清光绪年制	东京艺术大学美术馆
清光绪	五彩花纹钵		青花铭大清光绪年制	东京艺术大学美术馆
清	茶圳末五口瓶		刻铭大明宣德年制	东京艺术大学美术馆
清	五彩龙凤纹面盆			东京国立博物馆
清	青花釉里红花卉纹罐			大阪市立美术馆
清	粉彩梅树纹盘			东京国立博物馆
清	褐釉弦纹碗			东京国立博物馆
清	蓝地粉彩桃纹蒜头瓶			东京国立博物馆
清	五彩花唐草纹钵			东京国立博物馆
清	粉彩牡丹纹瓶			东京国立博物馆
清	豆彩束莲纹钵			东京国立博物馆
清	五彩仙姑图大皿			东京国立博物馆
清	五彩龙纹瓶			东京国立博物馆
清	红瓷白釉双龙纹钵			东京国立博物馆

（三）玉器、漆器及其他

年代	名称	尺寸（厘米）	款识等	收藏地
明永乐	剔红葵纹盘	高4.21，径24.8	大明永乐年制	根津美术馆
明永乐	剔红椿花纹盘	高3.6，径25.4	大明永乐年制	根津美术馆

（续表）

明	剔黑葵口盘	高2.8，径26.2		根津美术馆
明	剔黑方盘	高3.6，边长26.6		根津美术馆
明	剔红轮花盘	高3.2，径17.0		根津美术馆
明	剔红刻花圆盘	高3.3，径31.3		根津美术馆
明	剔黑轮花圆盒	高14.1，径28.4		根津美术馆
明	剔红牡丹纹盒	高7.8，径26.6		根津美术馆
明	剔红椿花纹盒	高7.9，径21.4		根津美术馆
明	剔黑山水楼阁纹盒	高6.8，径22.4		根津美术馆
明	黑漆牡丹纹方盒	高2.8，边长20.0×21.2		根津美术馆
明	剔红人物楼阁盘	高3.0，径18.5		根津美术馆
明	剔红花草纹盘	高2.8，径18.6		根津美术馆
明	剔红人物楼阁棱花口盘	高2.7，边长20.2×23.4		根津美术馆
明	剔红人物楼阁方盘	高2.7，边长19.7×19.9		根津美术馆
明	剔红树下人物方盘	高3.9，边长27.8		根津美术馆
明	剔红山水人物长方盘	高3.1，边长27.1×48.1		根津美术馆
明	剔红山水人物方盘	高2.3，边长19.4		根津美术馆
明	剔黄云龙纹盘	高3.9，径21.3		根津美术馆
明	雕漆狮纹盒	高12.0，径23.9		根津美术馆
明	螺钿人物纹盒	高10.9，径25.8		根津美术馆
明	彩漆双龙抢珠纹长方盘	高5.0，边长19.2×31.3		根津美术馆
明	戗金长方盒	高9.7，边长18.5×37.5		根津美术馆
明宣德	剔红花卉圆盘	高3.5，径32.5		根津美术馆
明宣德	剔红葡萄纹盏托	径20.8		东京国立博物馆
明万历	剔红云龙纹盘	高2.6，径21.2	大明万历己丑年制	根津美术馆
明万历	雕漆云龙纹箱	高9.7，边长20.3×32.3	大明万历壬辰年制	根津美术馆
明万历	剔红龙凤纹盘	高4.9，径45.4	大明万历年制	根津美术馆
明	剔红山茶圆盘	径25.3		根津美术馆
明	剔红牡丹圆盘	径32.5		根津美术馆
明	剔红秋葵圆盘			山形县博物馆蟹仙洞

（续表）

明	剔红人物香盒	高2.7，径6.8		根津美术馆
明	剔红吉祥纹箱	高33.1，宽35.7		东京国立博物馆
明	剔红楼阁人物插屏	长44.7，宽28.2		东京国立博物馆
明	剔黄龙纹圆盘	高3.8，径22.5		山形县博物馆蟹仙洞
明	剔黄秋葵印盒	径6.5		山形县博物馆蟹仙洞
明	剔彩婴戏图圆盒	高3.6，径8.5		东京国立博物馆
明	剔彩龙纹长方盒	高9.9		东京国立博物馆
明	金理钩描漆花鸟圆盘	径40.3		东京国立博物馆
明	描金花鸟圆盘	径36.0		大和文华馆
明	戗金花鸟箱	高24.2		东京国立博物馆
明	戗金描漆楼阁人物柜	高36.3		山形县博物馆蟹仙洞
明	螺钿龙纹圆盘	径22.8		东京国立博物馆
明	螺钿采莲图葵瓣口盘			山形县博物馆蟹仙洞
明	螺钿描金栀子花菱花式盘	径30.6		东京国立博物馆
明	螺钿柳塘芦雁圆盒	高7.7，径42.3		东京国立博物馆
明	螺钿金理钩描彩绘圆盒	高11.0，径25.6		东京国立博物馆
明	螺钿楼阁人物菱花式盒	高29.4，径40.5		出光美术馆
清	“十全老人之宝”碧玉龙玺			藤井斋成会有邻馆
清	“乾隆御笔之宝”镏金龙玺			藤井斋成会有邻馆
清	听冰阁中国古拓本			三井纪念美术馆
清	翡翠大香炉			藤井斋成会有邻馆
清	和田羊脂玉大香炉			藤井斋成会有邻馆
清	龙袍（男）	143.0×233.0	五爪龙	杉野学园衣裳博物馆
清	龙袍（男）	141.0×231.0	五爪龙	杉野学园衣裳博物馆
清	褂（女）	106.0×136.0	五爪龙	杉野学园衣裳博物馆
清	乾隆帝龙袍（朝服）			藤井斋成会有邻馆
清	翡翠墨床			藤井斋成会有邻馆
清	黄玛瑙笔洗			藤井斋成会有邻馆

五、其他国家博物馆收藏的清宫散佚文物

除了英、法、美、日四国之外，其他一些西方国家特别是参加过八国联军的国家也有不少清宫散佚文物，比如德国就收藏了大量清代宫廷绘画和瓷器。柏林国立东亚艺术博物馆藏《署参领额尔克巴图鲁巴岱像》《原领队大臣察哈尔总管坤都尔巴图鲁巴宁阿像》《三等侍卫克得尔巴图鲁哈木图库像》《参赞大臣嚓尔嚓扎萨克多罗郡王车木楚克扎布像》，海德堡大众艺术博物馆藏《原蓝翎侍卫莫宁察像》《直隶正定镇总兵嵩安像》，科隆东亚艺术博物馆藏《定边右副将军一等襄勇伯成都将军明亮像》《头等侍卫墨尔根巴图鲁克塔纳像》《三等侍卫克得尔巴图鲁哈木图库像》等。这么多“紫光阁功臣像”出现在德国，与1900年八国联军中的德军曾驻扎在中南海紫光阁一带及德人尚武之风有直接关系。

同样参加“八国联军”的意大利，在佛罗伦萨哈佛大学意大利文艺复兴研究中心、帕尔玛中国美术馆、罗马国立东方美术馆、都灵王

柏林国立东亚艺术博物馆/供图　TPG

清雍正粉彩盘　加拿大皇家安大略博物馆藏

宫等地都收藏有中国文物，其中著名者如传周文矩《唐宫春晓图》、传李公麟《龙眠山庄图》等，其中一部分疑似出自清宫收藏。

加拿大许多博物馆也收藏有中国文物，其中以皇家安大略博物馆（ROM）的收藏数量最多。据报道该馆共收藏有3.5万件中国文物，号称是“中国本土外收藏中国文物最多的博物馆”。藏品的年代跨越5000年以上，自公元前4500年至公元19世纪的文物皆有。馆内专门设有怀履光主教中国寺庙艺术馆、中国石雕馆以及徐展堂中国艺术馆三个中国文物主题展馆，面积几乎占据了全馆展厅的三分之二。展出的文物包括彩陶、甲骨、玉器、瓷器、书画、造像、壁画等多个门

皇家安大略博物馆/供图　TPG

类，其中的清三代官窑瓷器特别是雍正珐琅彩瓷均出自清宫，而书画藏品中也有一部分疑为清宫旧藏。

此外，据陈文平教授的记录，在加拿大埃德蒙顿阿尔伯塔大学博物馆中还藏有一卷《康熙南巡图》，即卷七无锡至苏州部分，是该馆麦克塔哥特艺术收藏的一部分。

由瑞典著名考古学家、地质学家约翰·安特生（1874—1960）创办于1929年的瑞典远东文物博物馆，以收藏中国、印度、日本和韩国等亚洲国家的文物见长。其早期藏品主要是安特生从中国带回的大量新石器时代的彩陶器皿，后来不断拓展，特别是经过著名汉学家高本汉（Bernhard Karlgren，1889—1978）和中国艺术史专家喜仁龙（Osvald Sirén，1879—1966）的精心收集（喜仁龙收藏原藏于瑞典国家艺术博物馆东方部，1959年由瑞典政府决定合并至瑞典远东文物博物馆统一收藏），逐渐拥有了包括青铜器、陶器、瓷器、玉器、骨器、石器等多种类型的中国文物，其瓷器收藏包括了康、雍、乾三代的五彩、粉彩官窑瓷器，甚至还有专供宫廷的“古月轩”瓷器，皆属

瑞典远东文物博物馆/供图　TPG

清雍正 黄釉碗 瑞典斯德哥尔摩远东古物博物馆藏

清宫散佚文物范围；在书画收藏方面，70余幅唐代至清代的中国古代绘画作品，也不乏清宫散佚之物，包括顺治帝御笔绘制的《芦叶达摩图》。

荷兰作为欧洲老牌资本主义国家，从17世纪初就开始介入东方贸易，借机也收藏了大量中国文物，在其港口城市阿姆斯特丹的国立博物馆中藏有大量中国瓷器，其中有一部分是海上丝绸之路贸易的成果，如外销瓷等，也有一部分是通过掠夺取得的文物，包括清宫文物。如其所藏的康熙黄釉青花瓶、青花觚、雍正龙纹盘、花卉盘等都疑似是清宫旧物。

此外，在课题研究和本书写作

明宣德 青花壶 荷兰阿姆斯特丹国立博物馆藏

清雍正　瓷塑猫　荷兰阿姆斯特丹国立博物馆藏

明万历　青花加彩瓶　荷兰阿姆斯特丹国立博物馆藏

过程中，笔者还查到瑞士、捷克、比利时、新西兰、印度甚至古巴等国均有清宫文物（含疑似）收藏。其他国家亦还有不少线索有待追踪核查，如庚子之变后，俄国财政大臣从其在北京的财务官处得到情报并确认，“北京占领功臣（最高司令官），将掠夺的大量高价财宝装入行李箱，竟然带回了10箱。另外很多部下也效仿，带回了很多从民间和宫殿劫掠的财物”。

其他国家收藏清宫散佚文物(含部分疑似)数据简目

德 国

年代作者	名称	形式	尺寸(厘米)	收藏地
唐・边鸾	百鸟朝阳图	卷，绢本设色	高52.7	科隆东亚美术馆
唐・卫宪	菊蝶图	册页，绢本设色	24.2×25.5	柏林东亚美术馆
唐・韩滉	羊图	册页，绢本设色	31.3×20.8	柏林东亚美术馆
唐・戴嵩	归牧图	册页，绢本设色	23.7×25.2	柏林东亚美术馆
唐・李方叔	山水图	册页，绢本设色	24.7×25.6	柏林东亚美术馆
北宋・赵令穰	山水图	卷，绢本设色	高31.8	科隆东亚美术馆
北宋・赵令穰	江山无尽图	卷，绢本设色	高35.6	科隆东亚美术馆
北宋・赵佶	花鸟图	册页，绢本设色	25.2×26.5	柏林东亚美术馆
北宋・王穀	柳下渔舟图	册页，绢本水墨淡彩	23.1×21.9	柏林东亚美术馆
北宋・韩若拙	双雀图	册页，纸本设色	25.2×25.1	柏林东亚美术馆
北宋・仲仁	山水图	册页，绢本水墨	23.8×24.9	柏林东亚美术馆
北宋・李公麟	楚辞图	册，绢本设色	34.2×54.5	柏林东亚美术馆
北宋・李公麟	杨太真乘马图	绢本设色	39.1×73.8	柏林东亚美术馆
南宋・马远	松下群鹿图	轴，绢本水墨	152.6×99.8	科隆东亚美术馆
南宋・陆信忠	十王图(七、泰山大王)	绢本设色	84.8×50.4	柏林东亚美术馆
南宋・林椿	草虫图	卷，绢本设色	高34.8	柏林东亚美术馆
南宋・夏圭	山水图	册页，绢本水墨淡彩	24.7×26.7	柏林东亚美术馆
南宋・李唐	山水图	绢本水墨淡彩	34.8×30.2	慕尼黑国立民族学博物馆
南宋・无款	竹雀图	团扇，绢本设色	23.4×24.5	慕尼黑国立民族学博物馆
南宋・无款	观瀑图	册页，绢本水墨淡彩	23.6×24.2	柏林东亚美术馆
南宋・无款	林和靖图	团扇，绢本水墨淡彩	22.30×21.0	柏林东亚美术馆
宋・无款	竹雀图	团扇，绢本设色		柏林民俗博物馆
元・王井	芦鹭图	轴，绢本水墨	110.5×28.1	慕尼黑国立民族学博物馆
元・赵孟頫	牧马图	绢本设色	28.3×42.4	慕尼黑国立民族学博物馆
元・管道昇	山水图	轴，绢本水墨	65.6×34.0	慕尼黑国立民族学博物馆
元・管道昇	墨竹图	册，绢本水墨	22.6×21.9	科隆东亚美术馆
元・倪瓒	山水图	轴，纸本水墨	96.0×50.1	普利托利斯
元・李士行	山水图	轴，绢本水墨	134.9×53.3	普利托利斯
元・唐棣	山水图	轴，绢本水墨淡彩	44.3×73.5	柏林东亚美术馆
元・王渊	花竹文禽图	轴，纸本水墨	130.2×55.3	柏林东亚美术馆

（续表）

元·张远	山水图	册页，绢本水墨淡彩	23.2×22.7	柏林东亚美术馆
元·边武	枯木寒鸦图	册页，绢本水墨淡彩	24.7×25.6	柏林东亚美术馆
元·张芳寂	宫女图	绢本设色	31.0×70.5	柏林东亚美术馆
元·吴镇	墨竹图	卷，绢本水墨	高31.2	科隆东亚美术馆
元·无款	寒山图	轴，纸本水墨	57.2×29.7	柏林东亚美术馆
元·无款	花笼图	绢本设色	15.7×32.9	柏林东亚美术馆
元·无款	莲花图	轴，绢本设色	147.0×90.2	科隆东亚美术馆
元·无款	蓝采和像	轴，绢本设色	77.0×36.0	科隆东亚美术馆
明·张翀	聩聩图	轴，绢本水墨	110.4×51.5	慕尼黑国立民族学博物馆
明·鸿朗	达摩图	轴，纸本水墨	107.6×36.2	慕尼黑国立民族学博物馆
明·周臣	山水图	轴，绢本水墨淡彩	137.0×57.4	慕尼黑国立民族学博物馆
明·戴进	灵谷春云图	卷，绢本设色	31.6×124.2	柏林民俗博物馆
明·戴进	山水图	轴，绢本水墨淡彩	123.4×68.8	慕尼黑国立民族学博物馆
明·戴进	携琴访友图	卷，纸本水墨	25.5×137.2	柏林民俗博物馆
明·吴伟	仙人图	轴，纸本设色	92.2×42.8	普利托斯
明·史忠	山水图	轴，绢本水墨	98.9×52.5	科隆民俗博物馆
明·文徵明	山水图	扇面，金笺设色	16.8×51.2	科隆东亚美术馆
明·文徵明	濯足图	扇面，金笺水墨	18.7×55.4	科隆东亚美术馆
明·盛茂烨	虎溪三笑图	扇面，金笺水墨淡彩	13.6×45.4	科隆东亚美术馆
明·王穀祥	水仙图	卷，纸本水墨	29.1×147.8	科隆东亚美术馆
明·唐寅	山水图	轴，绢本水墨淡彩	171.0×106.9	科隆东亚美术馆
明·唐寅	携琴访友图	卷，绢本水墨淡彩	高28.3	科隆东亚美术馆
明·侯懋功	山水图	轴，绢本水墨淡彩	163.1×94.4	科隆东亚美术馆
明·侯懋功	鸦归图	轴，纸本水墨淡彩	69.0×30.3	柏林东亚美术馆
明·吕纪	花鸟图	轴，绢本设色	159.7×101.0	科隆东亚美术馆
明·张宏	寒山冻霭图	卷，纸本水墨淡彩	高32.4	科隆东亚美术馆
明·张宏	芷园图（二十页）	册，纸本水墨淡彩	（各）32.0×34.5	柏林东亚美术馆（美国高居翰分藏）
明·陈琼	山水图	扇面，金笺水墨淡彩	18.5×56.1	科隆东亚美术馆
明·张路	听琴图	轴，绢本水墨	31.4×61.0	柏林东亚美术馆
明·李士达	归庐图	扇面，金笺设色	18.1×55.8	科隆东亚美术馆
明·沈周	山水图	扇面，金笺水墨	16.8×52.0	科隆东亚美术馆
明·沈周	风雨过溪图	卷，纸本水墨淡彩	45.1×1474.0	柏林东亚美术馆
明·刘原起	山水图	扇面，金笺水墨淡彩	16.6×51.1	科隆东亚美术馆
明·沈士充	山水图	扇面，纸本水墨淡彩	18.9×57.3	科隆东亚美术馆
明·宋旭	山水图	扇面，金笺水墨淡彩	17.6×51.4	科隆东亚美术馆
明·高阳	山水图	扇面，金笺水墨淡彩	15.9×48.6	科隆东亚美术馆

（续表）

明·朱明	兰亭曲水图	扇面，金笺设色	17.8×57.5	科隆东亚美术馆
明·李麟	山水图	扇面，金笺水墨淡彩	17.1×53.2	科隆东亚美术馆
明·文嘉	山水图	扇面，金笺水墨	17.2×50.3	科隆东亚美术馆
明·董其昌	仿董北苑设色山水图	卷，绢本水墨淡彩	高26.3	科隆东亚美术馆
明·董其昌	秋山高逸图	扇面，金笺水墨	16.9×51.2	科隆东亚美术馆
明·董其昌	山水图	卷，绢本水墨	高24.8	柏林东亚美术馆
明·唐可	仿北苑山水图	扇面，金笺水墨淡彩	18.5×55.0	科隆东亚美术馆
明·盛茂烨	山水图	扇面，金笺水墨淡彩	19.4×54.0	科隆东亚美术馆
明·盛茂烨	设色山水图	轴，绢本水墨淡彩	158.3×99.4	柏林东亚美术馆
明·钱穀	山水图	扇面，金笺水墨淡彩	16.3×48.0	科隆东亚美术馆
明·陆骥	山水图	扇面，金笺水墨	16.8×52.2	科隆东亚美术馆
明·程嘉燧	山水图	扇面，金笺水墨淡彩	17.3×51.7	科隆东亚美术馆
明·郑守贤	山水图	扇面，金笺水墨	16.6×52.7	科隆东亚美术馆
明·项德新	双松图	扇面，金笺水墨	15.7×47.5	科隆东亚美术馆
明·林雪	山水图	扇面，金笺水墨	19.0×56.0	科隆东亚美术馆
明·李流芳	山水图	扇面，金笺水墨淡彩	16.8×51.1	科隆东亚美术馆
明·吴士冠	山水图	扇面，金笺设色	15.9×47.5	科隆东亚美术馆
明·蓝瑛	山水图	扇面，金笺水墨淡彩	18.0×52.2	科隆东亚美术馆
明·蓝瑛	秋溪渔艇图	轴，绫本设色	145.0×53.4	柏林东亚美术馆
明·徐渭	鸡冠花图	轴，纸本水墨	123.9×29.9	柏林东亚美术馆
明·王绂	山水图	卷，绢本水墨淡彩	高28.4	柏林东亚美术馆
明·夏昶	湘江春雨图	卷，纸本水墨	高44.5	柏林东亚美术馆
明·蒋嵩	四季山水图	卷，纸本水墨淡彩	22.9×113.9，125.8、125.4，118.5	柏林东亚美术馆
明·谢时臣	江山无尽图	卷，绢本水墨淡彩	高33.2	柏林东亚美术馆
明·仇英	绿墅清活图	卷，绢本设色	高29.7	柏林东亚美术馆
明·文实	琼林玉树图	轴，绢本水墨	149.0×77.4	柏林东亚美术馆
明·彭平	香梦红情图	轴，纸本设色	217.0×63.0	柏林民俗博物馆
明·无款	卖货郎图	轴，绢本设色	179.8×117.6	柏林东亚美术馆
明·无款	山水图	扇面，金笺水墨淡彩	15.8×50.3	科隆东亚美术馆
明·无款	渔夫图	轴，绢本水墨淡彩	274.2×139.0	科隆东亚美术馆
明·无款	观碑图	轴，绢本设色	129.6×52.1	科隆东亚美术馆
明·无款	山水图	轴，绢本水墨淡彩	175.1×104.8	科隆东亚美术馆
明·无款	山水图	轴，绢本设色	133.0×47.6	科隆东亚美术馆
明·无款	松鹰图	轴，绢本水墨淡彩	50.7×41.0	慕尼黑国立民族学博物馆
明·无款	独钓图	轴，绢本水墨淡彩	52.8×37.5	慕尼黑国立民族学博物馆

（续表）

明·无款	山水图	卷，绢本水墨淡彩	28.2×156.5	慕尼黑国立民族学博物馆
清·蒋廷锡	花鸟图	轴，绢本设色	119.9×44.2	慕尼黑国立民族学博物馆
清·清世祖（顺治）	九天垂露图	轴，纸本水墨	107.8×60.5	科隆东亚美术馆
清·王翚	仿沈石田山水图	轴，纸本水墨淡彩	110.8×48.4	科隆东亚美术馆
清·王翚	山水图	册页（二页），纸本泥金	22.1×15.1	科隆东亚美术馆

意大利

年代作者	名称	形式	尺寸（厘米）	收藏地
唐·尉迟乙僧	演乐图	卷，绢本设色	30.1×174.1	佛罗伦萨哈佛大学意大利文艺复兴研究中心
五代·周文矩	唐宫春晓图	卷，绢本水墨淡彩	高28.0	佛罗伦萨哈佛大学意大利文艺复兴研究中心
五代·黄筌	肃雍和鸣图	绢本设色	47.7×24.2	帕尔玛中国美术馆
北宋·李公麟	龙眠山庄图	卷，绢本设色	高27.8	佛罗伦萨哈佛大学意大利文艺复兴研究中心
南宋·无款	莲池水禽图	轴，绢本设色	146.0×73.0	佛罗伦萨哈佛大学意大利文艺复兴研究中心
元·无款	布袋图拓本	轴，纸本水墨	64.5×31.0	帕尔玛中国美术馆
元·无款	观音图拓本	轴，纸本设色	61.3×30.7	帕尔玛中国美术馆
明·蔡润石	花鸟图	轴，绢本设色	53.1×43.5	罗马国立东方美术馆
明·吴彬	树下人物图	轴，绢本设色	128.6×58.8	罗马国立东方美术馆
明·唐寅	罗汉图	卷，绢本水墨	高25.3	普格利亚蒂
明·张翮	松竹图	轴，纸本水墨	81.7×148.5	帕尔玛中国美术馆
明·无款	罗汉图	轴，绢本水墨	128.0×61.4	帕尔玛中国美术馆
清·樊云	菊石戏雀图	绢本水墨淡彩	49.6×40.1	罗马国立东方美术馆

加拿大

年代作者	名称	形式	尺寸（厘米）	收藏地
五代·贯休	朱拓罗汉图	轴，纸本朱拓	115.2×42.4	皇家安大略博物馆
北宋·梁师闵	芦汀密雪图	卷，绢本设色	高52.5	皇家安大略博物馆
北宋·郭熙	江山雪霁图	卷，绢本水墨淡彩	高54.6	多伦多艺术博物馆
南宋·刘松年	十八学士图	卷，绢本设色	高30.1	多伦多艺术博物馆
元·日观	葡萄图	轴，纸本水墨		多伦多艺术博物馆
明宣德	青花花果纹盖罐		高34.2	皇家安大略博物馆
明嘉靖	青花莲塘纹大罐		高36.2	皇家安大略博物馆
明崇祯	青花花卉纹军持		高22.5	皇家安大略博物馆

（续表）

明	广窑月白釉葵瓣式碗		高6.3；径13.9	皇家安大略博物馆
清康熙	青花花鸟纹瓶		高43.2	皇家安大略博物馆
清雍正	珐琅彩菊花盘		径26.6	皇家安大略博物馆
清乾隆	青花番莲托八宝纹盉式壶		高20.9	皇家安大略博物馆
明·周用	寒山萧寺图	卷，纸本水墨	28.6×155.9	多伦多艺术博物馆
明·魏之克	山水图	卷，纸本设色		多伦多艺术博物馆
明·王翘	花卉图	卷，纸本设色		多伦多艺术博物馆
明·吴彬	华岩海会图	轴，纸本设色	24.7×50.4	皇家安大略博物馆
明·吴伟	山水人物图	轴，绢本水墨淡彩	156.2×97.4	皇家安大略博物馆
明·唐寅	山水图	轴，绫本设色	135.9×54.4	皇家安大略博物馆
明·张路	山水图	轴，绢本水墨	169.5×98.5	皇家安大略博物馆
明·张路	拾得图	轴，绢本水墨淡彩	174.2×90.0	皇家安大略博物馆
明·赵备	竹石图	轴，绢本水墨	249.0×100.3	皇家安大略博物馆
明·无款	山水图	团扇轴装，绢本水墨	24.5×25.0	皇家安大略博物馆
清·王翚等	康熙南巡图卷七——无锡至苏州	宫廷画　手卷，绢本水墨设色	6780.0×2190.0	埃德蒙顿阿尔伯塔大学博物馆麦克塔哥特艺术收藏
清·钱杜	黄冈竹楼图	轴，纸本淡彩	23.5×26.7	皇家安大略博物馆
清·石舟	采芝图	轴，绢本水墨淡彩	95.0×50.4	皇家安大略博物馆

瑞　士

年代作者	名称	形式	尺寸（厘米）	收藏地
元·赵麟	仿阎立本赚兰亭图	卷，纸本水墨淡彩	21.1×92.2	苏黎世里特堡博物馆
明·文徵明	山水图	轴，纸本水墨淡彩	113.8×29.3	苏黎世里特堡博物馆
明·文徵明	渔夫图	轴，纸本水墨	60.1×24.2	苏黎世里特堡博物馆
明·文徵明	枯树图	扇面，金笺水墨	18.6×51.9	荷里格-海斯勒
明·文徵明	山水图	扇面，金笺水墨	18.8×53.4	苏黎世里特堡博物馆
明·徐渭	莲花图	轴，纸本水墨	94.3×56.8	苏黎世里特堡博物馆
明·李流芳	山水图	扇面，金笺水墨	14.9×46.0	苏黎世里特堡博物馆
明·李流芳	山水图	扇面，金笺水墨	17.1×49.5	苏黎世里特堡博物馆
明·李流芳	观瀑图	扇面，金笺水墨	16.6×51.4	苏黎世里特堡博物馆
明·刘度	仿米山水图	扇面，金笺水墨	16.0×49.5	苏黎世里特堡博物馆
明·陈瑛	山水图	扇面，金笺水墨	15.5×49.5	苏黎世里特堡博物馆
明·宋旭	山水图	扇面，金笺淡彩	17.8×53.7	苏黎世里特堡博物馆
明·周之冕	花鸟图	扇面，金笺设色	16.0×50.4	苏黎世里特堡博物馆
明·周之冕	花鸟图	扇面，金笺设色	18.3×52.0	苏黎世里特堡博物馆

（续表）

明·陆治	大吴歌图	卷，纸本水墨淡彩	30.8×127.5	苏黎世里特堡博物馆
明·陆治	山水图	扇面，金笺设色	17.9×52.5	苏黎世里特堡博物馆
明·陆治	山水图	轴，纸本水墨淡彩	49.5×30.3	苏黎世里特堡博物馆
明·陆治	杏花飞燕图	扇面，金笺设色	18.4×53.0	苏黎世里特堡博物馆
明·张杰	梧桐夜月图	扇面，金笺水墨	17.0×49.9	苏黎世里特堡博物馆
明·程嘉燧	山水图	扇面，纸本水墨	15.9×50.5	苏黎世里特堡博物馆
明·朱士瑛	松壑风泉图	扇面，金笺设色	16.2×49.0	苏黎世里特堡博物馆
明·沈士鲠	山水人物图	扇面，金笺设色	16.4×51.2	苏黎世里特堡博物馆
明·文震亨	盘谷图	扇面，金笺设色	16.4×51.0	苏黎世里特堡博物馆
明·赵左	山水图	扇面，金笺设色	15.5×47.4	苏黎世里特堡博物馆
明·丁云鹏	芦叶达摩图	轴，纸本水墨淡彩	97.9×34.6	苏黎世里特堡博物馆
明·丁云鹏	山水图	扇面，金笺设色	15.3×48.7	荷里格–海斯勒
明·沈周	仿王蒙山水图	轴，纸本水墨淡彩	127.5×28.0	苏黎世里特堡博物馆
明·董其昌	上陵还写所见山水图	轴，纸本水墨	123.2×46.5	苏黎世里特堡博物馆
明·董其昌	山水图	轴，纸本水墨	107.1×43.1	苏黎世里特堡博物馆
明·陈焕	浅绛山水图	轴，纸本水墨淡彩	134.8×39.2	苏黎世里特堡博物馆
明·英是龙	山水图	轴，纸本水墨淡彩	72.2×32.2	苏黎世里特堡博物馆
明·卞文瑜	山水图	轴，纸本水墨	68.1×32.4	苏黎世里特堡博物馆
明·陈洪绶	松下仙人图	轴，绢本设色	115.6×50.4	苏黎世里特堡博物馆
明·陈洪绶	生鲁居士四乐图	卷，绢本设色	30.8×289.5	苏黎世里特堡博物馆
明·张宏	灵岩霁雪图	轴，纸本水墨淡彩	128.9×44.7	苏黎世里特堡博物馆
明·张宏	双雏图	扇面，金笺淡彩	16.3×51.0	苏黎世里特堡博物馆
明·陈裸	秋山行旅图	轴，纸本水墨淡彩	92.1×45.7	苏黎世里特堡博物馆
明·陈裸	山水人物图	扇面，金笺设色	14.5×46.6	苏黎世里特堡博物馆
明·张瑞图	山水图	轴，绫本水墨	155.2×50.5	苏黎世里特堡博物馆
明·恽向	山水图	纸本水墨	135.6×51.0	苏黎世里特堡博物馆
明·恽向	山水图	扇面，金笺水墨	15.8×48.8	苏黎世里特堡博物馆
明·蓝瑛	山水图	卷，纸本水墨淡彩	31.0×231.0	苏黎世里特堡博物馆
明·谢时臣	淇澳仙踪图	卷，绢本水墨淡彩	高41.2	苏黎世里特堡博物馆
明·沈颢	山水图	册，纸本水墨淡彩	24.7×24.1	苏黎世里特堡博物馆
明·顾善有	仿古山水图	册，纸本水墨淡彩	25.6×17.9	苏黎世里特堡博物馆
明·唐寅	山静日长图	扇面，金笺设色	16.3×50.2	苏黎世里特堡博物馆
明·项元汴	花卉图	扇面，金笺水墨	18.1×52.0	苏黎世里特堡博物馆
明·孙克弘	牡丹图	扇面，金笺水墨	14.5×45.3	苏黎世里特堡博物馆
明·米万钟	山水人物图	扇面，金笺水墨	16.9×50.5	苏黎世里特堡博物馆
明·居节	高士濯足图	扇面，金笺水墨淡彩	17.5×52.1	苏黎世里特堡博物馆
明·张宏	山水图	扇面，金笺淡彩	15.7×51.5	荷里格–海斯勒
明·钱贡	山水图	扇面，金笺设色	15.6×46.1	荷里格–海斯勒
明·文嘉	山水图	扇面，金笺水墨	17.9×51.2	荷里格–海斯勒

瑞　典

年代作者	名称	形式	尺寸（厘米）	收藏地
唐・杨昇	王子乔遇仙图	轴，绢本设色	211.1×99.7	斯德哥尔摩远东古物博物馆
唐・杨朏	皇会图	卷，绢本设色	高28.6	斯德哥尔摩远东古物博物馆
唐・李昭道	桃源图	卷，绢本设色	高27.7	斯德哥尔摩远东古物博物馆
五代・李昇	云岭烟树图	轴，绢本设色	145.8×50.3	斯德哥尔摩远东古物博物馆
五代・李赞华	女真猎骑图	卷，纸本水墨	高25.3	斯德哥尔摩远东古物博物馆
北宋・李公麟	罗汉图	轴，纸本水墨	89.0×31.1	斯德哥尔摩远东古物博物馆
北宋・李公麟	诸夷职贡图	卷，绢本水墨	高28.5	斯德哥尔摩远东古物博物馆
北宋・燕盛	銮舆渡水图	团扇，绢本水墨淡彩	28.4×31.2	斯德哥尔摩远东古物博物馆
南宋・楼观	山水图	轴，绢本水墨淡彩	122.6×41.3	斯德哥尔摩远东古物博物馆
南宋・赵伯驹	山腰楼观图	册页，绢本设色		斯德哥尔摩远东古物博物馆
南宋・林椿	蝴蝶图	卷，绢本设色	高25.4	斯德哥尔摩远东古物博物馆
南宋・马远	弹莺图	册页，绢本水墨淡彩	52.4×42.6	斯德哥尔摩远东古物博物馆
南宋・马远	山水图	团扇，绢本水墨	21.7×23.8	斯德哥尔摩远东古物博物馆
南宋・吴炳	竹虫图	团扇，绢本设色	23.5×24.6	艾瑞森
元・日观	葡萄图	轴，纸本水墨	145.5×76.7	斯德哥尔摩远东古物博物馆
元・胡直夫	山水图	轴，绢本设色	117.5×49.5	斯德哥尔摩远东古物博物馆
元・管道昇	竹石图	册页，纸本水墨	33.5×27.3	斯德哥尔摩远东古物博物馆
元・徐賁	草堂图	轴，纸本淡彩		斯德哥尔摩远东古物博物馆
元・赵雍	树石图	团扇，绢本水墨	19.7×21.1	斯德哥尔摩远东古物博物馆
元・倪瓒	江岸枯树图	轴，纸本水墨	95.0×44.5	斯德哥尔摩远东古物博物馆
元・王蒙	修竹远山图	轴，纸本水墨	117.6×27.9	艾瑞森
元・钱选	苏武牧羊图	绢本设色	27.6×84.6	艾瑞森
元・盛懋	山水图	团扇，绢本水墨淡彩	23.3×20.3	艾瑞森
元・无款	阿罗斯图	绢本设色	26.0×31.4	艾瑞森
元・无款	道士图	轴，纸本水墨淡彩	107.2×92.6	斯德哥尔摩远东古物博物馆
元・无款	山水图	册页，绢本水墨淡彩	20.7×20.0	斯德哥尔摩远东古物博物馆
明・文徵明	古木寒鸦图	轴，纸本水墨	105.5×29.5	艾瑞森
明・文徵明	曲涧携琴图	轴，纸本水墨	59.2×26.9	斯德哥尔摩远东古物博物馆
明・文徵明	竹石图	轴，纸本水墨	105.8×32.7	斯德哥尔摩远东古物博物馆
明・文徵明	停琴观瀑图	轴，绢本设色	155.7×65.9	斯德哥尔摩远东古物博物馆
明・文徵明	停琴观瀑图	轴，绢本设色	145.1×60.5	斯德哥尔摩远东古物博物馆
明・文徵明	赤壁胜游图	卷，纸本水墨淡彩	31.0×123.4	斯德哥尔摩远东古物博物馆
明・徐渭	山水图	轴，纸本水墨	97.5×37.6	斯德哥尔摩远东古物博物馆
明・徐渭	墨芭蕉图	轴，纸本水墨	166.4×91.0	斯德哥尔摩远东古物博物馆
明・张路	高士图	轴，绢本水墨		斯德哥尔摩远东古物博物馆

（续表）

明・尤求	道士图	轴，纸本水墨	62.9×32.3	斯德哥尔摩远东古物博物馆
明・尤求	文会图	轴，纸本水墨	135.6×60.0	斯德哥尔摩远东古物博物馆
明・张宏	山水图	轴，纸本水墨淡彩	92.1×31.0	斯德哥尔摩远东古物博物馆
明・张瑞图	高山流水图	轴，绢本水墨	143.2×44.4	艾瑞森
明・马守真	莲花图	轴，纸本水墨	127.3×34.8	斯德哥尔摩远东古物博物馆
明・陈元素	墨兰图	轴，金笺水墨	137.2×63.3	斯德哥尔摩远东古物博物馆
明・谢彬	渔乐图	轴		斯德哥尔摩远东古物博物馆
明・邵弥	山水图	轴，纸本水墨淡彩	110.0×33.6	斯德哥尔摩远东古物博物馆
明・吕纪	花鸟图	轴，绢本设色	132.2×67.2	斯德哥尔摩远东古物博物馆
明・陈洪绶	老田图	轴，绢本设色	131.4×51.5	斯德哥尔摩远东古物博物馆
明・蓝瑛	南山图	轴，金笺水墨	121.5×49.3	斯德哥尔摩远东古物博物馆
明・李流芳	山水图	轴，绫本水墨	130.3×42.0	斯德哥尔摩远东古物博物馆
明・崔子忠	饮茶图	绢本设色	26.2×26.5	艾瑞森
明・居节	山水图	轴，纸本水墨淡彩	125.1×32.8	斯德哥尔摩远东古物博物馆
明・王毅祥	月梅图	纸本水墨	110.0×55.5	斯德哥尔摩远东古物博物馆
明・戴进	山静日长图	轴，绢本水墨淡彩	154.6×102.2	斯德哥尔摩远东古物博物馆
明・宋旭	远浦归帆图	轴，绢本水墨淡彩	124.2×31.2	斯德哥尔摩远东古物博物馆
明・张翀	滑稽醉饮图	轴，纸本淡彩	75.6×53.2	斯德哥尔摩远东古物博物馆
明・赵左	山水图	轴，纸本水墨淡彩	212.0×94.0	斯德哥尔摩远东古物博物馆
明・赵备	竹石图	轴，纸本水墨		斯德哥尔摩远东古物博物馆
明・朱瑞	山水图	轴，绢本设色	167.5×106.8	斯德哥尔摩远东古物博物馆
明・刘大夏	雪竹图	轴，纸本水墨	185.3×48.1	斯德哥尔摩远东古物博物馆
明・沈周	山水图	轴，纸本水墨淡彩	129.5×36.4	斯德哥尔摩远东古物博物馆
明・归昌世	墨竹图	卷，纸本水墨	高29.8	斯德哥尔摩远东古物博物馆
明・史忠	山水图	卷，绢本水墨淡彩	25.2×120.6	斯德哥尔摩远东古物博物馆
明・周龙	人物图	卷，纸本水墨淡彩	高29.4	斯德哥尔摩远东古物博物馆
明・董其昌	仿郭忠恕山水图	卷，绢本水墨	高24.3	斯德哥尔摩远东古物博物馆
明・董其昌	山水图	册，纸本水墨	31.0×65.0	斯德哥尔摩远东古物博物馆
明・唐寅	品茶图	卷，纸本水墨淡彩	30.2×121.6	斯德哥尔摩远东古物博物馆
明・无款	高士图	轴，绢本水墨淡彩	105.6×44.1	斯德哥尔摩远东古物博物馆
明・无款	柱石呈祥图	轴，绢本设色	180.0×89.5	斯德哥尔摩远东古物博物馆
明・无款	猿猴图	轴，纸本水墨金泥	197.3×102.4	斯德哥尔摩远东古物博物馆
明・无款	山水图	团扇，绢本水墨淡彩	22.6×21.8	艾瑞森
明洪武	青花菊花纹大盘		口径46.0	斯德哥尔摩远东古物博物馆
明宣德	青花葫芦式双耳扁壶		高25.7	斯德哥尔摩远东古物博物馆
明宣德	釉里红三鱼纹碗		径21.0	斯德哥尔摩远东古物博物馆

（续表）

明成化	青花瓜瓞连绵碗		径15.3	斯德哥尔摩远东古物博物馆
明成化	斗彩花卉纹杯		径7.5	斯德哥尔摩远东古物博物馆
明正德官窑	青花阿拉伯文四方盒			斯德哥尔摩远东古物博物馆
清·王时敏	花卉图	轴，纸本水墨	105.5×45.7	斯德哥尔摩远东古物博物馆
清·王翚	山水图	轴，纸本水墨淡彩	92.0×55.6	艾瑞森
清·清世祖（顺治）	芦叶达摩图	轴，纸本水墨	80.5×38.0	斯德哥尔摩远东古物博物馆
清·焦秉贞	桐荫仕女图	轴，绢本设色		斯德哥尔摩远东古物博物馆
清·项圣谟	山水图	轴，纸本水墨淡彩	134.6×38.3	斯德哥尔摩远东古物博物馆
清·项圣谟	花下游鱼图	轴，纸本水墨	84.1×46.2	斯德哥尔摩远东古物博物馆
清·王原祁	山水图	轴，纸本水墨淡彩	94.8×45.5	斯德哥尔摩远东古物博物馆
清·王原祁	山水图	扇面，纸本设色	17.3×52.0	斯德哥尔摩远东古物博物馆
清康熙	素三彩福寿三多盘			斯德哥尔摩远东古物博物馆
清康熙	五彩桃树鹊纹皿	瓷器	直径14.4，高2.7	斯德哥尔摩远东古物博物馆
清康熙	五彩花鸟纹盘		口径14.4	斯德哥尔摩远东古物博物馆
清陈鸣远	宜兴笋形笔洗			斯德哥尔摩远东古物博物馆
清雍正	黄绿釉婴戏图碗		径15.2	斯德哥尔摩远东古物博物馆
清雍正	黄地绿彩唐儿图碗	瓷器	直径15.2，高6.7	斯德哥尔摩远东古物博物馆
清雍正	黄地粉彩牡丹纹碗	瓷器	直径6.4，高4.3	斯德哥尔摩远东古物博物馆
清雍正	粉彩山水图水注（古月轩）	瓷器	高12.1，宽18.0	斯德哥尔摩远东古物博物馆
清雍正	豆彩花鸟纹共盖钵	瓷器	直径20.7，高13.2	斯德哥尔摩远东古物博物馆
清雍正	粉彩桃果蝙蝠图皿	瓷器	直径20.8，高4.1	斯德哥尔摩远东古物博物馆
清乾隆	月白釉盘（仿钧窑）	瓷器	直径25.5，高8.0	斯德哥尔摩远东古物博物馆
清	玉佛			斯德哥尔摩远东艺术博物馆

捷　克

年代作者	名称	形式	尺寸（厘米）	收藏地
北宋·成宗道	仙人图	轴，绢本水墨	147.0×96.0	布拉格国立美术馆
北宋·王瓘	罗汉图	轴，绢本水墨	80.5×47.0	布拉格国立美术馆

（续表）

南宋·米友仁	夏景山水图	卷，绢本水墨	37.5×280.0	布拉格国立美术馆
南宋·刘松年	故事人物图	册，绢本设色	30.0×36.5	布拉格国立美术馆
元·赵孟頫	骏马图	卷，绢本设色	30.0×405.0	布拉格国立美术馆
元·赵孟頫	陶渊明故事图	卷，绢本水墨	38.3×1132.0	那布勒斯托科夫博物馆
元·王蒙	山水图	纸本设色	32.0×34.0	布拉格国立美术馆
明·仇英	竹居图	卷，绢本水墨淡彩	116.0×29.0	布拉格国立美术馆
明·仇英	宫女图	卷，绢本设色	26.0×462.0	布拉格国立美术馆
明·金湜	山茶墨竹图	轴，绢本水墨设色	146.0×62.5	布拉格国立美术馆
明·沈周	鹅鸟图	轴，纸本水墨淡彩	132.0×58.0	布拉格国立美术馆
明·沈周	水禽图	轴，纸本淡彩	45.0×39.5	布拉格国立美术馆
明·沈周	寒江独钓图	轴，纸本水墨	170.0×37.5	布拉格国立美术馆
明·崔子忠	童儿图	轴，绢本水墨淡彩	132.0×51.5	布拉格国立美术馆
明·张穆	八骏图	卷，纸本设色	21.5×112.0	布拉格国立美术馆
明·陆治	仿宋元山水图	册，绢本水墨设色	29.5×36.5	布拉格国立美术馆
明·唐寅	仿李唐山水图	轴，绢本水墨淡彩	51.0×32.0	布拉格国立美术馆
明·钱穀	江帆图	轴，绢本水墨设色	187.0×65.0	那布勒斯托科夫博物馆
明·无款	草虫图	轴，绢本水墨设色	100.0×49.5	布拉格国立美术馆
明·无款	关羽像	麻布水墨设色	45.0×32.0	布拉格国立美术馆
明·无款	洗象图	轴，绢本水墨设色	134.5×82.0	布拉格国立美术馆
明·无款	观音图	轴，纸本水墨金泥	102.0×31.0	布拉格国立美术馆
明·无款	葛稚川移居图	卷，绢本设色	30.0×164.0	布拉格国立美术馆
清·焦秉贞	苏东坡像	轴，纸本水墨	86.0×50.0	那布勒斯托科夫博物馆

挪　威

年代作者	名称	形式	尺寸（厘米）	收藏地
大概17世纪·被认为是Liu Lai的作品，活跃于元代	河边的花鸟	绢本水墨设色	185.0×109.5	装饰艺术博物馆
元·赵孟頫	山水	绢本水墨设色	30.0×74.0	装饰艺术博物馆
元·赵孟頫	山水	绢本水墨设色	30.5×74.5	装饰艺术博物馆
元·赵孟頫	山水	绢本水墨设色	30.0×74.0	装饰艺术博物馆
清·慈禧	花鸟	黑绢水墨设色	93.5×45.5	装饰艺术博物馆
佚名	云行雨施万国咸宁“乾隆御墨”	墨		

荷　兰

年代作者	名称	形式	尺寸（厘米）	收藏地
明嘉靖	青花碗		口径14.0	阿姆斯特丹国立博物馆
明嘉靖	青花碗			阿姆斯特丹国立博物馆

（续表）

明隆庆	万历青花盘			阿姆斯特丹国立博物馆
明隆庆	万历青花碗			阿姆斯特丹国立博物馆
明万历	青花加彩瓶			阿姆斯特丹国立博物馆
明万历	青花碗			阿姆斯特丹国立博物馆
明万历	斗彩碗			阿姆斯特丹国立博物馆
明万历	青花壶			阿姆斯特丹国立博物馆
明万历	青花杯			阿姆斯特丹国立博物馆
明万历	天启青花碗			阿姆斯特丹国立博物馆
明泰昌	天启青花碗			阿姆斯特丹国立博物馆
明崇祯	青花盘			阿姆斯特丹国立博物馆
清康熙	青花瓶			阿姆斯特丹国立博物馆
清康熙	青花瓶			阿姆斯特丹国立博物馆
清康熙	青花瓶			阿姆斯特丹国立博物馆
清康熙	青花瓶			阿姆斯特丹国立博物馆
清康熙	青花觚			阿姆斯特丹国立博物馆
清康熙	青花罐			阿姆斯特丹国立博物馆
清康熙	青花盖罐			阿姆斯特丹国立博物馆
清康熙	青花盖罐			阿姆斯特丹国立博物馆
清康熙	青花碗			阿姆斯特丹国立博物馆
清康熙	五彩碗			阿姆斯特丹国立博物馆
清康熙	花卉碗			阿姆斯特丹国立博物馆
清康熙	蓝釉盘			阿姆斯特丹国立博物馆
清康熙	花卉盘			阿姆斯特丹国立博物馆
清康熙	花卉盘			阿姆斯特丹国立博物馆
清康熙	五彩缸			阿姆斯特丹国立博物馆
清康熙	白瓷人物			阿姆斯特丹国立博物馆
清·高其佩	山水图	册页，纸本淡彩	33.0×27.0	阿姆斯特丹国立博物馆
清雍正	花卉盘			阿姆斯特丹国立博物馆
清雍正	龙纹盘			阿姆斯特丹国立博物馆
清乾隆	青花瓶			阿姆斯特丹国立博物馆
清乾隆	釉里红瓶			阿姆斯特丹国立博物馆
清乾隆	花卉瓶			阿姆斯特丹国立博物馆

第六章

熙来攘往待价沽

——国内外文物市场上的清宫散佚文物

前面各章所述清宫散佚文物，主要是集中于各国博物馆等收藏机构内。此外还有大量清宫散佚文物收藏于私人手中，由于许多收藏者长期秘而不宣，这部分文物的具体情况更加难以为研究者和公众知晓，只有偶尔公开交易或拍卖时才能窥见一斑。

古董店和拍卖行一直是清宫文物的重要流散地。近年来，随着中国改革开放后与国际交流日益密切，国际社会对中国文化了解与认同的不断深入，国际文物市场上中国文物的价格持续走高，许多流失海外的中国文物纷纷现身。

法籍华人李兰女士曾经在英国、法国、美国、比利时等国进行了专门的调查，走访了多个大型古董市场和多家国际知名拍卖行。在她的记录中，一些西方国家的古董交易地就像是世界级的“国宝批发市场”，既有豪华的外表，又有殷实的内涵，展示出的中国文物数量之多、历史跨度之大，甚至超过了北京和西安等地的古玩市场，可谓是“上下五千年”无所不有，其中一些属于两岸故宫和欧美博物馆里所罕见的珍稀文物。

在这浩大的中国文物交易市场中，不乏清宫散佚文物的存在。结合此前学者的研究统计和公开出版的拍卖图录、媒体报道等，我们对国内外文物市场上清宫散佚文物的有关情况进行了简单的梳理，虽然文物市场上的文物属于特殊商品，具有较强的流动性，并且多数未经过严谨的鉴定和完整的登记著录，但是，由于它们也是清宫散佚文物的可能组成部分，而且对于弥补博物馆所藏清宫散佚文物的欠缺具有重要价值，本书特将国内外拍卖清宫散佚文物的概况汇总、梳理成章，以求尽可能呈现清宫散佚文物的全貌[1]。

一、海外拍卖机构拍卖的清宫散佚文物

国外拍卖机构拍卖清宫散佚文物的活动早已有之，据记载早在19世纪，拿破仑三世和欧仁妮皇后就曾在法国的拍卖市场上购买过来自圆明园的中国文物。到20世纪，欧美国家的拍卖市场上更是经常有中国文物面世，其中不乏清宫散佚文物的身影。随着中国改革开放，世界对中国的关注度日益提升，中国文物的市场也逐渐升温。到20世纪80至90年代，许多清宫散佚文物集中出现在各地的拍卖市场中。

对此，密歇根大学退休教授、美籍艺术史学者武佩圣（Marshall P.S. Wu）曾在其《近年所见海外清宫佚出书画散记》一文中，集中记述了28件清宫散佚书画的基本情况[2]，有助于我们研究海外拍卖机构拍卖清宫散佚文物的情况。

1. 宋马逵《久安长治图卷》，设色绢本。34.3厘米 × 249厘米。《石渠宝笈三编》著录，原贮宁寿宫。此画名称中之“久安”以画中九只鹌鹑为表征，而“长治”则以画中树之长枝为代表。此画曾经杨士奇与项元汴等人收藏，画上有乾隆、嘉庆与宣统收藏御玺9方，为东北伪满宫中佚出之物。收入陈仁涛《故宫已佚书画目校注》。多年来，此画一直在香港私人手中。1988年11月30日，在纽约佳士得拍卖公

1　本章图片除特别说明外，均由雅昌网提供。
2　武佩圣：《近年所见海外清宫佚出书画散记》，《辽宁省博物馆馆刊》2008年第3辑。

司卖出。编号第5号。此卷花鸟虽尚称精致，但明眼人观之，当知非马逵作品。开价8万—10万美元。最后以14.3万美元成交。

2. 宋谢元(约12世纪)《折枝碧桃图卷》，设色绢本。25.8厘米×64厘米。《石渠宝笈》著录，原贮养心殿。款识“臣谢元画”。后有元代冯子振及赵岩题诗。有乾隆收藏御玺3方。谢元之生平不见于中国古代记载中。以画风与画上“臣”字款识推之，当为南宋时代画院画家。此画绘桃花一枝。画上有元代“皇姊图书”及“都省书画之印”押上方两角。清初为梁清标旧藏，有梁氏收藏印5方。此画不知何时出宫，但民国时代，为张学良氏“定远斋”中物，故画上有张氏收藏印21方。此卷于1994年4月10日在台北苏富比公司卖出，编号第80号。开价新台币300万—500万元，约折合11.2万—18.7万美元。

3. 元赵孟頫《兰蕙图卷》，水墨纸本。25.7厘米×106.1厘米。《石渠宝笈》著录，原贮养心殿。有乾隆5玺及嘉庆1玺。画上款识为“王元章吾通家子也。将之邵阳，作此《兰蕙图》以赠其行。大德八年(1304)三月二十三日。子昂”。款识中之“王元章”与元代王冕之字虽同，但似非为一人。此卷画后又有赵家子弟题跋及印章。顾复《平生壮观》记载，清初此卷原为耿昭忠之物。不知何时出宫，第二次世界大战前即流入日本，归藤井氏之“有邻馆”。曾收入日本出版之《有邻大观》及《文人画粹编》。2000年5月1日，此画卷在香港苏富比公司再次拍卖，编号第12号。底价依然不公开。终场以港币1 379.475万元成交，约折合185万美元。

4. 元赵孟頫《乐志论书画合璧图卷》，设色纸本。27.3厘米×153.6厘米。《石渠宝笈续编》著录，原贮重华宫。画后有赵孟頫两题及赵雍、文徵明、张照等人之跋，画前有乾隆御书引首及4跋。除乾隆收藏御印外，又有嘉庆与宣统御玺，以及蔡羽、何良俊、励宗万等人之收藏印。为东北伪满宫中流佚之物。收入陈仁涛《故宫已佚书画目校注》。民国时代，此画一直在香港私人手中。1988年6月1日，在纽约苏富比公司拍卖。编号第8号。开价5万—7万美元。唯因不真，故最后仅以11万美元成交。

5. 元赵孟頫《书法华经卷》，水墨纸本。27厘米×736厘米。《石渠宝笈续编》《秘殿珠林》著录，原贮乾清宫。画上有乾隆、嘉庆与宣统收藏御玺16方。又有王世懋、卞永誉、王鸿绪等人收藏印。此长卷以小楷写成，全卷笔墨精妙，严谨不苟。为东北伪满宫中流佚之物。曾收入陈仁涛《故宫已佚书画目校注》。1990年11月28日，在纽约佳士得公司卖出，编号第60号。开价25万—30万美元，最后50.6万美元成交。

6. 佚名《元人秋猎图卷》，设色绢本。59厘米×1 224.5厘米。《石渠宝笈续编》著录，原贮御书房。画上有乾隆8玺及嘉庆御玺1方、宣统御玺3方。故为宣统携往东北散佚之物，收入陈仁涛《故宫已佚书画目校注》。据杨仁恺《国宝浮沉录——故宫散佚书画见闻考略》书中第170页所记，此画乃经由古董商之手，转售于香港陈仁涛者。1989年6月1日，在纽约佳士得公司卖出。编号第15号。细观此长卷，设色厚重，用笔滞涩，不似出自大家之手。但因题材通俗，且内容热闹，故颇获一般收藏人士之青睐。拍卖时竞争激烈，最后以187万美元为台湾蔡辰南家之古董店"寒舍"买去。此巨额价格，打破当时古董市场中国书画价值之纪录。恐怕也只有蔡家，能有此财力与豪气。

7. 明沈周《春岫乔林图卷》，设色纸本。26.5厘米×263厘米。《石渠宝笈三编》著录，原贮延春阁。为乾隆以后入宫者。画上有嘉庆及宣统御玺共10方，并有嘉庆于1800年御题五言诗一首。为宣统携往东北散佚之物，收入陈仁涛《故宫已佚书画目校注》。此卷大青绿，多年来为香港私人所收藏，唯人人皆知其非真品。1991年5月29日，在纽约佳士得公司卖出。编号第13号。开价7万—9万美元。随后以7.7万美元成交。

8. 明沈周《山水图卷》，设色纸本。28.5厘米×262.5厘米。《石渠宝笈续编》著录，原贮重华宫。画上有乾隆8玺及嘉庆与宣统御玺各一。卷尾又有乾隆于1769年跋诗一首。跋尾则有吴宽、文徵明、王铎及程劳朝等人之跋。1992年12月2日，在纽约佳士得公司卖出。

编号第120号。开价22万—25万美元，但未能成交。

9. 明吕纪（约1450—1495）《蔷薇图卷》，设色绢本。32.4厘米×261厘米。《石渠宝笈续编》著录，原贮重华宫。此卷描绘精致，设色艳丽。画上有乾隆8玺及嘉庆、宣统御玺各1方。又附沈恩孝及莫廷干题跋各一。收入陈仁涛《故宫已佚书画目校注》，故应为东北伪满宫中流佚之物。第二次世界大战后，归程琦，画上有程氏印与跋。1985年12月3日，在纽约佳士得公司卖出。编号第8号，开价5万—7万美元。

10. 明唐寅《春风酒盏图卷》，设色纸本。30厘米×105.5厘米。《石渠宝笈》著录，原贮御书房。画上有乾隆6玺、嘉庆1玺、宣统3玺，及宋荦（1634—1713）之收藏印。画后有唐寅行书题诗。题诗之纸长61.3厘米，高18厘米。以此卷上宣统三收藏玺推之，应为伪满长春宫中佚出之物，但不见于《故宫已佚书籍书画目录四种》。此画虽笔墨精妙，但数十年来，少为人知。1991年11月25日，在纽约佳士得公司卖出。编号第80号。开价35万—50万美元，最终以79.2万美元成交。

11. 明文徵明《山水图卷》，水墨纸本。17.3厘米×125.2厘米。《石渠宝笈三编》著录，原贮延春阁。画上有乾隆收藏御玺2方及嘉庆御玺4方。以画上“弘治己未年（1499）九月作”推之，此卷为现知文徵明最早作品。当时文氏仅29岁，仍署名“文壁”。画后有沈周、吴宽、杨循吉、祝允明、王宠、陈淳、彭年、王穀祥、文彭、陆师道、许初与张凤翼等人之跋。出宫日期不详。1984年12月5日，在纽约苏富比公司卖出。编号第6号。当时底价不公开，需直接向公司问询。

12. 明文徵明《秋江渔乐图轴》，水墨纸本。193.6厘米×83.8厘米。此轴有乾隆“五玺全”收藏御印，但不见于《石渠宝笈》。画上方又有乾隆1771年题诗，故或为《石渠宝笈》于1745年书成后进宫。于乾隆御题后，即赏赐某王公大臣，而不及录入《石渠宝笈续编》。此轴甚佳。背景绘秋山人家，下临大江。近景有二渔父泊舟树下，悠然举杯。右上角有文氏七言绝句一首。19世纪时经李再铣及李玉棻收藏，有二人收藏印。1999年4月26日，在香港苏富比公司卖出。编号第29号。开价港币120万—150万元，约折合15.6万—19.5万美元。

13. 明文徵明《幽壑鸣泉图轴》，设色纸本。32.5厘米×569.3厘米。画上有乾隆“五玺全”收藏御印。据画后刘墉之跋得知，此轴乃乾隆帝于1777年在宫中淳化轩赐茶时，赏赐于刘墉。民国初年，归沪上庞元济，故画上有庞氏收藏印3方。并曾收入庞氏《虚斋名画录》第八卷。有正书局出版之《中国名画》第六集，曾登载此轴之图版。1993年6月4日，在纽约佳士得公司卖出。编号第80号。开价15万—20万美元，最终以21.5万美元成交。

14. 明文徵明《赤壁赋图卷》，设色纸本。24厘米×136厘米。《石渠宝笈》著录，原贮御书房。画上有乾隆收藏御玺5方及嘉庆、宣统御玺各1方。应为伪满长春宫中佚出之物，收入陈仁涛《故宫已佚书画目校注》。引首有文氏自题隶书“赤壁赋图”四大字。拖尾有1623年董其昌行书《后赤壁赋》。出宫后，原归香港马积祚氏。后入美国艾略特家族收藏。1996年12月18日，在纽约佳士得拍卖公司卖出。编号第121号。开价3万—4万美元，但因画不真，故最终仅以3.4万美元成交。

15. 明文徵明《古木书屋图轴》，水墨纸本。52.4厘米×31.3厘米。原题签为《消夏小景》。《石渠宝笈三编》著录，原贮御书房。画上有乾隆收藏御玺5方。此画为文氏于嘉靖甲午（1534）年为王穀祥作并题诗。据姚际恒《好古堂藏书画记》卷下记载，此画原为“明代高幅杂画二册共四十五帧”中之一页，后拆散分装为轴。出宫日期不详。多年来，为“后真赏斋”中之物。按后真赏斋乃台北华淑和与其兄之收藏。因二人为明代无锡华夏真赏斋之后人，故采此名。1994年10月30日，在香港佳士得拍卖公司卖出。编号第76号。开价港币70万—90万元，约折合9.4万—12.1万美元。

16. 明文徵明《桃源行书画合璧图卷》，设色纸本。28.5厘米×377厘米。画桃花夹岸，由山洞导入谷中人家。画后文氏于嘉靖甲申年（1524）以行书自题唐王维《桃源行》长赋及题识。画上有乾隆收藏御印5方，及定亲王载铨收藏印4方。此卷曾录入卞永誉《式古堂书画汇考》，画上有卞氏收藏印7方。又入邵松年《古缘萃录》书中，故有邵氏1891年跋与收藏印2方。文氏曾以此题材作画卷多幅。此卷出宫较早，不曾入《石渠宝笈》之著录。《石渠宝笈三编》中，原贮乾清宫，并收入陈仁涛之《故宫已佚书画目校注》中者，为绢本，故应为另外一卷。20世纪时，原为张伯驹之物，画上有张氏收藏印1方。1987年12月11日，在纽约佳士得公司卖出。编号第40号。开价8万—10万美元，最终以18.7万美元成交。

17. 明项元汴《竹葡图轴》，水墨纸本。95.5厘米×23厘米。《石渠宝笈三编》著录，原贮乾清宫。画上有乾隆收藏御玺9方及嘉庆御玺2方。清初归耿昭忠（1736—1796），有耿氏收藏印7方。此轴不知何时出宫。民国初年归张学良氏之“定远斋”，故画上有张氏收藏印7方。1994年4月10日，在台北苏富比公司卖出。编号第83号。开价新台币40万—60万元，约折合1.5万—2.2万美元。

18. 明吴彬《十八应真图卷》，设色纸本。32.5厘米×569.3厘米。《石渠宝笈续编》《秘殿珠林》著录，原贮延春阁。引首有乾隆题字，及1785年长跋，有乾隆御玺22方。另外又有嘉庆与宣统御玺各一，款识为“乙卯（1615）春日写于绣佛居”。为宣统偷盗出宫国宝之一，收入陈仁涛《故宫已佚书画目校注》。此画乃吴彬晚年之钜迹。不仅罗汉造型奇特，朴拙古雅，即花木树石，亦无一不精。画卷起首与尾端处，各设有体态庞大之怪兽一头，尤能助长诸罗汉之宗教性。1992年12月2日，在纽约佳士得公司卖出。编号第162号。开价30万—35万美元，最后以60.5万美元成交。

19. 明项圣谟《古木幽篁图轴》，纸本墨绘，55厘米×31.5厘米。《石渠宝笈》著录，原贮养心殿。画上有乾隆收藏御玺6方，安岐《墨缘汇观》著录。画上有卞永誉及安岐收藏印各一。此轴不知何时出宫。但出宫后，应在北京某收藏家手中。画上有启功之题签及谢稚柳诗塘题字。1992年6月2日，在纽约佳士得公司卖出。编号第42号。开价3.5万—4万美元，最后以5.28万美元成交。

20. 明董其昌《婉娈草堂图轴》，水墨纸本。111.3厘米 × 69.2厘米。《石渠宝笈三编》著录，原贮延春阁。画上共有乾隆于四十三年间之题跋22处及玺38方。另有乾隆收藏御玺11方、嘉庆御玺3方，王鸿绪收藏印1方。顾复《平生壮观》、安岐《墨缘汇观》、胡敬（1769—1845）《西清札记》、李葆恂《无益有益斋论画诗》著录。据画上董其昌三跋可知此画为1597年秋，董氏过访陈继儒昆山读书处，画此以赠。画成后，本拟设色，但于观赏新收之李成、郭熙画后，决定保留水墨原貌。当时董其昌仅38岁，其书画正值萌芽时期，故此轴构图诚慎严谨，清晰有序。又因画在平滑之高丽纸上，故树石对比分明，线条杂而不紊。1989年6月1日在纽约佳士得公司拍卖，编号第20号。当时美国堪萨斯博物馆正筹办董其昌大展多年，风闻此画将于该日拍卖，故特筹备巨款美金80万元，满怀自信地参加竞拍。开拍后，价格急速上升，极短时间内，便超过了博物馆美金80万元之预定上限，故铩羽而归。最后以165万美元之天价，被来自台湾的亿万富翁、收藏家林百里氏购去。

21. 清王鉴《仿巨然"秋山萧寺"图轴》，水墨纸本，198.1厘米 × 53厘米。《石渠宝笈》著录，原贮御书房。画上有乾隆收藏御玺6方，嘉庆御玺3方。此轴为王鉴于康熙丁未年之精心巨作，原为宋荦之子宋致之物，画上有"宋氏樨佳书画库记"1印。出宫日期不详。1999年4月26日，在香港苏富比公司卖出时。编号第17号。开价港币150万—180万元，约折合19.5万—23.4万美元。最后以港币442万元成交，折合57.4万美元。

22. 清王翚《摹古山水册》，共12开，设色纸本。每开24厘米 × 17厘米。《石渠宝笈续编》著录，原贮淳化轩。第9开上有5方乾隆收藏御玺。据《石渠宝笈续编》之记载，此册原有乾隆在洒金纸上御题诗12首，今已全失。1989年6月1日，在纽约佳士得公司拍卖。编号第10号。开价15万—18万美元，最终以39.6万美元成交。

23. 清郎世宁《苹野鸣秋图轴》，设色绢本。72.1厘米 × 30.8厘米。《石渠宝笈续编》著录。原贮乾清宫。款识为“臣郎世宁恭画”。画上有乾隆题“苹野鸣秋”4字及御玺8方，又有嘉庆御玺2方。此画绘一长角牡鹿立于溪旁坡上，回首凝视一立于对岸林间之牝鹿。画上红叶霜枝，一片秋日寂凉气象。加之画风精细，造型写实，确为郎世宁得意之作。多年来，此画收藏于一英国苏格兰人士家。1993年发现时，仍附有一签，言明系1860年八国联军掠自京师圆明园者。1993年11月29日在纽约苏富比公司卖出时，编号第79号。开价3万—5万美元。

24. 清董邦达《西湖四十景》，设色纸本，4册，共40页，每页31.5厘米 × 30.8厘米。《石渠宝笈续编》著录。原贮乾清宫。画上有乾隆御玺15方及收藏玺8方，宣统御玺1方。为伪满长春宫中佚出之物。收入陈仁涛《故宫已佚书画目校注》。战后1945年在长春市集出售，为原收藏者购入，1960年左右再次在香港转手。画上有私人收藏家“唐鸿”印章。此册成于乾隆己巳（1749）至庚午（1750）年间，乃董邦达为乾隆特别绘制，以便乾隆在南巡杭州时，能携画与实景对照。乾隆次年（辛未，1751）果携此册莅临西湖，面对实景，诗兴大发，将所赋之诗，亲题录于册上。1993年4月29日，香港苏富比公司特为此册举办专场拍卖会。开价港币400万—600万元。约折合54.7万—82.1万美元。

25. 清钱维城《狮子林全景图卷》，设色纸本。33厘米 × 175.2厘米。《石渠宝笈续编》著录。原贮宁寿宫。画上有乾隆御玺11方，嘉庆、宣统御玺各一。收入陈仁涛《故宫已佚书画目校注》，应为东北伪满洲宫流佚之物。拍卖前曾归香港收藏家刘作筹。画上有刘氏收藏印3方。历史上倪瓒（1306—1374）所作之《狮子林图卷》虽脍炙人口，但其构图似为画家胸中臆度而成，但钱维城此卷乃于1757年陪乾隆南巡时，据苏州狮子林实景绘制而成。1985年6月3日，在纽约苏富比公司卖出。编号第91号，开价3万—5万美元。

26. 清钱维城《山阴道上路图卷》，设色纸本。29厘米×271厘米。《石渠宝笈续编》著录。原贮御书房。画上有8方乾隆收藏御玺，及嘉庆、宣统御玺各一。收入陈仁涛《故宫已佚书画目校注》。故应为东北伪满洲皇宫散佚之物。1990年11月26日，在纽约苏富比公司拍卖。编号为第108号。开价为2万—3万美元，终场以7.7万美元成交。

27. 清董诰《江东撷秀册》，10页，设色纸本。每页28厘米×39.6厘米。《石渠宝笈续编》著录，原贮瀛台。每页上有乾隆题诗两首及御玺2方。画上另外又有乾隆收藏御玺9方。出宫后流往日本，故画上有日本收藏家长尾甲及内藤庶之收藏印。第二次世界大战后，归中国旅日收藏家程琦，故有程氏收藏印多方。并收入程氏于香港出版之《萱晖堂书画录》中。2000年5月1日，在香港苏富比公司拍卖。编号第29号。开价为港币35万—40万元，约合4.5万—5万美元。终场以港币103.475万元成交，约折合13.438万美元。

28. 清张宗苍（1686—1756）《云林烟艇图轴》，水墨纸本。127.5厘米×49厘米。《石渠宝笈续编》著录，原贮养心殿。画上有乾隆题诗及收藏御玺9方。此画不知何时出宫，但出宫后，为张学良氏收藏，故画上有张氏收藏印5方。1992年6月2日，在纽约佳士得公司拍卖。编号第148号。开价为6万—8万美元，最后以11万美元成交。

除了武佩圣的记录外，我们还在佳士得、苏富比、纳高等大型拍卖机构的拍卖记录上，查阅到了大量疑似清宫旧藏的文物信息，而“清宫旧藏”也曾多次被拍卖机构作为宣传噱头在拍卖图录中出现。据不完全统计，近年有关清宫文物的重要拍卖场次包括：

1. 香港苏富比“玉承天令——乾隆宫廷艺术品”专场拍卖会：举办于2007年4月8日，拍品包括：清乾隆御制暗刻填金青玉“十六

清乾隆御制暗刻填金青玉“十六罗汉赞”玉册

清乾隆御制和阗碧玉暗刻填金乾隆御笔“山阴真面”玉册

罗汉赞”玉册、清乾隆御制和阗碧玉暗刻填金乾隆御笔“山阴真面”玉册、清乾隆御制紫檀木嵌“延年”龙凤纹古玉壁御题诗插屏、清乾隆御制白玉“寒山千尺雪”御题诗山子、清乾隆御制翡翠和阗玉扳指七件连御制诗剔红紫檀三鱼朵梅海水纹盖盒共5件（组）清宫散佚文物，其中乾隆御制紫檀木嵌“延年”龙凤纹古玉壁御题诗插屏以3 448万元成交，引起了媒体广泛关注。

2. 香港苏富比“清宫遗珍”专场拍卖会：举办于2007年秋季，是香港苏富比2007年秋季拍卖会的专场之一，拍品共30件，总估价2亿7 000万港元。拍品一部分出自圆明园旧藏，一部分出于清代宫廷旧藏，均是拍卖机构从英国和法国不同的收藏家手中征集而来。其中圆明园海晏堂御制马首铜像、清乾隆“太上皇帝”白玉圆玺、清乾隆平定西域紫光阁五十功臣像、清雍正青花釉里红水波

圆明园海晏堂御制马首铜像

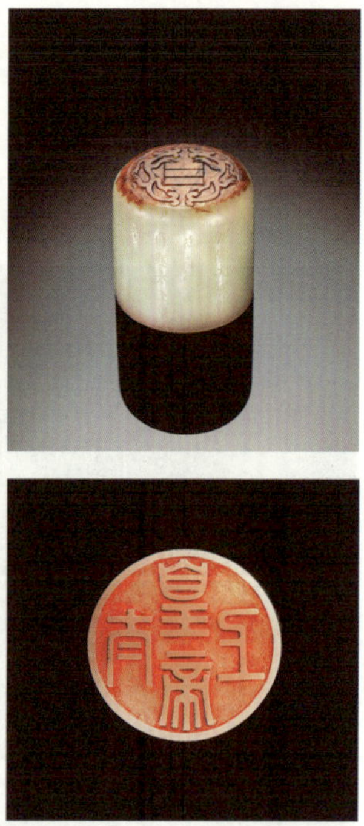
清乾隆“太上皇帝”白玉圆玺

龙纹双耳大壶、清乾隆黄玉巧色雕双鱼螭龙“鱼龙变化”图瓶、清乾隆粉红轧道锦纹粉彩“福寿”图双螭耳瓶等都属于清宫散佚文物精品。

3. 香港苏富比“皇威万代”专场拍卖会：举办于2008年10月8日，拍品包括清乾隆御宝交龙钮“天恩八旬之宝”、清乾隆御宝交龙钮“乾隆御笔”白玉玺等35件清宫散佚文物，其中：清乾隆《大阅图（第三卷：阅阵）》记录了乾隆四年十一月，乾隆皇帝在南苑检阅八旗兵的盛况，该图由十余名宫廷画家共同绘制，画幅巨大，场面壮观，与故宫博物院收藏的《大阅图（第二卷：列阵）》同属一组。

4. 佳士得“宫廷御制艺术精品”专场拍卖会：举办于2009年春季，重点推出清朝宫廷陈设及礼器精品，其中重要拍品包括：清乾隆鎏金铜镶嵌珐琅料石转花花盆顶水法音乐钟和两枚清康熙御制鎏金铜云龙纹编钟，鎏金音乐钟与在日本根津美术馆藏专拍中（拍品1509）创下了中国座钟世界拍卖纪录（HK$39 520 000/US$5 121 792）的音乐钟原为一对，而两枚编钟则均铸有“康熙五十四年制”（1715）款。

5. 香港苏富比“玲珑八宝——欧洲私人清宫御瓷收藏”专场拍卖会：举办于2009年春季，全场拍品共8件，均为清代宫廷专用的官窑瓷器。在此拍卖会中，8件拍品悉数拍出，总成交额高达9 552万港元，以接近估价两倍的成绩创下了“白手套”纪录。其中，清乾隆粉青釉浮雕芭蕉叶镂空“缠枝牡丹图”长颈胆套瓶，经过至少5位竞投者、约30口叫价后，最终以4 770万港元成交，创下单色釉瓷器拍卖纪录。

6. 香港苏富比“瑰辞神笔——重要私人清宫御制工艺珍藏”专场拍卖会：举办于2010年秋季，拍品包括清乾隆御制和阗青玉御制诗盘、清嘉庆御制交龙钮翡玺、张照草书韩愈石鼓歌手卷、清康熙御制鎏金铜交龙钮扁钟、清乾隆和阗白玉御制诗“赶珠云龙”如意等9件清宫散佚文物，其中，清乾隆御宝“信天主人”交龙钮白玉玺，以1.22亿港元（约人民币1.06亿元）成交，再次刷新御制玉玺及白玉的世界拍卖纪录。

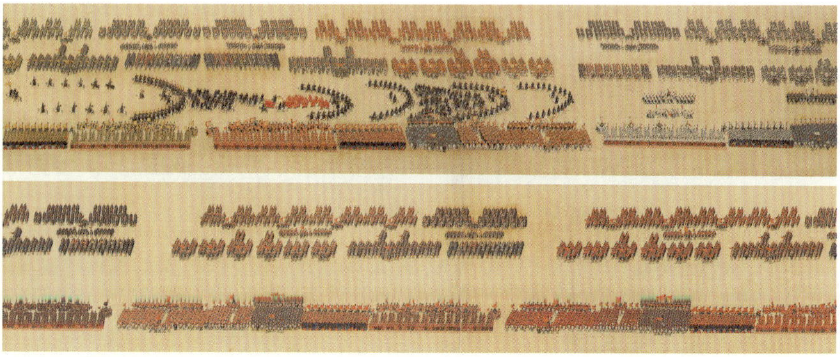

清乾隆　大阅图

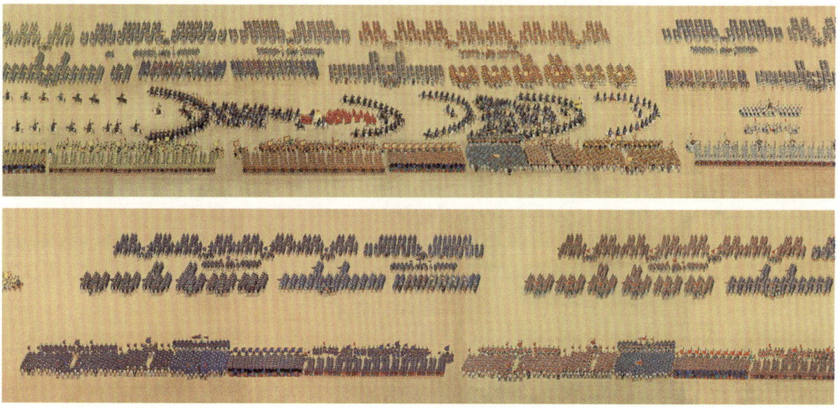

清乾隆　大阅图（第三卷：阅阵）

清乾隆　大阅图（第三卷局部）乾隆及护卫

7. 2016年4月6日，香港苏富比“敬天勤民——康熙御制珍宝”专场拍卖会：举办于2016年4月6日。香港苏富比网站显示，此次专场中颇受关注的清康熙帝御宝檀香木异兽钮方玺以9 260万港元成交。据介绍，该檀香木印玺印面10.15厘米见方，异兽钮，通高11厘米，印台高4.2厘米，印文为九叠篆“敬天勤民”四字。此玺在现藏于北京故宫以及本次拍卖的两册《康熙宝薮》中都有明确著录，经与实物比对完全相合。

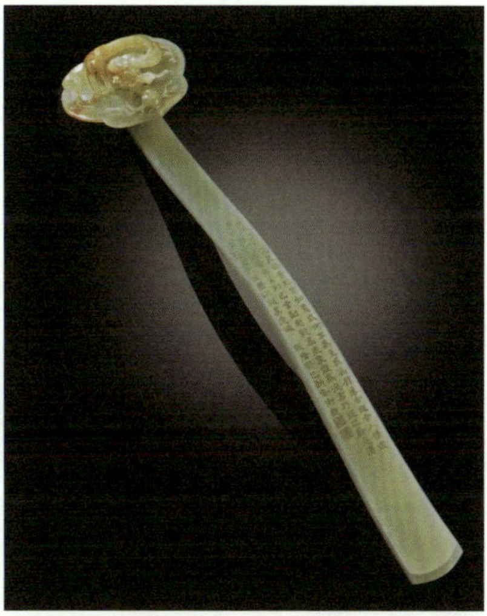

清乾隆和阗白玉御制诗“赶珠云龙”如意

8. 2016年纽约秋季亚洲艺术周：大都会艺术博物馆委托佳士得出售其馆藏的501件瓷器，推出专场“美藏于斯”。佳士得按照货品的经济价值、稀有度和艺术性将其分为两种出售方式：一种是以传统的实地拍卖方式进行，计有203件，估价从600美元到90万美元不

清康熙御制鎏金铜交龙钮扁钟

清康熙帝御宝檀香木异兽钮“敬天勤民”方玺

等；另一种方式采取网拍，计有198件，其中很多拍品以无底价起拍。这样的划分是充分考虑到了不同需求层次的藏家，为他们提供有差别的机会。截至纽约时间9月22日，501件拍品都已有了新的归属，线上拍卖与传统拍卖均获得了百分之百的成交，其中传统拍卖成交1 210万美元，线上拍卖成交160万美元，大都会的501件瓷器共计1 370万美元（折合约9 136万人民币）。欧美大型博物馆出售所藏文物，特别是清宫文物这在国际拍卖市场上是十分罕见的。据纽约佳士得专家玛格丽特介绍：“大都会处理藏品主要是为了丰富其购买资金。这批500多件的作品都是大都会自己挑出来的，大多是因为博物馆里已经有了重复的作品，或者品相存在缺陷，又或者质量上不符合大都会收藏瓷器的标准。”[1] 据笔者分析，此事其实与大都会博物馆近两年在当代艺术收藏和

1 《501件大都会藏瓷器成交破千万》，新浪收藏，网址：http://collection.sina.com.cn/auction/pcdt/2016-10-16/doc-ifxwvpar8171065.shtml。

展示方面过于冒进，从而导致2016年出现1 000万美元的财务赤字并因此计划裁员100人有直接关联。

9. 香港苏富比“龙游帝苑”拍卖会：举办于2016年10月5日，全场拍品共7件，包括清乾隆青玉交龙钮孝庄皇后尊谥宝玺、清乾隆御制明黄色缎绣辑米珠云龙十二章纹夹龙袍、清18世纪紫檀木雕争珠云龙图大柜、清乾隆青花矾红水波云龙图沂沿大盘、清乾隆青花矾红彩云龙戏珠纹长颈瓶等多件清宫旧物，其中备受关注的是一件“乾隆帝御宝青玉交龙钮方玺”，该玺印面13厘米见方，印文为“太上皇帝之宝”，在所有太上皇帝之宝中位列第二，也是私人收藏中最大者。最终该玺以9 148万元港币的高价被拍出。

明　沈周　山水图

10. 东京中央香港拍卖“皇珍竞秀——万翠美术馆旧藏宫廷臻物”专场拍卖会：举办于2016年11月28日，拍品包括曾由万翠美术馆收藏的一批清宫散佚文物。其中一件清乾隆御制仿宋天成风字澄泥砚曾被《西清砚谱》卷二十四著录，而另一件清乾隆御制于敏中书普宁寺碑偈青玉册也曾被1990年11月的《故宫文物月刊》所记载，此外该专场中的“大清乾隆年制”款茶叶末釉荸荠瓶等多件瓷器也都是旧日的清宫收藏瓷器珍品，许多拍品来源明晰，流传有序，规格之高，令人慨叹。

除在上述专场拍卖会中集中拍卖的清宫散佚文物外，还有大量的清宫文物散见于国际拍卖机构的其他大型拍卖会，综合各拍卖机构文档和新闻报道，其中重要的清宫散佚文物包括：

1. 1993年，纽约佳士得拍出一件元代王振鹏《丹台春晓图》卷，钤有嘉庆、宣统印玺，为清宫旧藏；

2. 1996年4月，香港佳士得拍出一件南宋夏珪《山水卷》，全卷长达一丈六尺，钤有乾隆、嘉庆、宣统三帝印玺，为清宫旧藏；

3. 1996年4月，香港佳士得拍出一件清乾隆内府御制铜画珐琅西洋人物鼻烟壶；

4. 2004年4月香港佳士得以1 933万港元拍出一件乾隆白玉活环

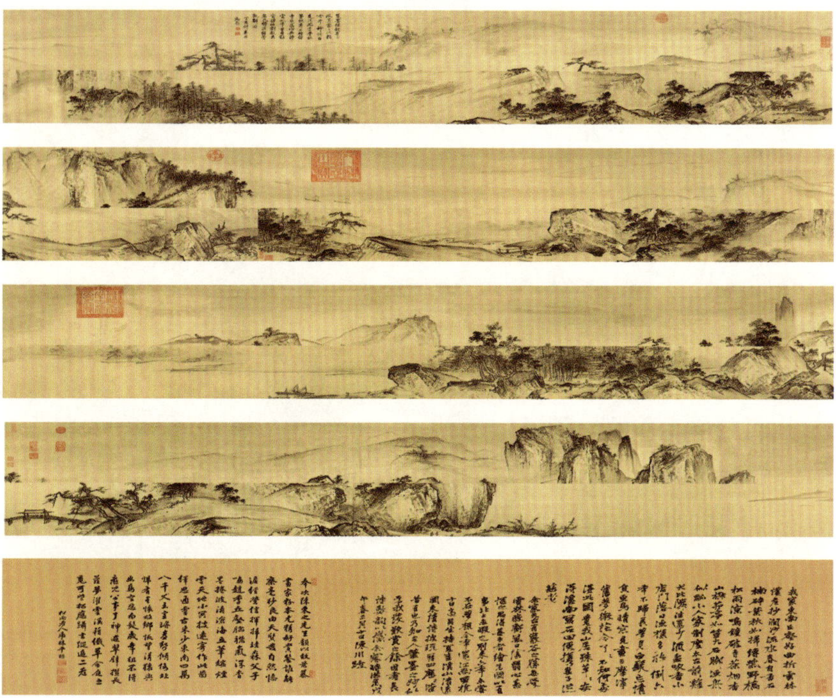

南宋　夏珪　山水卷

双龙耳万寿纹碗；

5. 2005年5月，苏富比以1 793.52万港元拍出清乾隆白玉阴刻填金二龙争珠图“学诗堂记”御制诗册白玉册10页；

6. 2005年3月，纽约佳士得拍出一件清乾隆内府御制珐琅彩西洋人物图鼻烟壶（带有“乾隆年制”款）；

7. 2006年11月香港佳士得以665.6万元拍出一件白玉福寿连年活环洗；

8. 2007年，香港苏富比以1 376.75万港元拍出一件康熙五十二年制楷书“无射”铜鎏金编钟；

9. 2008年，法国某拍卖公司曾以560万欧元拍卖一件清康熙皇帝玉玺；

10. 2010年4月，香港苏富比拍出一件清宫贝勒夫人朝服坐像；

11. 2011年，丹麦首都哥本哈根布鲁恩·穆森拍卖行以168万丹麦克朗拍出一件乾隆紫檀满雕博古柜；

12. 2012年5月，日本横滨国际拍卖公司拍出一件清乾清宫龙凤呈祥备用地毯（注明日本陆军中将家旧藏）；

13. 2012年5月，日本ISEART拍卖公司拍出两件御用龙纹墨；

14. 2012年9月，纽约苏富比拍出一件清19世纪御用编丝绒掐金线凤纹地毯（带有宁寿宫御用款）；

15. 2012年10月，香港佳富拍卖行拍出一件紫铜洒金胎仕官帽耳乾清宫香炉；

16. 2013年5月，瑞士苏黎世阔乐拍卖行拍出一件清代“景仁宫御用”黄地龙纹织金丝毯；

17. 2013年6月，台北门德扬拍卖股份有限公司拍出一件清宫造办处铜鎏金錾花开光鼎式炉和一组清宫造办处铜鎏金錾花炉瓶三事；

18. 2013年6月，澳门中信国际拍卖有限公司拍出一件乾隆御用皇帝大阅佩刀；

19. 2014年2月，日本关西美术拍卖株式会社拍出一件康熙御用

清19世纪御用编丝绒掐金线凤纹地毯（带有宁寿宫御用款）

款益寿永昌果壳水洗；

20. 2014年3月，日本JADE株式会社（日本美协）拍出一件清宫百子图彩绘册页；

21. 2014年3月，日本横滨国际拍卖公司拍出一件清宫造办处白玉雕云纹火枪后柄和一件景仁宫御用龙纹壁毯；

22. 2016年6月，法国图卢兹（Marc Labarbe）拍卖行以2 400万人

皇清职贡图　第四卷

民币拍出一件《皇清职贡图》第四卷，钤有“五福五代堂古稀天子之宝”、“八徵耄念之宝”和“圆明园宝”；

23. 2016年6月，巴黎苏富比“亚洲艺术”专场拍卖会以987 000欧元拍出一件清雍正粉彩梅竹灵芝纹碗；

24. 2016年10月，香港苏富比秋季拍卖会“中国艺术珍品”专场拍卖会上，以5 564万元港币拍出一件“乾隆十年秋补桐书屋制”款“湘江秋碧”古琴，据记载为汪尤敦、张若霭奉旨所制，苏州织造图拉监制，属清宫旧物，曾为日本山中商会所藏。

25. 2016年11月9日，伦敦苏富比秋拍“兵戈之冠：乾隆特等第一御制火枪”专拍上，一把由亚洲私人收藏家收藏的“大清乾隆年质”款御制错金银特等第一号火枪以198.5万英镑（约合1 670万元人民币）的价格被拍出。

26. 2016年12月14日，法国Pierre Bergé & associés拍卖公司亚洲艺珍专场拍卖会以1 750万欧元拍出一件清乾隆“乾隆御笔之宝”玺，被中国买家购得。该玺为棕红色寿山石质，九云龙纹，10.5厘米见方，体量硕大，雍容庄重，为乾隆帝诸多宝玺中规格较高，较为知名者。

……

另有许多未注明拍卖时间或拍卖企业的拍卖清宫散佚文物记录，在此不再一一赘述。

二、国内拍卖机构拍卖的海外回流清宫文物

除了海外拍卖机构拍卖清宫散佚文物以外，随着中国文物市场的发展和文物出入境管理制度的健全完善，近年来许多海外的清宫散佚文物正在通过正常的文物入境渠道回流入境，经由国内文物拍卖企业回销往国内市场。对于这种现象，中国拍卖行业协会文化艺术品拍卖专业委员会副主任温桂华进行了分析，她认为：近十年来随着拍卖成交量和拍卖品成交价的迅速提升，极大地刺激了海外藏家的求售欲望，文物回流呈现出一个逐年递增的趋势，并保持一个高水平的流量。以瀚海拍卖为例，自2000年起，海外回流文物征集品所占的比例逐年增长，从1999年的10%增长为35%，推而论之，海外回流文物在国内拍卖市场所占的比例大约与瀚海相齐。9·11事件以后，纽约、伦敦、巴黎等城市的艺术品集散功能被明显弱化，而中国艺术品交易市场出现了板块东移的趋势，垄断国际艺术品拍卖93%市场份额的苏富比、佳士得公司先后将中国书画和瓷器资源从纽约、伦敦移向国内市场，市场板块的重组，表明中国收藏本国艺术品的实力达到了一个空前的水平。

在回流的中国文物中有一定比例属于清宫散佚文物，例如：

2005年6月13日，天津国拍公司拍出一件乾隆皇帝举办千叟宴时用过的五彩海水云龙纹织绣灯联和一件康熙皇帝的《千字文手卷》，据称均是从欧洲回流回国；

2011年4月17日，北京舍得拍卖公司拍出一件18世纪的鹿角椅，这把鹿角椅由天然珍贵鹿角精制而成，据传，曾是清中期大清国与英国王室作为互赠国礼藏于清宫，于1840年被英、法等列强掠夺，民国时由华侨重金购得并流回国内；

2009年1月16日，北纬拍卖在北京港澳中心推出了包括30件龙袍的艺术精品拍卖会，全场117件拍品共成交5 542.1万元，成交率

56%，其中“宫廷艺术精品专场”共40件拍品，成交4 315万元，成交率55%。一件清御用黄绸绣陀罗尼经被则从480万元起拍，在两位买家之间经过二十多轮竞争，最终成交价为1 408万元。

18世纪的鹿角椅

2009年11月6—11日，北京翰海15周年庆典拍卖会专门推出了宫廷御用专场，清乾隆青花海水红彩龙纹如意耳葫芦瓶、清嘉庆御用翡翠镌“凤麟洲”“水净沙明”组玺、清乾隆竹贴黄刻云龙御题诗文长方盒、清乾隆雕漆嵌松花江石御题挂屏、清乾隆紫檀雕云龙纹宝座等一批清宫散佚文物集中面世。在这个专场上，青花海水红彩龙纹八吉祥如意耳葫芦瓶以8 344万元创下国内瓷器拍卖最高纪录。

清道光 绿素缎绣团鹤八宝纹宫廷吉服袍

2010年春季拍卖会上，北京永乐推出了“锦绣文华”资深藏家珍藏清代丝织服饰艺术品专场。共上拍10件丝织服饰艺术品，以清代宫廷服饰为主。总成交额为705.6万元，成交率为100%。其中清道光绿素缎绣团鹤八宝纹宫廷吉服袍以25.76万元成交。永乐秋拍延

清乾隆金桃皮鞘天字十七号“宝腾”腰刀

续春拍的良好势头，在“明清工艺精品”专场中，又推出15件清代服饰，共成交12件，成交率为80%。

2012年10月29日，中国嘉德以4 830万元拍出一件“清乾隆金桃皮鞘天字十七号‘宝腾’腰刀”，该腰刀是乾隆帝亲自监督、造办处耗时47年倾力打造的90把御制腰刀之一，其中绝大部分现仍收藏于故宫博物院。这把腰刀于20世纪流失海外，2005年10月曾在德国慕尼黑赫尔曼历史公司（Hermann Historica）以6 000欧元拍出，辗转香港流回国内。

除了灯联、手卷、鹿角椅和宝腾腰刀以外，近年来在国内拍卖企业拍出的文物中还有很多《石渠宝笈》《秘殿珠林》著录的清宫散佚书画，例如：

1996年春，北京翰海拍卖公司拍出一件明王宠楷书《南华真经内七篇》卷，为《石渠宝笈》著录的清宫旧藏之物。

1996年秋，北京翰海拍卖公司拍出一件明代周之冕《百卉图》，为《石渠宝笈》著录的清宫旧藏之物。

2002年春，中贸圣佳公司以340万元人民币拍出一件元代赵孟頫《设色山水图》，为《石渠宝笈三编》著录，有文徵明等人题跋，系

明　周之冕　百卉图

元　赵孟頫　设色山水图

清宫旧藏。

2004年，中贸圣佳公司以1 650万元人民币拍出一件北宋王诜《叠翠争流图》，为《石渠宝笈三编》著录的清宫旧藏。

2016年12月4日晚，在北京保利“仰之弥高——中国古代书画夜场”上，元任仁发的《五王醉归图》以3.036亿元人民币的天价成交。该卷描绘的是唐朝临淄王李隆基、宋王李宪、申王李㧑、岐王李范、薛王李业于花萼楼宴罢醉归的情景。原为清宫所藏，曾著录于《石渠宝笈续编》，卷上钤有乾隆、嘉庆、宣统的玺印，后于1922年11月4日，被逊帝溥仪以赏赐溥杰为名，偷运出宫，由天津转长春伪满皇宫。故宫博物院曾将该卷载入《故宫已佚书画目录四种》。在“小白楼事件”中该卷流落民间。后被古董商卢芹斋带往美国。对此，杨仁恺《国宝沉浮录——故宫散佚书画见闻考略》记载：“《石渠宝笈》重编著录，印章款，在美国卢芹斋处。”2009年10月该卷在香港拍出4 658万港元，此为第二次拍卖。

据不完全统计，仅嘉德拍卖公司在1993至2013年这20年中拍卖成交的古代精品书画500余件中，就有《石渠宝笈》上著录的清宫旧藏书画47件，包括王羲之、米芾、宋徽宗、宋高宗、赵孟頫、文徵明、仇英、董其昌等人的名作。此外，康熙、雍正、乾隆、道光等皇帝的书画作品计达20余幅，其中乾隆皇帝所画的“金盏花”（水墨纸本）在2010

元　任仁发　五王醉归图

年嘉德拍卖上以1 008万元人民币成交。

三、拍卖机构近年拍卖清宫散佚文物数据简目

为了尽可能全面了解近年来拍卖机构拍卖清宫散佚文物的有关情况，在本书编撰过程中，我们在雅昌文化集团创办的雅昌艺术拍卖数据库及各大拍卖机构公开出版的拍卖图录、目录中，共搜集到文物拍卖纪录1 400余条，经甄别约有1 056条疑似为清宫散佚文物，由于无法逐件进行实物鉴别，其中难免有赝品和非清宫收藏文物存在；但可以肯定，其中有相当一部分属于流散民间的宫廷文物。我们对上述1 056余件文物的信息进行了分别记录，并单独编制了《拍卖机构近年拍卖清宫散佚文物数据简目》，供读者参考。

在信息收集研究过程中，我们采用了雅昌艺术网艺术拍卖数据库的基本数据结构，建立了基础数据库，对于每一件文物均采集名称、作者、尺寸、年代、估价、成交价、拍卖机构、拍卖专场、拍卖时间、LOT号等信息指标（受披露数据的限制，部分文物登录指标不全），鉴于篇幅所限，在此仅刊录拍品名称（含年代）、拍卖日期、拍卖机构、LOT号等基本信息（少数特殊文物附有备注）作为简目。

拍品名称	拍卖日期	拍卖机构	LOT号	备注
金　定窑白釉缠枝花卉纹盘	2009年春拍	香港佳士得	1883	瓷器
南宋　龙泉窑青釉双龙耳盘口瓶	2009年春拍	香港佳士得	1884	瓷器
宋　清宫旧藏错金银仲驹卣	2014—10—07	保利香港	3449	
宋　褐漆梅花盘	2009年春拍	香港佳士得	1898	瓷器
元末/明初　青花凸龙纹高足碗	2009年春拍	香港佳士得	1968	瓷器
元/明　白玉卧犬珮	2009年春拍	香港佳士得	1969	瓷器
元　黑漆嵌螺钿文会图印盒	2009年春拍	香港佳士得	1906	瓷器
元　剔红花鸟纹葵瓣式盘	2009年春拍	香港佳士得	1907	瓷器
元　任仁发《五王醉归图》	2016-12-04	北京保利	4050	
明永乐　藏青地织金锦龙纹御用圆补	2005—05—15	中国嘉德	1860	1999年曾于台北鸿禧美术馆展出
明永乐　青花岁寒三友斗笠碗	2009年春拍	香港佳士得	1801	瓷器
明永乐　内地宫廷　铜鎏金四臂观音	2013—05—13	中国嘉德	3799	
明永乐　青花“一把莲”大盘	2009年春拍	香港佳士得	1804	瓷器
明永乐　御用监造铜鎏金无量寿佛	2014—06—05	北京保利	8013	
明永乐　青花“一把莲”盘	2009年春拍	香港佳士得	1859	瓷器
明宣德　青花缠枝莲纹梅瓶	2009年春拍	香港佳士得	1802	瓷器
明宣德　御用青花绘缠枝花卉纹碗	2013—03—04	东京中央	222	
明宣德　青花缠枝月季花纹大碗	2009年春拍	香港佳士得	1860	瓷器
明成化　青花夔龙纹高足碗	2009年春拍	香港佳士得	1807	瓷器
明宣德　慈禧皇太后御用暖手炉	2010—01—10	北京金兆	139	
明成化　青花海水异兽纹盘	2009年春拍	香港佳士得	1808	瓷器
明成化　青花绿彩云龙纹暗海水盘	2009年春拍	香港佳士得	1861	瓷器

（续表）

明嘉靖　青花庭院十六子罐	2009年春拍	香港佳士得	1809	瓷器
明嘉靖　蓝地白花仙鹤拱寿纹盘	2009年春拍	香港佳士得	1810	瓷器
明嘉靖　剔红跃龙捧寿纹梅花盘	2009年春拍	香港佳士得	1908	瓷器
明嘉靖　御用四爱图大碗	2010—01—10	北京金兆	140	
明隆庆　青花人物委角方盘	2009年春拍	香港佳士得	1862	瓷器
明万历　御用錾胎珐琅龙纹圆盒	1998—04—26	佳士得	548	“大明万历甲寅年造”刻款
明万历　五彩人物五毒纹盘	2009年春拍	香港佳士得	1863	瓷器
明万历　青花双龙戏珠纹圆盖盒	2009年春拍	香港佳士得	1865	瓷器
明万历　青花缠枝莲纹碗	2009年春拍	香港佳士得	1866	瓷器
明万历　五彩人物纹碗	2009年春拍	香港佳士得	1867	瓷器
明万历　青花梵文莲瓣盘	2009年春拍	香港佳士得	1868	瓷器
明万历　青花双龙戏珠纹长方盖盒	2009年春拍	香港佳士得	1869	瓷器
明万历　红底黄彩云龙纹御用笔杆	2014—04—30	翰风国际	62	“大明万历年制”楷书款
明万历　戗金填漆龙纹圆盖盒	2009年春拍	香港佳士得	1909	瓷器
明万历　狮戏绣球集锦墨	2009年春拍	香港佳士得	1920	瓷器
明万历　鎏金云龙纹簋	2009年春拍	香港佳士得	1953	瓷器
明万历　御用青花凤纹游环瓶	2013—03—04	东京中央	223	
明崇祯　御用碧玉大碗	2014—07—28	上海大众	336	
明董其昌　草书《华清宫词》	2007—11—23	华艺国际	327	
元/明　14世纪鎏金铜罗汉坐像	2009年春拍	香港佳士得	1950	瓷器
明　世纪龙泉窑青釉印“金王朝官”图直口碗	2009年春拍	香港佳士得	1886	瓷器
明　世纪龙泉窑青釉折沿棱口盘	2009年春拍	香港佳士得	1887	瓷器
明　世纪鎏金铜千臂观音菩萨坐像	2009年春拍	香港佳士得	1951	瓷器
明　掐丝珐琅缠莲纹钵	2009年春拍	香港佳士得	1805	瓷器

（续表）

明　剔犀葵口盘	2009年春拍	香港佳士得	1897	瓷器
明　剔犀云纹圆盒	2009年春拍	香港佳士得	1901	瓷器
明　剔红茶花香盒	2009年春拍	香港佳士得	1904	瓷器
明　初青花缠枝莲纹净瓶	2009年春拍	香港佳士得	1803	瓷器
明　龙泉窑青釉刻花卉纹凤尾尊	2009年春拍	香港佳士得	1885	瓷器
明　刺绣佛祖天王圆幅	2009年春拍	香港佳士得	1949	瓷器
明　世纪剔红莲花印盒	2009年春拍	香港佳士得	1902	瓷器
明　剔犀如意云纹小几	2009年春拍	香港佳士得	1911	瓷器
明　剔红栀子花纹香盒	2009年春拍	香港佳士得	1905	瓷器
明　剔红鹿鹤同春委角长方盘	2009年春拍	香港佳士得	1910	瓷器
明　剔犀云纹印盒	2009年春拍	香港佳士得	1900	瓷器
明　剔犀云纹印盒	2009年春拍	香港佳士得	1899	瓷器
明　剔红牡丹花印盒	2009年春拍	香港佳士得	1903	瓷器
明　宫廷大漆描金五福捧寿纹铜镜	2014—05—25	横滨国际	2044	
明　宫廷关公擦擦	2012—06—07	北京盈时	455	
明　德化窑白釉出戟方鼎	2009年春拍	香港佳士得	1864	瓷器
明　青花仙鹿香插	2009年春拍	香港佳士得	1870	瓷器
明　青玉雕卧马摆件	2009年春拍	香港佳士得	1972	瓷器
明　玉龙、卧羊珮各一枚	2009年春拍	香港佳士得	1988	瓷器
明　黑漆百宝嵌圆角柜	2009年春拍	香港佳士得	1814	瓷器
明　鎏金铜释迦牟尼佛坐像	2009年春拍	香港佳士得	1952	瓷器
明　局部鎏金铜洞石花卉纹瓶	2009年春拍	香港佳士得	1954	瓷器
明末　洒金铜饕餮纹爵	2009年春拍	香港佳士得	1956	瓷器
明末　狮龙耳铜香炉	2009年春拍	香港佳士得	1957	瓷器
明末清初　朱彝尊制御用“神龙下窥”砚	2012—08—19	山东蚨第雅	507	铭文：“熨斗焦纹，玉堂旧物。神龙下窥，破壁而出。鷗舫作。”
明末清初　宫廷紫檀黑漆嵌螺钿团花长方炕桌	2014—11—25	横滨国际	3057	2014年香港秋季拍卖会
明　掐丝珐琅葡萄纹宫廷御用镜	2006—06—04	中国嘉德	2667	

（续表）

明　沈粲题诗文端石长方形抄手御用砚	2006—06—24	太平洋	146	
明　御用鎏金腰带扣	2008—04—09	中招国拍	3028	
明　宫廷腰牌（二件）	2008—06—23	上海嘉泰	271	
明　榉木宫廷狩猎台	2009—06—07	南京正大	96	
明　黄花梨雕龙纹十二扇宫廷大屏风	2009—10—17	南京正大	74	
明　黑漆嵌螺钿荷叶式六足香几	2009年春拍	香港佳士得	1813	瓷器
明　黄花梨嵌百宝宫廷顶箱柜	2010—06—06	浙江佳宝	103	
明　黄花梨雕龙纹十二扇宫廷大屏风	2010—12—12	南京正大	29	
明　铜鎏金龙纹御用佩刀	2012—03—10	中都国际	474	
明　“万寿圣节”背“福寿齐天”宫廷赏赐金钱	2012—11—26	中国嘉德	153	
明　铜鎏金龙纹御用佩刀	2012—07—08	中都国际	521	
明　宫廷内务府造册处绘织督造黄绫套丝绸缎（一件）	2012—12—17	上海泓盛	7689	悟馨斋旧藏——明清宫廷遗珍、古美术文献陈暨年故纸专场
明　陈邦彦　宫廷书法册页	2013—09—05	东京国际	625	
明　画珐琅乾隆宫廷如意	2012—12—23	苏州吴门	854	
明末清初　时大彬制宫廷彩泥绘长方竹节茶盘	2014—06—03	远方拍卖	1002	底款为篆体方章“大彬”
明　清宫旧藏宜钧窑雕龙头	2014—11—02	横滨国际	3084	
明　宫廷御制铜鎏金火焰纹狮子摆件	2011—04—28	苏州东方	1421	
明　象牙宫廷用腰牌	2011—04—28	苏州东方	1411	
明　宣德掐丝珐琅番莲纹圆盒	2009年春拍	香港佳士得	1806	瓷器
明正德　宫廷阿拉伯文炉具	2011—12—28	浙江佳宝	365	
清康熙　御用对印	2002—04—24	北京华辰	849	
清康熙　木胎夹苎漆金财宝天王	2013—05—13	中国嘉德	3736	
清康熙　御用田黄玉石印章　一套十二方	2003—07—07	佳士得	535	

（续表）

清慈禧　皇太后御用大力金刚降魔杵	2010—01—10	北京金兆	132	
清慈禧　皇太后御用竹节银勺	2010—01—10	北京金兆	129	
清康熙　御用碧玉玺“康熙御笔之宝”	2003—07—12	北京华辰	893	
清康熙　竹雕和合二仙笔筒	2009年春拍	香港佳士得	1939	瓷器
清康熙　御用寿山石长方印玺两方	2005—05—30	佳士得	1234	印面：“日镜云伸”“三无九有”
清康熙　宫廷　太平有象熏炉	2014—10—26	北京翰海	4533	宣德年制款
宝薮　康熙御用印　一册	2001—04—25	中国嘉德	1033	
清康熙　张宏造朱砂御用贡墨	2007—07—01	上海嘉泰	1524	
清康熙　御制鎏金铜交龙钮八卦“无射”编钟	2007年秋拍	香港苏富比	1327	皇京西暮清代宫廷艺术珍品
清康熙　宫廷四臂观音菩萨	2008—12—10	富彼国际	1405	
清康熙　青釉凸花海水螭纹三弦莱菔尊	2009年春拍	香港佳士得	1819	瓷器
清康熙　御制珊瑚红地九秋纹内绘果实碗	2009年春拍	香港佳士得	1820	瓷器
清康熙　五彩芦雁图凤尾尊	2009年春拍	香港佳士得	1871	瓷器
清康熙　五彩花鸟纹大盘	2009年春拍	香港佳士得	1872	瓷器
清康熙　黄地绿彩桃树飞鸟纹碗	2009年春拍	香港佳士得	1875	瓷器
清康熙　青花绿彩云龙纹盘	2009年春拍	香港佳士得	1876	瓷器
清康熙　斗彩人物图棒槌瓶	2009年春拍	香港佳士得	1880	瓷器
清康熙　匏制莲寿纹漆里碗	2009年春拍	香港佳士得	1821	瓷器
清康熙　御制明黄绣龙纹吉服	2009年春拍	香港佳士得	1817	瓷器
清康熙　御制鎏金铜交龙钮云龙纹“无射”“夹钟”编钟各一枚	2009年春拍	香港佳士得	1818	瓷器
清康熙　鎏金铜跃龙如意	2009年春拍	香港佳士得	1914	瓷器

（续表）

清康熙　纺织图集锦墨	2009年春拍	香港佳士得	1918	瓷器
清康熙　皇帝御用青花梵文礼佛杯	2010—01—10	北京金兆	133	
清康熙　御用青花釉里红外八仙桌	2010—01—10	北京金兆	137	
清康熙　彩漆戗金云龙纹葵瓣式盘	2010—05—18	北京永乐	660	
清康熙　御制鎏金铜交龙钮八挂纹“黄钟”扁钟	2010年秋拍	香港苏富比	2105	瑰辞神笔——重要私人清宫御制工艺珍藏
清康熙　御用战袍	2010—11—28	北纬拍卖	9	
清康熙　清宫手工计算机象牙配件	2011—04—16	北京保利	668	
清康熙　铜胎画珐琅“康熙御用”款香炉	2011—04—16	北京保利	617	
清康熙　御用战袍（清宫旧藏）	2011—07—24	隆瀚国际	43	
“乾隆通宝”宝泉局宫廷大制钱	2011—05—15	中国嘉德	2404	
清18世纪紫檀嵌玉石荷花图挂屏	2009年春拍	香港佳士得	1961	瓷器
清康熙　御用紫砂蓝底花卉笔筒	2011—12—27	河南鸿远	2452	
清康熙　宫廷御用铜百寿纹兽面纹方尊	2012—08—04	上海大众	457	
清康熙　青白玉雕双龙印	2012—08—04	上海大众	476	印文：雍亲王宝
清康熙　御用素三彩缠枝花卉大盆	2013—07—07	朵云轩	1903	
清康熙　造办处铜鎏金香盒组套	2013—07—12	西泠拍卖	654	包括香炉、手炉、香斗、香筒、卧炉、熏球、香插、香盘、香盒、香夹、香箸、香铲、香匙、香囊等
焦秉贞　清宫仕女图	2013—07—21	嘉禾瑞丰	56	
郎世宁（传）　宫廷人物画	2014—06—23	金洲拍卖	1446	
顾见龙　宫廷仕女册	2014—10—25	北京保利	5871	册页
丁观鹏　宫廷人物　手卷	2014—10—22	狮城国际	852	
清康熙　御用战袍	2014—04—18	新加坡国际	2082	
清雍正/乾隆　御用刺绣	1996—04—28	佳士得	37	
清雍正　御用象牙席	2010—05—18	北京永乐	618	

（续表）

清康熙　铜鎏金宫廷六臂大黑天	2014—11—02	保利厦门	713	
清雍正　御制黑漆描金“山水楼廓”图屏风	2007年秋拍	香港苏富比	1309	皇京西暮清代宫廷艺术珍品
清雍正/乾隆金铸开光式折枝花卉纹盖壶　壶注刻“八五岁黄金重六两六钱四分”铭	2007年秋拍	香港苏富比	1329	皇京西暮清代宫廷艺术珍品
清康熙　宫廷铜鎏金释迦牟尼坐像	2014—11—02	保利厦门	637	
清雍正　黄花梨雕龙纹十二扇宫廷大屏风	2008—01—19	南京正大	135	
清雍正　御用湘妃竹黑漆描金刺绣多宝格	2009—05—30	北京保利	1690	来源：日本藏家旧藏
清雍正　御用明黄色彩云金龙妆花缎刺绣龙袍	2009—05—31	北京永乐	404	
清雍正　青花釉里红海水“太极八卦”图三弦莱菔尊	2009年春拍	香港苏富比	1602	玲珑八宝——欧洲私人清宫御瓷收藏专场
清雍正　矾红彩留白“彩蝶戏花”图圆盖盒	2009年春拍	香港苏富比	1606	玲珑八宝——欧洲私人清宫御瓷收藏专场
清雍正　青花“穿花游龙”图大盘	2009年春拍	香港苏富比	1607	玲珑八宝——欧洲私人清宫御瓷收藏专场
清雍正　粉彩“万花锦绣”图盌	2009年春拍	香港苏富比	1608	玲珑八宝——欧洲私人清宫御瓷收藏专场
清雍正　斗彩鸡缸杯	2009年春拍	香港佳士得	1822	瓷器
清雍正　矾红彩修竹碗	2009年春拍	香港佳士得	1823	瓷器
清雍正　青花海水龙纹长颈盘口瓶	2009年春拍	香港佳士得	1825	瓷器
清雍正　窑变釉鸠耳衔环尊	2009年春拍	香港佳士得	1826	瓷器
清雍正　绿釉胆瓶	2009年春拍	香港佳士得	1827	瓷器
清雍正　仿木纹釉提桶	2009年春拍	香港佳士得	1828	瓷器
清雍正　斗彩缠枝番莲纹碗	2009年春拍	香港佳士得	1873	瓷器
清雍正　斗彩蝠云纹碗	2009年春拍	香港佳士得	1874	瓷器
清雍正　御制珊瑚红地五彩花卉纹碗	2009年春拍	香港佳士得	1878	瓷器
清雍正　仿官釉长颈荸荠扁瓶	2009年春拍	香港佳士得	1888	瓷器

（续表）

清雍正　仿汝釉长方花盆	2009年春拍	香港佳士得	1889	瓷器
清雍正　酱釉小盘	2009年春拍	香港佳士得	1890	瓷器
清雍正　仿汝窑釉盘口双戟耳瓶	2009年春拍	香港佳士得	1892	瓷器
清雍正　掐丝珐琅缠莲蝠云纹尊	2009年春拍	香港佳士得	1850	瓷器
清雍正　御制明黄地绣五龙纹坐垫	2009年春拍	香港佳士得	1851	瓷器
清雍正　皇帝御用绿彩海水龙纹盘	2010—01—10	北京金兆	138	
清雍正　御用粉彩福禄寿赏瓶	2010—01—10	北京金兆	128	
清雍正/乾隆　御用刻龙罗纹洒金纸、雪金蜡笺各一幅	2010—12—01	佳士得	3145	
清雍正　铜鎏金碾钢花纹御用佩刀	2011—06—12	中都国际	1556	
清雍正　铜鎏金火焰龙纹御用刀	2011—06—12	中都国际	1545	雍正年制款
清雍正　铜鎏金二龙戏珠鼋钢花纹御用佩刀	2011—06—12	中都国际	1555	雍正年制款
清雍正　铜鎏金嵌宝石龙纹御用佩刀	2011—06—12	中都国际	1547	雍正年制款
清雍正　宫廷御用湘妃竹黑漆描金山水花卉纹博古格	2012—08—04	上海大众	461	原日本东京藏家旧藏
清雍正　御用红釉小水丞	2014—05—28	佳士得	3007	
清雍正　官窑矾红五福捧寿盘（一对）	2014—10—28	新加坡国际	2001	大清雍正年制款
清雍正　官窑蓝釉堆白水草鱼纹盖碗	2014—10—28	新加坡国际	2002	大清雍正年制款
清雍正　官窑斗彩盘（一对）	2014—10—28	新加坡国际	2003	大清雍正年制款
清雍正　官窑粉彩花卉杯（一对）	2014—10—28	新加坡国际	2004	大清雍正年制款
清三代御用龙袍	2012—06—03	澳门中信	287	
清雍正　天青釉镗锣洗	2014—10—28	新加坡国际	2006	“雍正年制”青花底款

（续表）

清雍正　铜鎏金宫廷六臂大黑天	2014—11—02	保利厦门	716	
清乾隆　清宫内府御制铜画珐琅西洋人物鼻烟壶	1996—04—28	佳士得	60	
清乾隆　御用水晶斋戒牌	1998—04—26	佳士得	533	
清乾隆　御用雕漆龙纹亢貝	1998—04—26	佳士得	565	
清乾隆　御用淳化轩摹古墨	1999—07—05	北京翰海	1699	
清乾隆　粉青御用竹节臂搁	2000—01—09	北京翰海	1353	
清乾隆　御用嵌珐琅地平式日晷仪	2000—04—30	佳士得	511	2000年春季拍卖会·中国宫廷及圆明园御制艺术品专场
清乾隆　御用龙纹丝绒地毯	2000—04—30	佳士得	606	
清乾隆　旧玉螭钮御用玺（一对）	2002—11—04	北京华辰	765	
清乾隆　白玉云龙纹御用赏瓶	2002—12—10	中鸿信	98	瓶底有“大清乾隆年制”隶书六字阴文刻款
清乾隆　宫廷礼剑	2003—08—24	上海敬华	1012	
清乾隆　御用如意纹丝绒地毯	2003—09—01	北京翰海	1968	
清乾隆　御用铜胎珐琅万福吉祥灯	2005—01—09	红太阳	702	
清乾隆　御用珐琅彩花觚	2005—01—09	红太阳	700	
清乾隆　清宫内府御制珐琅彩西洋人物图鼻烟壶	2005—03—30	纽约佳士得	50	
清乾隆/嘉庆　御用刺绣福寿纹饰屏（坐褥）	2005—05—30	佳士得	1287	中国宫廷御制艺术精品专场
清乾隆　御用狮钮方章	2005—11—05	北京诚轩	137	印面刻“五福五代”四字
清乾隆　铜鎏金錾云龙纹鲨鱼皮鞘宫廷配刀	2005—12—03	上海嘉泰	2050	
清乾隆　清宫花梨木雕花鸟纹落地罩	2006—11—22	中国嘉德	1879	
贺清泰　内府御用器画样	2006—01—14	北京翰海	530	
清乾隆　御制和阗碧玉暗刻填金乾隆御笔“山阴真面”玉册	2007—03—17	香港苏富比	601	2007年春玉承天令乾隆宫廷艺术品专拍

（续表）

清乾隆　御制翡翠和阗玉搬指七件连御制诗剔红紫檀三鱼朵梅海水纹盖盒	2007—03—17	香港苏富比	602	
清乾隆　御制紫檀木嵌"延年"龙凤纹古玉璧御题诗插屏	2007—03—17	香港苏富比	603	
清乾隆　御制白玉"寒山千尺雪"御题诗山子	2007—03—17	香港苏富比	604	
清乾隆　御制暗刻填金青玉"十六罗汉赞"玉册	2007—03—17	香港苏富比	605	
清乾隆　御用白玉狮纽宝玺	2007—05—29	佳士得	1387	阳文篆书"狮子林"
清乾隆　御制"鉴古席珍"乾隆肖像图册	2007年秋拍	香港苏富比	1305	皇京西暮清代宫廷艺术珍品
清乾隆　御笔"御临王帖"行书册　紫檀木"御临王帖"册面	2007年秋拍	香港苏富比	1306	皇京西暮清代宫廷艺术珍品
清乾隆　御制平定西域紫光阁次五十功臣像赞二十八　头等侍卫固勇巴图鲁伊萨穆	2007年秋拍	香港苏富比	1314	皇京西暮清代宫廷艺术珍品
清乾隆　御制平定西域紫光阁次五十功臣像赞二等侍卫特古思巴图鲁塔尼布	2007年秋拍	香港苏富比	1315	皇京西暮清代宫廷艺术珍品
清乾隆　御制平定西域紫光阁次五十功臣像赞四十三等侍卫哈什哈巴图鲁达尔汉	2007年秋拍	香港苏富比	1316	皇京西暮清代宫廷艺术珍品
清乾隆　平定台湾铜板印画十二幅卷轴	2007年秋拍	香港苏富比	1313	皇京西暮清代宫廷艺术珍品
清乾隆　斗彩勾莲纹双螭耳皮球花形扁壶	2007年秋拍	香港苏富比	1307	皇京西暮清代宫廷艺术珍品
清乾隆　霁蓝地描金石榴花卉纹瓶	2007年秋拍	香港苏富比	1326	皇京西暮清代宫廷艺术珍品
清乾隆　御制白玉云蝠纹"游龙戏珠"图如意	2007年秋拍	香港苏富比	1310	皇京西暮清代宫廷艺术珍品
清乾隆　御制白玉松树纹笔筒	2007年秋拍	香港苏富比	1334	皇京西暮清代宫廷艺术珍品
清乾隆　御制碧玉山水楼阁"浴马图"笔筒	2007年秋拍	香港苏富比	1336	皇京西暮清代宫廷艺术珍品
清乾隆　御制紫檀木雕卷叶纹方卓	2007年秋拍	香港苏富比	1330	皇京西暮清代宫廷艺术珍品

（续表）

清乾隆　御宝题诗白玉圆玺	2007年秋拍	香港苏富比	1301	皇京西暮清代宫廷艺术珍品
清乾隆　御宝交龙钮白玉玺	2007年秋拍	香港苏富比	1302	
清乾隆　御宝交龙钮白玉玺	2007年秋拍	香港苏富比	1303	皇京西暮清代宫廷艺术珍品
清乾隆　御宝螭龙钮寿山石方玺	2007年秋拍	香港苏富比	1304	皇京西暮清代宫廷艺术珍品
清乾隆　铜胎掐丝珐琅福寿纹“太平有象”三足盖炉	2007年秋拍	香港苏富比	1308	皇京西暮清代宫廷艺术珍品
清乾隆　刺绣黄“龙”旗正黄旗	2007年秋拍	香港苏富比	1317	皇京西暮清代宫廷艺术珍品
清乾隆　圆明园御制十二生肖“水力钟”喷泉人身兽首铜像之马首铜像	2007年秋拍	香港苏富比	1321	皇京西暮清代宫廷艺术珍品
清乾隆　御制铜铸刻龙凤纹双耳活环方觚	2007年秋拍	香港苏富比	1322	皇京西暮清代宫廷艺术珍品
清乾隆　御制铜胎掐丝珐琅“春寿”宝盒	2007年秋拍	香港苏富比	1323	皇京西暮清代宫廷艺术珍品
清乾隆　御制铜胎掐丝珐琅“海水云龙”图八方瓶	2007年秋拍	香港苏富比	1324	皇京西暮清代宫廷艺术珍品
清乾隆　御制铜胎画珐琅柠檬黄地缠枝花卉“袱系”盖盒	2007年秋拍	香港苏富比	1325	皇京西暮清代宫廷艺术珍品
清乾隆　鎏金铜八宝纹嵌玉雕“婴戏图”如意	2007年秋拍	香港苏富比	1328	皇京西暮清代宫廷艺术珍品
清乾隆　御制《般若波罗蜜多心经》玉册连紫檀盖盒	2007年秋拍	香港苏富比	1332	皇京西暮清代宫廷艺术珍品
清乾隆　宝竹根雕长方玺	2007年秋拍	香港苏富比	1333	皇京西暮清代宫廷艺术珍品
清乾隆　御制白玉云龙洗	2007年秋拍	香港苏富比	1335	皇京西暮清代宫廷艺术珍品
清乾隆　宫廷御制器物座	2007—11—04	长风拍卖	625	
清乾隆　御用象牙雕夔龙纹毛笔	2007—11—04	长风拍卖	664	
清乾隆三十八年　御用团龙墨	2007—11—26	上海鸿海	227	
清乾隆　己卯作　临董其昌仿颜帖	2008—05—21	北京匡时	156	立轴　纸本
清乾隆　缂丝御制西湖景诗册页（十二开）	2008—05—21	北京匡时	162	清代宫廷艺术品专场

（续表）

清乾隆　松花石御题诗文山水人物砚屏	2008—05—21	北京匡时	152	清代宫廷艺术品专场
宣和御用方墨乾隆御铭连盒	2008—08—01	书画艺拍	99	
清乾隆　御宝螭龙钮白玉长方玺	2008年秋拍	香港苏富比	2001	皇威万代——法国吉美家族收藏乾隆御制印玺专拍
清乾隆　御宝云龙钮白玉长方玺	2008年秋拍	香港苏富比	2002	皇威万代——法国吉美家族收藏乾隆御制印玺专拍
清乾隆　御宝交龙钮白玉玺	2008年秋拍	香港苏富比	2003	皇威万代——法国吉美家族收藏乾隆御制印玺专拍
清乾隆　御宝螭龙钮白玉椭圆玺	2008年秋拍	香港苏富比	2004	皇威万代——法国吉美家族收藏乾隆御制印玺专拍
清乾隆　御宝蹲龙钮碧玉玺	2008年秋拍	香港苏富比	2005	皇威万代——法国吉美家族收藏乾隆御制印玺专拍
清乾隆　御宝交龙钮和阗青玉玺	2008年秋拍	香港苏富比	2006	皇威万代——法国吉美家族收藏乾隆御制印玺专拍
清乾隆　御宝交龙钮白玉玺	2008年秋拍	香港苏富比	2007	皇威万代——法国吉美家族收藏乾隆御制印玺专拍
清乾隆　御宝三螭钮碧玉玺	2008年秋拍	香港苏富比	2008	皇威万代——法国吉美家族收藏乾隆御制印玺专拍
清乾隆　黄地粉彩缠枝花卉纹开光式“松鹤长春”圆双耳扁壶	2008—09—16	香港苏富比	2202	皇威万代——私人珍藏清宫瑰宝专拍
清雍正/乾隆青花釉里红“三星图”灯笼瓶	2008—09—16	香港苏富比	2203	皇威万代——私人珍藏清宫瑰宝专拍
清乾隆　釉里红“海水九龙”图扁壶	2008—09—16	香港苏富比	2208	皇威万代——私人珍藏清宫瑰宝专拍
清乾隆　蓝地“穿花螭龙”图开光式御制诗壁瓶	2008—09—16	香港苏富比	2214	皇威万代——私人珍藏清宫瑰宝专拍
清乾隆　青花缠枝牡丹纹双象耳瓶	2008—09—16	香港苏富比	2217	皇威万代——私人珍藏清宫瑰宝专拍
清乾隆　白玉山水人物“灵仙祝寿”图圆璧连碧玉座	2008—09—16	香港苏富比	2218	皇威万代——私人珍藏清宫瑰宝专拍
清乾隆　白玉螭龙“和合二仙”盌	2008—09—16	香港苏富比	2219	皇威万代——私人珍藏清宫瑰宝专拍
清乾隆　嵌雕象牙杂宝“百鸟朝凤”图挂屏	2008—09—16	香港苏富比	2209	皇威万代——私人珍藏清宫瑰宝专拍

（续表）

清乾隆　御制紫檀浮雕西番莲“福在眼前”图嵌大理石月牙半圆桌	2008—09—16	香港苏富比	2210	皇威万代——私人珍藏清宫瑰宝专拍
清乾隆　贴竹簧嵌玉“夔龙拱璧”图漆木扶手椅	2008—09—16	香港苏富比	2211	皇威万代——私人珍藏清宫瑰宝专拍
清乾隆　御制金桃皮鞘“天字十七号”“宝腾”腰刀	2008—09—16	香港苏富比	2204	皇威万代——私人珍藏清宫瑰宝专拍
清乾隆　剔红雕漆牡丹纹马鞍连如意团螭纹皮鞍韂、绻头及鎏金铜錾梅花纹马镫	2008—09—16	香港苏富比	2205	皇威万代——私人珍藏清宫瑰宝专拍
清乾隆　御制缂丝黑地“海水云龙”图仪仗甲胄	2008—09—16	香港苏富比	2206	皇威万代——私人珍藏清宫瑰宝专拍
清乾隆　御制剔红雕漆“水波翔龙”宝盒	2008—09—16	香港苏富比	2207	皇威万代——私人珍藏清宫瑰宝专拍
清乾隆　御制铜鎏金嵌宝石“庭园花树”喷泉水法音乐钟	2008—09—16	香港苏富比	2212	皇威万代——私人珍藏清宫瑰宝专拍
清乾隆　剔红雕漆“四轮辇”式多层套盒	2008—09—16	香港苏富比	2213	皇威万代——私人珍藏清宫瑰宝专拍
清乾隆　御制铜胎画珐琅黄地开光式“福寿图”瓜棱壶	2008—09—16	香港苏富比	2215	皇威万代——私人珍藏清宫瑰宝专拍
清乾隆　铜胎剔红雕漆“汉宫春晓”图铺铜兽首碧玉活环钵	2008—09—16	香港苏富比	2216	皇威万代——私人珍藏清宫瑰宝专拍
清乾隆　御用淳化轩墨	2009—01—11	中贸圣佳	1308	
清乾隆　御用碧玉印章	2009—05—26	长风拍卖	28	印文：“文华殿宝”
清乾隆　青玉千叟宴御用杯、碗、盘（一套六件）	2009—05—31	北京万隆	153	宫廷遗珍——皇家御用品专场，款识：大清乾隆年制
清乾隆　黄地粉彩轧道锦地折枝番莲纹铺首活环盘口小瓶	2009年春拍	香港苏富比	1601	玲珑八宝——欧洲私人清宫御瓷收藏专场
清乾隆　粉青釉浮雕芭蕉叶纹镂空“缠枝牡丹图”长颈胆套瓶	2009年春拍	香港苏富比	1603	玲珑八宝——欧洲私人清宫御瓷收藏专场
清乾隆　青花海水缠枝花卉纹贯耳壶	2009年春拍	香港苏富比	1604	玲珑八宝——欧洲私人清宫御瓷收藏专场
清乾隆　青花釉里红“海水云龙”图扁壶	2009年春拍	香港苏富比	1605	玲珑八宝——欧洲私人清宫御瓷收藏专场
清乾隆　斗彩云龙赶珠纹小盖罐	2009年春拍	香港佳士得	1824	瓷器
清乾隆　粉青釉饕餮纹天球瓶	2009年春拍	香港佳士得	1829	瓷器

（续表）

清乾隆　青花花卉纹双龙尊	2009年春拍	香港佳士得	1830	瓷器
清乾隆　釉里红双龙戏珠纹玉壶春瓶	2009年春拍	香港佳士得	1831	瓷器
清乾隆　矾红彩飞龙纹天鸡钮高足盖碗	2009年春拍	香港佳士得	1877	瓷器
清乾隆　青花矾红彩海水龙纹碗	2009年春拍	香港佳士得	1882	瓷器
清乾隆　豆青釉印莲纹高足盘	2009年春拍	香港佳士得	1891	瓷器
清乾隆　茶叶末釉长颈瓶	2009年春拍	香港佳士得	1893	瓷器
清乾隆　霁红釉撇口瓶	2009年春拍	香港佳士得	1894	瓷器
清乾隆　炉钧釉象耳尊	2009年春拍	香港佳士得	1895	瓷器
清乾隆　窑变釉贯耳方壶	2009年春拍	香港佳士得	1896	瓷器
清乾隆　白玉莲纹三羊开泰五蝠纽奁	2009年春拍	香港佳士得	1834	瓷器
清乾隆　碧玉饕餮纹活环耳盖壶	2009年春拍	香港佳士得	1838	瓷器
清乾隆　御制宝石红料笸箩纹鼻烟壶	2009年春拍	香港佳士得	1921	瓷器
清乾隆　青白玉题诗鼻烟壶	2009年春拍	香港佳士得	1923	瓷器
清乾隆　御制紫檀雕西洋花纹炕案	2009年春拍	香港佳士得	1811	瓷器
清乾隆　御制剔红跃龙捧寿纹扶手椅	2009年春拍	香港佳士得	1815	瓷器
清乾隆　剔红框嵌宝剔彩福寿纹御题诗挂屏	2009年春拍	香港佳士得	1816	瓷器
清乾隆　御制缂丝仙山楼阁集庆挂屏	2009年春拍	香港佳士得	1857	瓷器
清乾隆　鎏金铜镶嵌珐琅料石转花花盆顶水法音乐钟	2009年春拍	香港佳士得	1841	瓷器
清乾隆　掐丝珐琅饕餮纹兽首衔环耳壁瓶	2009年春拍	香港佳士得	1843	瓷器
清乾隆　掐丝珐琅《御制题栀子》壁瓶	2009年春拍	香港佳士得	1844	瓷器
清乾隆　剔红仙舟宝盒	2009年春拍	香港佳士得	1845	瓷器
清乾隆　剔红群仙贺寿盖盒	2009年春拍	香港佳士得	1846	瓷器
清乾隆　铜胎画珐琅瓜瓞绵绵攒盒	2009年春拍	香港佳士得	1847	瓷器

（续表）

清乾隆　蓝地掐丝珐琅夔龙纹八方花盆	2009年春拍	香港佳士得	1849	瓷器
清乾隆　掐丝珐琅莲鹤纹葵瓣式折沿盆	2009年春拍	香港佳士得	1854	瓷器
清乾隆　青花墨彩诗文印盒	2009年春拍	香港佳士得	1881	瓷器
清乾隆　铜胎画珐琅瓜瓞绵绵葫芦瓶	2009年春拍	香港佳士得	1947	瓷器
清乾隆　御制“来仪”墨	2009年春拍	香港佳士得	1917	瓷器
清乾隆　宫廷手绘云龙库绢一盒	2009—06—26	北京匡时	1226	漆盒侧面贴民国时期清宫善后委员会清点时所贴标签
清乾隆　御用墨（一套）	2009—07—19	朵云轩	894	
清乾隆　御用三足双耳铜炉	2009—10—18	四川嘉禾	171	
清乾隆　宫廷手绘描银云纹库绢（一盒25张）	2009—10—19	中贸圣佳	1984	
清乾隆　五色宫廷手绘云龙库绢（五张）	2009—11—11	北京翰海	3614	
清乾隆　“乾清宫”壁毯	2009—11—22	北纬拍卖	40	
清乾隆　清宫锦缎八方器底座	2009—11—23	北京万隆	161	
清乾隆　铜双狮耳乾清宫款炉	2009—11—30	北京匡时	737	
清乾隆　宫廷御用掐丝珐琅彩圆桌凳	2009—12—13	澳门中信	308	大清乾隆年制
清乾隆　皇帝御用鲨鱼皮鞘	2009—12—13	北京永乐	782	
清乾隆　御用铜鎏金嵌珐琅地平式日晷仪	2009—12—13	北京永乐	810	
清乾隆　黄花梨宫廷靠背椅	2010—01—02	浙江佳宝	36	
清乾隆御用五福捧寿武功带	2010—01—10	北京金兆	131	
清乾隆御用鲨鱼皮鞘随身佩刀	2010—01—10	辽宁中正	1163	
清乾隆御用养神砚	2010—01—10	北京金兆	134	
清乾隆御用象牙毛笔	2010—04—11	浙江中财	1507	
云龙纹描金乾隆御用墨（一方）	2010—04—28	中都国际	1277	
清乾隆　御用黄釉龙文盌	2010—05—16	中国嘉德	2401	

（续表）

清乾隆 御用碧玉大画筒连木座	2010—04—17	书画艺拍	372	
清乾隆 御制沥粉漆金龙凤纹宝册箱（一对）	2010—05—18	北京永乐	661	
清乾隆 御制剔红嵌牙雕商山四皓图梅花式盒	2010—05—18	北京永乐	662	
清乾隆 黄地织金妆花缎双龙纹镜心	2010—05—18	北京永乐	675	
清乾隆 “乾隆御用”御题诗澄泥伏虎砚及紫檀盖盒	2010—06—04	北京保利	4146	“九土来王”东西美术交流与乾隆盛世专场，来源：日本藏家旧藏
清乾隆 御用彩漆描金雕洪福齐天纹大攒盒	2010—05—18	北京永乐	707	
清乾隆 乾清宫双龙耳三足	2010—06—21	福建拍卖	397	
清乾隆 御用龙纹九龙墨	2010—07—24	中都国际	301	
清乾隆 御制和阗青玉“永玉茶碗”御制诗盌	2010年秋拍	香港苏富比	2101	瑰辞神笔——重要私人清宫御制工艺珍藏
清乾隆 御制和阗白玉御制诗“赶珠云龙”如意	2010年秋拍	香港苏富比	2106	瑰辞神笔——重要私人清宫御制工艺珍藏
清乾隆 御制碧玉暗刻描金“三清茶”御制诗盌	2010年秋拍	香港苏富比	2107	瑰辞神笔——重要私人清宫御制工艺珍藏
清乾隆 鸂鶒木暗刻描金御制诗嵌浅青玉雕“云龙”图冠冠架	2010年秋拍	香港苏富比	2109	瑰辞神笔——重要私人清宫御制工艺珍藏
清乾隆 御宝交龙钮白玉玺	2010年秋拍	香港苏富比	2103	瑰辞神笔——重要私人清宫御制工艺珍藏
清乾隆 铜柱钮“刑部督捕清吏司印”	2010年秋拍	香港苏富比	2108	瑰辞神笔——重要私人清宫御制工艺珍藏
清乾隆 御用纯金掐丝嵌宝海棠形五福捧寿粉盒	2010—11—04	上海工美	525	
清乾隆 御用雕翎箭	2010—11—23	北京永乐	793	
清乾隆 宫廷造办处铜鎏金	2010—11—28	中拍国际	9007	
清乾隆 御用红漆描金龙纹	2011—01—25	上海嘉泰	1320	
清乾隆 粉彩宫廷人物六方瓶	2011—04—17	北京保利	1182	
清乾隆 清宫御用铜胎掐丝珐琅帽架	2011—04—28	苏州东方	1417	
清乾隆 清宫御用铜胎掐丝珐琅帽架	2011—04—28	苏州东方	1417	

（续表）

清乾隆　御用起铜鼓錾工艺掐丝珐琅“岁朝图”红木插屏	2011—04—28	苏州东方	1415	
“乾隆通宝”宝泉局宫廷大制钱	2011—05—15	中国嘉德	2405	
清乾隆　御用铜胎画珐琅花卉　吉祥如意纹大婚帽架	2011—05—24	北京永乐	984	
清乾隆　铜鎏金云龙纹罨钢花纹御用佩刀	2011—06—12	中都国际	1646	乾隆年制款
清乾隆　铜鎏金嵌宝石碾钢花纹双槽御用佩刀	2011—06—12	中都国际	1554	乾隆年制款
清乾隆　紫檀镶黄花梨影子木多宝提盒蟋蟀容器（清宫旧藏）（一套）	2011—07—24	隆瀚国际	23	
清乾隆　乾清宫款乳足鬲式炉	2011—07—18	西泠拍卖	2886	
清乾隆　清宫造办处紫金铜三足炉	2011—07—24	隆瀚国际	24	
清乾隆　大漆乾隆御笔牌匾	2011—07—24	隆瀚国际	19	
清乾隆　宫廷“敬业斋”“伴相”款染色象牙雕蟋蟀罐	2011—08—07	上海中福	232	
清乾隆　御用黄釉暗刻球花	2011—08—13	北京荣宝	1224	
清乾隆　清宫典籍“辟异开宗”册页板	2011—10—22	北京保利	240	
清乾隆　乾清宫双龙耳三足铜香熏炉	2011—07—02	福建拍卖	273	
清乾隆　檀香骨花卉宫廷折扇	2011—10—22	北京保利	479	
清乾隆　点翠嵌染色象牙“昭君出塞”图宫廷挂屏	2011—10—22	北京保利	270	
清乾隆　御用狩猎箭匣	2011—10—22	北京保利	371	
清乾隆　宫廷绣五蝠团龙斑竹帘	2011—10—24	北京容海	3606	
清乾隆　紫檀雕云龙纹宝座	2011—11—17	北京翰海	2331	
清乾隆　紫檀宫廷嵌瓷胎画珐琅花鸟纹插屏	2011—11—27	南京正大	42	
清　乾隆　宫廷“西蕃作”金镶玉　（三件套）	2011—12—06	中拍国际	3118	

（续表）

清乾隆　宫廷“西蕃作”薄胎神仙故事纹碧玉碗（一对）	2011—12—06	中拍国际	3117	有“大清乾隆年制”款识
清乾隆　御用白玉御题诗碗	2011—12—06	北京保利	5011	
清乾隆　御用鎏金嵌宝朝服	2011—12—06	北京保利	5173	
清　乾隆御用宫廷黄花梨雕博古图画案	2011—12—19	江苏万达	1625	
清乾隆　宫廷大肚能容弥勒佛供画	2011—12—22	上海宝龙	293	立轴　设色绢本
清乾隆　紫檀雕云龙纹嵌金银丝宫廷宝座屏风	2012—02—11	宁波富邦	341	美国藏家旧藏
清乾隆　大漆描金云龙纹御用墨方盒	2012—04—21	北京保利	339	“萤窗长物”——文房清供及成扇专场
清乾隆　御用明黄色缎绣云龙纹靠垫拆片	2012—06—05	北京永乐	680	
清乾隆·清宫明黄缎织金龙彩云御座套	2012—07—07	西泠拍卖	2755	
清乾隆　宫廷御用剔红御题诗碗	2012—08—04	上海大众	463	款识：乾隆年制
清乾隆　宫廷御用紫檀雕西番莲大香几	2012—08—04	上海大众	459	原为日本名古屋藏家旧藏
清乾隆　宫廷御用紫檀嵌百宝御咏桃花诗清供图插屏	2012—08—04	上海大众	460	
清乾隆　宫廷御用竹簧嵌佛家七珍如意	2012—08—04	上海大众	464	
清乾隆　宫廷御用紫檀雕瑞兽龙纹六方几	2012—08—04	上海大众	458	
清乾隆　御题关槐墨（一锭）	2012—08—04	上海大众	483	民国马叔雍旧藏
清乾隆　白玉雕山水人物双面插屏	2012—08—04	上海大众	445	来源：原美国藏家旧藏
清乾隆　宫廷　永瑆盥手绀纸金泥写经	2012—09—05	东京中央	38	
清乾隆　宫廷造白玉插屏	2012—09—07	东京中央	1651	
清乾隆宫廷　铜泥金宫廷坛城护法组像六尊	2012—10—28	中国嘉德	3428	
清乾隆　宫廷金漆泥擦擦佛	2012—10—28	中国嘉德	3459	
清乾隆　宫廷铜鎏金骑象护法	2012—10—28	中国嘉德	3388	

（续表）

清乾隆　宫廷铜十一面观音像	2012—10—28	中国嘉德	3437	
清乾隆　宫廷铜鎏金大梵天	2012—10—28	中国嘉德	3387	
清乾隆　宫廷铜胎掐丝珐琅关公坐像	2012—10—28	中国嘉德	3389	
清乾隆　宫廷铜鎏金红威罗瓦金刚擦擦	2012—10—28	中国嘉德	3458	有“大清乾隆年制”款识
清乾隆　宫廷鼻烟壶	2012—11—18	北京金仕德	51	
大清乾隆皇帝御用真金宣纸	2012—11—23	东京中央	545	
清　“乾隆通宝”背“宝泉”宫廷大制钱母钱	2012—11—26	中国嘉德	503	
清　“乾隆通宝”背“宝泉”宫廷大制钱母钱	2012—11—26	中国嘉德	504	
清　乾隆皇帝御玩“灵猴献寿”盖盒御用雕刻家杜士元	2012—11—26	富得拍卖	1073	
清乾隆　紫砂宫廷澄泥砚	2012—12—06	远方拍卖	775	
清乾隆　18世纪末19世纪初	2012—12—16	中恒一品	38	
清乾隆宫廷御用缂丝云龙挂屏（一件）	2012—12—17	上海泓盛	7693	
清　乾隆年徽州胡开文制“五老游河图”御用朱砂墨（一件）	2012—12—18	上海泓盛	8829	
清乾隆　胡开文仓佩室制“赤壁图”御用朱砂墨（一件）	2012—12—18	上海泓盛	8825	侧有“大清乾隆年制”款
清乾隆　宫廷御用翠玉雕韬光观海插屏	2013—03—04	东京中央	246	游环东来——中国艺术品夜场
清乾隆　宫廷御用佛龛	2013—03—04	东京中央	256	
清乾隆　御用松石绿地粉彩缠枝番莲双耳瓶	2013—03—04	东京中央	229	游环东来——中国艺术品夜场
清乾隆　宫廷御用佛龛	2013—03—04	东京中央	256	
清乾隆　宫廷造铜鎏金白财神随身像	2013—05—12	北京永乐	618	
清乾隆　宫廷造铜鎏金释迦牟尼坐像	2013—05—12	北京永乐	617	
清乾隆　御用鎏金嵌宝石腰刀	2013—05—12	中国嘉德	3101	御制——宫廷重要瓷器工艺品专场
清乾隆　御制白玉交龙钮“自强不息”宝玺	2013—05—12	中国嘉德	3108	御制——宫廷重要瓷器工艺品专场

（续表）

清乾隆　青白玉雕仙人祝寿纹圆插屏	2013—05—12	中国嘉德	3107	御制——宫廷重要瓷器工艺品专场
清乾隆　白端桃花流水朱批砚	2013—05—12	中国嘉德	3099	内底剔刻填金“五代五福堂古稀天子宝”印
清乾隆宫廷　白马头金刚佛	2013—05—13	中国嘉德	3808	
清乾隆（宫廷）　金刚威光菩萨	2013—05—13	中国嘉德	3755	
清乾隆　清宫花梨木雕花鸟纹落地罩	2013—06—04	北京保利	7587	
清乾隆　铜胎掐丝珐琅宫廷人物图屏心	2013—06—05	北京匡时	2705	
清乾隆　御用皇帝大阅佩刀	2013—06—23	澳门中信	511	
清乾隆　御用黄芙蓉狮钮方	2013—06—23	印千山	1180	
清乾隆　宫廷绛丝海水云龙挂镜	2013—06—30	门德扬	109	
清乾隆　造办处铜鎏金錾花开光鼎式炉	2013—06—30	门德扬	52	
清乾隆　造办处铜鎏金錾花炉瓶三事	2013—06—30	门德扬	51	
清乾隆　紫檀宫廷家具残件	2013—07—04	上海大众	152	
清乾隆　御用竹簧八宝纹八角大捧盒	2013—07—04	上海大众	110	
清乾隆　正蓝旗统领甲胄　（一副）	2013—11—03	门德扬	258	
清乾隆　白玉雕御用扳指	2013—11—10	瑞平国际	4292	
清乾隆　内地宫廷铜泥金清	2013—12—04	北京匡时	3259	
清　乾隆　宫廷地毯	2013—12—29	中恒一品	336	
清乾隆　宫廷福寿地毯	2013—12—29	中恒一品	333	
清乾隆　宫廷御用竹黄嵌佛家八宝如意	2013—12—29	翰风国际	689	
清乾隆　宫廷绢布　（两卷）	2013—12—29	翰风国际	908	
清乾隆　宫廷万字地毯	2013—12—29	中恒一品	334	
清　乾隆　宫廷地毯	2013—12—29	中恒一品	335	
清乾隆　宫廷官窑淡绿彩葵式碗	2014—04—18	新加坡国际	2061	“大清乾隆年制”款
清乾隆　宫廷铜胎掐丝珐琅开光八宝折沿盆（一对）	2014—04—18	新加坡国际	2068	

（续表）

清乾隆　宫廷和田白玉玉鼎	2014—04—18	新加坡国际	2049	
大清乾隆皇帝御用宣纸	2014—05—04	东京中央	1036	
清乾隆　乾隆宫廷龙凤熏炉	2014—05—10	北京翰海	2266	大明宣德年制款
清乾隆　御用十二章吉服夏袍	2014—06—08	法国福羲	82	来源：法国保罗·伯希和旧藏
清乾隆　圆明园三十六景御制诗册页	2014—06—08	法国福羲	121	来源：香港苏富比2013年10月8日 秋 拍 第3156号拍品
清乾隆　宫廷錾胎鎏金嵌八宝花盆（一对）	2014—07—06	江苏爱涛	877	
清乾隆　宫廷造办处"敬腾斋珍藏"墨条	2014—07—06	江苏爱涛	841	款识：乾隆壬辰年制玉质　金相　敬腾斋珍藏
清乾隆　宫廷造办处铜鎏金錾胎珐琅花觚（一对）	2014—07—06	江苏爱涛	876	
清乾隆　紫檀五围屏式宝座	2014—10—24	北京翰海	758	
清乾隆　宫廷御玺五福五代堂八征耄念宝	2014—10—28	新加坡国际	2015	天物——中国明清宫廷御制夜场
清乾隆　宫廷铜鎏金嵌金星玻璃画珐琅西洋仕女鼻烟盒	2014—10—28	新加坡国际	2023	天物——中国明清宫廷御制夜场
清乾隆　宫廷水晶瓶	2014—10—28	新加坡国际	2025	"彩秀堂制"款
清乾隆　宫廷铜鎏金缠枝莲纹镶宝大吉瓶	2014—10—28	新加坡国际	2021	天物——中国明清宫廷御制夜场
清乾隆　官窑粉彩穿带抱月瓶	2014—10—28	新加坡国际	2011	大清乾隆年制款
清乾隆　御题青金石雕件	2014—10—28	新加坡国际	2012	题有乾隆《雪窗清课》御制诗
清乾隆　御题孔雀石雕件	2014—10—28	新加坡国际	2013	题有乾隆《方壶山水》御制诗
清乾隆　御题诗白玉碗	2014—10—28	新加坡国际	2016	乾隆壬寅年御题
清乾隆　官窑掐丝珐琅双龙耳海棠香熏	2014—10—28	新加坡国际	2028	天物——中国明清宫廷御制夜场
清乾隆　白玉御题诗山水楼园山子	2014—10—28	新加坡国际	2014	刻有楷书清乾隆五十八年御制诗一首
清乾隆　白玉菊瓣纹印泥盒	2014—10—28	新加坡国际	2018	天物——中国明清宫廷御制夜场
清乾隆　宫廷铜鎏金双羊图鼻烟盒	2014—10—28	新加坡国际	2024	天物——中国明清宫廷御制夜场

（续表）

清乾隆　宫廷牙制茶匙	2014—10—30	横滨国际	2056	
清乾隆　宫廷铜鎏金大红司命像	2014—11—02	保利厦门	708	
清乾隆　御制黄地刺绣金丝五龙海水纹垫面	2014—11—05	伦敦苏富比	15	2014年秋季拍卖会重要中国瓷器及工艺品专场
清乾隆　宫廷造办处白玉雕仿古系绳纹鼻烟壶	2014—11—27	邦瀚斯	15	英国私人收藏
清乾隆　宫廷夔龙纹狮耳三足炉	2014—11—29	门德扬	753	
清乾隆　田百“乾清宫鉴藏宝”印	2014—12—03	北京匡时	3798	
清乾隆　宫廷白玉雕四联龙纹香瓶	2015—01—11	江苏爱涛	1114	
清乾隆　宫廷玉雕莲子纹香盒	2015—01—11	江苏爱涛	855	
清乾隆　宫廷白玉洗	2015—01—11	江苏爱涛	1127	
清乾隆　钦定《职贡图》第四卷	2016-06-18	法国图卢兹Marc Labarbe拍卖行	73	成交价323.5万欧元
清乾隆　剔红龙纹圆盖盒	2016-06-18	法国图卢兹Marc Labarbe拍卖行	36	成交价3.25万欧元
“乾隆十年秋补桐书屋制”款“湘江秋碧”古琴	2016-10	香港苏富比	3605	成交价5564万港币
清乾隆　青玉交龙钮方玺（太上皇帝之宝）	2016-10-05	香港苏富比	3304	成交价9148万港币
清乾隆　青花矾红彩云龙戏珠纹长颈瓶	2016-10-05	香港苏富比	3302	“龙游帝苑”专场
清乾隆　青花矾红水波云龙图折沿大盘	2016-10-05	香港苏富比	3305	“龙游帝苑”专场
清乾隆　御制明黄色缎绣辑米珠云龙十二章纹夹龙袍	2016-10-05	香港苏富比	3307	“龙游帝苑”专场
“大清乾隆年质”款御制错金银特等第一号火枪	2016-11-09	伦敦苏富比	100	成交价198.5万英镑
清乾隆　御制仿宋天成风字澄泥砚	2016-11-28	东京中央香港	804	“皇珍竞秀——万翠美术馆旧藏宫廷臻物”专场
清乾隆　御制于敏中书普宁寺碑偈青玉册	2016-11-28	东京中央香港	803	“皇珍竞秀——万翠美术馆旧藏宫廷臻物”专场

（续表）

清乾隆　茶叶末釉荸荠瓶	2016-11-28	东京中央香港	805	“皇珍竞秀——万翠美术馆旧藏宫廷臻物”专场
清乾隆　白釉浅浮雕缠枝莲弦纹尊（“大清乾隆年制”款）	2016-11-28	东京中央香港	806	“皇珍竞秀——万翠美术馆旧藏宫廷臻物”专场
清乾隆　缠枝莲开光福寿万代纹四方贯耳并瓶（“大清乾隆年制”款）	2016-11-28	东京中央香港	807	“皇珍竞秀——万翠美术馆旧藏宫廷臻物”专场
清康熙　宫廷金刚菩萨立像	2015—01—11	江苏爱涛	951	
清乾隆　黄地粉彩缠枝莲璎珞纹佛塔	2016-11-28	东京中央香港	808	“皇珍竞秀——万翠美术馆旧藏宫廷臻物”专场
清乾隆　御制白玉周三狮钮龙首活耳三足香炉（“乾隆年制”款）	2016-11-28	东京中央香港	921	乔本家30年代得于上海
清乾隆　乾隆御笔之宝	2016-12-14	Pierre Berg é & associ é s 拍卖公司	N36	成交价1750万欧元
清嘉庆　御用含经堂墨	1995—11—19	朵云轩	810	
清嘉庆　御用绛丝黄地莲	1996—04—28	佳士得	38	
清　“嘉庆通宝”背“宝泉”宫廷大制钱母钱	2012—11—26	中国嘉德	505	
清嘉庆　御制白玉交龙纽方形玺	2005—05—30	佳士得	1235	印文“周甲延禧之宝”
清嘉庆　御制白玉嵌碧玉“三多”图如意	2007年秋拍	香港苏富比	1311	皇京西暮清代宫廷艺术珍品
清嘉庆　香色纱缀绣彩云金龙夹龙袍	2007年秋拍	香港苏富比	1331	皇京西暮清代宫廷艺术珍品
清嘉庆　胭脂红地粉彩群芳图碗	2009年春拍	香港佳士得	1832	瓷器
清嘉庆　粉彩福寿缠枝莲纹茶壶	2009年春拍	香港佳士得	1833	瓷器
清嘉庆　皇家御用景泰蓝佩刀	2010—07—24	中都国际	665	
清嘉庆　胭脂红地番莲纹圆孔折沿盘	2009年春拍	香港佳士得	1879	瓷器
清嘉庆　御制交龙钮翡翠玺	2010年秋拍	香港苏富比	2102	瑰辞神笔——重要私人清宫御制工艺珍藏
清嘉庆　通宝宝泉局宫廷大制钱	2011—05—15	中国嘉德	2403	

（续表）

清嘉庆　通宝背满汉文“桂”宫廷大制钱母钱	2011—05—15	中国嘉德	2408	
嘉庆通宝宝泉局宫廷大制钱	2011—05—15	中国嘉德	2400	
清嘉庆　宫廷铜胎珐琅手镜	2011—12—16	北京盈时	674	
清嘉庆　石青纳纱彩云金龙朝服	2009年春拍	香港佳士得	1853	瓷器
清嘉庆　“嘉庆御笔之宝”交龙钮碧玉宝玺	2013—05—12	中国嘉德	3106	御制——宫廷重要瓷器工艺品专场
清嘉庆　“嘉庆御用”款云龙纹盖盒	2013—06—04	北京匡时	2009	“在山居”文房珍玩专场
清嘉庆　宫廷米色地牡丹连纹妆花缎	2013—11—03	门德扬	249	
清嘉庆　宫廷莲紫地五色云纹妆花缎	2013—11—03	门德扬	250	
清嘉庆　蓝地轧道粉彩内青花四开光菊花纹重阳节御用碗	2014—11—20	北京东正	338	
清嘉庆　白玉嘉庆御题诗文如意	2014—10—28	新加坡国际	2019	天物——中国明清宫廷御制夜场
清道光　碧玉御用双首龙钮印章	2004—04—16	上海敬华	1065	印面铲平
清　“道光通宝”背“宝泉”宫廷大制钱母钱	2012—11—26	中国嘉德	507	
清道光　龙纹御用丝巾	2005—12—18	中佳信	275	
清道光　御用金砖	2005—12—18	中佳信	269	
清光绪　御用龙纹马褂	2010—01—10	北京金兆	135	
清　御用象牙九龙大印	2011—05—28	香港华辉	505	
清道光　绿素缎绣团鹤八宝纹宫廷吉服袍	2010—05—18	北京永乐	674	明清工艺精品专场
清道光　红色缂丝八团花卉纹宫廷吉服袍	2010—11—23	北京永乐	750	
清道光　红色缎绣八团喜相逢花卉纹宫廷吉服袍	2011—05—24	北京永乐	1104	
清道光　万寿节御用外柠檬黄地粉彩轧道开光内青花四季花卉纹万寿无疆碗	2011—05—24	北京永乐	855	款识:“大清道光年制”六字三行篆书款

（续表）

清道光　红色缎绣五彩凤鸟纹宫廷吉服袍（一件）	2012—12—17	上海泓盛	7701	
清道光　橘红缎绣五彩花卉纹宫廷吉服袍（一件）	2012—12—17	上海泓盛	7702	
清道光　宫廷黄地宝相花纹天华锦	2013—11—03	门德扬	245	
清道光　宫廷黄地花卉回纹云锦	2013—11—03	门德扬	248	
清道光　石青色缎绣八团喜相逢纹宫廷吉服褂	2011—05—24	北京永乐	1102	
清道光　秋香色缎绣八团花篮纹宫廷吉服袍	2011—05—24	北京永乐	1103	
清咸丰　铜胎云龙纹活环耳壶	2009年春拍	香港佳士得	1958	瓷器
清道光　金黄色地缎五彩八团花卉纹宫廷吉服袍（一件）	2012—06—18	上海泓盛	7594	英国BAHR家族旧藏
清道光　红色绸绣八团花蝶仙鹤纹宫廷吉服袍	2012—06—05	北京永乐	670	
清同治　石青色缎绣牡丹瓜蝶纹宫廷夹褂	2010—05—18	北京永乐	667	
清同治　灰色缎绣花蝶纹宫廷衬衣	2011—05—24	北京永乐	1106	“华彩霓裳”——张信哲先生珍藏清代织绣专场
清同治　紫色团龙纹暗花纱宫廷敞衣	2011—05—24	北京永乐	1108	
清同治　蓝色团龙纹暗花纱宫廷敞衣	2011—05—24	北京永乐	1107	
清同治　绿色缎绣四季花卉纹宫廷衬衣	2011—05—24	北京永乐	1105	
清同治　皇帝御用明黄色缎	2012—06—05	北京永乐	681	
清同治　羊毛织杨琳绘花鸟宫廷壁毯	2012—10—25	上海嘉泰	1768	美国庞耐女士旧藏
清同治　宫廷黄地团龙纹云锦	2013—11—03	门德扬	247	
清同治　宫廷青地四龙拱寿织金妆花缎	2013—11—03	门德扬	251	
清同治　宫廷黄地福寿龙纹云锦	2013—11—03	门德扬	246	
清同治　宫廷青地四龙拱寿织金妆花缎	2013—11—03	门德扬	252	

（续表）

清光绪　大理石《李鸿章》雕像　伦敦肯辛顿皇家大理石作坊	2007年秋拍	香港苏富比	1318	皇京西暮清代宫廷艺术珍品
清光绪　御敕九洑战役图	2007年秋拍	香港苏富比	1312	皇京西暮清代宫廷艺术珍品
清光绪　蓝绸织金龙纹袍	2010—05—18	北京永乐	665	
清光绪　御用银鎏金镶宝石寿字纹寿耳杯	2010—05—18	北京永乐	728	
清光绪/清同治　湖色缎绣瓜蝶花卉纹宫廷衬衣　酱色缎绣对襟女褂（两件）	2010—11—23	北京永乐	751	
清光绪　呈御用图章稿	2011—03—22	中国嘉德	6849	
清光绪　红绸绣百蝶纹宫廷敞衣　湖蓝色缎绣花蝶福寿纹女褂（两件）	2010—11—23	北京永乐	752	
清光绪　红色绸绣藤萝蝴蝶纹宫廷敞衣	2011—05—24	北京永乐	1111	“华彩霓裳”——张信哲先生珍藏清代织绣专场
光绪三十二年（1906）聚恒报房木刻版精印清代宫廷报刊《京报》一组两件	2011—12—20	上海泓盛	6871	
清光绪　杏黄色绸绣云龙纹宫廷龙袍	2011—05—24	北京永乐	1114	“华彩霓裳”——张信哲先生珍藏清代织绣专场
清光绪　紫色绸绣云龙纹宫廷棉吉服袍	2011—05—24	北京永乐	1115	
清光绪　粉红色绸绣百蝶兰花纹宫廷衬衣	2011—05—24	北京永乐	1109	
清光绪　御用宝蓝色暗花缎镶青缎绣百蝶纹边宫廷女坎肩	2011—05—24	北京永乐	1113	
清光绪　宫廷御用翡翠雕西番莲香筒（一对）	2012—08—04	上海大众	471	
清光绪　御用青玉雕“体和殿御赏”交龙钮宝玺	2012—12—15	北京永乐	818	
清光绪　御用宝蓝色暗花缎	2011—05—24	北京永乐	1113	
清慈禧太后己丑作　临汤叔雅梅花双鹊图	2008—05—21	北京匡时	157	立轴　纸本
清　慈禧皇太后御笔书法　“福禄寿喜”（一件）	2012—12—17	上海泓盛	7724	释文“福禄寿喜”，钤印“慈禧皇太后御览之宝”

（续表）

清　慈禧御用黄地粉彩花卉纹体和殿制款花盆	2014—12—10	捷克禾祺	183	
清光绪　品月色纳纱缂丝梅花纹夹马挂	2009年春拍	香港佳士得	1852	瓷器
清宣统　御用青铜海龙纹铜钵	2010—04—25	中信国际	194	
清早期　贝壳雕宫廷乐图插屏（一对）	2012—10—02	澳门恒瑞	160	
清宣统　御用青铜海龙纹铜钵	2010—09—12	中信国际	183	
清早期　田黄雕“乾清宫鑑藏宝”印章	2011—12—10	江苏省拍	171	
清早期　铁嵌白银红铜龙纹	2011—10—22	北京保利	392	
清早期　象牙制宫廷呈盒	2013—06—03	北京金仕德	259	
清早期　宫廷造铜鎏金白度母坐像	2013—05—12	北京永乐	619	
清中期　宫廷御用田黄石夔龙纹甪端钮闲章	2014—11—08	印千山	1054	印文：度足底之祥云看松间之来鹤
清中期　宫廷御用田黄石夔龙纹狮钮大方章	2014—11—08	印千山	1055	印文：身在绿林翠竹黄花红药之间
清中期　红色缂丝八团花卉纹宫廷吉服袍	2014—11—30	银座国际	711	
清中期　御用翡翠雕苍龙教子龙首带钩	2009—05—31	北京永乐	399	
清中期　掐丝珐琅宫廷风格烛台	2006—06—24	东方博物	172	
清中期　贝雕清宫乐摆件	2009—11—24	北京保利	3846	
清中期　双面缂丝“三灵兽”宫廷椅披	2009—12—22	上海嘉泰	1180	
清慈禧　皇太后御用紫檀二龙戏珠象牙桌	2010—01—10	北京金兆	136	
清中期　清宫祝寿挂匾	2009—12—16	北京匡时	1216	
清中期　黄花梨宫廷册页盒	2011—04—29	中贸圣佳	3418	
清中期　朱漆勾填龙凤纹宫廷大喜铜镜	2011—04—16	北京保利	507	京华余晖——清宫木器杂项专场
清中期　玳瑁包银象牙柄多宝御用成扇	2011—06—12	中都国际	1619	
清中期　天鹅绒五龙八宝金丝挂毯（“中和御用”）	2011—06—19	上海拍卖	1760	

（续表）

清中期　双面缂丝三灵兽宫廷椅披	2011—06—30	上海嘉泰	2327	
清中期　御用翡翠盖碗	2012—06—05	北京永乐	696	
清中期　宫廷御用首饰盒	2008—06—28	东方宏润	293	
清中期　宫廷造手工描金龙纹红底绢纸（十三张）	2012—09—07	东京中央	1658	
清中期　蓝地盘金绣云蝠八宝龙袍（一件）	2012—12—17	上海泓盛	7695	
清中期　宫廷御用杏黄色暗花回纹赏赐佛袍（一件）	2012—12—17	上海泓盛	7699	
清中期　橘红地绣金龙袍（一件）	2012—12—17	上海泓盛	7696	
清中期　蓝地绣金少龙袍（一件）	2012—12—17	上海泓盛	7697	
清中期　紫地绣金少龙袍（一件）	2012—12—17	上海泓盛	7698	
清中期　宫廷掐丝珐琅带座冰箱（一件）	2013—01—19	上海拍卖	88	原收藏者为美国著名艺术品收藏家Audrey Love夫人
清中期　贝壳雕清宫乐（带座、一对）	2013—05—31	上海拍卖	383	
清中期　明黄地御用九龙坐褥	2013—09—15	中国嘉德	5393	
清中期　乾清宫款绳索桥耳三足炉	2014—05—25	罗芙奥	8061	
清中期　壶痴款宫廷黑漆描金锭式壶	2014—06—03	远方拍卖	1020	拍卖文件记载为1924年溥仪避难在天津“张园”时流出
清中期　宫廷缂丝团扇	2014—06—06	北京保利	8490	
清中期　沉香木雕寿字翡翠隔珠宫廷十八子手钏	2014—06—06	北京保利	8549	
清晚期　染红宫廷用纸	1996—06—30	北京翰海	1275	
晚清　御用龙纹编丝绒地毯	2004—04—26	佳士得	982	
晚清　御用龙纹编丝绒地毯	2005—05—30	佳士得	1288	“乾清宫御用”款
晚清　红色地缂丝四季花果纹宫廷敞衣	2010—05—18	北京永乐	668	

（续表）

晚清　石青缎绣牡丹瓜蝶纹女褂　红色缎绣花蝶纹宫廷短袍　绛色缎绣花蝶纹裙　（共三件）	2010—05—18	北京永乐	670	
晚清　御用龙纹编丝绒地毯	2010—05—31	佳士得	1931	
晚清　红色缎绣墩兰纹宫廷敞衣	2011—05—24	北京永乐	1110	
晚清　湖蓝色绛丝团花纹宫廷敞衣	2011—05—24	北京永乐	1116	
晚清　红色绛丝花蝶纹内羊羔皮宫廷敞衣	2011—05—24	北京永乐	1112	
晚清　蓝色缎绣蓝云金龙纹门帘	2011—05—24	北京永乐	1172	
晚清宫廷呈览御用墨一卷	2011—12—20	上海泓盛	6831	
晚清宫廷呈览御用墨一卷	2011—12—20	上海泓盛	6828	
晚清宫廷呈览御用墨一卷	2011—12—20	上海泓盛	6829	
晚清宫廷呈览御用墨一卷	2011—12—20	上海泓盛	6827	
晚清宫廷呈览御用墨一卷	2011—12—20	上海泓盛	6830	
晚清　紫檀清宫笔筒	2011—12—25	上海博海	234	
晚清　红木宫廷九狮宝座	2012—06—17	上海拍卖	1609	
晚清　杏黄地金属绣“后清宫御用”地毯	2014—12—13	邦瀚斯	8259	
晚清　珐华紫地石榴纹天球瓶一对	2013—03—21	纽约佳士得	1542	
晚清　黄地龙纹织金丝毯　景仁宫御用	2013—05—07	瑞士阔乐	276	
晚清　金累丝嵌东珠御用朝冠顶	2014—06—06	北京保利	8553	
清宫请安折空白封	2011—06—03	北京保利	1337	
清17/18世纪寿山石雕罗汉坐像	2009年春拍	香港佳士得	1927	瓷器
清17/18世纪白玉巧作抱猫童子摆件	2009年春拍	香港佳士得	1968	瓷器
清17/18世纪白玉羊俑	2009年春拍	香港佳士得	1971	瓷器
清17/18世纪青白玉罗汉修行图山子	2009年春拍	香港佳士得	1977	瓷器

（续表）

清17/18世纪沉香木雕云蝠纹如意	2009年春拍	香港佳士得	1915	瓷器
清17/18世纪青玉带皮卧牛摆件	2009年春拍	香港佳士得	1985	瓷器
17/18世纪青玉痕都斯坦式花瓣式耳杯及青玉龙柄爵	2009年春拍	香港佳士得	1986	瓷器
清17/18世纪黑漆嵌螺钿刘海戏蟾图炕几	2009年春拍	香港佳士得	1912	瓷器
清17/18世纪犀角雕缠莲纹双螭龙耳杯	2009年春拍	香港佳士得	1926	瓷器
清17/18世纪刺绣天王罗汉册页	2009年春拍	香港佳士得	1856	瓷器
清17/18世纪竹根雕刘海戏金蟾摆件	2009年春拍	香港佳士得	1934	瓷器
清17/18世纪洒金铜象耳香炉	2009年春拍	香港佳士得	1955	瓷器
清17/18世纪竹根雕采药老人	2009年春拍	香港佳士得	1935	瓷器
清18世纪　宝亲王(乾隆)御用印章(一套三方)	1998—11—03	佳士得	1077	
清18世纪宫廷金镶宝石手串	2012—01—08	广东益诚	363	
清18/19世纪　御用缂丝山水纹荷包(一对)	1996—04—28	佳士得	35	中国宫廷御用艺术专场
清18/19世纪　御用琥珀汉满文斋戒牌	2001—04—29	佳士得	592	2001年春季拍卖会·中国宫廷御制艺术精品专场
清18世纪紫檀木雕争珠云龙图大柜	2016-10-05	香港苏富比	3303	“龙游帝苑”专场
清18世纪白玉福寿活环耳盖壶	2009年春拍	香港佳士得	1840	瓷器
清18世纪木贴寿山石春宫图	2009年春拍	香港佳士得	1928	瓷器
清18/19世纪白玉佳人觅句图珮	2009年春拍	香港佳士得	1929	瓷器
清18/19世纪白玉高仕珮	2009年春拍	香港佳士得	1930	瓷器
清18/19世纪白玉救红尘珮	2009年春拍	香港佳士得	1931	瓷器
清18/19世纪白玉月夜归帆图珮	2009年春拍	香港佳士得	1932	瓷器
清18/19世纪白玉仕女抚琴图珮	2009年春拍	香港佳士得	1933	瓷器

（续表）

清18/19世纪白玉花木兰珮	2009年春拍	香港佳士得	1942	瓷器
清18/19世纪白玉孙伯符珮	2009年春拍	香港佳士得	1943	瓷器
清18/19世纪白玉山行珮	2009年春拍	香港佳士得	1944	瓷器
清18/19世纪白玉松韵图珮	2009年春拍	香港佳士得	1945	瓷器
清18/19世纪白玉双乔并读珮	2009年春拍	香港佳士得	1946	瓷器
清18/19世纪白玉班昭读书图珮	2009年春拍	香港佳士得	1963	瓷器
清18/19世纪白玉赤壁赋珮	2009年春拍	香港佳士得	1964	瓷器
清18/19世纪白玉婴戏图珮	2009年春拍	香港佳士得	1965	瓷器
清18/19世纪白玉乘槎访帝孙珮	2009年春拍	香港佳士得	1966	瓷器
清18/19世纪白玉西厢记珮	2009年春拍	香港佳士得	1967	瓷器
清18世纪白玉雕子母羊摆件	2009年春拍	香港佳士得	1970	瓷器
清18世纪白玉凤凰摆件	2009年春拍	香港佳士得	1973	瓷器
清18世纪白玉母女摆件	2009年春拍	香港佳士得	1975	瓷器
清18/19世纪青白玉刻白菜笔筒	2009年春拍	香港佳士得	1976	瓷器
清18世纪青玉仿古纹炉瓶盒	2009年春拍	香港佳士得	1978	瓷器
清18/19世纪白玉问道图珮	2009年春拍	香港佳士得	1979	瓷器
清18/19世纪白玉许浑诗句珮	2009年春拍	香港佳士得	1980	瓷器
清18/19世纪白玉宿建德江珮	2009年春拍	香港佳士得	1981	瓷器
清18/19世纪白玉滕王阁序珮	2009年春拍	香港佳士得	1982	瓷器
清18/19世纪白玉西湖泛舟珮	2009年春拍	香港佳士得	1983	瓷器
清18世纪水晶三羊开泰摆件	2009年春拍	香港佳士得	1984	瓷器
清18世纪黄杨木雕八手臂观音坐像	2009年春拍	香港佳士得	1936	瓷器

（续表）

清18/19世纪翠玉痕都斯坦式番莲纹鼻烟壶	2009年春拍	香港佳士得	1922	瓷器
清18世纪紫檀雕丰收图笔筒	2009年春拍	香港佳士得	1916	瓷器
清18世纪犀角雕荷花杯	2009年春拍	香港佳士得	1925	瓷器
清18世纪黄杨木雕高仕坐像	2009年春拍	香港佳士得	1937	瓷器
清18/19世纪竹雕笑佛坐像	2009年春拍	香港佳士得	1938	瓷器
清18世纪竹根雕少狮太狮摆件	2009年春拍	香港佳士得	1941	瓷器
清18世纪御制紫檀雕卷草如意纹长方几	2009年春拍	香港佳士得	1812	瓷器
清18世纪紫檀座大理石插屏	2009年春拍	香港佳士得	1913	瓷器
清18世纪掐丝珐琅松鹤长春挂屏	2009年春拍	香港佳士得	1960	瓷器
清18世纪黄花梨螭龙纹攒围子六柱架子床	2009年春拍	香港佳士得	1962	瓷器
清18世纪灰白玉御题《爱莲说》砚屏	2009年春拍	香港佳士得	1837	瓷器
清18世纪碧玉年年有余活环耳洗	2009年春拍	香港佳士得	1839	瓷器
清18世纪末鎏金铜嵌珍珠料石花瓶形挂钟	2009年春拍	香港佳士得	1842	瓷器
清18世纪剔红花卉纹冠架	2009年春拍	香港佳士得	1848	瓷器
清18/19世纪田黄刻五蝠纹方印	2009年春拍	香港佳士得	1919	瓷器
清18世纪竹雕松树盖盒配云蝠纹砚	2009年春拍	香港佳士得	1940	瓷器
清18世纪双面绣花卉纹挂幅	2009年春拍	香港佳士得	1948	瓷器
清18世纪掐丝珐琅鹊鸟摆件	2009年春拍	香港佳士得	1959	瓷器
清18世纪白玉桃形洗	2009年春拍	香港佳士得	1974	瓷器
18世纪　宫廷吊坠链表	2009—11—22	北纬拍卖	284	
清18世纪　清宫贝勒夫人朝服坐像	2010—04—08	香港苏富比	1823	
清18世纪初“张照草书韩愈石鼓歌”卷	2010年秋拍	香港苏富比	2104	瑰辞神笔——重要私人清宫御制工艺珍藏
清19世纪　御用龙纹编丝绒地毯	2002—04—29	佳士得	583	

（续表）

19世纪　宫廷佩剑	2005—10—16	云南典藏	892	
清19世纪　御用团花纹编丝绒地毯	2006—05—30	佳士得	1285	“太和殿御用”款
19世纪　宫廷象牙团扇	2006—11—23	北京匡时	1343	
清19世纪水晶笔筒、花插	2009年春拍	香港佳士得	1987	瓷器
清19世纪翠玉九龙图鼻烟壶	2009年春拍	香港佳士得	1924	瓷器
清19世纪白玉珮	2009年春拍	香港佳士得	1989	瓷器
清19世纪　御用团花纹编丝绒地毯	2010—05—31	佳士得	1930	“太和殿御用”款
清19世纪　御用编丝绒掐金线凤纹地毯	2012—09—11	纽约苏富比	234	“宁寿宫御用”款
19世纪　通草画宫廷人物（三件）	2013—04—06	香港华辉	247	
19世纪　御用龙纹编丝绒地毯	2014—10—09	邦瀚斯	42	
清　御用檀香木斋戒牌	2000—04—30	佳士得	630	
清　御用伽南香嵌金寿字纹手镯（一对）	2002—12—01	上海敬华	1132	
清　郎世宁　秋林群鹿图	2005—05—30	佳士得	1207	立轴　设色绢本
清宫旧纸	2005—12—03	上海嘉泰	1733	
清宫手绘周牺尊	2007—01—06	中安太平	13	
清宫旧纸	2006—09—11	中安太平	879	
清　宫廷御用云锦（一匹）	2007—04—15	安徽艺海	545	
清宫旧藏　鸟纹铜簋	2007—04—22	崇源国际	134	
清　水晶御用药瓶	2007—05—05	香港淳浩	518	
清代花卉大型珐琅钱	2007—05—23	中国嘉德	6401	
清　白玉雕“乾清宫鉴藏宝”纹牌	2007—06—18	蓝天国拍	414	
清　白玉雕“乾清宫宝”纹牌	2007—06—18	蓝天国拍	409	
清　近代　书法	2007—08—19	东方艺都	260	
清　白玉宫廷玩物	2007—10—27	德隆宝	84	
清　红木清宫旧藏供案	2007—11—03	浙江钱塘	106	
清　红木清宫桌	2007—11—03	浙江钱塘	17	
清宫御用云锦　缠枝宝仙花库缎	2007—11—18	诚铭国际	852	

（续表）

清　乾隆甲年余月制御用章形墨	2008—01—20	上海鸿海	255	
清　象牙雕宫廷四驾马车	2007—11—25	上海国拍	158	
清　御用淳化轩摹古玉墨	2008—01—20	上海鸿海	247	
清代　宫廷御制手绘团龙纹库绢（一盒五十张）	2008—05—21	北京匡时	164	清代宫廷艺术品专场
清　黄玉“乾清宫”款凤眼耳炉	2008—05—28	长风拍卖	644	
清　铜鎏金錾龙纹御用马鞍	2008—09—27	印千山	272	
清宫西清续鉴函盒	2008—11—11	中国嘉德	2643	
清　檀香木框宫廷画像	2008—12—05	德隆宝	784	
清　御用紫漆（九霄环佩）	2009—01—02	印千山	873	
清　宫廷花鸟绣品	2009—01—04	浙江保利	73	
清　象牙雕宫廷西洋装仕女	2009—03—28	中国嘉德	2890	
清宫红地绘金银云龙纹斗方（一盒五十张）	2009—06—14	上海嘉泰	1166	
清　碧玉刻心经满文宫廷摆件连木架	2009—10—07	翔龙拍卖	318	
清　宫廷紫檀雕龙纹宝座	2009—10—19	中贸圣佳	1	
清　铜鎏金云龙纹宫廷佩刀	2009—11—22	印千山	1759	
清　鹿角柄银制錾花御用餐具（一套）	2009—11—22	印千山	1754	
清　御用黄绸绣陀罗尼经被	2009—11—22	北纬拍卖	34	
清　宫廷粉彩过枝九桃大盘	2009—12—13	澳门中信	185	
清　紫檀宫廷小博古架	2010—01—02	浙江佳宝	117	
清　宫廷御制扳指　（一组）	2010—01—23	浙江保利	25	
清　铜“乾清宫”款透雕如意盘龙钮熏炉	2010—04—20	上海嘉泰	754	
清　清宫手绘金银云龙纹库绢斗方　（一张）	2010—04—20	上海嘉泰	1249	
清　铜“乾清宫”款立耳母子炉	2010—04—20	上海嘉泰	757	

（续表）

清宫十二王　骑射图册页	2010—04—24	上海崇源	118	
清　红木宫廷鼓凳（一对）	2010—01—02	浙江佳宝	25	
清　宫廷造紫檀嵌檀香木插	2009—12—24	上海崇源	455	
清　黄花梨云纹宫廷方桌	2010—06—06	浙江佳宝	67	
清　紫檀宫廷小万历柜	2010—06—06	浙江佳宝	32	
清　宫廷大漆镶黄花梨靠背椅（一对）	2010—06—06	浙江佳宝	59	宫廷典藏家具拍卖专场
清　宫廷绣品（一组七件）	2010—06—15	上海嘉泰	1598	
约清代　宫廷贡团茶	2010—06—16	华艺国际	419	
清宫布告	2010—06—26	大唐四季	65	
清　紫色缎凤凰牡丹刺绣宫廷短褂	2010—06—30	上海鸿海	1	锦绣华章　香港锦绣堂珍藏织绣专场
清　湖蓝缎十二章纹刺绣宫廷短褂	2010—06—30	上海鸿海	5	
清　大红缎仙鹤花卉刺绣宫廷短褂	2010—06—30	上海鸿海	2	
清　宫廷造办处制象牙带漆盒国际象棋一套	2010—07—03	浙江钱塘	15	
清　中和御用龙凤地毯	2010—07—18	宁波富邦	1029	
清　铜掐丝珐琅宫廷爵杯	2010—07—24	中都国际	218	
清　鲨鱼皮御用佩刀	2010—07—24	中都国际	664	
清宫布诰	2010—09—04	大唐四季	771	
清　青玉雕满汉文御用印章	2011—11—26	中都国际	309	
清　鲨鱼皮御用佩刀	2010—09—25	中都国际	356	
清　鲨鱼皮御用佩刀	2010—09—25	中都国际	355	
清宫廷御制　朱漆彩绘戗金云龙纹家具（一套十四件）	2010—10—30	中信国际	475	
清　织锦五蝠捧寿纹宫廷倚垫	2010—11—04	上海工美	541	
清　宫廷印花吉祥花卉纹墙纸（一卷）	2010—11—04	上海工美	540	
清　御用牙雕云龙纹佩刀	2010—11—04	上海工美	533	

（续表）

清　乾清宫桥耳弦纹铜炉	2010—11—07	上海嘉泰	976	
清宫请安折空白封	2010—12—01	北京保利	8	
清宫明黄绫护封一幅	2010—12—01	北京保利	9	
清　宫廷宝座椅披　（二件）	2010—12—05	东方艺都	487	
清　宫廷库绢红底银色龙纹	2010—12—05	东方艺都	494	
清宫藏黄花梨凤纹牙板	2010—12—12	南京正大	279	
清　象牙仿古鹅形香插	2010—12—12	南京正大	162	
清　鲨鱼皮御用佩刀	2010—12—18	中都国际	340	
清　景泰蓝御用佩刀	2010—12—18	中都国际	336	
清　御用佩刀	2010—12—18	中都国际	339	
清　湖蓝缎十二章纹刺绣宫廷短褂	2011—03—30	上海鸿海	276	
清　宫廷六角型凤纹饰绣座	2011—04—01	上海嘉泰	424	
清　宫廷盘金缎绣荷包	2011—04—01	上海嘉泰	426	
清　御用漳绒紧身袄	2011—04—01	上海嘉泰	428	
清　宫廷蓝地四则缠枝宝相花织金妆花缎（一匹）	2011—04—18	北京保利	2467	“江南织造臣忠诚”款
清　宫廷式水晶手持珠	2011—05—02	华艺国际	41	
清　清宫银雕龙烛台（一对）	2011—05—14	云南典藏	581	
清　宫廷铸八宝赏赐银锭	2011—05—14	中国嘉德	1582	
清　宫廷铸八宝赏赐银锭	2011—05—14	中国嘉德	1579	
清　宫廷铸八宝赏赐银锭	2011—05—14	中国嘉德	1578	
清　宫廷铸八宝赏赐银锭	2011—05—14	中国嘉德	1583	
清　宫廷铸八宝赏赐银锭	2011—05—14	中国嘉德	1580	
清　宫廷铸八宝赏赐银锭	2011—05—14	中国嘉德	1585	
清　宫廷铸八宝赏赐银锭	2011—05—14	中国嘉德	1584	
清　宫廷铸八宝赏赐银锭	2011—05—14	中国嘉德	1581	

（续表）

清　驼色龙狮万喜纹织金漳绒椅披（一对）	2011—05—24	北京永乐	1173	
清　御用黄地缂丝五爪龙袍	2011—05—28	香港华辉	504	
大清皇帝御用御品贡宣纸	2011—05—28	书画艺拍	596	
清　乾隆御用宫廷黄花梨雕博古图画案	2011—05—29	江苏万达	1271	
清　碧玉雕御用诗文扳指	2011—06—12	中都国际	1944	
清　鲨鱼皮御用佩刀	2011—06—12	中都国际	1548	
清　宫廷库绢（五张）	2011—06—26	上海工美	598	
清　“乾清宫”款冲天耳铜炉	2011—07—06	上海崇源	77	
清　粉彩宫廷人物纹棒槌瓶	2011—08—28	中信国际	67	
清　铜鎏金嵌宝石碾钢御用	2011—08—28	中都国际	2412	
清　景泰蓝鞘御用佩刀	2011—08—28	中都国际	2401	
清　铜鎏金碾钢纹御用佩刀	2011—08—28	中都国际	2404	
清　铜鎏金龙纹御用佩剑	2011—08—28	中都国际	2410	
清　铜鎏金鞘碾钢纹御用佩刀	2011—08—28	中都国际	2402	
清　银刻龙纹御用佩刀	2011—08—28	中都国际	2411	
清宫黄绫护封	2011—09—10	华夏国拍	359	
清　铜“乾清宫宝”鬲式炉	2011—10—17	上海嘉泰	1957	
清　御用铜鎏金蝶戏葡萄纹	2011—10—24	北京保利	2505	
清　宫廷御制黄花梨镶象牙八宝花鸟纹六角筒（一对）	2011—10—29	中信国际	301	
清　错金银宫廷礼仪剑	2011—11—06	中贸圣佳	2165	
清　宫廷铸八宝赏赐银锭	2011—11—19	中国嘉德	1439	
清　宫廷铸八宝赏赐银锭	2011—11—19	中国嘉德	1437	
清　宫廷铸八宝赏赐银锭	2011—11—19	中国嘉德	1440	

（续表）

清 宫廷铸八宝赏赐银锭	2011—11—19	中国嘉德	1436	
清 宫廷铸八宝赏赐银锭	2011—11—19	中国嘉德	1438	
清 玳瑁宫廷眼镜	2011—11—26	中都国际	728	
清 掐丝珐琅御用佩刀	2011—11—26	中都国际	652	
清 银刻龙纹御用佩刀	2011—11—26	中都国际	649	
清 铜鎏金御用佩刀	2011—11—26	中都国际	655	
清 御用佩刀	2011—11—26	中都国际	651	
清 铜鎏金御用佩剑	2011—11—26	中都国际	654	
清 御用朱砂墨（两锭）	2011—11—27	雍和嘉诚	2521	
清 御用编织龙纹绒地毯	2011—12—05	北京匡时	3190	
清 犀角雕六棱御用瓶	2011—12—10	北京琴岛荣德	732	
清 海南黄花梨双狮戏球嵌石三弯腿宫廷三人椅	2011—12—17	天津君瑞麟	774	
清 龙钮“乾清宫”款香熏	2011—12—28	上海金槌	326	
清宫内政空白公文一组三件	2011—12—20	上海泓盛	7191	
清 太和殿御用九狮图地毯	2012—02—11	宁波富邦	275	
清 铜鎏金龙纹御用佩刀	2012—03—10	中都国际	479	
清 铜鎏银云朵蝙蝠纹御用	2012—03—10	中都国际	472	
清 铜鎏金龙纹御用佩刀	2012—03—10	中都国际	476	
清 铜鎏银嵌绿松石御用佩刀	2012—03—10	中都国际	478	乾隆年制款
清碧玉雕满汉文御用印章	2012—03—10	中都国际	291	
清 铜鎏金龙纹御用佩刀	2012—03—10	中都国际	475	
清 铜鎏银掐丝珐琅御用佩剑	2012—03—10	中都国际	471	万历年制款
清 乾清宫龙凤呈祥备用地毯	2012—05—09	横滨国际	1192	
清代 宫廷铸八宝赏赐银锭	2012—05—19	中国嘉德	1910	

（续表）

清三代御用龙袍	2012—06—03	澳门中信	286	
清　粉彩清宫博古纹葵口盘	2012—06—05	未来四方	305	
清宫藏耕烟画册精品	2012—06—17	北京卓德	2732	
清　黄花梨嵌骨如意纹宫廷供桌	2012—06—17	上海拍卖	1634	
清　紫檀如意纹宫廷香几	2012—06—17	上海拍卖	1625	
清　铜鎏金龙纹御用佩刀	2012—07—08	中都国际	526	
清　铜鎏金龙纹御用佩刀	2012—07—08	中都国际	523	
清　铜鎏银云朵蝙蝠纹御用	2012—07—08	中都国际	519	
清　宫廷御用五爪龙幔帐	2012—08—04	上海大众	469	皇室长物——第二届宫廷艺术及重要工艺品专场
清　木胎金漆龙纹经箱（一对）	2012—08—04	上海大众	454	来源：原美国藏家旧藏
清宫廷　牙雕十八罗汉	2012—09—05	东京中央	141	
清　“乾清宫”款铜香炉	2012—09—25	苏州吴门	752	
清　紫檀宫廷残件（十四件）	2012—09—27	宁波富邦	384	
清代　宫廷红木海水八宝圆座	2012—10—03	浙江世贸	237	
清　“中和御用”天鹅绒金丝织挂毯	2012—10—19	上海崇源	534	
清　宫廷四方绣座	2012—10—25	上海嘉泰	1759	
清　铜鎏金掐丝珐琅御用“万寿无疆”碗	2012—10—25	上海嘉泰	1743	
清　竹制牙扣玉兰蕊御用笔	2012—10—26	上海嘉泰	99	
清　红木宫廷小苏钟	2012—10—28	北京金仕德	169	
清　宫廷造手工红地描金龙	2012—11—23	东京中央	548	
清　宫廷御制狮钮紫砂壶	2012—11—25	北京中嘉	3044	
清宫藏恽南田山水	2012—12—01	北京歌德	590	
清　铜鎏银云朵蝙蝠纹御用佩剑	2012—12—16	中都国际	1526	
清　铜鎏金龙纹御用佩刀	2012—12—16	中都国际	1508	

（续表）

清　铜鎏金龙纹御用佩刀	2012—12—16	中都国际	1513	
清　宫廷御用黑底彩绣“大象驮经”盘金礼佛壁挂（一件）	2012—12—17	上海泓盛	7705	
清　宫廷内务府造册处绘织督造黄绫生丝绸缎（一件）	2012—12—17	上海泓盛	7690	悟馨斋旧藏——明清宫廷遗珍、古美术文献陈暨年故纸专场
清　宫廷内务府造册处督造黄绫生丝奏折护封（一件）	2012—12—17	上海泓盛	7691	
清　亚麻色打籽绣盘金龙纹裙（一件）	2012—12—17	上海泓盛	7704	
清　黑麻地绣五彩金龙纹壁挂（一件）	2012—12—17	上海泓盛	7707	
清　金廷标（款）胡人狩猎图（一组四件）　设色绢本	2012—12—17	上海泓盛	7722	款识“臣金廷标恭绘”并钤“士揆”等朱墨印章
清　漆金木刻饰板　（一组三件）	2012—12—17	上海泓盛	7669	
清　各式宫廷清册（一组四件）	2012—12—17	上海泓盛	7520	
清　宫廷空白奏折（一组三件）	2012—12—17	上海泓盛	7668	
清宫养心殿珍藏“老子授经墨”（一件）	2012—12—18	上海泓盛	8921	
清　铜鎏金龙纹御用佩刀	2013—04—21	中都国际	1568	
清　铜鎏金龙纹御用佩刀	2013—04—21	中都国际	1567	
清　宫廷制五色金花绢五枚	2013—03—06	东京中央	1841	
清　约1900年　御用编丝绒掐金线龙纹地毯	2013—05—15	伦敦苏富比	72	
清　宫廷祝寿吉语花钱（一组）	2013—05—18	北京诚轩	2398	
清　紫檀“清宫乐”笔筒	2013—05—31	上海拍卖	135	
清　翠十八子宫廷手串	2013—06—03	北京金仕德	84	
清　宫廷库绢（一卷）	2013—06—06	北京保利	8497	
清　宫廷制竹毛笔　（一对）	2013—06—06	远方拍卖	572	
清　琥珀宫廷金箔	2013—06—08	北京宝瑞盈	1069	

（续表）

清　雕龙纹岁岁平安犀牛角挂牌	2013—06—23	澳门中信	529	
明清期　和田青玉宫廷吉祥狮子（一对）	2013—06—23	澳门中信	454	
清　宫廷银镂祥云纹红宝石戒指	2013—06—23	澳门中信	445	
清　宫廷藏青地福寿绵长云锦	2013—06—30	门德扬	113	
清　宫廷红地团龙纹云锦	2013—06—30	门德扬	116	
清　宫廷黄地云龙戏珠云锦	2013—06—30	门德扬	112	
清　宫廷黄地双龙八吉祥云锦	2013—06—30	门德扬	111	
清　宫廷藏青地万寿纹云锦	2013—06—30	门德扬	114	
清　宫廷蓝缎篁锦纹暗团龙纹衣料	2013—06—30	门德扬	115	
清　镶黄旗	2013—06—30	门德扬	108	
清　宫廷盘金绣龙凤纹衣料	2013—06—30	门德扬	110	
清　乾隆御用手描真金云龙山水腊笺（十张）	2013—07—04	上海嘉泰	6	
清　金质錾花龙纹御用酒具	2013—07—05	上海嘉泰	2079	
清　铜鎏金景泰蓝龙纹御用佩刀	2013—07—07	北京中嘉	1369	
清　铜鎏银七星御用佩剑	2013—07—07	北京中嘉	1370	
清　铜鎏金鲨鱼皮御用佩刀	2013—07—07	北京中嘉	1368	
清　鲨鱼皮御用月牙弯刀	2013—08—25	中都国际	1458	
清　皇家御用佩刀	2013—08—25	中都国际	1460	
清　清宫紫檀壁灯	2013—09—02	横滨国际	84	
佚名　清　宫廷院景　镜心	2013—09—05	东京国际	597	
清　仿汉瓦当纹乾隆御用松烟墨	2013—09—07	东京中央	1852	
清　珊瑚十八子宫廷手串	2013—09—08	北京金仕德	214	
清　青绿宫廷山水大图	2013—10—07	金洲拍卖	8327	
清　宫廷人物画　（两幅）	2013—10—07	金洲拍卖	8272	

（续表）

清　方琮进供御用铜鎏金嵌宝伊斯兰刀	2013—10—25	上海嘉泰	2414	
清　宫廷缂丝五龙纹马鞍垫	2013—11—03	门德扬	257	
清　宫廷海水云龙绣毯	2013—11—03	门德扬	256	
清　宫廷蓝地缂丝云龙纹挂镜	2013—11—03	门德扬	255	
清　红地盘金汉式女龙袍	2013—11—03	门德扬	260	
清　紫檀雕九龙盒	2013—11—03	门德扬	261	纤细究心——古董珍玩专场，拍卖文件记载为清末时期宫廷内的后加工之作
清　宫廷蓝地缂丝云龙纹挂镜	2013—11—03	门德扬	254	
清　御用编丝绒掐金线仙鹤楼阁纹地毯	2013—11—06	伦敦苏富比	296	“中和殿备用”款
清宫内廷礼单	2013—11—19	北京中汉	747	
清　乾清宫铭香炉	2013—11—19	中国嘉德	3332	
嵌百宝清宫图木匾	2013—11—19	东京中央	134	
清　御用松花砚	2013—11—29	香港今是	645	
清　铜鎏金景泰蓝龙纹御用	2013—12—01	北京中嘉	1459	
清　铜鎏银七星御用佩剑	2013—12—01	北京中嘉	1458	
清　御用明黄困龙袍料	2013—12—15	北京卓德	5657	
清　珊瑚十八子宫廷手串	2013—12—13	北京金仕德	156	
清　御用江南大行龙云锦	2013—12—15	北京卓德	5656	
清　御用明黄困龙袍料	2013—12—15	北京卓德	5657	
清　御用杭州宋氏锦	2013—12—15	北京卓德	5655	
清　御用江南大行龙云锦	2013—12—15	北京卓德	5656	
清　御用杭州宋氏锦	2013—12—15	北京卓德	5655	
清　御用柠檬黄地青花“喜上眉梢”天球瓶	2013—12—16	金洲拍卖	9060	2013年旧金山三周年艺术精品拍卖会拍卖
清　胡邦翰作杜陵坑雍正御用三螭钮大方章	2013—12—22	印千山	1147	边款：臣胡邦翰敬篆。印文：皇四子和硕雍亲王章
清　宫廷金蕾丝嵌珊瑚珠鼻烟壶	2013—12—29	翰风国际	641	

（续表）

清　宫廷瑞兽吉祥纹幔帐	2013—12—29	翰风国际	700	
清　宫廷用贝叶经	2013—12—29	世纪华夏	1202	
清　宫廷造办处　黄花梨双雕漆彩绘花鸟纹妃子椅（一套四张）	2014—01—01	广东古今	194	
清　宫廷挂屏	2014—01—12	海士德	200	
清　珊瑚十八子宫廷手串	2014—01—19	北京金仕德	133	
清　益寿永昌康熙御用款果壳水洗	2014—02—27	関西美术竞卖	1377	萃古叙雅——瓷杂　文房专场
清　景仁宫御用龙纹壁毯	2014—03—03	横滨国际	5089	
清宫造办处白玉雕云纹火枪后柄	2014—03—03	横滨国际	5105	
清　宫廷造办处造　沉香葫芦型香熏	2014—04—18	新加坡国际	2089	
清　御用松花石雕三羊开泰	2014—04—27	北京华辰	718	
清　约1900年　御用编丝绒龙纹地毯	2014—05—14	伦敦苏富比	314	
清　景泰蓝御用佩刀	2014—05—24	中都国际	1516	
清　景泰蓝龙纹御用佩刀	2014—05—24	中都国际	1520	
清　铜掐丝珐琅御用佩刀	2014—05—24	中都国际	1515	
清　健行斋御用器具	2014—05—31	雍和嘉诚	2275	
清　宫廷药材（一组）	2014—06—05	北京保利	6387	
清　艾启蒙　西洋犬镜心　绢本	2014—06—08	法国福羲	75	来源：法国巴黎私人旧藏，款识：臣艾启蒙恭绘，印鉴：臣艾启蒙
清　御制墨配双龙戏珠“御制”描金漆盒	2014—06—08	法国福羲	17	2014年中国艺术品春季拍卖会
清　八卦飞马诗文御赐砚	2014—06—08	法国福羲	18	“康熙”御铭款
清宫御用明黄暗花双龙戏珠纬缎	2014—06—20	北京卓德	3432	边缘织有“良记本机纬缎”标识
清　沉香宫廷十八籽手钏	2014—06—28	北京盘古	1124	
清　宫廷十八子伽楠提珠	2014—07—06	中宝拍卖	2105	
清　黄花梨宫廷椅（一套）	2014—07—19	印千山	1701	

（续表）

清　景仁宫御用金丝挂毯	2014—07—27	浙江世贸	777	
清　紫檀宫廷器座	2014—07—28	上海大众	260	
清　乾隆御用　御题诗井栏	2014—07—28	上海大众	217	
清　宫廷“如园”鸡血印	2014—09—02	関西美术竞卖	1134	
清　宫廷雕填漆双龙戏珠纹铜镜	2014—10—22	狮城国际	330	
清　宫廷唐卡	2014—10—28	新加坡国际	2030	天物——中国明清宫廷御制夜场
清　大雅斋粉彩花盆（一对）	2014—10—28	新加坡国际	2005	天物——中国明清宫廷御制夜场
清　清宫廷紫檀银掐丝木盒	2014—10—30	新加坡国际	7192	
清　宫廷进贡暗花观音宣纸	2014—11—05	东京中央	947	
清　宫廷扣子（六颗）	2014—11—20	北京东正	485	
清　宫廷八方手执铜镜	2014—11—20	北京东正	498	
清　宫廷翡翠雕河蚌坠	2014—11—25	横滨国际	3002	2014年香港秋季拍卖会
清宫“奏折”（28件）	2014—11—27	北京宝笈轩	353	
清　御用东珠佛珠	2014—12—06	山东图腾	3275	
清　紫檀“御用”款古器座	2014—12—07	北京盈时	1236	
清　宫廷人物画　戴古（款）　框架	2014—12—09	双木拍卖	6445	
清　乾清宫款铜鬲式炉	2014—12—13	西泠拍卖	3250	
清　宫廷刺绣湖人狩猎图绣片	2014—12—18	翰风国际	552	
清宫藏唐孙过庭书谱序墨迹	2014—12—18	朵云轩	1703	
清　宫廷圆形黑漆描金花卉纹手执铜镜	2014—12—21	北京传是	285	
清　宫廷黄花梨满雕五爪龙、凤画案一组	2015—01—19	皇家国际	509	
红地二龙戏珠清宫用纸	2005—01—07	时代国际	579	
清　铜鎏金掐丝珐琅太平有象（一对）	2014—10—28	新加坡国际	2027	天物——中国明清宫廷御制夜场
民国初—溥仪　内务府颁发楠木压字领药牌、宫廷医药（一组）	2014—06—05	北京保利	6386	

（续表）

近代　黄花梨独板宫廷圈椅	2014—12—21	北京传是	421	
龙凤织锦御用金丝猴褥	2005—01—07	时代国际	452	
皇帝大驾卤簿五色龙盖（花盖）图四幅	2005—05—30	佳士得	1254	
宫廷绣品	2005—06—18	太平洋	400	
宫廷　象骨扇　成扇	2006—07—14	浙江国拍	159	
宫廷绣品　福寿	2006—12—09	北京嘉信	454	
粉彩瓷塑清宫仕女	2007—02—03	香港淳浩	510	
宫廷屏风画	2007—05—20	南京正大	77	
佚名　宫廷鼓笛　镜心	2008—07—06	广东省拍	282	
御制《大阅第三图　阅阵》手卷	2008—09—16	香港苏富比	2101	皇威万代——珍稀乾隆御制宫廷画卷专拍
御制《钦定补刻端石兰亭图贴缂丝全卷》手卷	2008—09—16	香港苏富比	2102	皇威万代——珍稀乾隆御制宫廷画卷专拍
滦菊图	2008—09—16	香港苏富比	2201	皇威万代——私人珍藏清宫瑰宝专拍
青白玉“乾清宫藏宝”福庆有余千秋万代如意	2008—12—17	上海嘉泰	372	
碧玉刻心经满文宫廷摆件连木架	2009—04—02	书画艺拍	336	
宫廷赏物碧玉元宝车连木盒	2009—04—02	书画艺拍	337	
御用藏墨　（六件）	2009—04—12	历博国际	432	
御用藏墨　（十件）	2009—04—12	历博国际	433	
宫廷御制大漆剔红描金博古架	2009—06—07	南京正大	35	
佚名　宫廷人物　立轴	2009—11—30	长风拍卖	620	
无款　宫廷美人　镜心	2010—01—03	上海大众	27	
红木宫廷罗汉床	2010—01—09	中都国际	822	
红木宫廷多宝格	2010—01—09	中都国际	815	
碧玉宫廷御用帽架　（一对）	2010—01—10	上海黄浦	675	
碧玉宫廷御用帽架　（一对）	2010—01—10	上海黄浦	675	
象牙雕宫廷西洋装仕女像	2010—01—16	陕西诚挚	396	
佚名　宫廷金笔佛经	2010—03—07	东方艺都	168	
掐丝珐琅御用佩刀	2010—04—28	中都国际	1464	
紫檀木宫廷灯柱（一对）	2010—05—29	书画艺拍	306	

（续表）

乾清宫款盘龙如意纹熏炉	2010—06—27	上海拍卖	1073	
乐寿堂宫廷画	2010—07—03	香港长江	95	
紫檀宫廷式多宝格　（一对）	2010—07—18	宁波富邦	1083	
乾清宫款铜香炉	2010—09—04	大唐四季	1200	
铜洒金“乾清宫”莲瓣熏	2010—09—27	上海嘉泰	83	
铜桥耳“乾清宫”弦纹炉	2010—09—27	上海嘉泰	82	
御用丝绸（一幅）	2010—10—02	书画艺拍	464	
佚名　宫廷扇面　扇面	2010—10—17	开元天兴	497	
乾清宫　书法　镜心	2010—10—30	江苏嘉恒	532	
宫廷老卷八捆	2010—11—28	金懋拍卖	220	
御用鲨鱼皮侍卫刀	2010—12—02	山西晋通	202	
佚名　宫廷人物（两件）	2011—01—10	浙江骏成	1100	
象牙雕宫廷人物笔筒	2011—03—21	美国蔡以声	64	
掐丝珐琅御用“万寿无疆”碗	2011—04—01	上海嘉泰	420	
黄花梨宫廷椅（三件）	2011—04—09	北京翰海	1233	
宫廷制士碧玺持珠	2011—05—07	历博国际	108	
宫廷普洱	2011—05—08	江苏爱涛	358	
佚名　宫廷画夷人图册页	2011—09—16	东方求实	310	
葛明仙　御用马车	2011—10—22	北京容海	1028	
宫廷女儿贡普洱茶	2011—10—29	北京中嘉	1055	
宫廷罗汉床	2011—11—26	中都国际	673	
宫廷团扇珠光文	2011—12—11	通元开宝	347	
黄花梨宫廷椅（三件）	2011—12—18	北京翰海	1851	
宫廷御用和田碧玉文房八宝　（一组八件）	2011—12—27	澳门中信	2074	
宫廷御用和田碧玉文房八宝	2011—12—27	澳门中信	2074	
御用龙纹墨	2012—02—25	iART	641	
铜胎宫廷画珐琅八仙祝寿大碗	2012—02—26	中联环球	410	
御用清酒杯　两件	2012—03—21	美国蔡以声	133	
御用泥银笺纸	2012—04—21	德隆宝	3393	
御用龙纹墨	2012—05—12	iART	836	

（续表）

宫廷青玉龙纹印章带盒	2012—05—26	书画艺拍	424	
宫廷画家《明皇幸蜀图》	2012—06—03	北京保利	3751	
早期《清宫百美画》一册	2012—06—18	上海泓盛	8101	
青白玉凤纹珮（宫廷）	2012—06—22	苏州吴门	1359	
宫廷纯银罐	2012—06—26	上海宝龙	1383	
御用丝绸（一幅）	2012—07—28	书画艺拍	517	
清宣统　御用“无逸斋精鉴玺”水晶方章	2012—08—04	上海大众	478	原郑孝胥家族旧藏
御用牌挂件	2012—08—19	浙江萧然	1250	
江南织造制御用丝绸	2012—08—29	横滨国际	1204	
江南织造制御用丝绸	2012—08—29	横滨国际	1203	
宫廷龙首金执壶	2012—10—02	中联国际	2074	
紫铜洒金胎仕官帽耳乾清宫香炉	2012—10—06	香港佳富	397	
“御用圭辟图”墨（六锭）	2012—11—05	博朗轩	339	
鸟趣图　御用龙纹纸龙纹	2012—11—23	东京中央	151	
宫廷门神	2012—12—05	北京卓德	2034	
宫廷圈椅	2012—12—16	中都国际	1606	
丙辰年　精雕龙纹“御赐养老”千叟宴十两银牌（一件）	2012—12—17	上海泓盛	7681	悟馨斋旧藏——明清宫廷遗珍、古美术文献陈暨年故纸专场
金镂空嵌宝石如意摆件（一件）	2012—12—17	上海泓盛	7682	
宫廷定制壶	2012—12—23	上海拍卖	405	
无款　清宫狩猎图　手卷	2013—01—06	香港中银通	260	
宫廷丝质绣袍（一件套）	2013—01—06	中联环球	853	
水晶内画宫廷美女肖像鼻烟壶	2013—05—25	书画艺拍	221	
高浮雕龙纹“乾清宫”款朝冠耳香炉	2013—06—01	大晋浩天	6433	
高浮雕龙纹“乾清宫”款朝冠耳香炉	2013—06—18	大晋浩天	153	
曹安祥　宫廷圆壶	2013—07—02	山西晋宝	822	
御用真金手绘腊笺（十张）	2013—07—08	上海工美	552	
宫廷御用龙凤古宣（一包）	2013—07—27	书画艺拍	400	
宫廷御用龙凤古宣（一包）	2013—07—27	书画艺拍	400	

（续表）

宫廷礼仪图　手卷	2013—12—03	日本童梦	302	
喻兰　宫廷游乐图	2013—12—14	西泠拍卖	484	立轴
祭蓝地描金　宫廷人物山水	2013—12—15	广东荣申	459	
云南宫廷贡饼普洱熟茶饼	2014—01—04	香港普艺	523	
佚名　宫廷人物	2014—02—27	関西美术竞卖	966	立轴
红珊瑚雕寿字纹宫廷式提珠	2014—04—13	浙江世贸	429	
清宣和　御用方章	2014—04—20	新加坡国际	7318	
宫廷御用描金粉蜡笺	2014—05—30	北京富古台	542	
御用贡宣纸	2014—05—30	雍和嘉诚	3889	
清　宫廷御制黄马褂	2014—06—06	北京宝瑞盈	845	
清　烧蓝银质宫廷锁	2014—06—08	辽宁建投	38	
宫廷萨满服	2014—06—15	日本童梦	520	
红泥金彩龙凤狮纹宫廷壶	2014—06—15	日本童梦	44	
古宫廷阿卡红珊瑚戒指	2014—06—22	太和国际	31	
宫廷普洱茶两罐	2014—07—21	上海泓盛	9826	
佚名　宫廷楼阁图　镜心	2014—08—23	北京亨申	1348	
水晶内画宫廷美女鼻烟壶	2014—09—06	书画艺拍	416	
碧玉玉玺　御用之宝	2014—09—06	书画艺拍	495	
纯金宫廷錾刻赏赐钱	2014—09—27	北京贞观	90	
黄地粉彩缠枝莲纹清宫五供	2014—09—27	北京贞观	38	
宫廷御赐黄马褂	2014—10—20	一得阁	1141	
越黄宫廷式圈椅	2014—10—22	北京冉东	1175	
神人兽面御用指环	2014—10—25	上海熙雅	197	“乾清宫御用”款
鎏金宫廷钟	2014—11—28	书画艺拍	644	
宫廷贡品宣纸	2014—12—17	北京九歌	2103	
青玉交龙钮孝庄皇后尊谥宝玺	2016-10-05	香港苏富比	3301	“龙游帝苑”专场

第七章

潮起潮落重拾贝

——对清宫散佚文物的有关研究和征集

清宫散佚文物数量大，价值高，是中华民族创造的珍贵文化遗产。它们虽因历史原因大量流失海外，但中国学术界和收藏界从来没有放弃过对于清宫散佚文物的研究、记录和重点征集工作。

不过，相对于同样广为流失的敦煌文书、殷墟甲骨乃至龙门和云冈石窟造像、北方寺观壁画等，清宫散佚文物长期以来属于“热门中的冷门”，罕见专门、系统的研究与梳理。

一、民国时期对清宫散佚文物的调查研究

1914年，在上海出版了一本英汉对照的《中华名画：史德匿藏品影本》，由黄宾虹作序并另撰有玉器、瓷器、铜器总论三篇。史德匿（E.A. Strehlee），疑为瑞典人，20世纪初来华任职上海海关出口古玩检查部，得便收藏了大量古瓷、金石、书画、文玩，1911年曾在上海举办展览，19世纪20至40年代在上海开设古玩店。其藏品深受黄宾虹、吴昌硕等人称赞。图录中包括一些疑似清宫散佚书画的大名头作品，但当时即已被瑞典的法赫拉乌斯（Herr Fahraeus）购藏。后者为瑞典乃至北欧最重要的东方艺术收藏家。

1924年11月5日，逊清皇帝溥仪被逐出紫禁城。同年11月20

日，“清室善后委员会”正式成立，宣布紫禁城完全收归民国政府。李煜瀛出任善后委员会委员长，易培基、蒋梦麟、鹿钟麟、张璧等9人以及清室方面代表绍英、载润等5人为委员，监察员6人，会同行事。委员会成立后，着手对故宫文物进行系统查点。不到一年时间，将宫内物品大部分查点完毕，登记造册。经初步清点，清代宫廷遗留下来的文物共有117万余件，包括三代鼎彝、远古玉器、唐宋元明各代的书法名画、宋元陶瓷、明清珐琅、漆器、金银器、竹木牙角匏、金铜宗教造像以及大量的帝后妃嫔服饰、衣料和家具等，可谓金翠珠玉，奇珍异宝，无不尽有。除此之外，还有大量图书典籍、文献档案等。

时人在清点遗存文物图书的基础上，也开始了对故宫流失文物的调查和追索工作。1925年，“清室善后委员会”发现了“赏溥杰单”和“收到单”。根据两单的数字统计，从1922年7月至12月12日，溥仪与其弟联手共盗出历代书画手卷1 285件，册页68件。根据这两张清单和《诸位大人借去书籍字画古玩等糙帐》的记载，故宫博物院分别于1930年和1934年专门编印出版了《故宫已佚古物目录二种》和《故宫已佚书籍书画目录四种》，向社会公开发行，以便后世索寻。在《故宫已佚书籍书画目录四种》的弁言中称，被溥仪兄弟所盗运出的书籍字画，“比属琳琅秘籍，缥缃精品，《天禄》书目所载，《宝笈》三编所收，择其精华，大都移运宫外。国宝散失，至堪痛惜！兹将三种目录印行，用告海内关心国粹文化者”。该书中共记载了故宫流失的1 200件历代名画、法书、墨拓等文物。而事实上，尚有大批隋、唐、宋、元的珍品被盗出而没有登记到清单上，杨仁恺先生后来就研究增补了131件。

郑振铎1947年编著的《域外所藏中国古画集》也关注了清宫散佚文物。

抗日战争胜利后，国民政府组织力量对抗日战争中佚失的文物，包括清宫文物进行了清理、记录。国民政府教育部成立了清理战时文物损失委员会（以下简称“清损会”），副部长杭立武任主任委员，马衡、梁思成任副主任委员。在平津地区清损会共收回以下七批文物：一、德人杨宁史青铜器，二、郭觯斋藏瓷，三、美军德士嘉定非法接受日人瓷器，四、朱启钤存素堂丝绣，五、溥仪存天津张园保险柜文物，六、海关移交德孚洋行物品，七、从日本东京运回上海善本书一百零七箱。此后根据清理情况，编制了《中国战时文物损失数量及估价总目》，比较详细地记录了抗日战争时期，包括清宫文物在内中国文物所受到的损失。

1947年初，国民政府拨出专款2.5亿元用于购买在战争时期流散的文物。当时在故宫工作的文物专家王世襄参与了文物的具体征集工作，在1947到1949年的两年多时间里，通过不同方式征集了前述郭世五（号觯斋）收藏瓷器、杨宁史收藏青铜器及法兰克福中国友好协会收藏古籍、福开森收藏中国文物等，其中不乏清宫散佚文物，这些文物大都被故宫博物院收藏[1]。

二、新中国成立后对清宫散佚文物的调查研究

针对旧中国文物严重流失的情况，新中国更加重视包括清宫散佚文物在内的文物保护工作，1949年4月、5月，刚刚成立的华北人民政府先后颁布《为禁运古物图书出口令》《为古玩经审查鉴别后可准出口令》。1950年5月24日，中华人民共和国中央人民政府发布了《禁止珍贵文物图书出口暂行办法》，这是新中国最早颁布的全国性文物保护法规之一。1961年3月4日，国务院发布《文物保护管理暂行条例》，这是新中国第一个全面规范文物保护管理工作的法律性文件。

伴随着文物保护法规体系的建立，文物博物馆工作也逐步得到恢复和发展。在这种大背景下，一些国内学者开始积极推动关于清宫散佚文物的调查和寻访。

1 《北京博物馆年鉴（第一辑）》，北京博物馆学会编，北京：北京燕山出版社。

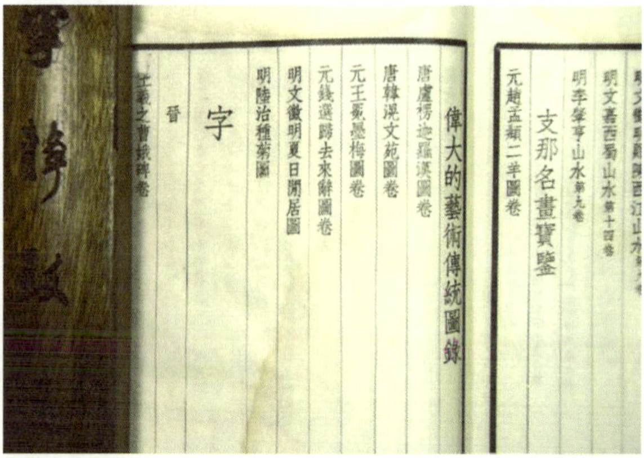

故宫已佚书画闻见录

1953年王以坤先生编著《故宫已佚书画闻见录》，首开先河。

1962年陈梦家先生编撰出版的《美帝国主义劫掠的我国殷周铜器集录》，搜集了800余件美国公私收藏的中国青铜器的照片、拓片和文字资料，其中有一些明确著录于“西清四鉴”，属于清宫流失文物。

杨仁恺先生经历30余年研究、查访，编写了《国宝沉浮录——故宫散佚书画见闻考略》一书，对《佚目》所列书画的散佚、现状等情况进行了详细研究。

徐邦达先生于20世纪80年代多次出访欧美，考察海外流失中国书画并与国外专家进行学术交流，最终形成专著《海外流失中国书画目录》。其中涉及较多清宫散佚书画。

李学勤先生与人合作撰写的《欧洲所藏中国青铜器遗珠》，对比利时、丹麦、法国、德国、英国、意大利、荷兰、瑞典、瑞士等国公私收藏的中国青铜器进行了比较系统的梳理，精选其中迄未发表或材料为中国读者不易见到的中国青铜器珍品200余件，其中包括部分曾收藏于清宫后流出海外的青铜文物。

林树中教授主编《海外藏中国历代名画》，收录欧美日等22个国家186家公私收藏的1 683件中国历代绘画资料，包括彩陶画、线刻画、唐卡、壁画和绢、纸绘画。

上海大学陈文平教授长期致力于流失海外的中国文物调

查工作，编著了《流失海外的国宝》一书，该书附有一份包含万余件流失文物名称、简单描述和去向的“流失海外中国文物知悉录”，分圆明园文物、敦煌西域文物、铜器、陶瓷、书画、玉器、漆器、佛像、甲骨石经和其他文物十大类，收录范围涵盖美国、加拿大、英国、法国、德国、瑞典、瑞士、荷兰、比利时、丹麦、土耳其、俄罗斯、日本等国的主要收藏单位和收藏者，其中亦有许多清宫散佚文物的信息，给我们系统调查清宫散佚文物，特别是编制海外博物馆收藏清宫散佚文物简目提供了重要的参考资料。

美帝国主义劫掠的我国殷周铜器集录

郑欣淼先生编撰的《天府永藏》是国内外首部全面论述两岸故宫博物院文物来源、构成、流播、散布、现状、分类、数量及相关史实的专著，以翔实的数据和丰富的档案为基础，对清宫散佚文物及其研究进行了系统梳理，亦为本书的编著提供了重要帮助。

天府永藏

近年来，国家有关部门加大推进流失海外中国文物的调查工作力度，支持国内专业机构和个人有计划地开展包括清宫散佚文物在内的各类流失文物的专题研究工作，通过长期不懈的努力，收集、整理和研究流失海外的中国文物有

海外藏中国历代名画

关情况，掌握流失文物的基本面貌和重点文物的翔实信息。

与此同时，台北故宫也专门组织力量，于1985至1993年系统收集海外各国博物馆收藏中国文物情况，以图片目录的方式编辑了《海外遗珍——中国流失海外文物精萃》系列图书，目前已出版铜器、玉器、陶瓷、绘画、书法、漆器、佛像7类共19册，收录海外各国博物馆收藏中国文物信息3 000余条，形成了调查海外博物馆收藏中国文物情况的数据库。

从2008年开始，由中国人民大学和中国社会科学院主持编纂的《域外汉籍珍本文库》陆续面世，计划搜集、遴选、影印2 000余种珍贵域外中文文献，包括不少流失海外的著述。

以中国国家博物馆为代表的国内部分文博单位在对外交往中也比较注重收集流失海外中国文物的资料。

特别值得一提的是，国内有一批热心人士和团体长期关注并致力于中国流失文物的追索，在寻找线索、交流信息、传播知识、推动追索等方面做了许多有益的工作。

此外，众多关于中国流失文物的通俗著述、影视片也为民众关注、了解这一领域发挥了积极作用。

三、海外对清宫散佚文物的调查研究

1886年，英国安德森教授编著了《大英博物馆藏日本和中国绘画说明图录》，但其中收录的中国名家名作经后世学者研究，全都属于赝品。这也是20世纪以前西方博物馆著录、研究中国文物的普遍状态。

日本是最早对中国流失文物进行系统著录和研究的国家，一开始只是对流入日本的中国文物进行著录研究，例如被称为“古铜第一收藏家”的日本财阀住友家族长期致力搜集中国古代青铜器，并请专家学者将其宏富的收藏编印为《泉屋清赏》(1910年出版，著录1900—1910年间入藏的180件中国青铜器)、《增订·泉屋清赏》(1922年出版，除了前述180件，新增80件辛亥革命后流入日本而入藏的中国青铜器)、《增订·泉屋清赏续篇》(1926年出版，著录99件新入藏的中国青铜器)。这套图录代表了当时世界上文物图录编印的最高水平。

1936年原田谨次郎编著《支那名画宝鉴》，收录了以日本收藏为主兼及美、英等国收藏的1 031件中国古画。

随着战后日本经济的腾飞和国际交往的扩大，日本把研究中国流失文物的眼光扩展到全世界。东京大学铃木敬从1977至1983年主编了《中国绘画总合图录》共四卷，涵盖日本、美国、加拿大、欧洲各国、东南亚约310家机构和个人收藏的6 768件(册)中国书画。其后，东京大学的户田祯佑和小川裕充又于1998至1999年主编了《中国绘画总合图录续编》共三卷，补充了北美、欧亚和日本共153家机构和个人收藏的3 902件(册)中国书画。这套书迄今仍是收录海外中国书画最多最精的权威著录，其中包括了大量清宫散佚书画。

富田升著《近代日本的中国艺术品流转与鉴赏》则依靠翔实的档案材料，系统梳理了大量中国各类文物流入日本的背景、渠道、数量等，其中也揭示了不少过去鲜为人知的清宫文物流失的重要细节，具有重要的学术价值。在本书的第二章中就曾详细征引该书中的资料。

美国加州大学伯克利分校的高居翰教授著有《古画索引》，收录散见海外各地的中国元以前绘画。后曾计划在铃木敬等人工作的基础上进一步扩充并借助电脑技术开发相关数据库以利检索，但一直未见其具体成果。

英国伦敦大学亚非学院的艾兰教授与我国李学勤先生合作编著《欧洲所藏中国青铜器遗珠》并撰写“附论”，涉及清宫收藏青铜器。

此外，收藏有清宫散佚文物的海外各大博物馆通常都有从事相关研究的专业人员，主要结合藏品及展览进行研究。

四、故宫对清宫散佚文物的征集实例

在深入研究的同时，国内文博机构也积极推动对清宫散佚文物的征集工作。随着国家综合实力的不断增强和政府对文博工作重视程度的不断提升，文物征集、收购、追索的渠道不断拓宽。1962年8月22日，文化部文物局下发《关于博物馆和文物工作的几点意见》，其中强调：“加强对流散文物的收集和管理工作。历年各县、市收集、保管的文物图书资料，在省级博物馆文物机构的指导帮助下，进行彻底清理、鉴定、登记、编目工作，并尽可能改善其保管条件。对其中特别珍贵而又易于损毁的文物，尽可能集中到省级博物馆或文物机构保存，避免损失。”[1]根据国家的统一部署，各级政府在财政收入尚不充裕的情况下，仍拨出专款用于收购重要文物，并及时将其移交至文物部门；文物部门和故宫博物院都及时启动了针对清宫散佚文物的征集工作，特别是故宫博物院成立了专门的文物征集组，赴各地征购文物，各地文物部门和群众也积极将发现的清宫文物上交，连毛泽东主席都将友人赠与的李白《上阳台帖》、王夫之《双鹤瑞舞赋》、钱东壁临写《兰亭十三跋》等文物交给故宫收藏，一时间故宫的散佚文物征集工作成效显著，一大批清宫散佚文物重新进入博物馆收藏序列。本书第四章专门论述了国内各博物馆通过各种途径从国内征集清宫

1 《新中国文物法规选编》，国家文物事业管理局编，北京：文物出版社，1987年。

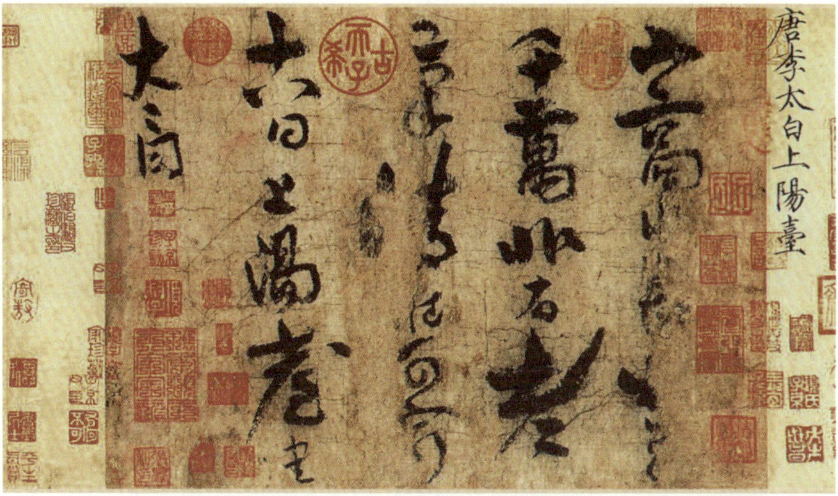

唐　李白　上阳台帖　故宫博物院藏

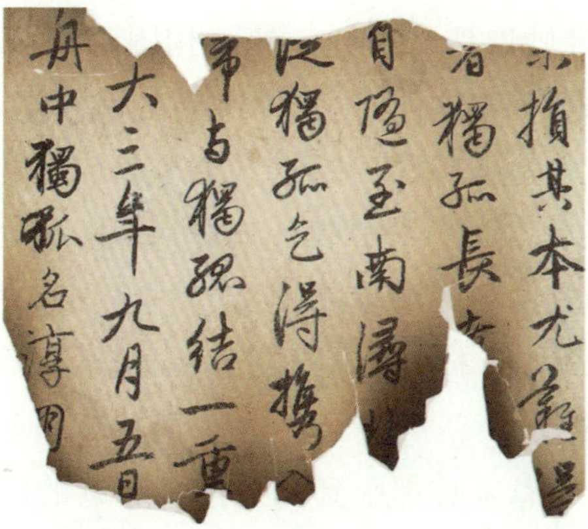

清　钱东壁临　兰亭十三跋　故宫博物院藏

散佚文物的概况。除此之外，鉴于境外的清宫散佚文物量大质精，国内各机构也十分注重从境外征集相关文物的机会。例如：

（一）征集《五牛图》

《五牛图》是唐代著名画家韩滉的传世名作，为我国现存最早的纸本名人绘画。韩滉，字太冲，长安人，曾任两浙节度使，后官至宰

唐　韩滉　五牛图　故宫博物院藏

相，为人正直清廉，深得民心，口碑载道。韩滉精于画牛，兼擅风俗画。《五牛图》纸本设色，宽20.8厘米，长139.8厘米，画中有五头耕牛，神态各异，惟妙惟肖，有神来之笔，构图既相互独立，又彼此呼应。主题呼应我国农耕文明特色，历代奉之为国宝。有宋一代，《五牛图》恒藏于皇宫御苑。靖康之乱，宋高宗赵构仓皇逃难之际，未忘挈此南渡。元初，其为赵伯昂所得，旋即入赵孟頫之手，被叹为“希世名笔”。明朝尝由项元汴珍藏，至清乾隆年间，由民间搜集至宫廷，深受乾隆珍爱。清末，《五牛图》被八国联军掠至海外，此后半个世纪一直销声匿迹。

1950年初，周恩来总理收到一封来自香港的匿名信，说《五牛图》近日会在香港拍卖，画的主人要价10万港元，自己无力购买，希望政府能够出资收回国宝。当时，10万港元对于百废待兴的新中国无疑是一笔巨款，但是出于抢救流失文化遗产的历史责任和现实政治的影响（当时台湾当局亦派人赴港设法购买），周总理给文化部下达了三个指示：一、派专家赴港进行鉴定，确定为真迹后收购；二、派专人护送，确保文物安全；三、文物返回后，交给收藏条件好的单位妥善保管。同时电令新华社香港分社“不惜代价，抢救国宝”。文化部立即组织专家赶赴香港。经鉴定，《五牛图》确系真迹，遂由新

华社香港分社暗中多次交涉，最终以6万港元买下此画，秘密运回北京并将其拨交故宫博物院收藏。当时《五牛图》已是满幅风尘、伤痕累累，直至二十多年后才被精心修复，重现绝世风华。

（二）征集《中秋帖》《伯远帖》

《中秋帖》和《伯远帖》均是清宫收藏的重要书法作品，与《快雪时晴帖》一起并称为“三希”。其中，《中秋帖》传为东晋王献之所书，研究者认为系宋朝米芾临摹，纸本，纵27厘米，横11.9厘米，帖内有行书3行，共22字，其文云“中秋不复不得相，还为即甚省如，何然胜人何庆，等大军”；《伯远帖》为“书圣”王羲之之侄王珣所书真迹，纸本，纵25.1厘米，横17.2厘米，帖内有行书5行47字，其文云“珣顿首顿首伯远胜业情期群从之宝自以羸患志在优游始获此出意不克申分别如昨永为畴古远隔岭峤不相瞻临”。“三希”入藏清宫后，乾隆皇帝专门在养心殿旁辟设书房并命名为“三希堂”作为收贮展玩之地。辛亥革命后，溥仪出宫时由敬懿皇贵妃将此二帖带出，《快雪时晴帖》则被守卫士兵搜出而仍存放故宫。《中秋帖》和《伯远帖》出宫后被卖给收藏家郭世五，1949年被郭的后人辗转抵押给香港汇丰银行，因无力赎回将被拍卖。传说曾有人与当时的台北故宫联系，愿将二帖

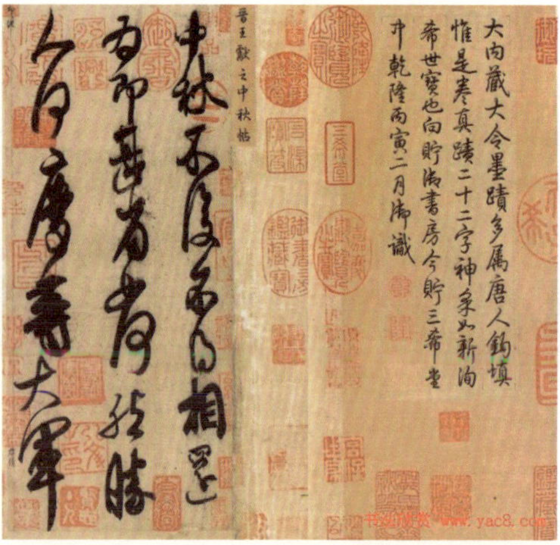

（传）东晋　王献之，宋米芾摹　中秋帖　故宫博物院藏

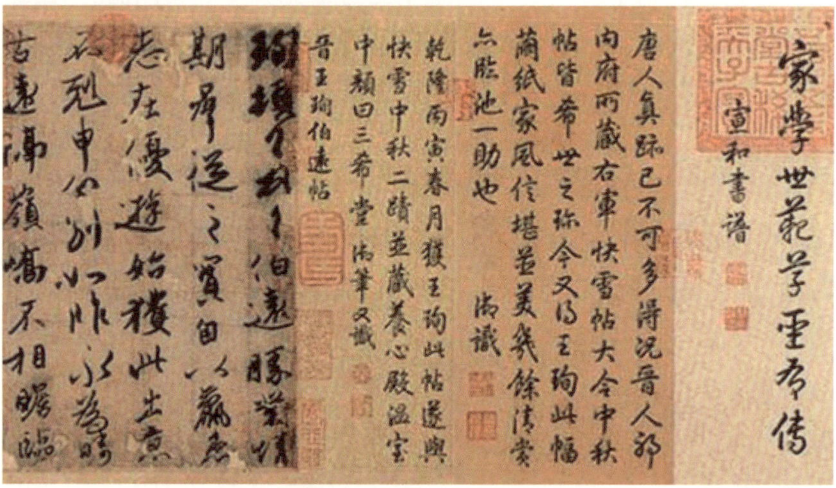

东晋　王珣　伯远帖　故宫博物院藏

售与，但彼时台北故宫因经费局促，无奈失之交臂。

香港鉴藏家徐伯郊得知此事后，写信告知时任故宫博物院院长马衡，后者与文化部文物局长郑振铎向周恩来总理和主管文化的郭沫若副总理报告了此事，周总理亲自批示："同意购回《中秋帖》及《伯远帖》"。经徐森玉等人在澳门鉴定确认是真迹后，文化部最终以港币35万元的价格从香港购回了《中秋帖》和《伯远帖》，并拨交故宫博物院收藏。

（三）征集《十咏图》

《十咏图》是北宋张先的画作，绢本，纵52厘米，横178.7厘米，画面内容为山水、人物、楼台亭榭、扁舟行旅等。张先，湖州人，据说晚年因感念父亲，触景生情，绘制了这幅一生唯一的作品。此画有乾隆皇帝御题的引首，卷后有宋元陈振生、颜尧焕、鲜于枢、脱脱木儿四人的跋，画面还钤有宋代丞相贾似道、明洪武内府、清代三朝皇帝的收藏印章。

有清一代《十咏图》一直珍藏在紫禁城内，辛亥革命后，溥仪将《十咏图》带至长春伪满皇宫；抗日战争胜利后，《十咏图》流落民间。1995年一名收藏者委托北京翰海拍卖公司拍卖《十咏图》，经故宫博

北宋　张先　十咏图（局部）　故宫博物院藏

物院徐邦达等专家鉴定，确认为清宫流散的北宋张先《十咏图》，经报国家文物局同意，故宫博物院以1 980万元买回了《十咏图》，并重新入藏故宫。《十咏图》也成为改革开放后第一件由国家出资从拍卖市场上收购的文物。

（四）征集《出师颂》

《出师颂》是中国古代书法名作，无款，传为西晋索靖书，据米友仁跋，定为隋人书。自唐朝以来，《出师颂》可谓流传有序，唐朝曾由太平公主等人收藏，本幅钤盖唐太平公主梵文印“三藐母驮”，唐邵王李约“约”和“邵约之印”，唐中书侍郎王涯“永存珍秘”（钤两处）；宋朝绍兴年间入宫廷收藏，钤宋高宗“绍”“兴”（联珠印）、宋内府“书印”（半印）和“内府秘书之印”；明代由王世懋收藏，清代由安仪周收藏，后入宫廷，钤有清内府“乾隆御览之宝”“石渠宝笈”“乐寿堂鉴藏宝”“乾隆鉴赏”“三希堂精鉴玺”“宜子孙”诸玺，乾隆皇帝曾将其收入《三希堂法帖》和《石渠宝笈》二编。

杨仁恺先生《国宝沉浮录——故宫散佚书画见闻考略》一书中，将《出师颂》列入了遗失的目录当中。有关它的去向，通常认为是被逊帝溥仪以赏赐溥杰的名义，携出宫外，1945年后散失民间。

2003年7月，《出师颂》突然在中国嘉德2003年春季拍卖会上亮相，并因引首有乾隆御书“晋墨”二字而以西晋索靖唯一真迹名义宣传，在业界引起轩然大波。其实据后纸宋米友仁跋：“右出师颂，隋贤书，绍兴九年四月七日，臣米友仁审定。”学界已公认其为隋人所书，而本幅钤印及引首、后纸所钤“五福五代堂宝”“八徵耄念之宝”“嘉庆御览之宝”“宣统鉴赏”“太上皇帝”“石渠定鉴”“宝笈重编”“宁寿宫续入石渠宝笈”等印，可以确知其为原藏故宫后不知所终的那件藏品。

故宫博物院在组织专家鉴定后，通过行使优先购买权的方式出资2 200万元将该幅作品征集入藏，并定为一级文物。

除了上述四次征集，故宫还曾回购过溥仪盗运出宫、押存美国花旗银行的康熙款瓷器以及宋米芾《苕溪诗帖》、明沈周《仿黄公望富春山居图》和清武英殿刻本《大清会典》一册等文物。

据不完全统计，经过各方共同努力，故宫博物院1934年出版的《故宫已佚书籍书画目录四种》中所列1 200件流失文物已有370件（内有元以前书画名作约200件）被找到并调拨回故宫收藏，325件被国内各大博物馆征集收藏，113件查实被海外（包括台湾）博物馆收藏，6件查实被毁，37件被私人收藏[1]。

---

1 参见杨仁恺：《国宝沉浮录——故宫散佚书画见闻考略》（彩图典藏本），上海：上海古籍出版社，2007年，第171页。

第八章

贵胄奈何变“盲流”
——清宫散佚文物的国际法地位

文物是人类文明的见证，它是一个国家和民族之所以存在的明证，是连接过去、现在和未来的精神脉络，因而历来受到世界各国的重视。世界范围内文物非法出口流失的现象日益严重，每年全世界仅被盗文物价值就达45亿美元。

19世纪后半叶至20世纪前半叶，不过百余年时间，中国大量清宫文物遭焚毁、破坏、掠夺、遗失。究其原因，前有1860年英法联军劫掠圆明园，后有1900年八国联军掠夺北京皇室珍宝；逊帝溥仪所携大量宫廷藏品因途中变卖、士兵哄抢致大部分散佚，其中部分流失海外；清东陵遭军阀孙殿英等的多次盗掘，文物一经发掘，立刻变卖换为军费。第二次世界大战期间国内军阀、奸商勾结外国商人大肆倒卖中国文物；改革开放以后盗掘走私犯罪的猖獗亦导致相当多的文物被走私出境。据联合国教科文组织发布的数据，在47个国家的200余家博物馆中就有中国文物160万件。散落于海外民间的中国文物，更是数倍甚至可能十倍于此，数额之大，至今难以准确统计。

需要说明的是，在海外公私收藏的浩如烟海的中国文物中，既包括大量来源合法、流传有序、权属清晰的文物，也混杂了众多来源非法、流传可疑、权属有争议的文物，我们所称“清宫散佚文物”虽兼而有之，但重点关注的是后一类非法流失的清宫文物。

一、非法流失文物的界定

文物非法流转有两个层面的含义：

（一）文物初始取得之时，其手段方式不合法、不正当

国内法层面，大多数国家订立文物保护法，规定文物合法的初始取得方式并确认文物权属。其中各国法律普遍认为，通过盗窃、抢劫、侵占或盗掘破坏等方式获得、占有文物的行为属于非法。

国际法层面，依据战争法和武装冲突法，尤其是联合国教科文组织1954年的《海牙公约》，违反战时对文物特殊保护而偷盗、抢劫或者破坏文物的行径均属非法。据物权变动一般原理，原始权属有瑕疵的财产，如遗失物、盗窃物等，其流转不以“公信原则”为限，原始所有权人可追及流转过程中的第三人要求返还。

（二）文物流转非法

1954年《海牙公约》、“1970年公约”均认为，文物初始取得方式若非法，此后流转也会非法。在国内法层面，许多国家都通过限制、禁止本国重要文物出口来管制文物流转，只要违反各国进出口限制，均属非法。同时在一些国家，文物权属变动还受财产法、物权法基本原则影响，只要违反财产法、物权法基本原则，也属非法。而且，大量文物取得方式看似合法，实则利用法律漏洞，这也是文物非法流转的一大形态。

一国政府有权监管文物流转过程，但只要监管，原主国、原所有人与文物市场国、现持有人之间必会出现争议。监管文物流转，多为事先、事中监控，但追索与此不同，重在通过和平方式解决文物权属争议，这也是在监控失效情况下的亡羊补牢。

目前，文物追索有法律、非法律两种解决方式。前者包括：跨国

法律诉讼的判决索回；双边、多边协商合作（司法、行政合作）返还。后者包括：外交途径申请赎回；自行购回、捐赠收回。如今文物黑市日益猖獗，许多国家采用了如下方法：国内层面，立法防止文物盗窃、非法出口，行政管理部门协同监管；国际层面，推动制定国际公约，通过国际合作、司法协助加强国际监管。此外，国际博物馆协会等非政府组织也参与制定国际公约，在监管文物非法流转方面发挥有益作用。

二、追索非法流转境外文物：国际法律制度

（一）《海牙公约》

1815年，欧洲举行维也纳和平会议，商讨如何处理拿破仑战争（1792—1815）的遗留问题。针对拿破仑掠夺的各国文物，会议制定归还文物的条约，首次确认掳掠文物非法；随后盟国从法国大规模追索文物，这也是人类历史上首次类似行为。此后欧洲普遍认为，文物若散佚于战争或不平等手段中，必须予以归还，否则原属国可以追索，这也逐渐成为交战双方和约中的普遍约定。

然而，这些规则主要用于欧洲大陆所谓"文明国家"，在劫掠亚非拉殖民地过程中，规则成了一纸空文，欧洲国家彼此征战也常会背弃"游戏规则"。尽管如此，战争中肆意掳掠、破坏文物的行径，促使国际社会尝试制止这种野蛮现象。1899年、1907年两次海牙和平会议制定《海牙公约》，进一步规定了交战国如何对待文物。

两个公约仍认为夺取战利品合法，但公约要求各国明确区分公有财产、军用设施、私人财产。若破坏私人财产，包括宗教、教育设施及纪念碑、艺术品等，属非法。1907年《海牙公约》第56条规定，除非因战争必须采取行动外，禁止占领军对文物采取不法行为。如此一来，国际法首次确认了一条普遍原则：除非"军事必要"，即便武装冲突中也必须保护文化财产。

但该原则在第一次世界大战中失效，如德国就曾大量劫掠法国文物。1919年《凡尔赛和约》《圣日耳曼条约》签订，责成德奥两国归还掳掠文物，时间上限早至1870年普法战争乃至1718年奥地利从意大利劫走的全部文物。

第二次世界大战结束前，1943年，17个同盟国发表《关于在敌控区受胁迫转让财产的宣言》，强烈谴责战争中掳掠被占国财产（包括文物），保留宣布其无效的权利。此宣言意义重大，为各国控诉战犯、追索文物，乃至国家间达成公约、在武装冲突中保护文物奠定基础。

尔后，纽伦堡法庭基于1907年《海牙公约》，包括公约第56条“在战争中保护公共财产和私有财产”及第6条“军事必要的例外”，对违反公约者做出判决，这在国际法庭历史上尚属首次。专为纽伦堡审判制定的《欧洲国际军事法庭宪章》第6条b款明确规定，“对公共或者私人财产的掳掠”若非“军事必要”，即是战争罪行。联合国第95（1）号决议（1946年12月）、《国际军事法庭宪章》（1950）都以此为立法基础。依据这些规则，武装冲突中大肆毁坏文物，应判为违反国际法的战争罪行。此外，《日内瓦公约》（1949）再度规定，武装冲突中破坏、掳掠公私财产（包括文物）都是战争罪行。

（二）联合国教科文组织通过的公约及议定书

1.《武装冲突情况下保护文化财产公约》及两个议定书

1954年海牙会议中，联合国教科文组织总结各类国际惯例与公约，制定《武装冲突情况下保护文化财产公约》及议定书。公约强调：各缔约国不仅在武装冲突时，更要在平时保护、尊重文物，禁止武装冲突时盗窃、抢劫、侵占文物，应对重要建筑、文物设置醒目标志。中国于2000年加入该公约。

公约禁止非法输出文物，要求“敌对行为终止时，缔约国应将非法输出文物归还原占领区当局”。规定虽笼统，却在国际法律机制中确立了习惯法，既可控制文物非法流转，也鼓励各国追索、归还流失文物。议定书还禁止将战败国文物作为战争赔偿。

这些规定反映了第二次世界大战后文物流失国的追索意愿，也显现了此前《海牙公约》的严重缺陷。议定书的实质条款虽然仅有两条五款，却仍有革命性意义。公约在国际社会得到广泛认可，截至2015年1月，公约及其《第一议定书》的成员国数量分别达到126个与103个。

40年来，《海牙公约》及议定书未能完全有效约束武装冲突中的文物破坏，尤其是近20年来，阿富汗、前南斯拉夫地区、柬埔寨爆发武装冲突，使当地珍贵文物惨遭劫掠盗运。这些情况暴露出《海牙公约》及议定书的缺陷。中东、西亚地区的持续战乱更是对公约及其议定书约束力的最大挑战。有鉴于此，1991年开始，教科文组织重新评估公约及议定书效用，并致力于制订新的条约。1999年3月26日，《武装冲突情况下保护文化财产公约》第二议定书通过，强调交战国只可以在“军事必要”范围内破坏对方财产，且“军事必要”不能与保护文物相冲突，该条约于2004年正式生效。

2.《关于禁止和防止非法进出口文化财产和非法转让其所有权的方法的公约》

自20世纪70年代以来，国际社会在联合国教科文组织的主导下，就禁止和防止非法进出口文物召开了一系列国际会议，通过了许多重要的宣言、决议和国际协议，其中最重要的成果就是1970年11月14日联合国教科文组织第16届大会在法国巴黎通过的《关于禁止和防止非法进出口文化财产和非法转让其所有权的方法的公约》。“1970年公约”对于文化财产非法进出口和所有权非法转让、缔约国禁止进口被盗文化财产并返还非法出口的文化财产等问题均给予了明确的规定，建立起了国际社会针对禁止和防止非法进出口文化财产的基本规则。

在当代国际文化财产法体系中，“1970年公约”是最重要的全球性条约之一；主持制定该公约亦被视为联合国教科文组织在文化领域所做的最重要的立法贡献之一[1]。该公约填补了1954年公约缺乏的平时法管制，迄今已有127个国家加入，在控制文物流转的国际公约中分量最重，为保护文物免受盗窃、盗掘、人为破坏和走私之害燃起了希望，堪称国际文化财产法发展的里程碑。当然，作为特定历史时期下各国博弈与妥协的产物，“1970年公约”的缺陷也是与生俱来的。公约只是提出理论机制，实施起来却困难重重。早在缔约之初，就有人批评该条约“在缔约国之间利益、责任分担不均”，导致大量文物市场国拒绝加入，公约效力大打折扣。

经国务院核准，中国于1989年加入该公约，并据公约中关于防止文化财产非法出口的规定建立并完善了文物的出境管制制度。

2014年1月，联合国第三次“保护文化财产免遭贩运问题政府间专家组会议”通过了《关于打击文物非法贩运的预防犯罪及刑事司法对策国际准则》，将文物非法贩运作为转型跨国有组织犯罪适用于联合国《打击跨国有组织犯罪公约》。2015年5月，联合国教科文组织1970年公约第三次成员国大会通过了《1970年公约操作指南》，允许各国通过类型化的描述将考古类文物列入清单纳入公约适用范围，鼓励将考古科学研究作为支持返还的法律依据；并要求各国将违反其他国家文物出口法令而出境的文物定性为非法出口文物，文物现持有人如无法提供文物的合法出口证书，则不适用善意取得原则。

（三）《国际统一私法协会关于盗窃或非法出口文物的公约》

鉴于文物的非法出口与贸易愈演愈烈，“1970年公约”存在诸多缺陷，加之各国法律冲突严重，受联合国教科文组织委托，国际

1　霍政欣：《追索海外博物馆非法收藏的中国文物：困难与对策》，《中国博物馆》2016年第1期。

统一私法协会在罗马外交大会上通过了"1995年公约"，以期"在缔约国之间建立归还文物的共同的和基本的法规，有效打击文物的非法贸易"[1]。不同于"1970年公约"，"1995年公约"将适用范围扩展到盗窃文物，同时允许政府、私人主体在其他缔约国境内提起诉讼，追索被盗窃或非法出口文物。针对文物追索中的确权、赔偿问题，该公约在"1970年公约"的基础上，确立盗窃文物返还三原则：(1)非法挖掘文物视为盗窃；(2)盗窃文物持有者应归还文物；(3)盗窃文物善意取得人在归还文物时，有权获得补偿。我国于1997年加入该公约。

与"1970年公约"相比，该公约扩大了被盗文物的范围，规定了私人诉权，做出了不少对文物原所有者有利的规定，并对被盗和非法出口文物的追索和收回规定了更加便利合理、具有可操作性的实体法和程序性规则[2]。但公约出台后，也反映出了明显的局限，首先是文物市场国普遍认为公约规定偏向文物资源国，纷纷拒绝签署，导致公约成员国失衡，对文物市场国缺乏约束；其次公约对返还非法出口的文物设置了限制。对于非法出口的文物是否应返还的问题，该公约没有采取像被盗文物那样"应当返还"的明确表述，而是在一般地规定缔约国可以提出归还从其领土上非法出口的文物的请求的同时，对非法出口文物的返还设定了限制，即只有其出口损害了请求国"特殊利益"的文物才在应予返还之列，使得文物资源国对公约内容也不甚满意。最后是公约不溯及既往。溯及力的问题是公约制定过程中争论最严重的问题，由于文物市场国出于自身利益普遍反对公约具有溯及力，最后公约第10条明确规定，此公约仅适用于公约生效后被盗或非法出口的文化财产。

1　霍政欣：《追索海外博物馆非法收藏的中国文物：困难与对策》，《中国博物馆》2016年第1期。

2　龚柏华、阮振宇：《我国追索非法流转境外文化财产的国际法律问题研究》，《法学评论》2003年第3期。

（四）小结

上述三个国际公约构建了监督文物非法流转、追索的国际法律制度，鼓励各国打击偷盗贩运文化财产活动、追索海外流失文化财产、保护本国文化遗产。但有鉴以往公约失效案例，仍需要质疑：这些公约在实践中是否真正可行？上述公约适用有限，在一定程度上束缚了流失文物追索工作的开展，具体表现在以下四点：

1. 适用时间有限

除非有特殊规定，条约原则上不具有溯及力。1954年《海牙公约》、“1970年公约”中对于溯及力都没有做出明确规定，“1995年公约”明确规定，关于“被盗文物的返还”仅适用于“本公约对提出索还请求所在国生效后被盗的文物”，关于“非法出口文物的返还”之规定仅适用于“本公约对请求国生效后以及对提出索还请求所在国生效后非法出口的文物”。也就是说，在该公约对于请求国生效之前被盗或者非法出口的文物，不具有溯及力，不能适用上述公约之规定。

中国分别于1989年和1997年加入“1970年公约”和“1995年公约”，只在这些时间点之后流失境外的文物才能适用相应的国际公约。但中国绝大部分文物都流失于上述时间之前，也就难以适用上述公约。

2. 适用空间有限

根据相对效力原则，条约仅约束当事国，未经第三国同意，条约既不能为第三国创造权利，也不能为第三国施加义务，关于文物追索的国际公约也不例外。所以，上述公约缔约国的多少就决定了该公约适用范围的大小。以“1995年公约”为例，截至2015年1月，该公约仅有36个成员国，且结构失衡，西方主要文物市场国大都拒绝加入该公约，故其实际效用极其有限。

3. 适用对象有限

确定文物保护国际公约的适用对象范围有一个发展过程。“1970

年公约”规定,“文化财产”是指每个国家根据宗教的或世俗的理由,明确指定为具有重要考古、史前史、历史、文学、艺术或科学价值的财产,并详细列举了11类文化财产。表面上看起来公约所保护的对象较为广泛,但在可操作性上却不尽如人意。因为这11类文化财产必须由缔约国“明确指定”,否则就无法受到公约保护。而对于一些资源丰富、文物大量流失的发展中国家来说,在短时间内似乎难以“明确指定”受保护文物的范围。“1995年公约”取消了“明确指定”的限制,扩大了应予返还的“被盗”文物的范围,但在非法出口文物的返还方面却要求只有出口损害了请求国“特殊利益”的文物才在返还之列。这一方面由于缺少对“特殊利益”的界定,减轻了请求国的举证难度,另一方面也赋予被请求国法院更多自由裁量权,可能给返还带来不必要的阻力。

4. 缔约国有限

与1954年《海牙公约》相比,“1970年公约”虽缔约国众多,然而,以中国、埃及等为代表的文物资源国是缔约国的主体,文物市场国加入则相对有限。近年来,由于文物走私犯罪的日益猖獗,在联合国等国际组织的协调和影响下,德国、日本等一些文物市场国已经加入了该公约,但是,缔约国的广泛代表性问题,仍然是该公约执行中面临的一个重要挑战。

事实上,许多文物市场国拒绝加入该公约的理由是经不起推敲的。如英国,其当时提出的主要理由是:公约对文物定义过宽,影响私有产权,对文物交易商施加了过多政府监管。不难发现,这些国家如果接受约束,其大量劫掠文物将面临追索危险,不仅藏品缩水,终日疲于应付追索,非法文物市场更无法运作,失去商业利润。可以说,“1970年公约”未能有效发挥应有的作用,与这些国家拒绝加入公约有直接关系。

“1995年公约”通过后,英国再度拒绝加入,理由是公约对文物定义不明确,追索时效过长,日本、美国、德国等多个重要文物市场地国均对公约保持沉默。特别令人啼笑皆非的是，荷兰、法国、瑞士、俄罗斯四国虽然在1995至1996年先后签署了公约，但国内由于许多文物交易商担心公司所销文物将会因涉盗而遭到追索，以致本国议会始终拒绝批准公约，因此至今仍不受公约约束。显而易见，“1995年公约”的签约国主要限于文物资源流出国，作为文物非法流入主要目的地的欧美国家则多在公约约束范围之外，因此公约对于我国流失文物追索工作的作用相对有限[1]。

上述国际公约虽然存在局限性，但毕竟为成功追索流失文物提供了可能的途径。我们应当在现有国际法律框架内，充分利用已经加入国际公约中的争议解决机制积极追索流失境外的文物。我们还应充分依靠那些活跃在国际文化遗产保护领域的重要国际组织，如“1970年公约”授权联合国教科文组织在文物追索争端国之间进行斡旋，以解决相关争议。

海外清宫散佚文物大多是在历史上流失的，其流失的原因具有复杂性，流失的大量证据已被历史淹没，追索和返还存在重大国际法与国内法障碍。现阶段，对于清宫散佚文物的追索与返还工作的复杂性应有清醒的认识。从现实角度出发，首先应当对清宫散佚文物流失至海外的情况进行系统调查与研究，厘清这些文物流失的具体背景、经过、现状，从而为将来可能的追索提供支持。

1 霍政欣：《追索海外流失文物的法律问题》，北京：中国政法大学出版社，2013年，第178页。

第九章

天涯何处觅归途

——清宫散佚文物的追索、征集对策

一、概述

对非法流出的清宫散佚文物，在鉴定其历史、文化研究价值的同时，中国应本着依法追索的原则，以现行国际法有关规定及精神为基础，通过多种渠道，追索、征集散佚文物。

清代皇家通过继承前朝、自主造办、国际交流等方式在皇宫、苑囿、坛庙收集了一大批富有历史、艺术和实用价值的文物。这些文物如今大量散佚在外，应该在明确清宫散佚文物的国际法地位基础上，根据不同情况而区别对待：若文物通过合法交易、平等交换、国际交流、赠与等合法途径流出，便不应视为非法流出文物；若文物通过非法获取、强行劫掠、巧取豪夺等非法途径流出，就应归入非法流出文物，可根据上一章所提及的国际公约和双边协定，以法律或外交等手段予以追索。

二、清宫散佚文物流失与追索现状

中国清宫文物大规模流失海外主要是因为“英法联军”和“八国联军”的野蛮掠夺。在这两场浩劫中，圆明园遭到毁灭性的破坏和掠夺，而且从皇宫禁苑、官署部衙到王公府第、民居商宅，都遭到洗劫。

抗战胜利后，国民政府曾对包括清宫散佚文物在内的中国流出文物进行了整理、记录，并且拨专款征集了若干批次流散文物。

新中国成立后，中国政府和民间十分关注流失海外文物的回归问题，并通过出资购买、友好协商、民事诉讼、双边协议和政府追索等方式收回了一些文物。如1950年和1952年从香港购回了著名的韩滉《五牛图》、王献之《中秋帖》和王珣《伯远帖》。其后苏联归还了11册《永乐大典》等中国古代文物，东德归还了义和团旗帜等文物。从1986年开始，香港连续多年把查获的走私文物移交内地。1988年11月，阻止美国纽约苏富比拍卖并于次年5月追回了湖北省秭归县屈原纪念馆被盗战国青铜敦。1990年代以来，上海博物馆多次从境外征集回战国竹简、晋侯青铜器等。1998年从英国索回了3 400多件走私文物，同年6月通过国际刑警组织，从美国追回巩义宋陵客使石雕头像。2000年从新西兰追索回八国联军劫掠的瓷器。2001年4月14日，加拿大国家艺术馆将该馆收藏的一件中国龙门石窟的唐代罗汉石雕归还给中国。同年5月23日，从美国追回了一级文物“王处直墓石雕彩绘武士像”。2002年3月，交涉阻止了美国苏富比拍卖西安汉代帝陵6件被盗陶俑并追回，同年6月13日，向美国索回了共计14吨重的古生物化石。2003年从香港佳士德拍卖公司追索回承德被盗的49件文物。2004年，瑞典东方文物博物馆主动将别人捐赠该馆但涉嫌非法流失的汉代彩绘陶马归还中国。同年，保利博物馆从香港竞拍回圆明园猴首、牛首和虎首铜像。2008年1月9日，从日本美秀博物馆追回北朝石刻菩萨像，同年4月12日，经当地法院判决从丹麦追索回156件文物。2010年6月17日，陕西省从美国追回了唐代武惠妃石椁。2012年，日本收藏家捐回一件北朝石椁。2013年6月28日，谈判促成法国皮诺家族返还圆明园流失的鼠首和兔首铜像。2015年7月20日，法国吉美博物馆和收藏人士返还32件甘肃大堡子山流失的秦国早期金饰片。近两年，美国、瑞典、澳大利亚政府向我

追索回国的唐武惠妃石椁

从日本美秀博物馆索回的北朝菩萨像

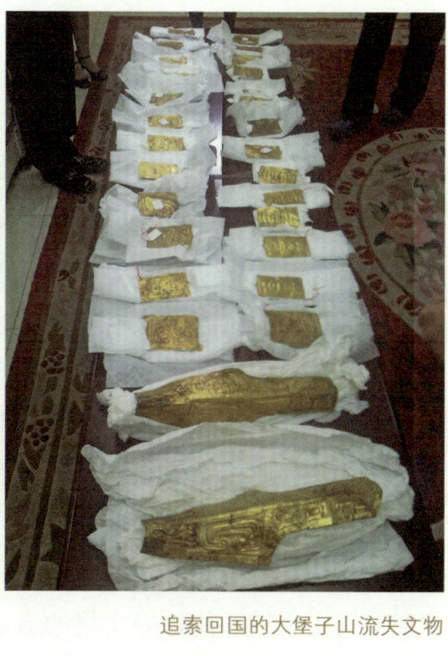

追索回国的大堡子山流失文物

国返还了查扣的数十件石刻、陶瓷、古生物化石。

但是清宫散佚文物的追索工作总体上却没有突出进展。

索回的文物毕竟还只是极少数。由于文物占有国多为发达国家，他们不承认目前对他国文物的占有为非法，辩称文物是整个人类历史的文化遗产，文物的收藏不应有国界之限，同时还声称他们的文物保护技术和设备先进，能够更好地保存这些文物，如果把文物归还给原有国，由于落后的技术和管理，将使文物遭受进一步的损坏。这些都人为地给文物返还设置了重重障碍，再加上历史与政治的原因，文物的回归仍路途漫漫。

三、清宫散佚文物追索困境

（一）法律依据的局限性

能够支持追索清宫流失文物的法律依据，不论是《海牙公约》还是“1970年公约”“1995年公约”，都存在着很大的局限性，归纳起来主要有两个方面：

1. 溯及力问题

公约的溯及力是大多数中国流失文物所面临的最大难题。如前所述，《海牙公约》及其议定书和“1970年公约”中均没有明确规定有无溯及力的条款，根据国际法原则，除非条约另有规定，否则原则上条约无溯及力，即条约不溯及既往。“1995年公约”规定，被盗文物的返还只适用于公约对请求返还被盗文物的国家生效后从该国盗走的文物或位于某一公约已生效的缔约国境内的文物，非法出口文物的归还只适用于公约已在请求归还的国家和被请求国家均生效后被盗或非法出口的文物。因此，“1995年公约”仍没有溯及力，尽管公约又规定这既不使公约生效前的文物盗运合法化，也不影响各国对此前流失文物追索的权利。中国在签署“1995年公约”时明确提出了保留条款，声明保留对历史上被非法掠夺文物的追索权利。但至少在公约层面，中国无法直接适用而当然的取得对加入公约前的文物的追索。

目前，中国媒体上宣扬的联合国教科文组织于1995年提出的观点“任何因战争原因而被抢夺或丢失的文物都应归还，没有任何时间限制”，并引用中国有关专家的说法认为“没有任何时间限制”有两方面含义：一是不论战争何时发生，二是可以在任何时候提出归还要求。该原则尽管由联合国教科文组织提出，但既没成为公约内容，又由于始终无法得到长期有效的重复行为的支持而成为国际习惯法，因此没有任何实际约束力。

2. 约束力问题

原则上，条约只对缔约国有约束力，不能约束第三国。即“条约对第三者无损益”的原则。1969年《维也纳条约法公约》第34条规定，条约非经第三国同意，不为该国创设义务或权利。除非是在条约的规定是对习惯法规则的编纂或已形成习惯法规则的情况下，才对第三国有约束力。《海牙公约》及其议定书的内容通过四十余年来，其确立的基本原则已得到国际社会的一致认可。但是，其能否成为一项国际习惯法仍然有待检验，也并无国际法院的相关判例可以对其进行支持。英国和日本继续拒绝签订“1995年公约”，而两国恰恰是中国流失文物较多的国家，他们的缺席无疑使公约的拘束力又大打折扣。在国际法层面没有有效的强制和监督机制的前提下，尚无可能让这些国家自动接受有关公约的约束，承担归还文物的义务。由此，中国政府依据国际追索公约生效后流失的文物，仅从被追索的对象国而言，就相当有限，对英国等囤积了大量非法流入文物的国家而言，尚不可能直接依据公约追索流失文物。

（二）救济途径的有限性

第一，诉讼时效的限制。“1995年公约”第3条规定了被盗文物返还请求的时限：“任何关于返还被盗文物的请求，应自请求者知道该文物的所在地及该文物拥有者的身份之时起，在三年期限内提出；

并在任何情况下自被盗时起五十年以内提出。但是，关于返还某一特定纪念地或者考古遗址组成部分的文物，或者属于公共收藏的文物的请求，则不受请求者应自知道该文物的所在地及该文物的拥有者身份之时起三年以内提出请求的时效限制。尽管有前款的规定，任何缔约国可以声明一项请求应受七十五年的时效限制，或者受到该国法律所规定的更长时效的限制。在另一缔约国境内对从做出上述声明的缔约国纪念地、考古遗址或者公共收藏品中移走的文物提出返还请求，也应受上述时效的限制。”第5条第5款规定了非法出口文物返还请求的时限：“归还请求应当在请求国知道文物所在地和拥有者身份时起的三年之内提出；任何情况下，应自出口之日或者自根据本条第二款所述许可证规定该物品应被归还之日起五十年以内提出。”中国政府在签署公约时声明：由于我国是主要的文物流失国，被盗文物主要是特定纪念地或者考古遗址组成部分的文物，或者属于公共收藏的文物，为了利于我国请求返还被盗文物，采用75年的返还请求时效。但实际上也被视为我国对1924年之前的被盗或非法出口行为放弃了追索权。

第二，提出请求途径和提起国外司法救济的困境。海牙议定书对于请求返还的途径没有任何规定，通常认为请求返还武装冲突期间输出的文物应通过缔约国政府间的国际合作。“1970年公约”第7条第2款规定：“要求收回和归还失物必须通过外交部门进行，提出要求一方应提供使确定其收回或归还失物的要求的必要文件及其他证据，费用自理。”显然，依据该公约请求文物返还主要通过外交手段，但公约在要求各缔约国采取制定相关立法，制订文物清册等保护措施外，也吁请各国提供一定的司法救济途径，便利返还的诉讼请求。1995年公约则规定被盗或非法出口文物的返还请求可以向文物所在国的法庭或者有资格的机构提起，请求方与被请求方可将争议提交法庭或其他有资格的机构审理或提交裁决，从而使各缔约国承担提供相应的司法救济途径，并应确保有关程序正常运作，有关裁定得以执行等义务。事实上在缺乏权威的国际条约执行机构的情况下，通过外交途径使文物得以返还的道路仍然十分艰难。

通过国外司法途径虽然在一定程度上是相对有效的手段，但是各国尤其是英美法系国家严格的证据规则和程序规则又使得诸多文物的追索遥不可及。中国现在具有诉讼时效的文物可分为1949年中华人民共和国成立前后两个阶段。1949年之前的文物由于法律不健全和年代久远难以取证的原因，几乎不存在通过司法途径获得追索的可能性，而1949年之后流失的文物能够符合严格的证据要求的也微乎其微。因此，文物追索案件的诉讼往往历时数年，耗费双方大量人力物力，以至于不少案件最终以庭外和解告终。

（三）国外“普世性博物馆”的强硬立场

2002年12月11日，美国的芝加哥艺术学院、波士顿美术博物馆、纽约现代艺术馆、克利夫兰艺术博物馆、费城艺术博物馆、洛杉矶保罗·盖蒂博物馆、纽约所罗门·古根海姆博物馆、洛杉矶郡艺术博物馆、纽约惠特尼美国艺术博物馆、纽约大都会艺术博物馆，德国的慕尼黑巴伐利亚国家博物馆、柏林国家博物馆，意大利的佛罗伦萨乌菲奇艺术馆，西班牙的马德里普拉多博物馆、马德里提森·波里米萨博物馆，荷兰的阿姆斯特丹国立博物馆，俄罗斯的圣彼得堡艾尔米塔什博物馆和法国的巴黎卢浮宫博物馆等7国18家博物馆的馆长在德国慕尼黑联合发表了一项《关于普世性博物馆的价值及重要性的宣言》（*Declaration on the Importance and Value of Universal Museums*）（以下简称《普世宣言》），全文如下：

> 国际博物馆界公认必须严厉阻止非法贩卖考古文物、艺术品及民族工艺品，但是我们应该以不同的感受及不同的价值来看待那些在早期获得的、反映了那个时代特点的作品。那些几十年前，甚至几百年前就已陈列在遍及欧美的博物馆中的文物

和纪念作品，是在和现在完全不同的情况下入藏的。

长期以来，无论是通过购买还是通过捐赠等形式获得的文物已经成为保存它们的博物馆的一部分，并已延伸成为它们所在国家的遗产的一部分。今天，我们对作品的原生背景十分敏感，但我们也不应忽视一个事实，那就是博物馆也为那些很久以前就脱离了其原生环境的作品提供了一个有效和有价值的环境。

如果不是世界各地的观众能在各大博物馆欣赏到反映古文明的藏品，对古文明的热爱不会像现在这样普及并深入人心。的确，古希腊雕塑就是这一观点及在公众收藏方面重要性的绝佳例证。对希腊艺术的追慕之风古已有之，到文艺复兴时期的意大利又再度兴起并传到欧洲其他地区并远播美洲。世界各地博物馆的希腊藏品体现着希腊雕塑对全人类的重要意义及其对当代世界的持久价值。此外，在这些作品被观摩研究，被用来与其他伟大文明做近距离比较时，这种希腊艺术的典型性体现得更加明显。

呼吁归还多年来一直由博物馆收藏的文物已经成为博物馆面临的一个重要问题。虽需针对个案具体分析，但我们应该承认，博物馆不止为某一个国家的公民服务，还为每一个国家的公民服务。博物馆是文化发展的媒介，它的使命是通过一个不断的诠释进程来增进知识。每一件文物都服务于这个进程。对藏品丰富多元的博物馆的收藏重点进行限制就将是对所有观众的损害。

中国有关专家对此纷纷发表看法，例如：谢辰生先生认为：文物，只能共享，不能共有。李学勤先生认为：目前关注重点应是当前流失的文物，这有助于抑制进一步的文物流失。罗哲文先生认为：对流失海外文物也要区别对待：一是历史上赠送的；二是抢去的，也有连骗带抢的，如敦煌文物；三是非法买卖、盗掘出境的。针对不同途径流失的文物，应有不同的处理方式。苏东海先生更是多次撰文指出：对民族文化情感的尊重是一种真正的普世胸怀。强权者的逻辑在于巩固历史的不平等，而受害者的逻辑在于改变不平等。这涉及民族文化完整性的问题。

但是，不可否认，《普世宣言》的发表的确帮助正面临追索诉求的大英博物馆等在巨大的国际压力下至少暂时稳住了阵脚，同时也标志着以希腊索回埃尔金石雕为代表的文物非法流失国的追索行动遭受重大挫折。

毋庸置疑，历史上的文物非法流失问题是与殖民主义和强权政治紧密关联的。但是，将目前的追索困境仅仅归咎于欧美国家的殖民心态或强权逻辑则似乎过于简单化。应该说，《普世宣言》并非完全是普世性博物馆的自我辩解，而是代表了国际博物馆界对此问题的一种认识。就连国际博物馆协会2002年12月13日发表的针对性声明也表示："国际博物馆协会承认那些早期被获得的这类博物馆藏品有时候需要以不同情感和价值观来看待……全世界的博物馆都是服务社会及其发展的机构，它们享有共同的目标。国际博物馆协会欢迎对于文物的归还问题展开审慎的研究和充分的对话，并相信这会有助于在这一敏感问题上达成更加平衡的看法。"

这一问题的复杂性还在于它涉及道德和法律两个层面。

在道德层面，包括中国、埃及、希腊、柬埔寨、秘鲁在内的文物非法流失国处于绝对的优势地位，其索回要求得到了国际社会的广泛同情与支持，也得到了联合国教科文组织的声援，连《普世宣言》也不得不承认："国际博物馆界公认必须严厉阻止非法贩卖考古文物、艺术品及民族工艺品。"但道德毕竟不是法律，缺乏强制力，因而在实践中总的来说显得有些软弱无力。

在法律层面，由于这些争论发生在国与国之间，解决问题自然首先应该从国际法律或公约着手。目前涉及这一问题的国际公约主要有联合国教科文组织1970年《关于禁止和防止非法进出口文化财产和非法转让其所有权的方法的公约》和国际统一私法协会1995年

《关于被盗或非法出口文物的公约》，应该说其原则都体现了同情和支持文物流失国索回文物要求的精神，但是为什么仍然不能解决存在的问题呢？主要因为公约是各方利益博弈和妥协的结果，天生存在局限性。

但是，“1995年公约”也明确指出：“确认本公约各项规定的通过，将绝不是授权对发生在本公约生效前的任何性质的非法转移表示同意或者认可其合法性”，“本公约不以任何方式证明发生在本公约生效以前的，或者根据本条第（一）款、第（二）款而被排除在外的任何性质的非法转移是合法的，也不限制国家或其他人根据本公约框架外可援用的救济措施，对本公约生效前被盗或者非法出口的文物提出返还或归还请求的权利”。这实际上是为未来的国际法律或公约预留了空间，并且也是对请求索回公约生效前流失文物的道义支持。我国也郑重声明：中国加入这个公约，绝不意味着承认在本公约生效前任何从我国盗走和非法出口文物行为是合法的，并保留对本公约生效前被盗和非法出口的文物的收回权利。

除了这些限制外，对行为合法与否的认知与判定，法律证据的搜集与验证，法律责任的继承和转移等问题，都是在现行法律与公约框架内既耗时费力而又难以达成各方面共识的。

也正因为面临诸多法律困境，国际博物馆协会虽然一再表态同情和支持文物非法流失国的立场，但在实践中也只能发挥调解作用，例如亚里桑德拉·库敏斯女士在其《国际博协主席关于充分发挥调解在馆藏品产权纠纷处理过程中作用的声明》中重申：“至少从1983年的国际博协全体大会（伦敦）开始，国际博协就一直鼓励和平解决涉嫌从原生国偷窃、非法输出的博物馆藏品所有权纠纷，提倡尽可能地通过自愿协商的方式来解决，而不是通过旷日持久和耗资巨大的诉讼方式（或者通过博物馆很少参与甚而不参与的政府之间的政治交易）来解决。”

为了正确认识和解决这一问题，我们还必须破除一些偏见。比如以为这只是欧美发达国家作为文物非法流入方与亚非拉发展中国家作为文物非法流失方之间的问题。

意大利和法国这样的发达国家也是文物非法流失的受害者，据非正式统计，两国每年有上万件文物艺术品失窃。意大利政府在经过历时十年的调查取证后，于2005年7月正式以共谋非法盗卖艺术品罪起诉美国洛杉矶保罗・盖蒂艺术博物馆馆长马里恩・特汝和一位古董商，并追索现藏盖蒂艺术博物馆的42件雕像、陶瓶等意大利古代文物。2006年2月21日，意大利文化遗产部长洛可・布狄里奥内和美国大都会艺术博物馆馆长菲力普・德・孟特伯勒出席了一项签字仪式，大都会艺术博物馆同意将其收藏的6件意大利被盗古代文物归还意大利，作为交换，意大利方面同意长期出借同等级文物到大都会艺术博物馆展出。

另据瑞典东方文物博物馆馆长介绍："尽管瑞典文化遗产遭受破坏的程度不比亚洲、非洲和南美洲国家更严重，但是瑞典农村教堂被盗的情况完全可以与那些国家相提并论。教堂文物经常被盗然后又被卖到国外，问题实际上是一样的。最近瑞典《每日新闻》报道，瑞典也变成了文物走私的出口国。"

而且，在一个多民族国家内部也是可能出现类似问题的。

1999年9月，在苏格兰首府爱丁堡举行的英国博物馆协会第105届年会中有一项深受欢迎的非正式辩论活动，题目为："大英博物馆是否应该改名为英格兰博物馆并将其收藏的苏格兰、威尔士和爱尔兰文物归还给上述地区的博物馆？"辩论中，爱丁堡市博物馆及美术馆协会会长和北爱尔兰博物馆协会主席为正方，大英博物馆馆长和维多利亚和阿尔伯特博物馆馆长为反方，双方交叉发言，分别引经据典陈述己方观点。虽然议题堪称严肃甚至充满火药味，但辩论会场却始终保持着轻松而热烈的气氛。辩论双方发言完毕后，由到场的200余名听众自由发表看法，有的建议采取租借方式（即大英博物馆为其收藏的苏格兰、威尔士和爱尔兰文物向上述地区支付租金），有的建议互换藏品(做到你中有我,我中有你),还有的建议干脆将大英博物馆迁到一个“中立”的城市。特邀评委经过评议,将最佳建议奖(奖品为一只玩具猪)授予了租借方式的提议者。最后,全体辩手及听众对本次辩题进行举手表决,结果反方以明显优势获胜,即绝大多数人主张维持现状。

而在美国,由于一些印第安部落几十年来坚持要求美国各博物馆归还某些具有不可替代性或根据部落伦理不适宜展出的印第安文物,美国国会最终在1990年制定了《土著美洲人墓葬保护和返还法》。

发展中国家尤其是文明古国可能也会面临一些困惑。

2006年4月上任的日本驻华大使宫本雄二,曾任日本外务省冲绳事务担当大使,他在离职履新时表示将尽力促成故宫博物院收藏的琉球文物“荣归故里”。这被个别媒体错误解读为是想让故宫收藏的琉球文物归还冲绳,从而在舆论界引起了一场不小的风波。日本驻华公使井出敬二为此专门致函故宫博物院郑欣淼院长澄清说,经与宫本大使确认,他的本意是:“冲绳通过战争丢失了很多文化遗产。冲绳的部分优秀文化遗产作为贡品被送到明朝和清朝。冲绳居民了解并感谢故宫博物院对这些文化遗产的珍藏。冲绳县正在修建新的博物馆,在这时暂时将这些文化遗产运到冲绳,让冲绳居民目睹这些文化遗产将是一件好事。通过这种方式回顾冲绳和中国之间的友好往来历史将非常有意义。当然这只是暂时‘回娘家’,等到冲绳的展览结束之后就会将这些文化遗产返还给中国。”

当然,中国博物馆藏品的来源与欧美普世性博物馆有着本质区别。中国作为历史悠久的文明古国,与周围国家交往频繁,明清时期在政治上存在特殊的宗主-藩属体系,在经济上则有朝贡贸易形式。随着历史的变迁和国际关系的变化,相关国家和民族对此问题的认识和解读未必与我们完全一致。回避这一问题不是负责任的态度,我们必须以科学的态度对此进行认真的思考和研究。

此外，对我国博物馆收藏的可能涉及国家、民族、宗教、地域、文化等复杂因素的文物，应以我为主，多学科、多渠道协作，加强对文物本体、收藏背景、历史意义的研究。目前这方面人才短缺，而且这一领域长期为国内研究者忽视，以致阐释主动权基本掌握在外国学者手中。应加紧培养人才，可通过课题形式组织和支持这方面的研究工作，同时加强与国外研究人员的交流，积极传播我们的研究成果，改变现有或避免可能的被动局面。

四、清宫流失文物追回方式

从世界各国的案例来看，追回非法流失的海外文物，大体上有以下几种途径：第一，依据国际公约或双边协议，由文物的流入国无偿返还有关文物；第二，通过赎买或补偿的方式，有代价地追回流失海外的文物；第三，通过诉讼的方式，依据国际公约和当事国法律追回流失海外文物；第四，通过非和平的方式，追回流失海外文物。

部分非法流失的中国文物，正逐渐回归祖国，已是一个有目共睹的现象。然而，相比庞大的流失海外的文物数量，这不过是沧海一粟。让更多被迫流落在异国他乡的珍贵文物重新回到祖国怀抱，愈合历史的伤痕是国人长期以来难以释怀的情结和期盼。然而在现实中，追索流失文物却是“路漫漫其修远兮”，存在着众多的障碍。这同样也是一个世界性的难题。对非正常途径流失海外的文物如何“回家”，迄今主要有购回、索回、捐回三种形式。

（一）购回——比较常用的市场手段

由于文物流失的形势复杂、搜集证据难度大、国际公约存在局限等因素，部分早年流失海外的文物客观上已经很难回归祖国，在无法用外交和法律手段索回的情况下，实现回归的一种常见而重要的途径就是购回。购回大多是通过拍卖行公开拍卖或私下商洽来实现。

附带条件的捐赠比如索要巨额奖金或对等交换条件的也属于变相购回之列。

从法理和情感上，我们都不赞同将购回作为非法流失文物回归的常规主渠道，而且这种方式常常置文物流失方于不利地位。中国文物协会名誉会长谢辰生先生即担心："动辄千百万元的高价回购正在促使形成一个恶性循环：文物古董的价格越推越高，越炒越热，使得更多的人对文物市场合法的抑或非法的活动趋之若鹜。这进一步刺激了那些利欲熏心贪得无厌的盗墓团伙，文物贩子的活动更加频繁、猖狂和变本加厉。"

何况对于自己过去被盗抢的家产，现在又再花钱买回，无异于在情感上再次受到伤害。某种意义上，有点类似给绑匪付赎金，也许管用，但副作用很大。然而正因为它在实现回归上"管用"，购回成为目前比较常用的手段。尤其在当前国内企业和部分富人"不差钱"的背景下，既能顺应和满足上上下下期盼流失文物回归的愿望，又能向里里外外展示今非昔比的富强现实，还能作一个回报率很高的软广告体现自身实力，此外不排除个别行为"醉翁之意不在酒"。

当然，对很多出资购回流失文物的企业和个人的爱国初衷应该充分肯定。

案例：保利集团从香港竞拍回圆明园流失的猴首、牛首和虎首

被认为于英法联军焚毁圆明园后流失海外的圆明园十二生肖铜像中的猴首、牛首和虎首于2004年现身香港拍卖场，由于公开以圆明园流失文物作为宣传噱头，伤害了国人情感，激起内地和香港民众抗议，但未能阻止拍卖进行。保利集团临时决定斥资参与竞拍，并最终将上述铜首收归旗下博物馆。三年后澳门何鸿燊先生购得圆明园猪首，亦将其捐赠给保利艺术博物馆。

（二）索回——最难以成功的回归方式

索回，是最符合法理和情感，也为文物流失方乐见的流失文物回

归方式，然而，却是现阶段最难以成功的回归方式。一般来说，文物在其原生环境和文化背景下才能发挥最大价值。具有重大历史和文化价值的代表性文物更是一个国家或民族的象征，一旦流失就会造成情感和文化上难以愈合的伤痕。对流失文物应该在尊重民族文化专属权利和坚持交流的道德标准基础上，承认普世的价值特性并正视历史的传承经历，寻求合情合理合法的解决之道。

案例：从日本索回北朝时期菩萨立像

1994年，山东省博兴县文物保管所收藏的一尊北朝时期（有北齐和东魏两说）的蝉冠菩萨立像被盗。1995年日本美秀博物馆从英国古董商埃斯克拉奇处购得此像。1999年和2000年山东方面从不同渠道获悉了此菩萨像的确切下落，并向国家文物局报告，国家文物局随即派员与日本美秀博物馆进行交涉。经过磋商，2001年中日双方签署备忘录，美秀博物馆同意将该菩萨像无偿归还中国，中方同意美秀博物馆借展该文物7年并每隔5年借展给美秀博物馆一次。2008年1月，这尊精美的菩萨像从日本回归祖国，入藏山东博物馆。

（三）捐回——皆大欢喜的选项

近年来，捐赠作为介于追索和购买之间的折中方式，越来越多地在流失文物回归中发挥作用。这主要是因为文物流失的过程往往曲折复杂，而文物的现实拥有者常常被视为通过合法交易取得文物的善意持有人。当面对文物流失方的追索诉求时，道义与利益，名誉与实利，期望与现实，都是相关各方需要考量的因素。以捐赠名义归还，就成为各方皆大欢喜的可行选项。

从本质上说，非法流失文物无论转手多少次、无论后面的交易多合法，都改变不了其涉案“赃物”属性，应该破案物归原主。但是，考虑到流失的复杂性、公约的局限性、法律的时效性、现实的可行性等因素，以捐赠形式返还仍不失为对流失方相对有利的方式。对那些没有掺杂私利的捐赠行为，我们更应充分肯定并适当褒扬其善举。

案例：法国皮诺家族以捐赠形式返还圆明园鼠首、兔首铜像

2009年，圆明园流失的十二生肖青铜像中的鼠首、兔首在法国巴黎被拍卖，引起国际社会关注和谴责，中国国家文物局发表声明反对拍卖，并对拍卖文物的法国佳士得拍卖行采取了入境业务制裁措施，最终国内蔡姓先生竞拍成功后拒绝付款，导致此二件文物实际流拍。经与国家文物局多次协商后，2013年4月底，作为佳士得拍卖行最大股东并在中国拥有商业利益且计划进一步开拓市场的法国皮诺家族公开向媒体宣布，已从文物原持有人手中买下了圆明园鼠首、兔首铜像，并愿意将其无偿捐赠给中国。2013年6月28日下午，在中国国家博物馆举行了“皮诺先生捐赠圆明园青铜鼠首兔首仪式”，弗朗索瓦·皮诺正式将鼠首、兔首移交给中方，国务院副总理刘延东出席捐赠仪式，并与弗朗索瓦·皮诺共同为兽首揭幕。国家文物局将圆明园鼠首、兔首铜像拨交国家博物馆收藏、展示。

（四）小结——现实考量下清宫散佚文物的追回路径

毫无疑问，对非法流失文物，原则上都应该进行追索。但在具体操作上，必须通盘考虑、统筹规划，大处着眼、小处着手，尽量避免过于情绪化的认识和过于简单化的处理。

文化遗产具有民族（文化）专属性、普世价值性和历史传承性等特点，对流失文物，应当尊重民族（文化）的专属权利，承认普世的价值特性，坚持交流的道德标准，正视历史的传承经历，默认法律（公约）的局限作用。

在具体操作上，首先应将非法流失文物划分为两类，即前述公约生效之前非法流失的文物和公约生效之后非法流失的文物，并分别采取不同策略：

对前者，可以充分发挥民间机构的积极作用，以道德为依据，以舆论为后盾，寻找机会、创造机会、把握机会，宜持之以恒，个案处理；对后者，应按照公约的规定，由政府发挥主导作用，以公约和相

关国家的国内法律为依据，通过外交途径进行追索，宜速战速决，不留后患。

应该说，追索公约生效后非法流失的文物，各方认识比较一致，难度相对较小，成功率较高。目前的主要困境在于追索公约生效前非法流失的文物，既数量巨大，又资料不全，还无法可依。

迄今为止国际上通过法律途径追索非法流失文物的成功案例，绝大多数是关于公约生效以后被盗或非法出口的文物，而关于公约生效之前被盗或非法出口文物的成功追索案例几乎全部是通过协商解决的。较近的一个案例是2007年9月15日美国耶鲁大学正式同意将1911年发现秘鲁马丘比丘古城的美国考古学家宾汉姆从当地带走、现藏耶鲁大学的5 000余件文物中的绝大多数归还秘鲁政府，秘鲁政府也同意耶鲁大学以借用方式保留少量文物作研究之用。

协商的基础主要是道德标准。相对于各国法律在立法精神、立法进度、法律条文方面的差异，各民族在道德领域的一致性要强得多，基本道德原则才是真正具有普世性的。而且，道德和法律是可以互相促进的，即使是不完善的法律也可以在追索非法流失文物中发挥积极作用。比如可从道德角度出发，借助舆论的力量，提请社会关注这一问题，进而在相关国家催生新的国内法律、国与国双边协议甚至国际公约；此外，可通过法律诉讼手段，让非法流失文物的收藏者暴露在社会舆论的聚光灯下，凸显他们的道德困境。前述意大利与大都会艺术博物馆的协议、秘鲁与耶鲁大学的协议，都是同时运用道德和法律手段的成功范例。

在法律和道德的双重压力下，欧美博物馆和拍卖公司近二十年来已经越来越关注收藏品或拍卖品的合法来源问题。那些普世性博物馆也并非铁板一块，它们的掌门人也并非那么心安理得，而是不同程度地面临困境和压力，芝加哥艺术学院院长詹姆斯·库洛承认："在公众眼里，博物馆似乎成了非法获得物的囤积地。"大英博物馆馆长尼尔·麦格瑞格认为："现在的问题是，博物馆如何在一个有组织的国际非法市场网络中确立它们自身的位置。”卢浮宫博物馆馆长亨利·卢瓦耶特表示：“第二次世界大战前后，人们的行为方式有了变化。肯定有一些物品被非法移动了，但是，从哪天起该对此实行禁令？我也不知道。”大都会博物馆馆长坎贝尔则说：“从过去到现在，我们归还过一些以不正确的方式获得的馆藏。但是在同时，研究、弘扬不同的文化，也是百科全书式博物馆的任务。我为大都会的研究与学术部门感到骄傲，同时也承认，必须以透明、公平的方式来处理文物追索的案例。”

我们应加大与其他文物非法流失国沟通信息、交流经验、互相声援的力度，同时与文物非法流入大国加强沟通，在道德诉求与公约精神的背景下，通过政府和民间多种渠道协商解决。

对个别影响巨大、价值很高、不可替代、历史清楚、资料齐全、下落明确的特别重要的非法流失文物，可集中政府、民间、国际各方面力量，运用法律、公约、舆论、关系等多种手段进行追索，确保成功，以起敲山震虎、杀鸡儆猴之功效。

对追索时机暂不成熟或暂不具备索回条件的非法流失文物，在保留追索权利的同时，应强调收藏者须全力保存好文物，并要求其在展示和研究中正确阐释文物的内涵，全面体现文物的固有价值。

在个别特殊情况下，以购买方式“索回”文物，也是一种可以考虑的途径，但是应充分权衡这种行为的重要性、必要性以及对其他方式的负面影响，而且最好由民间机构出面购回。

在积极追索的同时，政府还应尽力防止或减少新的、重大的文物非法流失，否则会给追索工作增添新的负担，并可能造成不必要的负面影响。以20世纪90年代地下文物被非法盗掘并走私出境为典型的新一轮文物流失狂潮，已经给我国追索流失文物的工作带来了极其严重的负面影响。

我国政府1997年正式加入“1995年公约”以来，通过外交手段和法律途径已经从国外（主要是美国和欧洲）成功追索回多批非法流失文物，如本章第二节所述。这一方面是靠我方及时发现线索、积极提供证据、坚决依法追索，另一方面也得益于相关国家依据国际公约、双边协议及其国内法律予以配合。尤其是甘肃大堡子山珍贵文物流失后，国家文物局组织专家开展课题研究，认真搜集证据和资料，并以官方名义书面进行追索，同时对入藏大堡子山流失文物的外国博物馆实施长期制裁，断绝其与国内博物馆的业务合作，最终抓住有利契机促成法方克服国内障碍予以返还，成为经典成功案例。

此外，我国有关部门也筹集专项经费，在抢救流失文物方面发挥了积极的作用，例如：2005年抢救回河南龙门石窟佛雕，2006年抢救回二陈（陈清华、陈国琅）藏书，2007年抢救回青铜子龙鼎等流失文物。

这种既坚持原则又灵活务实的做法取得了明显成效，得到社会各方面的普遍肯定。但总的来说，我国追索非法流失文物仍然任重而道远。而且在这方面还存在重大认识误区，例如有关部门常常只把追索流失文物作为一种国际政治和外交筹码，进退失据。与埃及、希腊、意大利等国相比，我国的追索工作在官方力度和部门协作机制等方面均存在明显差距。

主要参考文献

（一）专著

1. 狄葆贤：《平等阁笔记》，有正书局，1913年。
2. 黄宾虹主编：《中国名画：史德匿藏品影本》，商务印书馆，1914年。
3. 原田谨次郎编：《支那名画宝鉴》，昭和十一年（1936）。
4. 王以坤编著：《故宫已佚书画闻见录》，1953年。
5. 中国史学会主编：《中国近代史资料丛刊·义和团（三）》，上海人民出版社，1954年。
6. 陈梦家编：《美帝国主义劫掠的我国殷周铜器集录》，中国科学院考古研究所，1962年。
7. 爱新觉罗·溥仪：《我的前半生》，群众出版社，1964年。
8. ［日］铃木敬主编：《中国绘画总合图录》（共五卷），日本东京大学东洋文化研究所，1977—1983年。
9. 杭立武编著：《中华文物播迁记》，台湾商务印书馆，1980年11月。
10. “台北故宫博物院编辑委员会”编：《海外遗珍》，1985至1993年。
11. 李学勤、艾兰编著：《欧洲所藏中国青铜器遗珠》，文物出版社，1995年。
12. 孟国祥、喻德文：《中国抗战损失与战后索赔始末》，安徽人民出版社，1995年。

13. 张鹏、任学周主编:《抢救国宝》,中国大百科全书出版社,1996年。

14. 周世荣,[马来西亚]魏止戈:《海外珍瓷与海底瓷都》,湖南美术出版社,1996年6月。

15. [日]户田祯佑、小川裕充主编:《中国绘画总合图录》(共四卷),日本东京大学东洋文化研究所,1998—1999年。

16. 林树中主编:《海外藏中国历代名画》(共八册),湖南美术出版社,1998年12月。

17. 陈传席主编:《海外珍藏中国名画》(共十册),天津人民美术出版社,1999年。

18. 刘金库:《国宝流失录》,辽海出版社,1999年。

19. [英]普特南·威尔著,冷汰、陈诒先译:《庚子使馆被围记》,上海书店出版社,2000年。

20. 张健:《国宝劫难备忘录》,文物出版社,2000年。

21. 张自成:《百年中国文物流失备忘录》,中国旅游出版社,2001年。

22. 陈文平:《流失海外的国宝·文字卷》,上海文化出版社,2001年。

23. 陈文平:《流失海外的国宝·图录卷》,上海文化出版社,2001年。

24. 中国第一历史档案馆编:《庚子事变清宫档案汇编》,中国人民大学出版社,2003年。

25. [法]伯纳·布立塞著,高发明、丽泉、李鸿飞译:《1860:圆明园大劫难》,浙江古籍出版社,2005年。

26. [日]富田升著,赵秀敏译:《近代日本的中国艺术品流转与鉴赏》,上海古籍出版社,2005年。

27. 杨剑编著:《中国国宝在海外》,中国友谊出版公司,2006年。

28. 林曼丽主编:《物华天宝》,台北"国立故宫博物院",2007年。

29. [美]孔华润著,段勇译注:《东亚艺术与美国文化:从国际关系视角研究》,科学出版社,2007年。

30. 向斯:《故宫国宝宫外流传秘笈(清宫珍籍流传宫外考)》,中国书店出版社,2007年。

31. 杨仁恺:《国宝沉浮录——故宫散佚书画见闻考略(彩图典藏本)》,上海古籍出版社,2007年。
32. 段勇:《乾隆"四美"与"三友"》,紫禁城出版社,2008年。
33. 郑欣淼:《天府永藏——两岸故宫博物院文物藏品概述》,紫禁城出版社,2008年8月。
34. 王鹤:《流失的国宝·世界著名博物馆的中国珍品》,百花文艺出版社,2009年4月。
35. 王晓静主编:《中国皇家文物精选:海外遗珍》,文物出版社,2009年。
36. 海蔚蓝、杨仁恺、江文苇:《末帝宝鉴:辽宁省博物馆藏清宫散佚明清书画》,美国:华美协进社,2009年。
37. 蔡苏津,谢舒:《海外寻奇》,百花文艺出版社,2010年。
38. 施万逸编:《海外庋藏中国青铜器金银器铜镜精品集》,文物出版社,2010年。
39. 海蔚蓝:《海蔚蓝谈海外国宝》,湖北少年儿童出版社,2010年。
40. [澳]普罗特编,国家文物局博物馆与社会文物司译:《历史的见证:有关文物返还问题的文献作品选编》,译林出版社,2010年。
41. 高升:《文化财产返还国际争议的多元化解决机制研究》,中国政法大学出版社,2010年11月。
42. [美]约翰·亨利·梅里曼著,国家文物局博物馆与社会文物司译:《帝国主义、艺术与文物返还》,译林出版社,2011年。
43. 张怀林:《海外珍藏中华瑰宝》,北京工艺美术出版社,2012年。
44. 彭蕾:《文物返还法制考:从中国百年文物流失谈起》,译林出版社,2012年。
45. 霍政欣:《追索海外流失文物的法律问题》,中国政法大学出版社,2013年。
46. 霍政欣:《1970年UNESCO公约研究:文本、实施与改革》,中国政法大学出版社,2015年。

（二）期刊论文

1. 黄世席:《非法文化财产国际流通的国际法管制》,《中国矿业大学学报(社会科学版)》2001年第1期。
2. 郭玉军、甘勇:《美术作品国际流转中的法律问题》,《法商研究》2000年第6期。
3. 何芳:《清宫收藏研究》,《中华文化论坛》2004年第1期。
4. 杨仁恺:《清宫散佚书画始末》,《中华遗产》2004年10月号,总第2期(故宫散佚书画特辑)。
5. 杨丹霞:《"石渠宝笈"与清代宫廷书画的鉴藏》,《艺术市场》2004年第10—12期。
6. 史立言:《清室善后委员会始末》,《紫禁城》2005年第5期。
7. 李玉雪:《文物返还问题的法律思考》,《中国法学》2005年第6期。
8. 江胜信:《逾百万中国文物流落海外》,《文汇报》2006年5月27日。
9. 段勇:《博物馆与文化遗产的"普世"问题——兼论我国处理非法流失文物的对策》,《中国博物馆》2007年第4期。
10. 王保林:《构筑防止文物流失的法律长城》,《检察风云》2007年第10期。
11. 台北"国立故宫博物院"编:《"国立故宫博物院"年报》2001年、2003年、2004年、2005年、2006年、2007年。
12. 徐琳:《辽代玉魁——一件清宫流失的国宝》,《紫禁城》2008年第2期。
13. 武佩圣(Marshall P. S. Wu):《近年所见海外清宫佚出书画散记》,《辽宁省博物馆馆刊》2008年第3辑。
14. 王云霞、黄树卿:《文化遗产法的立场——民族主义抑或国际主义》,《法学家》2008年第5期。
15. 黄风、马曼:《从丹麦返还文物案谈境外追索文物的法律问题》,

《法学》2008年第8期。
16. 刘正强：《走私文物犯罪的司法认定》，《人民检察》2008年第8期。
17. 《"乾隆玉"成大霸主？收藏市场好"宫廷"口味》，摘自《人民日报》，《艺术市场》2008年第10期。
18. 高升、王凌艳：《文物返还国际争议解决的理念更新》，《理论月刊》2008年第12期。
19. 万克夫、王珂：《浅论当前国际文物保护的法律问题》，《法制天地》2008年第44期。
20. 陈茜、高升：《文物返还国际诉讼中外国立法的承认与执行》，《政法学刊》2009年第1期。
21. 杜涛：《境外诉讼追索海外流失文物的冲突法问题》，《比较法研究》2009年第2期。
22. 高升、孙茂庆：《文物返还互惠协议评析》，《江南大学学报（人文社会科学版）》2009年第5期。
23. 高升：《1970年UNESCO公约框架下的文化财产返还机制研究》，《法治研究》2009年第7期。
24. 霍政欣：《追索海外流失文物的法律问题探究——以比较法与国际私法为视角》，《武大国际法评论》2010年第S1期。
25. 张建新：《国际文物返还及争议解决方法概述》，《中国文物报》2010年2月17日。
26. 朱玉媛、周耀林、赵亚茹：《论可移动文化遗产保护的国际立法及其对我国的启示》，《档案学研究》2010年第3期。
27. 方汉文：《中国海外流失文物征约的原则、观念及方略》，《探索与争鸣》2010年第3期。
28. 张洁：《流失的文化遗产返还原属国的可行性研究》，《文教资料》2010年第5期。
29. 郑欣淼：《故宫文物的家底》，《中国文化遗产》2010年第5期。

30. 刘蔷:《清宫“天禄琳琅”书存世状况总述》,《故宫博物院院刊》2010年第3期,总第14期。
31. 郭福祥:《乾隆时期宫廷钟表收藏考述》,《故宫学刊》2011年第00期。
32. 赵聆实:《清宫书画散佚问题研究》,《博物馆研究》2011年第3期。
33. 马明飞:《两岸文物交流的司法扣押问题及其解决路径——以欧美相关立法为借鉴》,《政治与法律》2011年第11期。
34. 张洪钢、胡永强:《故宫遗藏珍贵文献的流散与回归》,《图书馆学刊》2010年第12期。
35. 刘建美:《1949—1956年中国流散文物的保护》,《中国国家博物馆馆刊》2012年第2期。
36. 闫立群:《吉林博物院藏清宫散佚书画》,《东方收藏》2012年第7—9期。
37. 高蒙河:《文物返还——能量与负能量的较量》,《东方早报》2012年12月24日。
38. 胡秀娟:《国际文物返还实践中外国文物国有立法的承认——美英两国的新发展及启示》,《河北法学》2013年第1期。
39. 潘汝欣:《英美法中文物保护规定的评析》,《云南大学学报 法学版》2013年第1期。
40. 吕建昌、邱捷、胡盈:《单边诉求与多边合作——文化遗产的返还之路》,《东南文化》2013年第4期。
41. 王照宇:《无锡市博物馆藏清宫散佚书画》,《收藏家》2013年第4期。
42. 付瀛莹:《清宫散佚绘画综述》,《北京文博文丛》2014年第2期。
43. 郑欣淼:《清宫书画鉴藏、佚存与研究述评》,《浙江大学学报(人文社会科学版)》第45卷第5期,2015年9月。
44. 钱文艳:《建国后17年国家对流散文物的收购保护——以浙江省收购“吴熙档案”为例》,《安徽史学》2016年第2期。

（三）外文文献

1. *Vases of the sea: Far Eastern porcelain and other treasures*, Felicia Schuster and Cecilia Wolseley, Angus & Robertson, 1974.
2. *Yuan porcelain and stoneware*, Margaret Medley, Faber, 1974.
3. *Chinese blue and white porcelain*, Duncan Macintosh, David & Charles, 1977.
4. *A catalogue of Chinese paintings in the Luis de Camoes Museum*, Macau, Helen Chan, Imprensa Nacional, 1977.
5. *Chinese painting and calligraphy: a pictorial survey: 69 fine examples from the John M. Crawford, Jr., Collection*, Wan-go Weng, Dover Publications, 1978.
6. *Chinese Porcelain from the Addis Collection*, J.M. Addis, British Museum Press, 1979.
7. *Late Chinese Imperial porcelain*, Hepburn Myrtle, Art Gallery of New South Wales, 1980.
8. *Chinese paintings of the Ming and Qing dynasties, 14th—20th century*, the International Cultural Corporation of Australia Limited, The Corporation, 1982（Version 2）.
9. *The John M. Crawford, Jr., collection of Chinese calligraphy and painting in the Metropolitan Museum of Art: checklist*, Metropolitan Museum of Art, The Museum, 1984.
10. *Chinese ceramics: porcelain of the Qing dynasty, 1644—1911*, Rose Kerr, Victoria & Albert Museum, 1986.
11. *Chinese paintings of the middle Qing dynasty*, Jung Ying Tsao, San Francisco Graphic Society, 1987.
12. *Deities, emperors, ladies, and literati: figure painting of the Ming*

and Qing Dynasties, Alice R.M. Hyland, Birmingham Museum of Art, 1987.

13. *Masterworks of Ming and Qing painting from the Forbidden City*, Howard Rogers and Sherman E. Lee, International Arts Council, 1988.
14. *The Brush dances & the ink sings: Chinese paintings and calligraphy from the British Museum*, Anne Farrer, South Bank Centre: Hayward Gallery, 1990.
15. *Masterworks of Asian Art*, Michael R.Cunningham, Cleveland Museumof Art, 1998.
16. *Chinese Ceramics in the Baur Collection*, John Ayers, Art Media Resources Ltd, 1999.
17. *Mounted oriental porcelain in the J. Paul Getty Museum*, Gillian Wilson, J. Paul Getty Museum, 1999.
18. *Issues of authenticity in Chinese art: papers prepared for an international symposium organized by the Metropolitan Museum of Art in conjunction with the exhibition "the artist as collector: masterpieces of Chinese painting from the C.C. Wang family collection"*, Judith G. Smith, Metropolitan Museum of Art, 1999.
19. *Chinese paintings in the Ashmolean Museum*, Oxford, Shelagh Vainker, Ashmolean Museum, Oxford, 2000.
20. *Ming Ceramics in the British Museum*, Jessica Harrison-Hall, British Museum Press, 2001.
21. *The Elegant brush: Chinese painting under the Qianlong Emperor, 1735—1795*, Phoenix Art Museum and the Urban Council, The Council, 1986.
22. *Worshiping the ancestors: Chinese commemorative portraits*, Jan Stuart, Evelyn S. Rawski, Stanford University Press, 2001.

23. *Song dynasty ceramics*, Rose Kerr, Victoria & Albert Museum, 2004.
24. *Eloquent objects: the Wong's collection of Chinese antiquities & artefacts*, Peter Hughes, Tasmanian Museum and Art Gallery, 2005.
25. *Chinese Ceramics: Highlights of the Sir Percival David Collection*, Regina Krahl, Jessica Harrison-Hall, British Museum Press, 2009.
26. *The Fame of flame: imperial wares of the Jiajing and Wanli periods*, Joan Ho, University Museum and Art Gallery, The University of Hong Kong, 2009.

后　记

近代以来，通过中外贸易、人员交流，或由于战乱劫掠、非法走私等原因，我国大量文物流散出境。特别是英法联军之役和八国联军之役，导致收藏于紫禁城和各皇家园林的宫廷文物，遭受了前所未有的惨痛损失，大量珍贵文物随后流出国门，或收藏于外国博物馆之内，或秘藏于私人藏家之手，或流散于文物市场之中，星散天下，难觅芳踪。

中国民众对流失海外中国文物十分关注，中国政府在抢救非法流失海外文物方面也做了不少工作，先后颁布了《古物保存法》《文物保护法》等多部法规，加入了联合国教科文组织1970年《关于禁止和防止非法进出口文化财产和非法转让其所有权的方法的公约》和国际统一私法协会1995年《关于被盗或非法出口文物的公约》等。近年来，文物领域和法律界的专家逐步开展了卓有成效的研究工作；我国依据国际公约和双边协定，通过外交、法律、民间等渠道，也多次成功追索了流失海外的中国文物。

但是，总体而言，我国当前对流失海外文物的研究还不够广泛和深入，尚未掌握流失文物的全部情况和详实数据，更难以为相关的征集和追索工作提供直接支持。其中对于清宫散佚文物的研究，相比流失海外的敦煌文书、甲骨卜辞、寺观壁画、石窟造像等经过中外学者长期研究对分布现状已经掌握，其尚处于“内热外冷”“重历史轻现实”的阶段，已有学术成果重点集中在根据文献、档案梳理当初流失出宫情况，而对当前具体分布状况的了解仍不够全面、系统、深入。

2008年，为了全面了解清宫散佚文物流失的经过、去向和现状，有关单位组织开展了“清宫散佚文物调查”课题。课题组历时数年，不仅比较全面地梳理了国内外已有研究成果，而且重点调查、收集了欧洲、美洲、亚洲70余家外国博物馆所藏的清宫文物资料，以及佳士得、苏富比等国际拍卖机构公开拍卖清宫文物的记录，经过甄别、遴选共获得近万条数据，并据此建立了清宫散佚文物数据库，应该说为全面掌握清宫散佚文物的流失和现状、进一步深入研究奠定了良好基础。

为了进一步推动对清宫散佚文物的调查、认知和研究，同时使社会各界能够全面了解这一领域的最新进展，根据译林出版社的建议，本书编著者在“清宫散佚文物调查”课题基础上，历时两年，进一步系统梳理了海内外清宫文物的流散过程及分布现状，充实了国内外关于清宫散佚文物的研究状况和特点，增补了对清宫散佚文物的国际法律地位与追索路径的解读，修订了清宫散佚文物数据资料，最终形成本书，希望既能为感兴趣的各界读者提供丰富信息，也能为后来的研究学者抛砖引玉。

在上述课题研究和本书编著过程中，得到了各方面的大力支持，除本书编著者分别担任课题组负责人和主要参与者外，黄哲京、仇岩、袁宏、杜军、栾文静、董丹、教莹、付瀛莹等同事也先后参与了课题的资料收集、数据整理等工作，为数据库的建立和课题报告的完成付出了辛勤劳动；国内外众多机构、专家为课题和本书提供了数据、资料、照片或咨询意见，保证了学术质量；故宫研究院院长郑欣淼先生作为这一领域的研究大家，欣然为本书作序并给予高度评价；中国书法家协会主席苏士澍先生专门题写书名，为本书增色不少。还有本书的责任编辑张遇先生在书稿的后期编辑阶段承担了大量工作，我们在此一并致谢。

作为文博工作者，我们欣喜地看到，随着国家的经济发展和综合实力的增强，许多在不同历史时期流失海外的珍贵文物正在通过各种渠道回归祖国。但是，我们也要清醒地认识到，清宫散佚文物的复杂状况是在较长历史时期内形成的，既有因非法掠夺而流失的，也有因合法交易而出境的；即使是非法流失的文物，由于流失的时间、地点、历史背景、法律环境等不同，其法律属性也不完全一致。对这一问题，我们应当通盘考虑、统筹规划、区分情况、灵活对待，尽量避免过于情绪化的认知和过于简单化的处理。

当前，除了要针对清宫散佚文物进一步开展更加细致的深入研究，还应积极加强对于相关国际公约和相关国家法律的研究。由于后一领域的国内研究相对滞后，目前阐释主动权基本掌握在外国学者手中。我们应当立足国际公认的文物交流伦理，加强与国外研究人员的沟通，尊重民族文化的专属权利、承认普世的价值特性、坚持交流的道德标准、正视历史的传承经历、默认法律公约的局限作用，同时与其他文物非法流失受害国加强协调，推动相关国际公约和相关国家法律向有利于文物非法交易受害国的方向转化，逐步实现兼顾历史与现实的公平正义。

编著者

2016年11月于北京

图书在版编目（CIP）数据

国宝星散复寻踪：清宫散佚文物调查研究 / 段勇，李晨编著. —南京：译林出版社，2017.6

ISBN 978-7-5447-6381-3

I.①国… II.①段… ②李… III.①文物－调查报告－中国－清代 IV.①K871.49

中国版本图书馆 CIP 数据核字（2016）第 098516号

国宝星散复寻踪：清宫散佚文物调查研究　段 勇　李 晨 / 编著

封面题签　苏士澍
责任编辑　张　遇　费明燕
封面装帧　郭　凡
校　　对　张　萍
责任印制　董　虎
设计制作　南京博书堂文化有限公司

出版发行　译林出版社
地　　址　南京市湖南路 1 号 A 楼
邮　　箱　yilin@yilin.com
网　　址　www.yilin.com
市场热线　025-86633278
排　　版　南京展望文化发展有限公司
印　　刷　南京精艺印刷有限公司
开　　本　787 毫米 ×1092 毫米 1/16
印　　张　27.5
版　　次　2016 年 12 月第 1 版　2017 年 12 月第 3 次印刷
书　　号　ISBN 978-7-5447-6381-3
定　　价　99.00 元

版权所有 · 侵权必究

译林版图书若有印装错误可向出版社调换，质量热线：025-83658316